Ich mache mich
SELBSTÄNDIG

Norbert Winistörfer

Ich mache mich
SELBSTÄNDIG

Von der Geschäftsidee zur
erfolgreichen Firmengründung

Ein Ratgeber aus der Beobachter-Praxis

Die Interviews mit Firmengründerinnen und -gründern führte Stefan Mair, Ressortleiter bei der Handelszeitung.

Download-Angebot
Zu diesem Ratgeber stehen online Checklisten, Musterbriefe und -verträge, Berechnungsvorlagen, eine Vorlage und ein Muster für den Businessplan, Infoblätter und viele weiterführende Links bereit: www.beobachter.ch/download (Code 0581).

Beobachter-Edition
15., komplett überarbeitete Auflage, 2017
© 1996 Ringier Axel Springer Schweiz AG, Zürich
Alle Rechte vorbehalten
www.beobachter.ch

Herausgeber: Der Schweizerische Beobachter in Zusammenarbeit mit der Handelszeitung
Lektorat: Käthi Zeugin, Zürich
Umschlaggestaltung, Konzept und Layout: fraufederer.ch
Herstellung: fraufederer.ch
Illustrationen: Sylvia Bespaluk, Bietigheim-Bissingen
Infografiken: Guido Köhler, Binningen
Druck: Grafisches Centrum Cuno GmbH & Co. KG, Calbe

ISBN 978-3-0387-058-1

Zufrieden mit den Beobachter-Ratgebern?
Bewerten Sie unsere Ratgeber-Bücher im Shop:
www.beobachter.ch/buchshop

Mit dem Beobachter online in Kontakt:

www.facebook.com/beobachtermagazin
www.twitter.com/BeobachterRat

Inhalt

Vorwort 13

1 | Die Ausgangslage 15

Unternehmensgründungen in der Schweiz 16
Selbständigerwerbende im internationalen Vergleich 16
Neugründungen in der Schweiz 17
Schattenseiten des Unternehmertums 18
Profil der Unternehmensgründer 21
Überlebenschancen neuer Firmen 23

Persönliche Standortbestimmung 27
Lebensgefühl und Charakter: die persönliche Ausgangslage 27

Interview: Walter (Walo) Kamm, Gründer, Mitinhaber und
Verwaltungsrat Globetrotter 28

Fachkenntnisse und Finanzen: das nötige Fundament 30
Familie: die Stütze im Hintergrund 31
Motivationsgründe: der innere Antrieb 31

Arbeiten mit dem Ratgeber 32
Schritt für Schritt zum Businessplan 32

2 | Die Möglichkeiten 35

Wege in die Selbständigkeit 36
Allein oder mit Geschäftspartnern 36
Teilzeit-Selbständigkeit 39
Selbständig aus der Arbeitslosigkeit 42

Formen der Selbständigkeit 47
Selbständig als Firmengründer 47
Selbständig als Firmenkäufer 48
Selbständig als Franchisenehmer 52
Selbständig im Direktverkauf 55

Selbständig als Agent 57
Selbständig als Alleinvertreter 59
Selbständig als Lizenznehmer 61

Interview: Lea von Bidder, Mitgründerin und
Präsidentin Ava Science 63

3 | Die Hürden 65

Auflagen von Bund und Kantonen 66
Zuständige Ämter 67

Behinderungen durch den bisherigen Arbeitgeber 68
Konkurrenzverbot im Arbeitsvertrag 68

Einschränkungen für Ausländerinnen und Ausländer 71
Ausländerinnen und Ausländer aus EU-/EFTA-Staaten 71
Ausländerinnen und Ausländer aus Nicht-EU-/EFTA-Staaten ... 74

4 | Die Geschäftsidee 79

Geschäftsideen 80
Suchstrategien 80
Bewertung von Geschäftsideen 83

Marktanalyse 85
Datenquellen und Datenarten 85
Datenerhebung 87
Datenauswertung 91
Marktpositionierung 93

Schutz von geistigem Eigentum 95
Patentschutz 95

Interview: Daniel Rüegg, Mitgründer und
Geschäftsführer Drehmoment Bikes 98

Markenschutz 101
Designschutz 104

5 | Der Businessplan ... 109

Sinn und Zweck des Businessplans ... 110
Inhalt und Aufbau des Businessplans ... 111

Erstellung des Businessplans ... 113
Grundregeln beim Verfassen ... 113
Schlussredaktion ... 114

Interview: Alex Capus, Gastronom und Autor ... 116

6 | Die Geschäftsstrategie ... 119

Unternehmensstrategie ... 120
Vision ... 120
Strategische Erfolgsposition ... 122
Strategische Ziele ... 122
Strategische Stossrichtung ... 124
Strategische Alternativen ... 125

Interview: Dominik Kaiser, Initiant und Geschäftsführer
3 Plus Group AG ... 126

Marketingkonzept ... 128
Produkt- und Sortimentspolitik ... 130
Preispolitik ... 132
Kommunikationspolitik: übergeordnete Aspekte ... 135
Kommunikationspolitik: Verkauf ... 136
Kommunikationspolitik: Verkaufsförderung ... 137
Kommunikationspolitik: Werbung ... 139
Kommunikationspolitik: Öffentlichkeitsarbeit ... 141
Vertriebspolitik ... 143
Unternehmenswebsite ... 146
Marketingmassnahmen ... 147
Marketingbudget ... 148

Unternehmensstandort ... 150
Wichtige Standortkriterien ... 150
Spezialfall Ladenlokal ... 152

7 | Die Rechtsform ... 155

Rechtsformen im Überblick ... 156
Rechtsformen für Unternehmen ... 156
Entscheidungskriterien ... 156

Rechtsformen im Detail ... 159
Einzelunternehmen ... 159
Kommanditgesellschaft ... 163
Kollektivgesellschaft ... 165
Aktiengesellschaft (AG) und
Gesellschaft mit beschränkter Haftung (GmbH) ... 167
Eintrag im Handelsregister ... 176
Eintrag im UID-Register ... 180
Eintrag in privaten Firmenregistern ... 180

8 | Der Versicherungsschutz ... 183

Berufliche und private Existenz absichern ... 184
Risikoanalyse ... 184
Risikomanagement ... 186
Versicherungsschutz im Überblick ... 187
Sozialversicherungen in der Schweiz ... 188
Versicherungsschutz für Start-ups ... 190

Personenversicherungen für Selbständigerwerbende ... 193
Versicherungskonzept ... 194
AHV, IV, Erwerbsersatzordnung ... 195
Arbeitslosenversicherung ... 196
Berufliche Vorsorge (2. Säule) ... 197
Unfallversicherung ... 199

**Personenversicherungen für Inhaber
einer AG oder GmbH** ... 201
Versicherungskonzept ... 201
AHV, IV, Erwerbsersatzordnung ... 201
Arbeitslosenversicherung ... 203
Berufliche Vorsorge (2. Säule) ... 204
Unfallversicherung ... 205

Personenversicherungen für alle Neuunternehmer ... 207
Krankentaggeldversicherung ... 207
Säule 3a und Säule 3b ... 208

Versicherungen für das Personal 211
Obligatorische Versicherungen.. 211
Lohnfortzahlung und Krankentaggeldversicherung 212

Versicherungen für das Unternehmen 214
Betriebshaftpflichtversicherung 214
Berufshaftpflichtversicherung.. 217
Motorfahrzeugversicherung.. 217
Sachversicherungen.. 217
Spezialversicherungen 219

Sicherheit für Familie und Unternehmen....................... 223
Schutz vor Schuldenhaftung 223
Vorkehrungen für den Todesfall 226
Schutzmöglichkeiten im Güterrecht 226
Schutzmöglichkeiten im Erbrecht 228

9 | Die Steuern 233

Grundbegriffe des Steuersystems................................... 234
Steuersubjekt 234
Steuerobjekt... 235
Steuerberechnungsgrundlage... 235
Berechnung des Steuerbetrags 236
Steuerperiode und Bemessungsperiode 237
Steuererleichterungen für Start-ups................................... 238

Steueroptimierung 240
Gesellschaftsform... 240
Unternehmensstandort.. 241
Buchführung 241
Gründungsaufwand... 242
Privat- und Geschäftsvermögen.. 242
Privat- und Geschäftsaufwand.. 243
Lohnpolitik und Dividendenauszahlung.............................. 245
Vorsorgebeiträge 246
Investitionsplanung 246
Abschreibungen und Rückstellungen 247
Kapitalrückzahlung 247

Mehrwertsteuer 248
    Mehrwertsteuerberechnung 248
    Mehrwertsteuerabrechnung 249
    Saldosteuersatz 251
    Mehrwertsteuerpflicht 252
    Auflagen für Mehrwertsteuerpflichtige 254

Interview: Beatrice Müller, Trainerin und Coach 256

10 | Die Finanzen 259

Finanzplanung 260
    Budget 261
    Kapitalbedarf 263
    Liquidität 265

Finanzierung 268
    Eigenkapital 269
    Ersparnisse 269
    Pensionskassengeld 270
    Säule-3a-Gelder 272
    Fremdkapital 274
    Privatdarlehen 274
    Bankkredite 275
    Sicherheiten für Bankkredite 278
    Verhandeln mit Kapitalgebern 281
    Lieferantenkredite 281
    Risikokapital 281
    Crowdfinanzierung 282
    Factoring 283
    Leasing 285

Interview: Jerry Dreifuss, Mitgründer und CEO
Swiss Eyewear Group (International) AG 288

Buchhaltung 289
    Vorschriften für die Buchhaltung 290
    Eröffnungsbilanz 290
    Rechnungsführung 292

11 | Das Personal ... 295

Personaleinstellung ... 296
Ehe- oder Lebenspartner als Mitarbeiter ... 297
Dritte als Mitarbeitende ... 298

Personalsuche ... 300
Suchstrategien ... 300
Mitarbeiterauswahl ... 300

Interview: Lucas Oechslin, Mitgründer und Mitinhaber
Luma Beef AG ... 302

Rechte und Pflichten als Arbeitgeber ... 304
Arbeitsverträge ... 304
Arbeitsrecht ... 305

12 | Die Unterstützung ... 311

Rat und Hilfe ... 312
Zusammenarbeit mit Beratern ... 312
Kantonale und regionale Wirtschaftsförderung ... 315
Förderpreise für Start-ups ... 317

Interview: Florence Stumpe, Mitgründerin und COO
The Nail Company ... 318

Berufliche Netzwerke ... 320

Aus- und Weiterbildung ... 321
Auswahlkriterien ... 321

Anhang ... 325

Beobachter-Ratgeber ... 326
Stichwortverzeichnis ... 327

Dank

Autor und Verlag danken den folgenden Experten und Expertinnen für ihre Unterstützung bei der Überarbeitung und Aktualisierung dieses Ratgebers: Irmtraud Bräunlich, Nathalie Garny, Anita Hubert, Daniel Leiser, Anne Sciavilla, Lucia Schmutz, Karin von Flüe vom Beobachter-Beratungszentrum, Zürich; Andrea Eichmüller, früher Fachhochschule Nordwestschweiz FHNW, Olten; Thomas Eyer und Florian Remund, Eidgenössische Steuerverwaltung, Hauptabteilung Mehrwertsteuer, Bern; Dr. iur. Hans Georg Hinderling, Schweizerischer Verband der Direktverkaufsfirmen, Basel; Stefan Fraefel, Heinz Müller, Beat Schiesser, Eidgenössisches Institut für Geistiges Eigentum, Bern; Hans Schoch, STT Schoch Treuhand Team AG, Zürich; Dr. Cornelia Stengel, Schweizerischer Leasingverband SLV, Zürich; Schweizer Franchise Verband, Zürich; Adrian Tagmann, Eidgenössisches Amt für das Handelsregister, Bern; Simon Tellenbach, VZ VermögensZentrum AG, Zürich; Daniel Trochsler, Schweizerischer Factoringverband SFAV, St. Gallen; Dino Waldvogel, Verband Kaufmännischer Agenten der Schweiz VKA, Kaltenbach.

Vorwort

Firmengründer und Firmengründerinnen sind die heutigen Helden und Heldinnen der Wirtschaft. Sie werden von der Politik hofiert und geniessen zu Recht überall Bewunderung, Sympathie, Anerkennung. Denn erfolgreiche Unternehmen sind die Grundlage für eine gesunde Volkswirtschaft, für den Wohlstand in der Schweiz. Dabei sind 90 Prozent aller Unternehmen in unserem Land Kleinstfirmen. Von diesen werden jährlich rund 40 000 neu gegründet, von risikobereiten, visionären Machern und Macherinnen.

Doch der Wunsch und Drang nach beruflicher Unabhängigkeit und eine vielversprechende Geschäftsidee garantieren noch kein lukratives Business. Entscheidend für den langfristigen Erfolg ist, dass Firmengründer unternehmerisches Flair sowie fundierte Fach- und Branchenkenntnisse besitzen, beim Aufbau ihres Start-ups klug vorgehen und keine vermeidbaren Fehler begehen. Genau dabei hilft dieses Buch. Es beantwortet alle relevanten Fragen im Zusammenhang mit einer Firmengründung, animiert zu einem systematischen Vorgehen und zeigt verständlich auf, wie ein solider Businessplan erstellt wird.

Sie zögern, Ihre Businesspläne umzusetzen? Das spricht für Sie. Entdecken Sie im überarbeiteten Ratgeber im neuen Format, was auf Sie als künftigen Unternehmer, als künftige Unternehmerin zukommt und was Sie bei der Planung zwingend beachten müssen. Der Ratgeber enthält alle Gesetzesänderungen, die für Start-ups relevant sind. Er geht zudem auf die neuen Formen selbständiger Erwerbstätigkeit ein und bietet in einem umfassenden Download-Angebot noch mehr nützliche, zeitsparende Arbeitstools für Ihre Unternehmensgründung.

Ich wünsche Ihnen einen durchschlagenden Erfolg beim Umsetzen Ihrer Geschäftsidee!

Norbert Winistörfer
November 2017

1 | Die Ausgangslage

Eine Firma gründen und reich werden – davon träumen viele Menschen. Beispiele höchst erfolgreicher Neuunternehmer dienen ihnen als Vorbild und motivieren sie zu diesem Schritt. Doch der Weg zum wirtschaftlichen Erfolg ist meist steinig, benötigt Mut, Ausdauer und Eigenkapital – sowie eine grosse Portion Glück.

1 DIE AUSGANGSLAGE

Unternehmensgründungen in der Schweiz

Die Schweiz ist das Land der kleinen und mittleren Unternehmen, der KMU. Von diesen gibt es rund 575 000 – sie bilden die Basis unserer Wirtschaft. Diese KMU bieten insgesamt rund drei Millionen Personen eine Arbeit – das sind zwei Drittel aller Beschäftigten in der Schweiz.

Als KMU gelten Firmen mit weniger als 250 Beschäftigten. Zu dieser Kategorie zählen 99,7 Prozent aller Schweizer Unternehmen. KMU werden unterteilt in Mikrounternehmen (bis 9 Beschäftigte), Kleinunternehmen (10 bis 49 Beschäftigte) und Mittelunternehmen (50 bis 249 Beschäftigte). Die Hälfte aller KMU in der Schweiz beschäftigt lediglich eine Person, rund 15 Prozent beschäftigen zwei und weitere 15 Prozent drei bis vier Personen.

Selbständigerwerbende im internationalen Vergleich

Was den Anteil der Selbständigen an der gesamten erwerbstätigen Bevölkerung betrifft, ist die Schweiz mit aktuell 550 000 Selbständigerwerbenden – darin eingeschlossen sind auch die mitarbeitenden Familienmitglieder – kein Land, in dem das Unternehmertum besonders ausgeprägt und der Status der beruflichen Selbständigkeit überdurchschnittlich beliebt ist. Im Gegenteil: Die Schweiz liegt im internationalen Vergleich gemäss der OECD mit 9 Prozent Selbständigerwerbenden deutlich unter dem Mittel der 28 EU-Länder von 16 Prozent.

Im internationalen Vergleich ebenfalls deutlich unterdurchschnittlich vorhanden ist in der Schweiz auch die Lust, demnächst ein Unternehmen zu gründen. Das beabsichtigen in den nächsten drei Jahren lediglich 7 Prozent – in Frankreich sind es beispielsweise 14, in den USA 12 Prozent. Schweizer empfinden die Gründung eines neuen Unternehmens zudem weniger als gute Karrieremöglichkeit als Einwohner vergleichbarer Länder; nur 42 Prozent werten dies als Karriereschritt. Dagegen betrachten in den Niederlanden 80 Prozent und in Grossbritannien 60 Prozent eine Selbständigkeit als Möglichkeit, beruflich Karriere zu machen.

Bezüglich der Rahmenbedingungen für Start-ups belegt die Schweiz im internationalen Vergleich einen Spitzenplatz. Überragend sind die Einschätzungen der Experten insbesondere in den Bereichen Finanzen, wirtschaftliche Infrastruktur, tertiäre Ausbildung, Wissens- und Technologietransfer sowie hinsichtlich der

Marktwirtschaftliche Unternehmen in der Schweiz

0,3 % Grossunternehmen
1 562 Firmen mit 250 und mehr Beschäftigten,
total 1 397 917 Beschäftigte

1,5 % Mittelunternehmen
8 906 Firmen mit 50 bis 249 Beschäftigten,
total 877 834 Beschäftigte

8,5 % Kleinunternehmen
48 858 Firmen mit 10 bis 49 Beschäftigten,
total 941 064 Beschäftigte

Alle Unternehmen in der Schweiz: **578 121**

89,7 % Mikrounternehmen
518 795 Firmen mit bis zu 9 Beschäftigten,
total 1 149 979 Beschäftigte

QUELLE: STRUKTUR DER SCHWEIZER KMU, BUNDESAMT FÜR STATISTIK, STAND 2014, PUBLIZIERT 2017

stabilen inländischen Marktdynamik. Dennoch sehen Experten Verbesserungspotenzial bei der Verfügbarkeit von Risikokapital für Wachstumsunternehmen sowie bei der Erziehung zum Unternehmertum während der Primar- und Sekundarbildung.

Neugründungen in der Schweiz

Trotz wenig ausgeprägter Start-up-Kultur wurden in der Schweiz in den letzten Jahren zwischen 37 000 und 42 000 neue Unternehmen gegründet. Davon sind rund 98 Prozent Mikrounternehmen, die zu 84 Prozent nur eine Person beschäftigen. Start-ups sind in der Schweiz also mehrheitlich Einzelunternehmer und -unternehmerinnen. Rund 14 Prozent der neu gegründeten Mikrounternehmen schaffen zwischen zwei und vier neue Arbeitsplätze und nur 2 Prozent generieren mehr als fünf Arbeitsplätze.

Über vier Fünftel aller neuen Unternehmen in der Schweiz entstanden in den letzten Jahren im Dienstleistungsbereich (tertiärer Sektor, siehe Grafik auf der nächsten Seite). Ein Achtel der Neugründungen entfiel auf den industriellen und gewerblichen Bereich (sekundärer Sektor). Dies widerspiegelt den laufenden Strukturwandel in der Schweizer Wirtschaft – hin zur Dienstleistungsgesellschaft.

Die wenigsten der erfolgreichen Firmengründer und -gründerinnen würden sich wieder anstellen lassen. Sie loben die positiven Seiten ihrer Tätigkeit: Sie geniessen hohe Anerkennung bei ihrer Tätigkeit, haben eine grosse Befriedigung beim Erreichen ihrer Ziele, können sich selbst im Leben besser verwirklichen, vieles selbst prägen und bestimmen, sind im Arbeitsalltag überdurchschnittlich motiviert, sehen einen tieferen Sinn in ihrem Tun, haben Spass und Freude an der Arbeit. Studien zeigen zudem auch, dass die Arbeit der Selbständigerwerbenden im Durchschnitt interessanter und abwechslungsreicher ist als jene von Arbeitnehmenden.

Die eindrückliche Zahl neu gegründeter Unternehmen in der Schweiz sollte einen aber nicht zu euphorisch stimmen. Denn jedes Jahr geben auch zahlreiche Unternehmer und Unternehmerinnen ihre Geschäftstätigkeit auf: etwa wegen zu geringem Verdienst, zunehmendem Konkurrenzdruck oder aus Altersgründen. Nicht alle dieser Firmenschliessungen verlaufen geordnet und ohne dass Dritte dabei zu Schaden kommen. Das zeigt ein Blick auf die Statistik. So wurde im Jahr 2016 gegen rund 4500 Unternehmen ein Konkursverfahren eröffnet und rund 2000 Firmen wurden wegen Organisationsmängeln (gemäss Art. 731b OR) aufgelöst. Über die letzten Jahre gesehen nehmen die Insolvenzen insgesamt leicht zu.

Zu beachten ist, dass gewisse Branchen in den Insolvenzstatistiken regelmässig eine überdurchschnittlich hohe Konkursrate aufweisen: Dazu gehören unter anderem das Baugewerbe, das Gastgewerbe sowie Handwerksbetriebe aller Art. Eine unterdurchschnittliche Insolvenzrate haben dagegen Unternehmens- und Steuerberatungsfirmen, Informatikdienstleister sowie Immobilienmakler und -verwaltungen (siehe Kasten).

Schattenseiten des Unternehmertums

Endlich keinen Chef mehr haben, der einen schikaniert. Endlich selber Chefin sein und Befehle erteilen. Endlich ohne Stempeluhr oder Blockzeiten arbeiten. Golf oder Tennis spielen, während andere im Büro oder in der Werkstatt auf den Feierabend warten. Und innert kürzester Zeit das grosse Geld verdienen. So macht das Arbeiten und Leben als Unternehmer Spass!

Neu gegründete Unternehmen im Jahr 2014

Sekundärer Sektor:
12,1 % der Neugründungen

3084
7,3 %
Baugewerbe

2040
4,8 %
Industrie und Energie

Tertiärer Sektor:
87,9 % der Neugründungen

8920
21,0 %
Freiberufliche, wissenschaftliche und technische Dienstleistungen

2388
5,6 %
Information und Kommunikation

5434
12,8 %
Handel und Reparaturen

2017
4,7 %
Unterrichtswesen

1 DIE AUSGANGSLAGE

Firmenkonkurse nach Branchen

Branche	Anzahl Insolvenzen 2016	Insolvenz-Indikator 2016 nach Branche (ø CH = 100)
Baugewerbe	208	249
Gastgewerbe	568	221
Handwerk	771	207
Landverkehr und Logistik	165	149
Holz- und Möbelindustrie	37	122
Grosshandel	473	117
Unternehmensdienstleistungen	305	116
Präzisionsinstrumente und Uhren	20	105
Personalvermittlung	27	103
Maschinenbau	63	94
Einzelhandel	315	89
Textil- und Bekleidungsindustrie	17	87
Autogewerbe	119	84
Finanzen und Versicherungen	120	75
Druck- und Verlagsgewerbe	26	67
Chemische Industrie und Pharma	10	64
Unternehmens- und Steuerberatung	260	61
Informatikdienstleistungen	112	56
Architekturbüros	93	55
Holding und Investitionsgesellschaften	105	50
Immobilienmakler und -verwaltungen	67	41

Der Wert 100 entspricht dem durchschnittlichen Konkursrisiko aller erfassten Firmenkonkurse durch Insolvenz in der Schweiz. Ein Wert über 100 bedeutet also ein überdurchschnittliches Konkursrisiko.
Quelle: Bisnode D&B Schweiz AG

4962
11,7 %
Gesundheits- und Sozialwesen

3879
9,1 %
Sonstige Dienstleistungen

3626
8,5 %
Immobilienwesen, wirtschaftliche Dienstleistungen

2475
5,8 %
Kunst, Unterhaltung und Erholung

1617
3,8 %
Finanz- und Versicherungsdienstleistungen

1117
2,6 %
Gastgewerbe, Beherbergung

919
2,2 %
Verkehr und Lagerei

QUELLE: BUNDESAMT FÜR STATISTIK, STAND OKTOBER 2016

1 DIE AUSGANGSLAGE

Der Alltag von Selbständigerwerbenden sieht allerdings meist anders aus, wie diverse Untersuchungen zeigen:

- Unternehmer bleiben länger im Erwerbsleben und arbeiten härter als Angestellte – im Schnitt wöchentlich rund zehn Stunden mehr. In der Startphase sind Firmengründer nicht selten 60 bis 80 Stunden pro Woche an der Arbeit, also oft auch am Abend und an Wochenenden. Zudem beziehen Selbständige im Durchschnitt sechs Tage weniger Ferien pro Jahr als Angestellte. Fehlt jedoch auf Dauer die freie Zeit zum Erholen, ist das Burn-out nicht fern. Auch der Mangel an Zeit für das Privatleben wirkt sich längerfristig negativ aus und führt zu sozialer Isolation. Davon besonders betroffen sind Unternehmer in Einpersonenfirmen; sie leiden oft unter Einsamkeit im Berufsalltag.
- Die grosse Freiheit des Unternehmers ist stark zu relativieren: Selbständigerwerbende können ihre Arbeit zwar frei einteilen, müssen sich dabei aber nach den Wünschen der Kundschaft richten. Sie haben so viele Chefs, wie sie Kunden bedienen. Eines der grössten Probleme für Kleinunternehmer ist heute, dass die Kunden eine ständige Erreichbarkeit erwarten und ihre Wünsche oft extrem kurzfristig äussern – dann aber sofort bedient werden wollen. Wer hier nicht flexibel und mobil ist, verliert seine Kundschaft. Viele Unternehmer finden deshalb, eine Festanstellung sei mit dem Familien- und Privatleben besser vereinbar als mit einer Selbständigkeit.
- Selbständig erwerbende Männer mit einem Arbeitspensum von 90 Prozent und mehr verdienen pro Jahr im Durchschnitt rund 85 000 Franken, Frauen

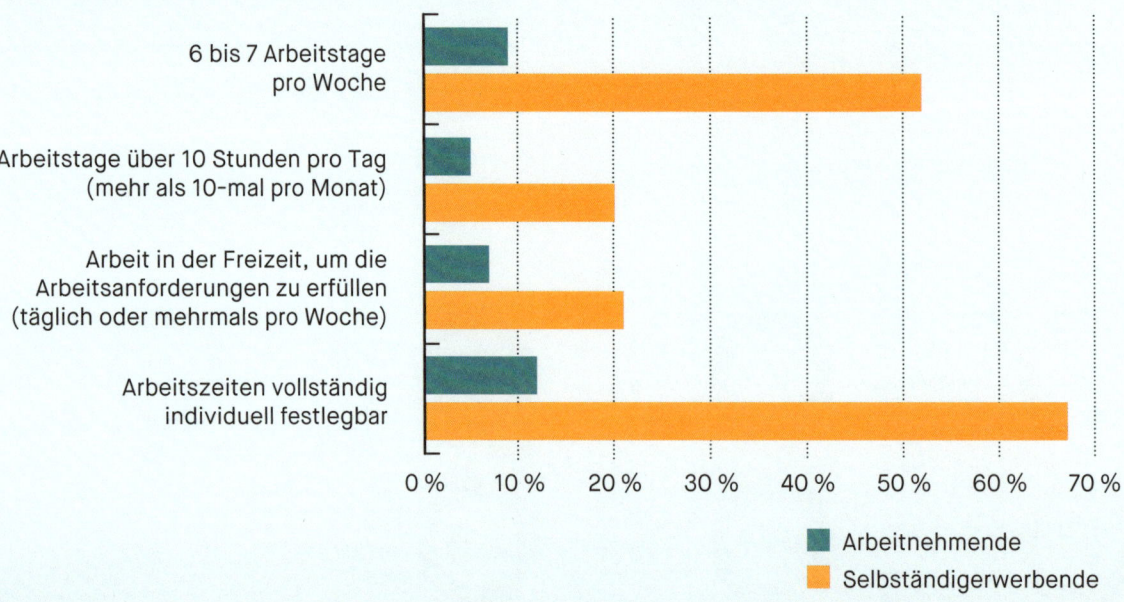

Arbeitszeiten von Arbeitnehmenden und Selbständigerwerbenden in der Schweiz

QUELLE: STUDIE DER FHNW VON 2017, BASIEREND AUF ZAHLEN DES WORKING CONDITIONS SURVEY 2005 UND 2015

60 000 Franken. Zum Vergleich: Angestellte Führungskräfte haben ein durchschnittliches Jahreseinkommen von 128 000 Franken (Männer) bzw. 100 000 (Frauen).
- Firmengründer sind selten Senkrechtstarter: Bis eine neue Firma etabliert ist, vergehen in aller Regel mehrere Jahre. Nur wer auf ein intaktes Beziehungsnetz oder auf einen bestehenden Kundenstamm aufbauen kann, wird sich im Markt halten und seine Position erfolgreich verteidigen. Doch gerade die Kundenakquisition ist für Neuunternehmer erfahrungsgemäss das grösste Problem beim Aufbau ihrer Firma.
- Die wirtschaftliche Unabhängigkeit der Selbständigerwerbenden ist in der Regel ein Trugschluss: Wer nicht das nötige Eigenkapital besitzt, ist von Geldgebern und Kunden abhängig. Und Abhängigkeit bedeutet wiederum eingeschränkte Freiheit.
- Selbständigerwerbende gehen grundsätzlich hohe Risiken ein – unabhängig von ihrem Business. Sie haben kein regelmässiges Einkommen, keine bezahlten Feiertage und Ferien, müssen für krankheitsbedingte Ausfälle und ihre Altersvorsorge selbst aufkommen, setzen ihre wirtschaftliche Existenz aufs Spiel.
- Die viel gerühmte unternehmerische Entscheidungsfreiheit ist zwar ein positiver Aspekt der Selbständigkeit. Allein entscheiden zu müssen, kann jedoch auch zur Belastung werden. Denn wer entscheidet, ist für seine Fehler verantwortlich und muss die Konsequenzen tragen.
- Die Überlebenschancen von neu gegründeten Unternehmen sind nicht rosig: Ein Jahr nach der Gründung ist schon ein Fünftel wieder vom Markt verschwunden. Drei Jahre nach der Gründung existieren nur noch zwei Drittel – und fünf Jahre nach der Gründung gerade noch die Hälfte der Unternehmen (siehe Grafik auf der nächsten Seite). Die Erfolgschancen hängen auch von der Branche ab: Befindet sich diese in einem tiefgreifenden Strukturwandel, kämpft sie mit Überkapazitäten und ist einem harten Konkurrenzkampf ausgesetzt, können neue Unternehmen nur schwer im Markt Fuss fassen. Problembranchen lassen sich aufgrund von Geschäftsaufgaben und Konkursen eruieren. Zahlen dazu publizieren regelmässig verschiedene Wirtschaftsauskunfteien (Adressen finden Sie im Download-Angebot).

Links | Wirtschaftsauskunfteien beobachter.ch/download

Tipp | Lassen Sie sich den Blick nicht vernebeln von verherrlichenden Aussagen über das freie Unternehmertum, die angeblich erfolgreiche Selbständige Ihnen gegenüber machen. Auch Erfolgsgeschichten von Jungunternehmern in den Medien sollten Sie mit Vorsicht geniessen. Es gibt immer eine Kehrseite der Medaille.

Profil der Unternehmensgründer

Zu den Firmengründern und -gründerinnen in der Schweiz gibt es nur wenige wissenschaftlich erhobene und detaillierte soziodemografische Daten. Gemäss einem Forschungsbericht der Fachhochschule

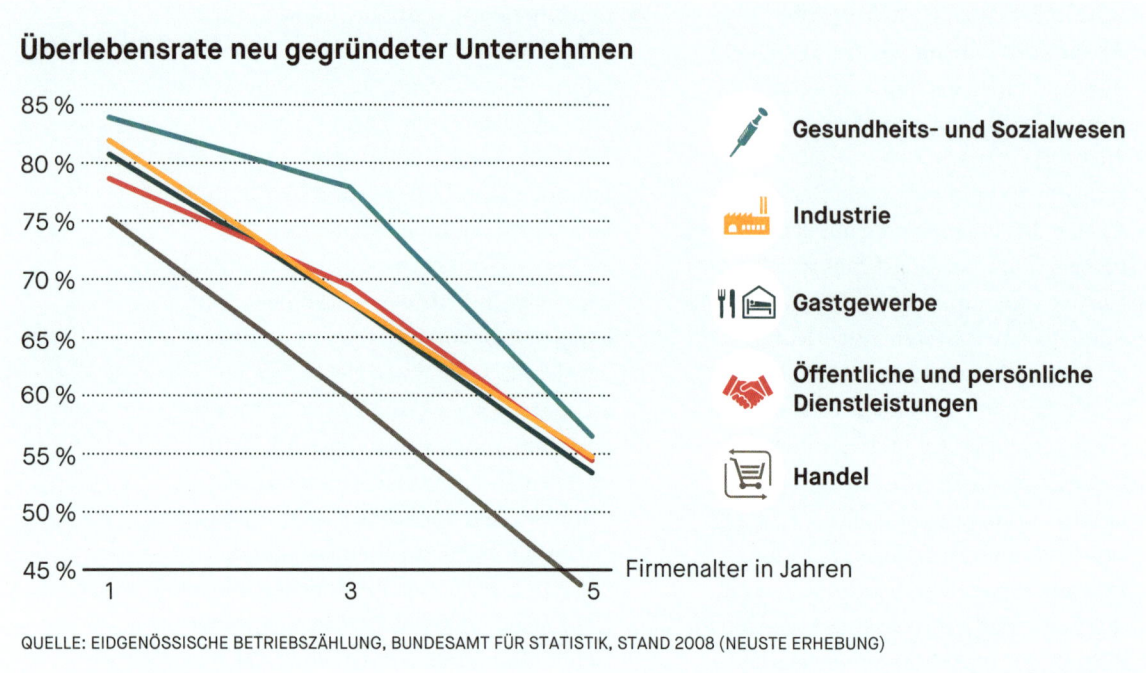

QUELLE: EIDGENÖSSISCHE BETRIEBSZÄHLUNG, BUNDESAMT FÜR STATISTIK, STAND 2008 (NEUSTE ERHEBUNG)

Nordwestschweiz weisen Neuunternehmer folgendes Profil auf:

Geschlecht: Fast 80 Prozent der neuen Unternehmen werden gemäss dem Forschungsbericht von Männern gegründet, lediglich 20 Prozent von Frauen. Eine Studie des Bundesamts für Statistik attestiert den Frauen allerdings mehr Gründungsaktivitäten: Danach ist bei 36 Prozent aller neuen Unternehmen eine Frau die alleinige Gründerin; weitere 9 Prozent wurden von Männern und Frauen gemeinsam gegründet.

Alter: Neuunternehmer gründen ihre Firma im Durchschnitt im Alter von 41 Jahren. Nur 3 Prozent sind noch unter 26-jährig. Rund ein Drittel ist zwischen 26 und 40, ein weiterer Drittel zwischen 41 und 50 Jahre alt. Lediglich ein Fünftel der Gründer ist zwischen 51- und 60-jährig.

Charakter: Über 40 Prozent der Gründer und Gründerinnen stufen sich selber als Macher ein (zielorientiert, selbstsicher, geradlinig, schnell, energievoll, korrigierend). 23 Prozent sehen sich als Analysten (überlegt, logisch, zurückhaltend, diszipliniert, ernst, kritisch, abwägend), 23 Prozent als Integratoren (zuverlässig, warmherzig, harmoniebedürftig, kooperativ, solidarisch). Die übrigen bezeichnen sich als Enthusiasten (benötigen Applaus, sind mitreissend, offen, optimistisch, menschenorientiert, begeisterungsfähig).

Zivilstand: 87 Prozent der Neuunternehmer und Firmengründerinnen leben in einer festen Partnerschaft. Fast die Hälfte hat keine oder bereits erwachsene Kinder.

Schulbildung: Neuunternehmer besitzen eine überdurchschnittlich gute Ausbildung. Fast 40 Prozent haben ein Hochschulstudium abgeschlossen, knapp 20 Prozent besitzen ein eidgenössisch anerkanntes Fachdiplom. Die übrigen haben entweder eine höhere Fachschule, eine Berufsschule oder eine sonstige Ausbildung absolviert. Von den Hochschulabgängern gründen allerdings nur wenige während oder kurz nach dem Studienabschluss eine Firma. Fünf Jahre nach dem Abschluss sind insgesamt nur gerade 4 Prozent selbständig. Überdurchschnittlich häufig selbständig sind fünf Jahre nach dem Studienende Fachhochschulabsolventinnen und -absolventen der Fachbereiche Design (23 %) sowie Musik, Theater und andere Künste (13 %). Dann folgen Doktorierte der Bereiche Medizin und Pharmazie (11 %), Wirtschaftswissenschaften (10 %) sowie Recht (8 %).

Berufserfahrung: Mehr als 97 Prozent der neuen Selbständigerwerbenden blicken auf eine durchschnittliche Berufserfahrung von fast 18 Jahren zurück, wenn sie ihr Unternehmen gründen.

Branchenerfahrung: Etwas mehr als die Hälfte der Firmengründer verfügt über langjährige Berufserfahrung in der Branche, in der sie sich selbständig machen – im Durchschnitt über zehn Jahre. Ein Viertel der Neuunternehmer war vor der Firmengründung in einer anderen Branche tätig. 5 Prozent sind Wiedereinsteiger.

Führungserfahrung: Lediglich ein Viertel aller Neuunternehmer hatten vor der Selbständigkeit als Angestellte keine Führungsaufgaben. Über ein Drittel gehörte dem oberen, über ein Viertel dem mittleren Kader an.

Gründungsvorbereitung: Firmengründer und Neuunternehmerinnen sind offenbar entscheidungsfreudig. Vom Zeitpunkt der ersten noch vagen Idee bis zum definitiven Entschluss zur Selbständigkeit vergehen im Durchschnitt nur elf Monate. Danach benötigen Firmengründer im Durchschnitt nochmals fünf Monate bis zur Aufnahme der Geschäftstätigkeit.

Finanzen: Der Schritt in die Selbständigkeit ist auch mit wenig Geld möglich. Fast zwei Drittel der neuen Unternehmer und Unternehmerinnen beginnen ihr Business mit weniger als 50 000 Franken Startkapital. Lediglich jeder Zehnte benötigt ein Startkapital von mehr als 200 000 Franken.

> **Info** | Mit Zustimmung der Eltern können übrigens auch Jugendliche unter 18 Jahren ein eigenes Geschäft gründen und betreiben, vorausgesetzt, sie sind urteilsfähig. Die gesetzliche Grundlage dazu findet sich in Artikel 323 ZGB.

Überlebenschancen neuer Firmen

In einer empirischen Studie hat die Fachhochschule Nordwestschweiz (FHNW) die verschiedenen Erfolgs- und Misserfolgsfaktoren für Unternehmensgründungen erforscht («Erfolgsfaktoren junger Unternehmen»). Befragt wurden Neuunternehmer, die seit sechs Jahren erfolgreich im Markt tätig sind. Hier die – zum Teil verblüffenden – Resultate.

Erfolgsfaktoren
Junge Unternehmen mit folgenden Merkmalen haben eine signifikant höhere Chance, die ersten Jahre im Markt zu überstehen:
- Geschlecht: Von Frauen gegründete Unternehmen haben eine höhere Überlebenswahrscheinlichkeit als von Männern gegründete. Frauen haben bei der Gründung offenbar eine stärkere intrinsische Motivation (stärkeres Streben nach Unabhängigkeit und Selbstverwirklichung). Zudem führen sie meist nur kleine Unternehmen mit wenigen Mitarbeitenden.
- Schweizer Nationalität: Von Schweizerinnen und Schweizern gegründete Unternehmen sind statistisch gesehen erfolgreicher als Unternehmen, die von Ausländerinnen und Ausländern gegründet werden.
- Nebenbeschäftigung: Wer neben der Selbständigkeit noch einer unselbständigen Nebenbeschäftigung nachgeht, hat als Neuunternehmer höhere Überlebenschancen. Dafür wachsen solche Firmen deutlich langsamer.
- Finanzielle Unterstützung durch die öffentliche Hand: Die wenigen Firmen, die von Wirtschaftsförderung oder Standortmarketingmassnahmen profitieren, haben eine deutlich höhere Überlebenswahrscheinlichkeit.
- Kundenakquisition und Marktanalyse: Besonders erfolgreich sind Neuunternehmer, die sich bereits vor der Gründung ihrer Firma intensiv mit der Marktanalyse und der Kundenakquisition beschäftigt haben.
- Produktinnovation: Innovative Unternehmen überleben die ersten Jahre eher als Firmen, die Produkte kopieren.

Misserfolgsfaktoren
Einige Aspekte erweisen sich als hinderlich für das Überleben junger Unternehmen. Schlechtere Chancen haben Firmengründer, wenn sie
- sich vor der Gründung besonders intensiv mit der finanziellen Planung (Budget, Liquiditäts- und Finanzplanung) auseinandergesetzt und alle anderen Bereiche vernachlässigt haben,
- intensiv nach hohem Ansehen, Macht und Prestige streben,
- überdurchschnittlich stark ihre eigenen Ideen durchsetzen wollen und deshalb die effektiven Kundenbedürfnisse ignorieren.

Erfolgsneutrale Faktoren
Eine ganze Reihe von Variablen erweist sich als weitgehend irrelevant für das Überleben eines jungen Unternehmens:
- Bildungsgrad der Firmengründer
- Alter der Firmengründer
- Managementerfahrung der Firmengründer
- Erwerbsstatus der Firmengründer vor der Selbständigkeit
- Lokale oder internationale Ausrichtung der Firma
- Art der anvisierten Kunden
- Höhe des Kapitaleinsatzes

1 DIE AUSGANGSLAGE

- Grösse der Firma zum Zeitpunkt der Gründung
- Arbeitszeit des Firmengründers, der Neuunternehmerin zu Beginn der Geschäftstätigkeit

Was letztlich zum Erfolg oder zum Scheitern neuer Unternehmen führt, lässt sich auch mit aufwendigen wissenschaftlichen Studien nicht abschliessend eruieren. Es gibt zu viele Faktoren, die sich zum Teil gegenseitig beeinflussen oder sich kaum bzw. überhaupt nicht erheben lassen. Vielfach spielt einfach auch das Glück, das Pech, das Timing oder der Zufall die entscheidende Rolle, ob ein Neuunternehmer erfolgreich ist oder nicht.

Ein Anfang ohne Ende
Potenzielle Firmengründer sollten sich bewusst sein, dass ein geglückter Start in die Selbständigkeit und profitable erste Geschäftsergebnisse noch nicht zwingend den mittel- oder langfristigen Erfolg garantieren. Möglicherweise werden die Kunden die angebotenen Produkte oder Dienstleistungen, trotz anfänglicher Begeisterung, schon bald deutlich weniger nachfragen. Das Phänomen hat mit dem Produktlebenszyklus zu tun (siehe Grafik). Diese «Lebensdauer» ist bei jedem Produkt eine andere. Und die Länge der einzelnen Phasen lässt sich in der Praxis – auch mit fundierten Branchen- und Produktkenntnissen – kaum abschätzen.

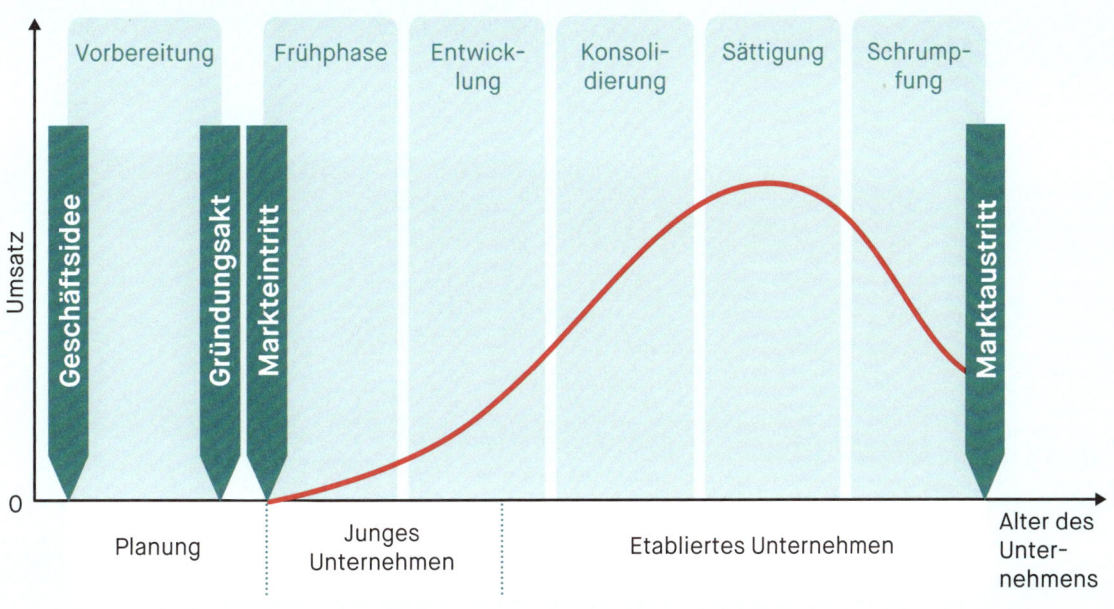

Unternehmens- und Produktlebenszyklus

Wer sich der Lebensdauer seines Marktangebots bewusst ist, wird dieses schon in der Früh- und Entwicklungsphase laufend den heute rasch ändernden Kundenwünschen anpassen. Diese Wünsche werden etwa beeinflusst durch neue Trends, ein anderes Konsumverhalten, veränderte wirtschaftliche Rahmenbedingungen oder technologische Entwicklungen und Innovationen. Nur mit regelmässigem Markt-Monitoring, agilem Verhalten und cleverem Marketing (siehe Seite 128) können Start-ups verhindern, dass ihre Produkte oder Dienstleistungen nach der Konsolidierungs- und Sättigungsphase in die Schrumpfungsphase geraten.

Unternehmen, die ihre Produkte nicht spätestens in der letzten Lebensphase neu lancieren oder ein neues Produkt einführen, haben langfristig wenig Überlebenschancen. Diese Erkenntnis bedeutet im Klartext: Firmengründer können ihre Hände auch nach einem fulminanten, erfolgreichen Start in die Selbständigkeit nie in den Schoss legen, sondern müssen dauernd am Ball bleiben und ihr Marktangebot immer wieder anpassen bzw. «neu erfinden».

Persönliche Standortbestimmung

Heute angestellt, morgen selbständig – und übermorgen Konkurs. Damit es nicht so weit kommt, sollten Sie zuerst abklären, ob Sie die nötigen Voraussetzungen und das Rüstzeug für die anforderungsreiche Aufgabe mitbringen. Nicht jede Person eignet sich für die berufliche Selbständigkeit.

Mit der eigenen Standortbestimmung erhalten Sie Klarheit über Ihre gegenwärtige Situation, werden sich Ihrer Stärken und Schwächen bewusst und entdecken Ihre Wünsche, Ziele und Handlungsmotive. Die Standortbestimmung soll Ihnen Illusionen nehmen, Realitäten aufzeigen und Sie zum Nachdenken animieren. Nur so können Sie die richtigen Entscheide für die Zukunft treffen.

Als Gedankenstütze und Impulsgeber auf diesem «Weg zu sich selbst» helfen Ihnen die Checklisten, die Sie im Download-Angebot finden. Nehmen Sie sich genügend Zeit, um die Fragen zu beantworten, und seien Sie dabei ehrlich mit sich selbst. Diskutieren Sie Ihre Antworten, Pläne und Ideen mit Ihrem Partner, Ihrer Partnerin und mit Freunden, die Ihnen offen und kritisch ihre Meinung sagen.

Lebensgefühl und Charakter: die persönliche Ausgangslage

Vielen Menschen fällt es schwer, ihr Lebensgefühl, ihre Persönlichkeit und ihre Lebenssituation in Worte zu fassen. Man fühlt sich entweder zufrieden – oder eben nicht. Woran das liegt, ist oft nicht klar.

Tipp | Die Checkliste «Mein Lebensgefühl» im Download-Angebot verhilft Ihnen zu einer Übersicht über Ihre aktuellen Freuden und Sorgen sowie über Ihre Wünsche und Ziele für die Zukunft. Sie zwingt Sie dazu, sich über Veränderungsmöglichkeiten Gedanken zu machen, Entscheidungen zu treffen und dabei Prioritäten zu setzen.

Checkliste | Mein Lebensgefühl
beobachter.ch/download

Charakterzüge von Unternehmern

Der ideale Unternehmertyp existiert nicht. Zu verschieden sind die Anforderungen, die Branchen, Märkte, Produkte, Dienstleistungen und Kunden an einen Firmeninhaber stellen. So ist die selbständige Dachdeckerin mit ganz anderen Problemen konfrontiert als der weltweit tätige Wirtschaftsberater oder die Freundinnen, die nebenbei ein Nagelstudio betreiben. Dennoch gibt es Schlüsselqualifikationen, charakterliche Eigenschaften und Persönlichkeitsmerkmale, die für alle Unternehmer wichtig und entscheidend sind, um im Markt Erfolg zu haben.

INTERVIEW | WALTER KAMM

Walter (Walo) Kamm
Gründer, Mitinhaber
und Verwaltungsrat
Globetrotter

Die Globetrotter Group AG ist
ein Zusammenschluss von
15 Reiseunternehmen und beschäftigt 432 Mitarbeitende.

**Was ist der wichtigste Ratschlag,
den Sie einem jungen Gründer,
einer Gründerin geben würden?**
Zuallererst, also wenn möglich schon
bevor du dich definitiv für eine bestimmte
berufliche Richtung oder ein Studium
entscheidest: Schau dich in der Welt um,
zum Beispiel auf einer halbjährigen Erkundungsreise um die Welt. Reisen ist
Lebensschule. Habe dann den Mut, dich
nicht für die finanziell verlockendste
Möglichkeit zu entscheiden, sondern für
diejenige, die dir Freude und Erfüllung

gibt. Also das Hobby zum Beruf machen, authentisch leben, sich nicht durch akademische Titel oder materielle Vorteile verbiegen lassen!

Welcher Ratschlag hat Ihnen überhaupt nicht geholfen?
«Schau, wie es die andern Reisebüros machen, und mach es ebenso.» Nein, man soll es anders, kreativer, besser machen! Bezüglich Berufswahl wurde ich äusserst mangelhaft «informiert» mit dem Rat, eine KV-Lehre sei immer nützlich. Resultat: drei verlorene Jahre, in denen ich kaum etwas lernte. Meine späteren sieben Weltreisejahre waren dann mein universelles «Studium» und brachten mir mehr Wissen und Erfahrungen mit Menschen und Jobs, als ich mir je erträumt hätte.

Wann merkt man, dass jemand nicht zum Gründer, zur Gründerin taugt?
Wenn zu wenig Passion und Power da ist, zu wenig innovatives Denken, Führungsstärke und Kommunikationstalent. Denn: «In dir muss brennen, was du in andern entzünden willst.» In der heutigen globalisierten Welt werden auch folgende Eigenschaften immer wichtiger: Teamplayer, vernetztes Denken sowie naturnahes, sozialverträgliches und umweltbewusstes Handeln.

Ihr grösster Fehler als Gründer – und wie man ihn verhindern kann?
Durch mein Elternhaus bedingt, wuchs ich vereinsamt auf und meinte, ich müsse immer alles allein machen – was viel unnötige «Chrampferei» und Verlust an Zeit und Lebensqualität mit sich brachte. Verhindern kann man das, indem man einzelne wahre Freunde findet und sie als Berater oder Geschäftspartner beizieht, mit Aufgabenteilung: einer ist zum Beispiel für Inhalt/Kreatives zuständig, der andere für Organisation/Finanzen.

Warum lohnt es sich, trotz allem eine Firma zu gründen?
Wer eine Unternehmerpersönlichkeit ist, kann sich nur so richtig verwirklichen, seine Kreativität und seine expansive Entwicklung voll ausleben. Es ist ein tolles Gefühl, sich eigene Unternehmensziele zu setzen und diese zu erreichen, und es ist schön, eine eigene Unternehmenskultur prägen zu können. Wer den für ihn richtigen Beruf ausübt, gibt seinem Leben mehr Sinn. Wer ein wahrer Unternehmertyp ist, hat ein interessanteres Leben – weil er/sie die laufenden Herausforderungen als positive Spannung und sportliche Lebendigkeit empfindet. Oder wie ich: als eine unendliche abenteuerliche Entdeckungsreise!

Tipp | Die Checkliste «Mein Charakter» im Download-Angebot zeigt Ihnen, wie viele der unternehmerischen Kernkompetenzen Sie besitzen.

Fachkenntnisse und Finanzen: das nötige Fundament

Erfolgreiche Unternehmer müssen in ihrem Beruf überdurchschnittlich gut qualifiziert sein. Sie sollten in ihrem Gebiet jahrelange Erfahrung und neustes Fachwissen mitbringen, das sie mit regelmässiger Aus- und Weiterbildung erworben haben. Für den Unternehmenserfolg reicht das allein aber noch nicht aus: Selbständige müssen auch ein solides kaufmännisches Grundwissen besitzen und administrative Arbeiten effizient erledigen können.

Tipp | Überprüfen Sie Ihre Fachkompetenz und Ihr unternehmerisches Grundwissen mithilfe der Checkliste «Meine Fachkenntnisse».

Finanzverhältnisse klären

Selbständigerwerbende verdienen insbesondere in der Start- und Aufbauphase ihres Unternehmens in der Regel bedeutend weniger als früher – auch wenn sie volle Auftragsbücher haben (siehe Seite 23). Der Grund liegt unter anderem in den zusätzlichen Kosten, für die sie selber aufkommen müssen. Dazu zählen die je nach Geschäftstätigkeit hohen Fixkosten (zum Beispiel Raummiete, Versicherungsprämien, Leasingraten, Zinsen für das Fremdkapital) sowie die Ausgaben für den Sozialversicherungsschutz (Krankheit, Unfall, Tod, Altersvorsorge). Hinzu kommt die finanzielle Überbrückung von flauen Geschäftszeiten, in denen nur Kosten entstehen, aber keine Einnahmen erzielt werden. Das drückt das durchschnittliche Monatseinkommen schnell auf ein tiefes Niveau.

Tipp | Haben Sie als durchschnittlich verdienender Arbeitnehmer mit dreizehn Monatslöhnen, bezahlten Ferien und vielleicht sogar einem Jahresbonus etwas Mühe, den Lebensunterhalt zu bestreiten, sollten Sie die Idee einer selbständigen Erwerbstätigkeit fallen lassen. Mit grosser Wahrscheinlichkeit werden Sie – mindestens zu Beginn – Ihren Lebensstandard nicht halten können.

Umso wichtiger ist es für künftige Selbständigerwerbende, zu wissen, wie viel Geld sie bisher monatlich wofür ausgegeben haben. Eine Aufstellung der Aufwendungen zeigt, welche Ausgaben effektiv zum Leben notwendig sind und welche sich reduzieren oder sogar ganz vermeiden lassen. Wenn Sie Ihre Lebenshaltungskosten kennen, können Sie ausrechnen, welche Einnahmen Sie als Unternehmer erzielen müssen, um die lebensnotwendigen Ausgaben decken bzw. den gewünschten Lebensstil aufrechterhalten zu können. Diese Zahl aus Ihrem Budget ist zentral für Ihre Finanzplanung.

Tipp | Welche Einnahmen- und Ausgabenposten zu berücksichtigen sind, zeigt Ihnen die Vorlage «Mein Haushaltsbudget», die auch gleich Ihre Zahlen addiert.

Checklisten |
Mein Charakter
Meine Fachkenntnisse
Vorlage |
Mein Haushaltsbudget

beobachter.ch/download

Familie: die Stütze im Hintergrund

Wer ein eigenes Geschäft aufbauen möchte, denkt dabei oft zu wenig an die Konsequenzen für die Familie oder das Privatleben. Dabei belastet jede selbständige Tätigkeit die Familie mehr oder weniger stark – besonders in der Aufbauphase: Ehe- oder Lebenspartner und Kinder müssen auf vieles verzichten, höchst flexibel sein, viel Verständnis haben, Geduld aufbringen – und dabei gleichzeitig unablässig unterstützen, motivieren, mittragen, mithelfen. Die Einstellung des Partners, der Partnerin trägt wesentlich zum Erfolg oder Misserfolg einer Firma bei. Nicht von ungefähr heisst es: Ein Firmengründer ist nur so gut wie die Lebenspartnerin an seiner Seite.

Tipp | Ob und wie weit Ihr Partner, Ihre Partnerin bzw. Ihre Familie den Weg in die Selbständigkeit mit Ihnen gehen kann und will, finden Sie anhand der Checkliste «Meine Familie» im Download-Angebot heraus.

Motivationsgründe: der innere Antrieb

Welches sind Ihre Beweggründe, um eine Firma aufzubauen? Welche Kräfte treiben Sie an? Spüren Sie schon seit Langem einen inneren Drang, diesen Schritt zu wagen, ein Lebensziel zu verwirklichen? Oder sind es eher äussere Zwänge, die Sie an eine selbständige Erwerbstätigkeit denken lassen? Etwa die fünfte Reorganisation innerhalb von drei Jahren am bisherigen Arbeitsplatz? Das drohende Burn-out wegen ständiger Arbeitsüberlastung? Die Dauerfrustration durch fehlende Wertschätzung an der bisherigen Stelle? Ein Jobverlust, die grosse Lebenskrise oder eine Krise im Privatleben?

Je nachdem sind Ihre Chancen für ein erfolgreiches Start-up grösser oder kleiner. Was natürlich nicht zwingend bedeutet, dass aus eher unvorteilhaften Motiven keine blühenden Unternehmen entstehen können.

Tipp | Ergründen Sie Ihre Beweggründe und Ihre Motivation für eine selbständige Erwerbstätigkeit mithilfe der Checkliste «Meine Motive» im Download-Angebot.

Checklisten |
Meine Familie
Meine Motive
beobachter.ch/
download

Das Wichtigste beim Schritt in die Selbständigkeit sind Sie als Person. Jemand, der glaubwürdig und vertrauenserweckend ist, der andere nicht nur mit Worten, sondern auch durch sein Handeln überzeugen kann. Sie müssen zudem einen grossen Enthusiasmus haben, in grundlegender Aufbruchsstimmung sein und ausgeprägte Lust verspüren, Ihr Arbeitsleben in die eigene Hand zu nehmen.

Ignorieren Sie die gut gemeinten, meist zur Vorsicht mahnenden Einwände Ihrer Freunde und Bekannten aber nicht. Berücksichtigen Sie die Argumente bei Ihren Entscheidungen – doch lassen Sie sich von pauschalen Aussagen nicht entmutigen. Immerhin stehen Ihnen im Gegenzug zu den mit Sicherheit auftretenden Problemen und Unternehmersorgen einige der spannendsten, intensivsten und befriedigendsten Momente Ihres Lebens bevor.

Arbeiten mit dem Ratgeber

Sie haben eine clevere Geschäftsidee, kennen jemanden, der eine Geschäftspartnerin sucht, können Ihrem Patron die Firma abkaufen, haben eine geniale Erfindung gemacht, wollen ein neues Produkt exklusiv in der Schweiz vertreiben. Oder Sie haben einfach die Nase voll von den unerfüllbaren Umsatzvorgaben Ihres Chefs und wollen Ihre eigenen Ideen verwirklichen.

Wie auch immer sich Ihre Situation präsentiert: Mit dem Schritt in die Selbständigkeit betreten Sie wahrscheinlich Neuland. Als Angestellter blieben Ihnen wohl viele Bereiche des Unternehmertums verborgen. Deshalb wird die Liste der offenen Fragen schnell ziemlich lang: Auf welche Art soll ich mich selbständig machen – allein, mit Partner oder in Abhängigkeit von Dritten, etwa als Franchisenehmer? Kann mich der bisherige Arbeitgeber daran hindern, ein eigenes Business aufzubauen? Muss ich meine Geschäftsidee patentieren lassen? Wie kann ich überprüfen, ob meine Geschäftsidee im Markt eine Chance hat und die Bedürfnisse künftiger Kunden abdeckt? Wie vermarkte ich meine Produkte oder Dienstleistungen? Gründe ich ein Einzelunternehmen oder eine GmbH? Wie soll ich mein Unternehmen finanzieren? Wie sichere ich mich gegen persönliche und unternehmerische Risiken ab? Muss ich Mehrwertsteuern abrechnen? Wie viele Steuern werde ich bezahlen müssen? Welche Einnahmen erziele ich mit meinen Business – und was bleibt mir schliesslich als Lohn übrig?

Schritt für Schritt zum Businessplan

Dieser Ratgeber liefert Ihnen Antworten auf alle wichtigen Fragen rund um die Gründung Ihrer Firma. Antworten, die ausschlaggebend sind für den Erfolg Ihres geplanten Unternehmens. Damit Sie Ihr Start-up nicht auf Sand, sondern auf einem soliden Fundament aufbauen, sollten Sie idealerweise einen Geschäfts- oder Businessplan erstellen (siehe Seite 109). Einfach ausgedrückt handelt es sich dabei um ein Werkzeug, das Sie dazu zwingt, Ihre Ziele, Strategien und Konzepte klar und verständlich aufs Papier zu bringen – für sich selbst und für Dritte, etwa Ihre Geldgeber oder Geschäftspartner.

Der Aufbau dieses Ratgebers entspricht der standardmässigen Gliederung eines Businessplans. Stehen Sie am Anfang Ihrer Unternehmensgründung, können Sie das Buch Kapitel für Kapitel durcharbeiten und parallel dazu schrittweise Ihren Businessplan erstellen. Ist Ihre Unternehmensgründung schon weiter fortgeschritten und haben Sie Teile des Businessplans bereits erarbeitet, picken Sie sich einfach diejenigen Informationen aus dem Ratgeber heraus, die Sie benötigen, um die noch offenen Fragen zu klären und den Businessplan zu vervollständigen.

Info | Wichtige Unterstützung bei der Gründung Ihres Unternehmens bietet Ihnen das effiziente Arbeitstool, das Sie im Download-Angebot finden. Es beinhaltet:
- Individualisierbare Vorlage für Ihren Businessplan
- Zahlreiche Checklisten
- Verschiedene Musterbriefe
- Vorformulierte Musterverträge
- Informative Merkblätter
- Wichtige Adressen mit direkten Links ins Internet

Sie können die Dokumente direkt an Ihrem Computer ausfüllen, sie beliebig an Ihre Bedürfnisse anpassen und danach ausdrucken. Das vereinfacht Ihre Arbeit in der hektischen Planungsphase vor dem Firmenstart, stellt sicher, dass Sie nichts Wichtiges vergessen, und spart Ihnen viel kostbare Arbeitszeit.

Gehen Sie davon aus, dass die seriöse Vorbereitung auf die Gründung eines Unternehmens mit Erfolgsaussichten einen grossen Arbeitsaufwand verursacht und zeitintensiv ist. Für die meisten ist die Vorbereitungsphase eine Art Reifeprozess, der sich über Monate oder gar Jahre hinziehen kann. In dieser Planungszeit ändert sich womöglich vieles in Bezug auf die ursprüngliche Businessidee. Visionen entpuppen sich als Fantasiegebilde, fundierte Marktrecherchen zeigen unerwartet neue Marktlücken auf. In diesem Sinn wäre es eine Illusion, zu glauben, Sie könnten diesen Ratgeber an einem Abend durchlesen und andertags ein erfolgreiches Business starten.

Checklisten, Vorlagen, Musterbriefe und -verträge, Merkblätter Businessplan, Links
beobachter.ch/download

2 | Die Möglichkeiten

Es gibt verschiedene Wege in die unternehmerische Selbständigkeit. Jeder einzelne beinhaltet gewisse Vor- und Nachteile, Chancen und Risiken, die Neuunternehmer und Firmengründerinnen bei ihren Überlegungen mitberücksichtigen sollten.

Wege in die Selbständigkeit

Eine zündende Idee haben, eine Marktlücke entdecken, ein Unternehmen gründen – und los gehts. In der Praxis läuft das Ganze meist anders ab. Vielfach steckt dahinter ein Reifeprozess, der Zeit braucht.

Da ist die Fachspezialistin, die nach reiflicher Überlegung als selbständige Unternehmerin Marktchancen ergreifen möchte. Die Kadermitarbeiterin, die lieber mit ihren Arbeitskollegen die Firma übernimmt, als auf der Strasse zu stehen. Der Teilzeitangestellte, der in kleinen Schritten den Übergang in die Selbständigkeit vorbereitet. Der langjährige Angestellte, der die Gelegenheit erhält, den Kleinbetrieb seines pensionierten Patrons zu kaufen. Die Wiedereinsteigerin, die sich neben Kinderbetreuung und Haushalt als Franchisenehmerin eine eigene Existenz aufbauen möchte. Oder der Arbeitslose, der in absehbarer Zeit ausgesteuert sein wird und in der selbständigen Erwerbstätigkeit die letzte Rettung sieht.

Aus welcher Situation heraus Sie eine Firma gründen, spielt letztlich keine Rolle. Zentral ist jedoch die Frage, ob Sie den Schritt in die Selbständigkeit allein oder mit einem Partner wagen wollen. Zudem müssen Sie sich darüber klar werden, welche finanziellen, personellen und strukturellen Abhängigkeiten Sie eingehen und von welchen unternehmerischen Freiheiten Sie profitieren möchten. Je nachdem drängen sich gewisse Formen der Selbständigkeit auf – oder kommen für Sie nicht infrage.

Allein oder mit Geschäftspartnern

«Geteilte Freude ist doppelte Freude, geteiltes Leid ist halbes Leid», heisst es. In der Tat sprechen viele Aspekte dafür, ein Unternehmen nicht allein, sondern gemeinsam mit einem Partner oder einer Partnerin zu gründen: Die Verantwortung und die Aufgaben werden aufgeteilt, die Vertretung ist sichergestellt, die Kundenkontakte und das Know-how vervielfachen sich. Besonders sinnvoll ist eine gemeinsame Geschäftsgründung, wenn sich zwei Partner mit unterschiedlichen Fähigkeiten und Kenntnissen zusammentun.

Unter Umständen können auch Spezialisten im gleichen Fachgebiet ein erfolgreiches Team bilden, sich in ihrer täglichen Arbeit beflügeln und gegenseitig zu Höchstleistungen anspornen. Allerdings müssen sie dann dafür sorgen, dass ihre fehlenden Fachkenntnisse in einem relevanten Geschäftsbereich oder ihre unternehmerischen Schwächen – etwa in Administration, Akquisition oder Kommunikation – von weiteren internen oder externen Fachkräften abgedeckt werden.

Tragfähige Basis der Partnerschaft
Das fehlende Eigenkapital sollte nie das ausschlaggebende Argument für eine Geschäftspartnerschaft sein. Das ist keine tragfähige Basis für eine auf lange Frist angelegte Zusammenarbeit. Dagegen braucht es ausgeprägte Fähigkeiten für gutes Teamwork. Unerlässlich ist es zudem, ein gemeinsames Ziel vor Augen zu haben – und die gleichen Ideen, Ideale und Vorstellungen, wie dieses erreicht werden soll. Auch sollten die Beteiligten in ihren Ansichten zur Lebens-, Arbeits- und Firmenphilosophie, den Salärvorstellungen, den Qualitätsansprüchen sowie der Einstellung zum Umgang mit Kunden und zur Geschäftsethik übereinstimmen. Ob dies zutrifft, zeigt sich unter anderem beim Erstellen des Businessplans (siehe Seite 113).

Um auch bei offensichtlich gleichen Vorstellungen spätere Streitigkeiten zu vermeiden und zu verhindern, dass sich ein Geschäftspartner benachteiligt fühlt, sollten Sie die gegenseitigen Rechte und Pflichten in einem fairen Gesellschaftsvertrag und allenfalls in einem Aktionärsbindungsvertrag festhalten (mehr dazu im Kapitel «Rechtsformen» ab Seite 163).

Tipp | Die Checkliste «Geschäftspartner» enthält alle Punkte, die Sie bei der Wahl von Partnern beachten sollten.

Andere Kooperationsformen
Ist eine gemeinsame Firma keine optimale Lösung, können Sie auch mit anderen Unternehmern kurz- oder längerfristig zusammenarbeiten und dadurch Synergien erzielen. Kooperationen sind überall dort sinnvoll, wo gemeinsame Interessen überwiegen, kein Partner die anderen direkt konkurrenziert und schliesslich alle

Checkliste | Geschäftspartner
beobachter.ch/download

Selbständig mit Geschäftspartnern

Vorteile
- Ergänzung fehlender Kenntnisse und Businesskontakte dank Partnern
- Steigerung der Unternehmenseffizienz durch Spezialisierung und Arbeitsteilung
- Weniger Eigenkapital nötig
- Verteilung von Risiko und Verantwortung auf mehrere Schultern
- Stellvertretung ist sichergestellt (wichtiges Kriterium für Kunden bei der Auftragsvergabe)
- Arbeitsentlastung in Spitzenzeiten dank Kooperationspartnern
- Weniger Isolation und Einsamkeit im Arbeitsalltag

Nachteile
- Gefahr von zwischenmenschlichen Konflikten aufgrund zu unterschiedlicher Charaktere
- Energieverschleiss und hoher Zeitaufwand für endlose Diskussionen über Geschäftsziele, -strategien und -führung bei divergierenden Ansichten
- Selbstverwirklichung ist nur begrenzt möglich
- Führungs- und Entscheidungsprobleme bei ungenauen Absprachen und Regelungen
- Gefährdung des Betriebs beim Ausstieg eines Partners (wenn dieser eine Schlüsselperson ist)

voneinander profitieren. Einpersonenfirmen, die in einem eingespielten Netzwerk nach ähnlichen Qualitätsstandards zusammenarbeiten, können einander auf Basis von massgeschneiderten Kooperationsvereinbarungen in Zeiten von Arbeitsüberlastung auch Kundenaufträge zuspielen oder Stellvertretungen sicherstellen. Beruht dies auf Fairness und Gegenseitigkeit, resultiert daraus für alle Beteiligten eine Win-Win-Situation.

Bürogemeinschaften: Eine besondere Art von Kooperationen sind alle Formen der «Sharing Economy» – einem neuen Trend, der immer populärer wird. Hier lautet das Grundprinzip: Mit anderen teilen ist sinnvoller und kommt günstiger, als wenn jeder alles selber besitzt. Zu diesem Konzept gehören auch Bürogemeinschaften, bei denen verschiedene Einzelunternehmer oder Firmen dieselbe Geschäftsinfrastruktur nutzen: Büroräume, Kopierer, Drucker, IT-Infrastruktur und -Support, Sekretariatsdienstleistungen, Kundenempfang, Telefondienst, Besprechungszimmer, Pausenräume, Post- und Kurierdienst, Fahrzeuge, Parkplätze, Lagerräume. Die anfallenden Kosten werden anteilsmässig nach einem bestimmten Schlüssel abgerechnet.

Dieses Konzept bewährt sich insbesondere für Dienstleister aller Art. Bedienen die kooperierenden Firmen die gleichen Zielgruppen, können sie diesen unter einem Dach verschiedene Dienstleistungen offerieren und werden dadurch für ihre Kunden noch attraktiver. Typisches Beispiel ist eine Gemeinschaftspraxis, in der verschiedene selbständige Allgemein- und Fachärzte sowie Therapiefachleute tätig sind, die medizinische Massagen, Physiotherapie und Akupunktur anbieten. Das Sharing-Prinzip funktioniert je nach Firmenkonstellation auch für Handwerks- und Gewerbebetriebe. Sie können sich teure Maschinen, technische Geräte und Raumkosten teilen und damit viel Geld sparen.

Coworking: Wer nur für eine gewisse Zeit – einige Stunden, ein paar Tage oder Wochen – einen kostengünstigen Arbeitsplatz mit moderner Infrastruktur sucht, findet diesen übers Internet unter dem Begriff «Coworking-Space» schon in vielen Regionen der Schweiz. Die Idee dahinter: gemeinsam, aber doch unabhängig voneinander arbeiten. Die kurzfristig mietbaren Arbeitsplätze bieten gerade Start-up-Unternehmerinnen und -Unternehmern ein inspirierendes Umfeld und soziale Kontakte mit Gleichgesinnten. Vielleicht lernt man ja dort auch den künftigen Geschäftspartner kennen und schätzen.

Contractor: Mit diesem Begriff werden Arbeitsverhältnisse bezeichnet, bei denen in der Regel hoch spezialisierte Fachkräfte als Freelancer für eine bestimmte Zeit fest für Projektarbeiten bei einer Firma beschäftigt werden oder als selbständige Freelancer im Unternehmen arbeiten. Gerade im IT-Bereich ist dies eine gängige Form der Zusammenarbeit. Solche Beschäftigungen auf Zeit vermitteln spezialisierte Personalvermittler, oder der Freelancer akquiriert einen Auftrag selbst direkt bei einem Unternehmen (zum Beispiel bei Banken), das Projektarbeiten aus Kostengründen regelmässig an externe Contractors vergibt. Bei dieser

Kooperationsform sollten Sie genau abklären, ob es sich um eine selbständige oder unselbständige Tätigkeit handelt. Wichtig ist, dass rechtlich keine Scheinselbständigkeit entsteht – also der Auftraggeber seinen arbeits- und sozialrechtlichen Verpflichtungen nicht nachkommt und Sie von der AHV aufgrund der Rahmenbedingungen dennoch nicht als selbständig erwerbend anerkannt werden (Details siehe Seite 193).

Teilzeit-Selbständigkeit

Wer den Weg in die Selbständigkeit behutsam angehen und sich nicht gleich den vollen Risiken aussetzen will, kann unter Umständen aus einer Teilzeitbeschäftigung heraus ein Unternehmen aufbauen. So profitieren Sie einerseits im Rahmen der Teilzeitstelle von den Vorteilen des Arbeitsrechts und geniessen andererseits die Freiheiten eines Unternehmers. Knapp 20 Prozent der selbständig erwerbenden Männer arbeiten Teilzeit, bei den Frauen sind es rund 60 Prozent.

Den Schritt in die Teilzeit-Selbständigkeit machen zusehends auch Mütter, die neben Haushalt und Kinderbetreuung im Nebenerwerb ihr eigenes Business aufbauen. Sie werden als «Mompreneurs» bezeichnet. Die folgenden Ausführungen gelten sinngemäss auch für sie.

Rahmenbedingungen

Grundsätzlich sollten Sie bei einer Teilzeit-Selbständigkeit darauf achten, dass das Einkommen aus Ihrer festen Anstellung die Lebenshaltungskosten deckt. Dadurch können Sie sich mehr Fehler erlauben und haben die Möglichkeit, erste Markterfahrungen zu sammeln und Ihre Unternehmensstrategie wenn nötig anzupassen, bevor Sie alles auf eine Karte setzen – und womöglich falschliegen. Nach der erfolgreichen Startphase können Sie dann Ihr Arbeitspensum sukzessive reduzieren oder die Stelle mit dem Fixlohn ganz aufgeben.

Wenn Sie eine Teilzeitstelle als Angestellter haben und die übrige Zeit als Unternehmer tätig sind, benötigen Sie einen kulanten Arbeitgeber, sonst dürfte es schnell einmal Probleme geben. Rein rechtlich müssen Sie darauf achten, dass Sie mit Ihrer selbständigen Erwerbstätigkeit nicht gegen Ihren Arbeitsvertrag verstossen. Am besten informieren Sie Ihren Arbeitgeber offen über Ihre Pläne. Er sollte in der Regel nichts dagegen haben, wenn Sie ihn mit Ihrem eigenen Business nicht konkurrenzieren und ihm garantieren können, dass er nach wie vor auf Ihre volle Arbeitsleistung und Ihren Einsatz zählen kann.

Ob eine Selbständigkeit im Nebenerwerb eine ideale Lösung ist, hängt unter anderem stark von der Branche, Ihrem Arbeitgeber, Ihrer Stelle, Ihrem Arbeitsinhalt und Ihrer Person ab. Die Gefahr besteht, dass Sie sich mit zwei gleichzeitig ausgeführten Jobs zerreissen und schliesslich mit keiner Arbeit Erfolg haben. Das könnte sich insbesondere in der Anfangsphase eines Unternehmens fatal auswirken. In dieser Zeit ist nicht nur überdurchschnittlicher Einsatz gefordert, sondern je

Links | Stiftung Auffangeinrichtung BVG
beobachter.ch/download

nach Produkt oder Dienstleistung müssen Sie auch für Ihre Kunden ständig ansprechbar sein. Ein Teilzeitjob kann dies verunmöglichen. Die Praxis zeigt, dass ein halbherziger, zögerlicher Geschäftsstart selten zum Erfolg führt.

Versicherungsschutz

Üben Sie neben der Selbständigkeit einen Teilzeitjob aus, werden Ihnen auf dem Einkommen aus der unselbständigen Erwerbstätigkeit nach wie vor die Beiträge an die AHV/IV und die Arbeitslosenversicherung abgezogen, je nach Arbeitspensum zudem auch Pensionskassenbeiträge. Auf dem Einkommen aus der selbständigen Erwerbstätigkeit bezahlen Sie die etwas höheren AHV/IV-Beiträge für Selbständigerwerbende und allenfalls Beiträge an eine Pensionskasse – falls Sie einer solchen freiwillig beitreten (siehe Seite 197).

Allerdings können Ihnen durch die Aufteilung Ihres Gesamteinkommens in der beruflichen Vorsorge Nachteile entstehen. Am besten lassen Sie sich bei der Stiftung Auffangeinrichtung BVG beraten (www.chaeis.net).

Sicherstellen müssen Sie auch den Versicherungsschutz bei Unfall und Krankheit. Als Arbeitnehmer sind Sie obligatorisch gegen Betriebsunfall und – sofern Sie mindestens acht Stunden pro Woche beim selben Arbeitgeber tätig sind – auch gegen Nichtbetriebsunfall versichert. Bei Krankheit ist Ihr Lohnausfall als Angestellter für eine bestimmte Zeit gewährleistet: über die Lohnfortzahlung des Arbeitgebers, die von der Dauer Ihrer Betriebszugehörigkeit abhängt, und über die Krankentaggeldversicherung, sofern Ihr Arbeitgeber eine solche abgeschlossen hat (mehr dazu auf Seite 207). Ihr Einkommen als Selbständigerwerbender müssen Sie hingegen selbst versichern (siehe Seite 193).

Steuerfragen

Was die Steuern betrifft, so ist es unproblematisch, gleichzeitig eine Teilzeitarbeit

---

Selbständig mit Teilzeitpensum als Arbeitnehmer

Vorteile

- Ermöglicht einen sanften Einstieg in die Selbständigkeit mit vermindertem Risiko
- Reduziert dank gesichertem Grundeinkommen Leistungsdruck und Existenzängste
- Verhilft Teilzeitangestellten im Rahmen der Anstellung zu arbeitsrechtlichen Vorteilen (bezahlte Feiertage, Ferien, Lohn bei Krankheitsabsenzen, Schutz bei Nichtberufsunfällen, Kündigungsschutz)

Nachteile

- Provoziert möglicherweise Friktionen und Diskussionen mit dem Arbeitgeber
- Führt allenfalls zu Nachteilen in der beruflichen Vorsorge gemäss BVG
- Beinhaltet die grosse Gefahr chronischer Arbeitsüberlastung
- Verunmöglicht einen je nach Produkt oder Dienstleistung zwingend erforderlichen raschen Markteintritt
- Persönliche Verfügbarkeit deckt sich nicht mit den Kundenbedürfnissen

Selbständig in der virtuellen Welt

Das Internet bietet auch für Teilzeitunternehmer neue Geschäftsmöglichkeiten. Sie können ihr virtuelles Business mit einem Computer im Heimbüro mit wenig Startkapital beginnen und nach Feierabend betreiben. Sie benötigen kein Büro, keinen Laden, kein Firmenauto und kein Warenlager, sofern der Produktvertrieb über einen Zwischenhändler läuft.

Doch vielfach steht bei modernen Onlinebusiness-Formen gar kein physisches Produkt im Zentrum, sondern Dienstleistungen jeder Art. In diesem Fall benötigen Sie nur einen leistungsfähigen Computer, einen Hochgeschwindigkeitszugang ins Internet sowie Zeit und Fachwissen im gefragten Bereich. Dann schnappen Sie sich beispielsweise einen Auftrag auf einer sogenannten **Crowdsourcing-Plattform** und bearbeiten diesen als registrierte Crowdworkerin. Die Aufträge stammen vielfach von etablierten Firmen, die grössere Projekte in Kleinstaufträge zerlegen und sie übers Internet interessierten Freelancern anbieten. Dabei ist es dem Auftraggeber egal, ob ein indischer Informatikstudent, eine Übersetzerin aus Südafrika, ein App-Tester aus Polen oder ein Produkttexter aus Australien am Werk ist. Hauptsache, der Auftrag wird wunschgemäss erledigt und kostet die Firma einen Bruchteil, verglichen mit einem Festangestellten im eigenen Unternehmen.

Aufgrund der meist niedrigen Honorare lässt es sich als Crowdworker in der Schweiz allerdings kaum leben – als Teilselbständigkeit bzw. Nebenerwerb vermag das damit verdiente Geld höchstens das Haupteinkommen etwas aufzubessern.

Bessere Voraussetzungen, Geld zu verdienen, bieten selbständige Teilzeitaktivitäten, die über Onlineplattformen von Dritten akquiriert werden können. Dazu gehören zum Beispiel die Vermietung von Gästezimmern über Airbnb oder die Taxidienste von Uber, die einem Teilzeit-Selbständigerwerbenden temporäre Einkünfte generieren können. Für alle Formen von solchen gelegentlichen, kurzfristigen Arbeitseinsätzen wird auch der Begriff **Gig Work** verwendet.

Der Vorteil von Geschäftsaktivitäten im oder übers Internet: Es braucht meist nur wenig Kapital, entsprechend gering ist das finanzielle Risiko. Ein Onlinebusiness bietet Ihnen aber vor allem die Möglichkeit, auf einfache Art wertvolle Erfahrungen im unternehmerischen Denken und Handeln zu sammeln. Zudem lassen sich Onlineaktivitäten jederzeit einstellen, wenn finanziell nichts dabei herausschaut.

als Angestellter zu haben und selbständig erwerbend zu sein. Die Einkünfte aus der unselbständigen Erwerbstätigkeit versteuern Sie wie bis anhin als natürliche Person, die Einkünfte aus der selbständigen Erwerbstätigkeit je nach Rechtsform Ihres Unternehmens als natürliche oder juristische Person (mehr dazu ab Seite 233).

Selbständig aus der Arbeitslosigkeit

Wer seine Arbeit verloren hat und erfolglos eine neue Stelle sucht, dürfte sich spätestens vor der Aussteuerung überlegen, ob eine selbständige Erwerbstätigkeit ein Ausweg sein könnte. Studien zeigen, dass sich jeder fünfte Langzeitarbeitslose selbständig macht.

Info | Erwerbslose können mit oder ohne Unterstützung der Arbeitslosenversicherung eine eigene Existenz aufbauen. Über die genauen Bedingungen sowie die Vor- und Nachteile informieren die regionalen Arbeitsvermittlungszentren (RAV) oder die kantonalen Amtsstellen (Amt für Wirtschaft und Arbeit, KIGA oder kantonales Arbeitsamt genannt).

Ohne Unterstützung der Arbeitslosenversicherung

Es ist einem Arbeitslosen jederzeit freigestellt, sich bei der Arbeitslosenversicherung abzumelden und einer selbständigen Erwerbstätigkeit nachzugehen. Dieses Vorgehen empfiehlt sich aber nur, wenn jemand die nötige Vorbereitungs- und Planungsphase schon hinter sich hat und kurz vor der Geschäftsgründung steht. Arbeitslose können theoretisch auch weiterhin Taggelder beziehen und sich in ihrer Freizeit auf die Selbständigkeit vorbereiten. Voraussetzung ist allerdings, dass sie dabei ihren Kontrollpflichten nachkommen und vermittlungsfähig bleiben – das heisst, weiterhin intensiv nach einer Anstellung Ausschau halten. Und hier liegt der Haken: Wer sich als Arbeitsloser mit dem Aufbau eines eigenen Unternehmens beschäftigt, in der festen Absicht, eine dauernde selbständige Erwerbstätigkeit aufzunehmen, ist kaum mehr motiviert, mit dem nötigen Engagement auch noch eine Anstellung zu suchen. In diesem Fall ist man aufgrund der gesetzlichen Bestimmungen aber nicht mehr vermittlungsfähig und hat damit keinen Anspruch mehr auf Taggelder. Oder anders gesagt: Tätigen Sie im Hinblick auf eine selbständige Erwerbstätigkeit bedeutende Investitionen, die Sie persönlich, rechtlich oder zeitlich binden, wird die Arbeitslosenversicherung die Zahlungen einstellen. Das ist dann der Fall, wenn Sie Fahrzeuge, Maschinen oder Werkzeuge kaufen, eine Werkstatt oder ein Büro mieten.

Zwar kennt die Arbeitslosenversicherung den sogenannten Zwischenverdienst. Damit ist eine Voll- oder Teilzeitbeschäftigung gemeint, bei der das Einkommen tiefer ist als das ausgezahlte Taggeld. Auch eine selbständige Erwerbstätigkeit kann als Zwischenverdienst anerkannt werden. Es muss sich dann aber um eine vorübergehende Tätigkeit handeln, die jemand nur aufnimmt, weil er keine Stelle gefunden hat – und die er jederzeit zugunsten einer Anstellung wieder aufgeben würde. Nur so gilt man für die Arbeitslosenversicherung weiterhin als vermittlungsfähig.

Info | Machen Sie sich ohne Unterstützung der Arbeitslosenversicherung selbständig, können Sie unter Umständen (wieder) Arbeitslosentaggelder beanspruchen, falls Sie mit Ihrem Vorhaben scheitern und Ihr Unternehmen nach kurzer Zeit wieder aufgeben müssen. Sie können dabei von verlängerten Rahmenfristen profitieren (siehe Seite 197). Erkundigen Sie sich beim RAV, was in Ihrem Fall gilt.

Mit Unterstützung der Arbeitslosenversicherung

Tragen Sie sich mit dem Gedanken, aus der Arbeitslosigkeit heraus ein eigenes Unternehmen aufzubauen, kann Ihnen die Arbeitslosenversicherung den Einstieg in die Selbständigkeit auf mehrere Arten erleichtern. Die folgenden Unterstützungsleistungen können Sie einzeln oder zusammen beanspruchen:

- Erhalt von Planungstaggeldern mit gleichzeitiger Befreiung von den Kontrollpflichten
- Gewährung einer verlängerten Rahmenfrist als Auffangnetz für den Fall einer erfolglosen Geschäftstätigkeit
- Besuch von Kursen zur Unternehmensgründung und -führung
- Übernahme einer 20-prozentigen Verlustrisikogarantie für eine Bürgschaft

Planungstaggelder

Für die Vorbereitung einer selbständigen Erwerbstätigkeit befreit Sie die Arbeitslosenversicherung maximal 90 Arbeitstage lang von den üblichen Pflichten. Das entspricht einer Planungsphase von achtzehn Wochen, da die Versicherung mit fünf Taggeld-Tagen pro Woche rechnet. Während dieser Zeit müssen Sie keine zumutbare Arbeit annehmen, keine Stelle suchen, den Kontrollvorschriften nicht nachkommen – und Sie erhalten trotzdem Taggelder.

In den Genuss der Planungstaggelder kommen nur Arbeitslose, die mindestens zwanzig Jahre alt sind und ein Projekt für eine wirtschaftlich tragfähige, dauerhafte selbständige Erwerbstätigkeit vorweisen können. Zudem dürfen sie die bisherige Stelle nicht durch eigenes Verschulden verloren haben. Der Gesetzgeber will damit vermeiden, dass angehende Unternehmer die Arbeitslosenversicherung für ihre Selbständigkeitspläne missbrauchen. Doch auch wenn Sie selber gekündigt haben, können Sie versuchen, Planungstaggelder zu erhalten – etwa wenn Sie wegen unzumutbarer Arbeitsbedingungen kündigten oder wenn Sie bereits länger arbeitslos sind.

Am besten beantragen Sie die Planungstaggelder zu Beginn Ihrer Arbeitslosigkeit beim Amt für Wirtschaft und Arbeit (oder KIGA bzw. kantonalen Arbeitsamt). Dabei müssen Sie zwar keine Fristen einhalten, aber das richtige Timing ist dennoch entscheidend. Denn Arbeitslose erhalten innerhalb von zwei Jahren (Rahmenfrist für den Leistungsbezug) höchstens 400 Taggelder (über 55-Jährige und Invalide maximal 520). Darin sind die Taggelder für die Planung der Selbständigkeit miteingerechnet. Beginnen Sie also erst nach 380 bezogenen Taggeldern Ihre Selbständigkeit zu planen, können Sie nicht mehr 90, sondern nur noch 20 Planungstaggelder beziehen. Hinzu kommt, dass die kantonalen Amtsstellen rund vier Wochen benötigen, um ein Gesuch zu prüfen.

Tipp | Um vom maximalen Anspruch profitieren zu können, sollten Sie das Gesuch spätestens 19 Wochen vor Ablauf der zweijährigen Rahmenfrist einreichen.

Teilselbständigkeit

Grundsätzlich besteht die Möglichkeit, neben der Arbeitslosigkeit teilzeitlich einer dauernden selbständigen Tätigkeit nachzugehen – also nicht nur einem selbständigen Zwischenverdienst. Eine auf Dauer ausgerichtete selbständige Erwerbstätigkeit schliesst den Anspruch auf Arbeitslosenentschädigung nicht grundsätzlich aus. Sie kann jedoch dazu führen, dass nur in begrenztem Umfang Anspruch auf Arbeitslosenentschädigung besteht, wenn die versicherte Person wegen der selbständigen Tätigkeit keine Vollzeitstelle mehr annehmen kann. Eine Teilselbständigkeit müssen Sie dem RAV melden, und Sie müssen die Zeitfenster exakt absprechen. Das ist sinnvoll, wenn Sie eine teilzeitliche Selbständigkeit ausprobieren möchten – zum Beispiel medizinische Massagen nach Arbeitsschluss anbieten oder samstags als Erwachsenenbildnerin einzelne Kurs durchführen –, daneben aber auf eine feste Anstellung angewiesen sind und auch danach suchen. Was in Ihrem Fall möglich ist, müssen Sie im Detail mit dem zuständigen RAV klären.

Das Gesuch um Taggelder für die Planungsphase muss einen vollständigen Businessplan (siehe Seite 109) sowie Angaben zu Ihren beruflichen Kenntnissen enthalten. Dazu gehören Lebenslauf, Lehrabschlussprüfung, Berufsdiplome, Studienabschlüsse, Arbeitszeugnisse, Referenzen und berufliche Weiterbildungen. Diese Unterlagen sind zwar in der Regel bereits in Ihrem Personaldossier auf dem RAV vorhanden, doch die kantonale Amtsstelle hat darauf keinen Zugriff.

Weiter müssen Sie Kenntnisse in der Geschäftsführung nachweisen. Fehlt Ihnen dieses Know-how, können Sie vor dem Einreichen des Gesuchs um Planungstaggelder beim RAV einen «Existenzgründerkurs» beantragen. Dort erarbeiten Sie in der Regel in Begleitung eines Unternehmensberaters ein Businesskonzept, das die Erfolgschancen einer Geschäftsidee aufzeigen soll.

Die Amtsstelle interessiert zudem der Projektstand und der Zeitpunkt, an dem Sie die Selbständigkeit aufnehmen wollen. Darauf entscheidet sie, wie viele Taggelder Ihnen für die Planungsphase gewährt werden. Rechnen Sie aber nicht mit dem vollen Anspruch: Planungstaggelder erhalten Sie lediglich für Vorbereitungsarbeiten; etwa um Ihr Büro, Ihren Laden oder Ihre Werkstatt einzurichten. Der Anspruch erlischt an dem Tag, an dem Sie Ihre selbständige Erwerbstätigkeit aufnehmen. Die Planungstaggelder sind nicht dazu bestimmt, die erste Durststrecke als Neuunternehmer zu überbrücken. Deshalb erhalten Sie auch keine Planungstaggelder, wenn Sie eine bereits bestehende Firma übernehmen.

Übernahme des Verlustrisikos bei einer Bürgschaft

Arbeitslose können einen Antrag stellen, dass sich die Arbeitslosenversicherung zu 20 Prozent am Verlustrisiko einer Bürgschaft beteiligt, die sie bei einer gewerblichen Bürgschaftsgenossenschaft aufnehmen (Details zur Bürgschaft siehe Seite 279). Im Fall eines Verlusts wird dann aber der Taggeldanspruch des Versicherten um den an die Bürgschaftsgenossenschaft bezahlten Betrag herabgesetzt. Von dieser Bürgschaftsverlustrisiko-Garantie können auch Arbeitslose profitieren, die keine Planungstaggelder erhalten. In letzterem Fall müssen sie ihr Gesuch innerhalb der ersten 35 Wochen kontrollierter Arbeitslosigkeit stellen. Wer Planungstaggelder bezieht, hat sein Gesuch auf die Übernahme des Verlustrisikos in den ersten 19 Wochen kontrollierter Arbeitslosigkeit einzureichen.

Die Praxis zeigt, dass die Hürden zum Erlangen einer Bürgschaft extrem hoch sind. Denn nur mit einer von einer Bank mitfinanzierten Geschäftsidee lässt sich überhaupt eine Bürgschaft beantragen. Wer also für seine Businessidee keine Bank findet, kann diese im Gesetz verankerte Unterstützung nicht nutzen.

Info | Auch das Maximum von 90 Taggeldern reicht nicht, um den Geschäftsstart seriös vorzubereiten. Planen Sie Ihre Selbständigkeit also schon vor Beginn der Planungsphase intensiv. In den meisten Kantonen können Sie vor dem Beantragen der Planungstaggelder einen Firmengründerkurs besuchen. Unterlagen erhalten Sie beim RAV. In einigen Kantonen müssen Sie für einen solchen Kurs bereits Planungstaggelder beziehen.

Während der Vorbereitung Ihrer selbständigen Erwerbstätigkeit sollten Sie keine regelmässigen Einnahmen in der Grössenordnung eines gut laufenden Betriebs haben. Das hiesse ja, dass Ihr Projekt bereits realisiert ist oder zumindest kurz vor dem Abschluss steht. Dann aber wäre aus Sicht der Versicherung eine weitere Auszahlung von Taggeldern nicht mehr gerechtfertigt.

Dagegen wird ein kleines, in der Planung budgetiertes Einkommen nicht von den Taggeldern abgezogen. Solche voraussichtlichen Einkünfte müssen Sie schon beim Einreichen Ihres Gesuchs angeben. Das erlaubt der kantonalen Amtsstelle, die Zahl der Taggelder festzusetzen. Während der Planungsphase wird dann auf eine monatliche Abrechnung über Ihre Einkünfte verzichtet. Sind diese niedriger als angenommen, können Sie weitere Planungstaggelder beantragen. Mehr als das Maximum von 90 Tagen erhalten Sie jedoch nicht.

Nach Ablauf der Planungsphase müssen Sie der kantonalen Amtsstelle schriftlich mitteilen, ob Sie Ihr Geschäftsprojekt realisiert haben. Lassen Sie es aus nachvollziehbaren Gründen fallen, können Sie weiterhin die Ihnen noch zustehenden normalen Taggelder beziehen. Sie müssen Ihr Projekt dann aber definitiv aufgeben. Können Sie nach der Planungsphase keine konkreten Vorbereitungsarbeiten nachweisen, müssen Sie mit bis zu 25 Einstelltagen rechnen, bis Ihnen die restlichen Taggelder ausgezahlt werden.

Verlängerung der Rahmenfrist
Wichtiger als die Taggelder für die Planungsphase ist die verlängerte Rahmenfrist, die Arbeitslose beim Start in die Selbständigkeit erhalten: Sobald Sie der kantonalen Amtsstelle mitgeteilt haben, dass Sie die selbständige Erwerbstätigkeit definitiv aufnehmen, wird Ihre laufende Rahmenfrist für den Leistungsbezug um zwei Jahre verlängert. Ihnen stehen damit zwar nicht mehr Taggelder zu, jedoch eine längere Frist, in der Sie diese beziehen können.

Sollten Sie mit Ihrem Unternehmen scheitern, können Sie sich innerhalb der verlängerten Rahmenfrist wieder bei der Arbeitslosenversicherung anmelden und während der Suche nach einer neuen Stelle die Ihnen noch zustehenden Taggelder in der bisherigen Höhe beziehen. Damit haben Sie eine Art Rückversicherung für den schlimmsten Fall. In der Regel genügen die zwei zusätzlichen Jahre Rahmenfrist, um die Erfolgschancen eines Unternehmens zu beurteilen.

Info | Der Weg aus der Arbeitslosigkeit in die Selbständigkeit ist nicht ohne Risiko – vor allem, wenn Sie mit Ihrem neu gegründeten Unternehmen scheitern. Je nach der Rechtsform der Firma, der Anzahl bereits bezogener Taggelder, der Dauer der Selbständigkeit und Ihrem versicherungsrechtlichen Status erhalten Sie bei erneuter Arbeitslosigkeit unter Umständen weniger oder gar keine Leistungen der Arbeitslosenversicherung. Dann bleibt nur noch die Sozialhilfe.

Selbständig aus der Arbeitslosigkeit

Vorteile
- Beratende und moralische Unterstützung durch die betreuende Amtsstelle
- Weiterbildungsmöglichkeiten über das RAV
- Bezahlte Planungszeit beim Bezug von Planungstaggeldern
- Um zwei Jahre verlängerte Rahmenfrist als Rückversicherung
- Teilübernahme des Verlustrisikos bei einer Bürgschaft

Nachteile
- Knapp bemessene Planungszeit, insbesondere wenn aufwendige Marktabklärungen notwendig sind
- Gefahr, dass die Selbständigkeit nur aufgrund einer Notsituation und ohne fachliche oder persönliche Eignung aufgenommen wird
- Risiko, nach dem Scheitern keine oder nur noch eine reduzierte Zahl von Taggeldern beziehen zu können

Formen der Selbständigkeit

Ob Sie Ihr Unternehmen allein oder mit Geschäftspartnern, in Teilzeit oder von Anfang an mit voller Kraft aufbauen – es gibt verschiedene Formen der Selbständigkeit.

Eine Firma aus dem Nichts heraus auf die Beine zu stellen, ist wohl die anspruchsvollste Herausforderung. Unter Umständen haben Sie aber auch die Möglichkeit, einen bestehenden Betrieb zu kaufen und zu neuer Blüte zu führen. Oder Sie werden als Franchisenehmer mit einem bestehenden Unternehmenskonzept selbständig oder vertreiben als Agent oder Alleinvertreter Produkte von Dritten.

Selbständig als Firmengründer

Wer ein Unternehmen neu aufbaut, hat volle Gestaltungsfreiheit – eine rundum befriedigende Aufgabe. Niemand heisst Sie jedoch willkommen. Sie müssen sich Ihren Platz im Markt erst mühsam erkämpfen, Beziehungen zu Lieferanten aufbauen, das Vertrauen der Kundinnen und Kunden gewinnen – und das immer wieder von Neuem.

Diese Aufgabe lässt sich nur erfolgreich bewältigen, wenn die entscheidenden Faktoren vorhanden sind: eine zündende Idee, eine klare Marktlücke, genug Kapital, hervorragende unternehmerische Fähigkeiten, überdurchschnittlicher Einsatz – und nicht zuletzt auch ein wenig Glück. Eine Neugründung birgt jedoch nicht nur Gefahren, auch wenn dies mit Blick auf die Konkursstatistik so wirken mag. Sie bietet Ihnen die Chance, Ihre Ideen ohne Rücksicht auf Bestehendes zu realisieren.

Selbständig durch Firmenneugründung

＋ Vorteile
- Beste Möglichkeit, um eigene Ideen zu verwirklichen
- Keine einschränkenden Rahmenbedingungen
- Keine Übernahme von Firmenaltlasten oder Benachteiligung durch schlechtes Firmenimage
- Bonus des «Neuen»

− Nachteile
- Risikoreichste Variante der Selbständigkeit
- Aufwendige Aufbauarbeit, bis ein neues Unternehmen im Markt bekannt und etabliert ist
- Gefahr, sich bei den anstehenden Aufgaben zu übernehmen
- Gefahr, in der Gründereuphorie den Markt falsch einzuschätzen

Der richtige Zeitpunkt
Oft stellen sich Neuunternehmer die Frage, wann der ideale Zeitpunkt einer Firmengründung sei. Die Antwort ist einfach: Es gibt ihn nicht! Massgebend ist immer das Produkt oder die Dienstleistung, die Sie auf den Markt bringen wollen. Entspricht die angebotene Leistung einem echten Kundenbedürfnis, spielt das richtige Timing eine untergeordnete Rolle.

Natürlich gibt es manchmal spezielle Situationen, die den Start erleichtern können. Schliesst etwa der einzige Treuhänder und Steuerberater im Ort altershalber sein Geschäft, kann die Eröffnung eines Treuhandbüros auf diesen Zeitpunkt hin ein guter Schachzug sein. Das Gleiche gilt, wenn Sie eine Erwerbstätigkeit aufnehmen, die an eine bestimmte Saison gebunden ist. Die Eröffnung eines Sauna- und Solariumbetriebs ist sicher sinnvoller im Herbst als im Hochsommer.

Vorsicht ist geboten, wenn ein Unternehmen wegen Konkurs dichtmacht – obwohl es vielleicht sogar eine Monopolstellung in der Region innehatte, etwa die einzige Papeterie im Umkreis von zwölf Kilometern war. Wer allein das Verschwinden eines Konkurrenten zum Anlass einer Firmengründung nimmt, wird auf die Nase fallen, wenn nicht die Marktanalyse klar aufzeigt, dass für die geplante Leistung ein genügend grosser Markt besteht.

Selbständig als Firmenkäufer

Neuunternehmer mit ausgezeichneten Fach- und Branchenkenntnissen, die keine Pionierarbeit leisten wollen, können unter Umständen eine bestehende Firma kaufen. Als Käufer bzw. Unternehmensnachfolger profitieren Sie im Idealfall von der geleisteten Vorarbeit, vom Know-how, von eingeführten Produkten und Dienstleistungen, von intakten Vertriebskanälen sowie einem bestehenden Händler- und Lieferantennetz. Sie erwerben einen Kundenstamm, eine funktionierende Infrastruktur und hoffentlich ein gutes Firmenimage.

Eine bestehende Firma zu übernehmen und erfolgreich weiterzuführen, bedeutet jedoch nicht, mit weniger Problemen konfrontiert zu sein als ein Firmengründer. Auch diese Aufgabe erfordert fundierte Branchen- und Betriebswirtschaftskenntnisse. Das ist besonders bei heruntergewirtschafteten Unternehmen der Fall – wovon Sie grundsätzlich die Finger lassen sollten. Denn aus Ruinen entsteht in den seltensten Fällen wieder blühendes Leben. Auch eine etablierte, rentable und hervorragend geleitete Firma als Unternehmensnachfolger erfolgreich weiterzuführen, ist nicht leicht. Permanente Anstrengungen und unermüdlicher Einsatz sind erforderlich, um nur schon Umsatz und Gewinn zu halten. Ein Firmenkäufer sollte sich also nicht der Illusion hingeben, er könne sich in ein gemachtes Nest setzen und habe ein für alle Mal ausgesorgt.

Die Firma analysieren
Bevor Sie sich auf die Suche nach einer geeigneten Firma machen, sollten Sie schriftlich festhalten, was Sie genau wollen. Denn ziel- und konzeptloses Suchen kostet nur Zeit und Geld. Schnäppchen gibt es

keine, lukrative Kaufangebote sind Mangelware, sie ausfindig zu machen, ist schwierig. Perlen sind weder in Chiffre-Inseraten in der Wirtschaftspresse noch auf den spezialisierten Plattformen im Internet zu finden – insbesondere dann nicht, wenn sie angeblich «in einem expandierenden Markt hohen Gewinn abwerfen». In Wirklichkeit weisen solche Angebote meist erhebliche Schwachstellen auf.

Info | Hilfreich bei der Suche nach geeigneten, zum Verkauf stehenden Firmen können Branchenverbände, Treuhandgesellschaften oder Banken sein. Sie haben oft gute Beziehungen zu KMU, die daran sind, ihre Nachfolgeregelung zu planen, oder schon konkret einen geeigneten Geschäftsnachfolger suchen.

Damit Sie nicht die Katze im Sack kaufen, müssen Sie die Firma gründlich analysieren. Laien können dies nur bedingt. Selbst überprüfen können Sie vielleicht den Zustand von Maschinen, Werkzeugen, Apparaten, die Qualität von Produkten und Dienstleistungen. Entscheidend ist auch die Qualität der Kunden. Sind die Kundendaten aktuell? Wie viele wiederkehrende Kunden gibt es? Wie oft und wie viel bestellen sie? Bezahlen sie termingerecht? Sind sie zufrieden? In welcher Phase ihres Lebenszyklus befinden sich die Produkte? Welche Reputation hat das Unternehmen?

Entscheidend ist jedoch, was in den Geschäftsbüchern steht: Wie entwickelten sich Umsatz und Gewinn in den letzten Jahren? Wie hoch sind die stillen Reserven? Wie gross die Schulden? Wie rot oder schwarz die Zahlen? Hier helfen einem betriebswirtschaftliche Kennzahlen weiter. Was sich nicht auf den ersten Blick zeigt: Welche finanziellen Verpflichtungen hat die Firma? An welche Verträge ist sie gebunden? Welche Investitionen und Ausgaben sind wann notwendig?

Der richtige Preis
Neuunternehmer, die keine fundierten betriebswirtschaftlichen Kenntnisse besitzen, sind mit einer Unternehmensbewertung überfordert und auf die Hilfe von Spezialisten – einem Treuhänder oder einer Unternehmensberaterin – angewiesen. Diese sollten die Branche kennen und nicht zum ersten Mal eine Unternehmensbewertung vornehmen. Vielfach wird der Verkäufer Ihnen ein bereits erstelltes Gutachten vorlegen. Damit sollten Sie sich auf keinen Fall zufriedengeben und selbst einen neutralen Gutachter beiziehen – auch wenn die vorgelegte Unternehmensbewertung von einer renommierten Beratungsgesellschaft stammt. Gutachten sind nie ganz objektiv. Dies macht den Entscheid über den angemessenen Preis auch so schwierig. Wichtige Hinweise auf den Wert einer Firma geben der Substanz- und der Ertragswert. Der Preis wird letztlich immer mit Verhandeln entschieden. Eine gute Vorbereitung auf das Verhandlungsgespräch ist deshalb wichtig.

Tipp | Welche Aspekte es beim Firmenkauf zu berücksichtigen gilt, zeigen die Checkliste «Firmenkauf» und das Infoblatt «Unternehmensbewertung». Sie helfen, die Spreu vom Weizen zu trennen, und verhindern einen unüberlegten Impulskauf.

Checkliste | Firmenkauf
Infoblatt | Unternehmensbewertung
beobachter.ch/download

Den Kaufvertrag erstellen

Um sich vor unliebsamen Überraschungen zu schützen, müssen Sie beim Kauf eines Unternehmens dem Kaufvertrag besondere Beachtung schenken. Damit keine wesentlichen Punkte vergessen gehen, sollten Sie für das Abfassen eine Fachperson beiziehen.

Der Kaufvertrag sollte mindestens die folgenden Punkte enthalten:

- Beschreibung des Kaufgegenstands
- Kaufpreis und Zahlungsmodalitäten
- Zeitpunkt des Vertragsbeginns
- Konkurrenzvereinbarungen und bestehende Vertragsverhältnisse der Firma
- Erklärung, dass weder Prozesse oder Klagen hängig sind noch Steuer- oder andere Schulden bestehen
- Regelung der Haftung für Schulden aus früheren Jahren: Mit dem Kauf eines Unternehmens übernehmen Sie nicht nur die Aktiven (Vermögen), sondern auch sämtliche Passiven (Schulden). Für Firmenschulden aus dem übernommenen Geschäft oder Vermögen haften Sie solidarisch mit dem Verkäufer während zweier Jahre – auch wenn Ihnen diese Schulden gar nicht bekannt waren.

Tipp | Wegen der Schuldenhaftung ist es ratsam, einen Teil des Kaufpreises auf ein Sperrkonto einzuzahlen. Dieser Betrag wird erst nach einer bestimmten Frist an den Verkäufer überwiesen – unter Abzug der von Ihnen bezahlten alten Schulden, die nicht bilanziert und im Kaufpreis nicht berücksichtigt waren.

Das Personal

Erwerben Sie eine Firma, gehen die bestehenden Arbeitsverhältnisse von Gesetzes wegen auf Sie als Käufer über (Art. 333 OR). Sie haften also für die geschuldeten und die künftigen Löhne.

Sprechen Sie als neuer Besitzer keine Kündigungen aus und übernehmen Sie die Mitarbeitenden, sollten Sie unbedingt deren Qualifikation prüfen. Gibt es in der Firma Schlüsselpersonen, müssen Sie sicherstellen, dass diese nicht plötzlich kündigen können.

Management-Buy-out

Eine besondere Art Firmenkauf ist das sogenannte Management-Buy-out (MBO). Dabei kaufen ein oder mehrere Mitarbeitende eines Unternehmens die Firma dem Besitzer ab. Meist sind dies bisherige Kaderleute, die aufgrund ihrer mehrjährigen Firmenzugehörigkeit die Stärken und Schwächen sowie Chancen und Risiken des Unternehmens genau kennen. Die neuen Besitzer führen das Unternehmen danach in der Regel als Hauptaktionäre unter dem gleichen Namen weiter. Dadurch bleibt die Eigenständigkeit eines Betriebs erhalten, und die neuen Besitzer können vom im Markt etablierten und hoffentlich positiv besetzten Firmennamen sowie vom Image der eingeführten Produkte und Dienstleistungen profitieren.

Häufigste Ursachen von MBOs sind wirtschaftliche Schwierigkeiten oder Nachfolgeprobleme des Firmenbesitzers. Zu empfehlen ist ein MBO nur initiativen Mitarbeitenden, die sich zutrauen, mit der Übernahme frischen Wind in die Firma zu bringen, und die dem Betrieb dank ihrer langjährigen Berufserfahrung, ihrem breiten Business-Netzwerk und fundierten Branchenkenntnissen zu einer neuen Blüte verhelfen können.

Info | Bei MBOs speziell zu beachten ist die Zusammensetzung der neuen Geschäftsleitung bzw. der Beteiligten am Unternehmen. Der Geschäftserfolg wird sich nur einstellen, wenn das Team harmoniert und sich fachlich und menschlich ideal ergänzt. Wichtig ist, dass die Beteiligungsverhältnisse, Verantwortlichkeiten und Entschädigungszahlungen in einem Gesellschafts- oder Aktionärsbindungsvertrag klar geregelt sind (siehe Seite 172).

Spin-off/Outsourcing

Unter Umständen ermöglicht ein Unternehmen bisherigen Angestellten, eine bestimmte Abteilung, die nicht zum Kerngeschäft gehört, in Eigenregie als selbständige Firma weiterzuführen. Das ist ein Spin-off (ausgliedern, abstossen) oder – aus der Sicht des Unternehmens – ein Outsourcing (Auslagern einer Abteilung). Diese Politik verfolgen vor allem Betriebe, die schlanker werden und Kosten senken wollen. Dank der Auslagerung bzw. Schliessung eines Betriebsbereichs reduzieren sich die Fixkosten für Personal, Infrastruktur und Produktionsmittel. Zudem gibt es keine Auslastungsprobleme mehr.

Der Vorteil eines Spin-offs: Die nun selbständige Firma ist dank der Aufträge des Mutterunternehmens von Anfang an mehr oder weniger ausgelastet, muss sich aber nicht mehr an dessen Unternehmenspolitik halten. Gleichzeitig ist sie jedoch gezwungen, sich auf dem freien Markt zu bewähren, um die Abhängigkeit von einem einzigen Auftraggeber sukzessive zu verkleinern.

Selbständigkeit durch ein Spin-off kann vor allem für bisherige Kaderleute interessant sein. Sie müssen dafür generelle Managementkompetenzen mitbringen sowie fachliche Qualifikationen und idealerweise Marketing- und Verkaufserfah-

---

Selbständig durch Firmenkauf

＋ Vorteile

- Der Firmenkäufer kann auf eine bestehende Infrastruktur, eingeführtes Personal, eine Firmentradition, Know-how, Image, Lieferanten- und Kundenbeziehungen aufbauen und muss nicht bei null anfangen.
- Ist das zu kaufende Unternehmen ertragreich und weist vielversprechende Perspektiven auf, lassen sich leichter Geldgeber finden (Banken, Investoren).
- Eine im Markt etablierte Firma mit tadelloser Reputation und ansprechender Rendite lässt sich jederzeit wieder verkaufen, wenn dies notwendig wäre.

− Nachteile

- Es besteht die Gefahr, dass der Käufer trotz fundierter Unternehmensanalyse zu viel bezahlt.
- Ein Imageverlust der Firma sowie der Abgang von wichtigen Kaderleuten beim Wechsel des Patrons ist nicht auszuschliessen.
- Firmenaltlasten behindern die künftige Unternehmensentwicklung (Strukturen, Mobilien, Personal).
- Notwendige Restrukturierungen (Change-Prozesse) erfolgreich durchzuführen, ist höchst anspruchsvoll und kostet viel Geld.

Unfreiwillig selbständig

Outsourcing kann bisherige Arbeitnehmer in eine unfreiwillige Selbständigkeit zwingen. Dies ist zum Beispiel im Transportgewerbe der Fall: Viele Unternehmen beschäftigen heute einen Teil ihrer Chauffeure als sogenannte Subunternehmer mit Exklusiveinsatz. Diese dürfen nur für die entsprechende Firma fahren, erhalten jedoch keine Garantie für Aufträge – sehr wohl aber die Verantwortung dafür, dass die Ladung pünktlich am Bestimmungsort eintrifft.

Vielfach geben die Transportfirmen ihren Subunternehmern auch noch ein Darlehen für den Kauf eines Lastwagens. Dadurch sind die Fahrer gleich doppelt von der Firma abhängig: Sie schulden ihr Geld und sind auf ihre Aufträge angewiesen – eine Form moderner Sklaverei.

---

rung. Zudem benötigen sie innovative Ideen, die dem Unternehmen Zukunftsperspektiven eröffnen. Wie bei jedem Firmenkauf kann es auch bei einem Spin-off für die neuen Besitzer schwierig sein, mit den bisherigen Mitarbeitern festgefahrene Strukturen und Arbeitsabläufe zu ändern und sie für Neues zu gewinnen.

Selbständig als Franchisenehmer

Sie wollen Ihre Geschäftsidee nicht selbst entwickeln, keine unkalkulierbaren Risiken eingehen bzw. von einem Unternehmenskonzept profitieren, das sich im Markt schon erfolgreich etabliert hat? Dann könnte Franchising eine Option sein. Bei diesem Geschäftssystem überlässt ein Unternehmer (Franchisegeber) einem Dritten (Franchisenehmer) das zeitlich beschränkte Recht, eine bekannte Handelsmarke und ein in der Industrie und im Handel getestetes Geschäftskonzept zu benutzen. Oft bezieht sich dieses Recht auf ein bestimmtes geografisches Gebiet, etwa auf ein Land, eine Region oder Stadt.

In der Schweiz gibt es diverse bekannte Firmen, die im Franchising geführt sind. Dazu gehören unter anderem McDonald's, Subway (beide Gastronomie), Remax (Immobilien), Portas (Türen), Home Instead (Seniorenbetreuung), Intersport (Sportartikel), Putzfrau.ch (Reinigung), Mrs. Sporty (Fitness), Spar, Avec (beide Detailhandel), ParaMediForm (Ernährungsberatung) und AccorHotels.

Rechtsstatus und Kosten
Franchisenehmerinnen und -nehmer sind rechtlich und wirtschaftlich selbständige Unternehmer. Sie investieren ihr eigenes Geld in den entsprechenden Betrieb und tragen dabei die vollen unternehmerischen Risiken. Franchisenehmer treten jedoch nie mit ihrem eigenen Namen auf, son-

dern immer mit dem Produkt, der Dienstleistung oder der Marke des Franchisegebers.

Franchisenehmer erhalten vom Franchisegeber nicht nur die Erlaubnis, seine Marke und sein Know-how (Geschäftskonzept) zu gebrauchen. Sie bekommen von ihm auch die notwendige Unterstützung, um das Geschäft aufzubauen und erfolgreich zu führen. Der Franchisegeber liefert zum Beispiel Marktdaten, Testresultate und Kalkulationshilfen, berät bei organisatorischen und betriebswirtschaftlichen Fragen, ermöglicht einen günstigen Wareneinkauf, unterstützt oder übernimmt die Werbung und bietet Schulung an. Oft garantiert der Franchisegeber den Franchisenehmern auch einen gewissen Gebietsschutz: Er wird dann in ihrem Gebiet keine weitere Geschäftsfiliale eröffnen, darf dort aber seine Kunden bedienen.

Für diese Vorteile zahlen Franchisenehmer eine einmalige Eintrittsgebühr. Diese hängt in der Regel von der Grösse des geschätzten Verkaufsgebiets und vom Bekanntheitsgrad des Systems, der Ware oder der Dienstleistung ab. Lokale Franchiseverträge gibt es schon ab einigen Tausend Franken. Neben dieser Eintrittsgebühr entrichtet man in der Regel weitere Gebühren für einzelne Zusatzdienstleistungen und bezahlt dem Franchisegeber je nach Umfang des Franchisepakets eine laufende Franchisegebühr (Royalties), vielfach einige Prozente des Umsatzes. Hinzu kommen Investitionen für die Geschäftseröffnung und die Vorlaufkosten bis zum Zeitpunkt des kostendeckenden Betriebs. Diese müssen Franchisenehmer selbst tragen.

All diese Bestimmungen sind in den Systemrichtlinien – auch Franchisehandbuch genannt – und im Franchisevertrag festgehalten. Die Systemrichtlinien enthalten konzeptspezifische Angaben: etwa zum Marktauftritt, zur Geschäftsführung, zur Betriebsmethode, zu internen Prozessabläufen, zur externen Kommunikation, zum Standort und zur Ladengestaltung. Als Franchisenehmer dürfen Sie sich aus Gründen der Systemeinheitlichkeit nur im oft begrenzten Spielraum des Franchisevertrags bewegen, der beiden Parteien Rechte und Pflichten verleiht.

Der Franchisevertrag ist in der Schweiz gesetzlich nicht geregelt. Er ist ein eigenständiger Vertragstyp mit Elementen eines (Allein-)Vertriebsvertrags, eines Lizenzvertrags und oft auch eines Kaufvertrags (siehe Seite 50, 60 und 61). Es bleibt deshalb den Parteien überlassen, was sie im Franchisevertrag vereinbaren.

Info | Wichtig zu wissen: Sie können nicht einfach nach Lust und Laune aus einem Franchisevertrag aussteigen oder Vertragsbedingungen umgehen. Auf der anderen Seite ist der Franchisegeber für die Brauchbarkeit des Franchisekonzepts verantwortlich – ohne Ihnen aber einen bestimmten Gewinn oder eine bestimmte Rentabilität zu garantieren.

Erfolgsaussichten
Franchising garantiert keinen Unternehmenserfolg. Das bestechendste Konzept und der ausgeklügeltste Vertrag nützen Ihnen nichts, wenn der Markt oder die Nachfrage für ein Produkt oder eine

Dienstleistung zu klein ist. Die Erfahrungen mit Franchising in der Schweiz zeigen, dass der hiesige Markt aufgrund seiner geografischen Kleinräumigkeit nur eine begrenzte Zahl von franchisierten Geschäftsstellen erlaubt. Dies gilt es bei der Prüfung eines Franchiseangebots zu bedenken.

Interessieren Sie sich für Franchising, sollten Sie sich deshalb nicht von tollen Umsatz- und Gewinnversprechungen oder Schätzungen blenden lassen und in jedem Fall kritisch überprüfen, ob die vom Franchisegeber genannten Zahlen tatsächlich erreichbar sind. Das lässt sich im Prinzip nur mit einer eigenen Marktabklärung herausfinden (siehe Seite 85). Zudem lohnt es sich, bei anderen Franchisenehmern des gleichen Anbieters nachzufragen, wie das Geschäft läuft und wie gut das Verhältnis zum Franchisegeber ist.

Die Gefahr eines Flops besteht insbesondere bei Franchisekonzepten, die sich bisher erst im Ausland bewährten. Denn dort können ganz andere Marktverhältnisse herrschen als in der Schweiz. Noch risikoreicher sind Konzepte, die nicht einmal die Pilotphase hinter sich haben. In einem solchen Fall besteht absolut keine Gewähr, dass das Konzept in der Schweiz funktioniert.

Um diese Risiken möglichst auszuschliessen, wählen Sie einen Franchisegeber, der eine bestimmte Unternehmensgrösse hat und Markterfolge vorzeigen kann – und dies auch eine ausreichende Zeit lang mit einem vom Hauptsitz getrennten Geschäftsbetrieb, der Gewinn abwirft. Der Franchisegeber sollte zudem Mitglied eines anerkannten Franchiseverbands sein. In der Regel verpflichten sich deren Mitglieder, einen Ehrenkodex einzuhalten – so auch beim Schweizer Franchise Verband. Dies kommt einem gewissen Gütesiegel gleich, garantiert aber noch kein lukratives Business.

Selbständig als Franchisenehmer

➕ Vorteile

- Je nach Franchisegeber gut eingeführte Marke mit gutem Umsatzpotenzial
- Vorgegebene Strukturen von der Corporate Identity über Produktionsprozesse bis zu den angebotenen Produkten
- Schneller Firmenstart möglich
- Unterstützung auch in administrativer Hinsicht durch den Franchisegeber
- Je nach Vertrag zugesicherter Gebietsschutz

➖ Nachteile

- Stark eingeschränkte Handlungsfreiheit, kaum Raum für eigene Innovationen aufgrund von Systemrichtlinien (man muss sich unterordnen können)
- Abhängigkeit vom Franchisegeber
- Erschaffener Mehrwert der Filiale oder der Master-Franchise kommt nach Ablauf des Vertrags (begrenzte Laufzeit, Einschränkungen für den Weiterverkauf an Dritte) ausschliesslich dem Franchisegeber zugute
- Keine Garantie für Unternehmenserfolg

Master-Franchising

Eine Sonderform ist die Übernahme einer Master-Franchise-Lizenz. Dabei erwerben Sie vom Franchisegeber beispielsweise das Recht, ein ganzes Land zu bearbeiten. Damit können Sie – oder müssen sogar – ein Netz von regionalen Betrieben aufbauen und betreuen. Als Master verdienen Sie Ihr Geld primär mit dem Verkauf von lokalen Franchisen und der Führung des Franchisenetzwerks in Ihrem Marktgebiet. Sie sind verantwortlich für die überregionale Werbung, die Ausbildung und die Koordination unter den verschiedenen Franchisenehmern. Der Master ist sozusagen der verlängerte Arm des Franchisegebers – mit entsprechend höherer Eintrittsgebühr (Master-Franchise-Lizenz). Er hat aber dank der kumulierten Lizenzabgaben seiner Franchisenehmer ein grösseres Unternehmenspotenzial.

Info | Franchisenehmer sind nicht mit Vertrags- oder Fachhändlern zu verwechseln. Im Unterschied zum Vertragshändlersystem besteht beim Franchising zwischen den Partnern eine engere Bindung bezüglich Organisation, Marketing und Betreuung. Das gemeinsame Ziel für alle Beteiligten ist der langfristige Geschäftserfolg.

Tipp | Die wichtigsten Kriterien für die Wahl eines geeigneten Franchisepartners finden Sie im Download-Angebot in der Checkliste «Franchising», dazu den Link zum Schweizer Franchise Verband. Dort finden Sie auch Experten, die Sie beraten können.

Checkliste | Franchising
beobachter.ch/download

Im Zentrum eines Franchisings stehen der Verkauf, die Kundenbetreuung und die Mitarbeiterführung. Franchising ist nichts für geltungssüchtige Individualisten, Eigenbrötler oder kreative Innovatoren, die sich mit ihrem eigenen Namen profilieren wollen. Franchising eignet sich für teamfähige Neuunternehmer, die sich innerhalb eines Systems mit einer fremden Marke identifizieren und sich anpassen können. Das heisst allenfalls auch, bisher erfolgreich praktizierte Arbeitsprozesse und Vorgehensweisen künftig nach den Vorgaben des Franchisegebers auszurichten.

Selbständig im Direktverkauf

Beim Direktverkauf vertreiben Verkäuferinnen und Verkäufer die Waren einer sogenannten Direktvertriebsfirma im Rahmen einer persönlichen Beratung zu Hause bei den Kunden oder im Internet auf eigene oder fremde Rechnung. Ein bekanntes Beispiel ist die Firma Tupperware AG. Deren Schüsseln, Dosen und Accessoires aus Plastik werden an speziellen Partys verkauft. Im Direktverkauf abgesetzt werden unter anderem Nähr- und Stärkungsmittel, Gewürze, Wein, Haus-

Links | Schweizer Franchise Verband
beobachter.ch/download

2 DIE MÖGLICHKEITEN

haltsgeräte und -produkte, Körperpflegemittel, Kosmetika, Textilien, Schmuck, Tiernahrung und Spielwaren.

Auf den ersten Blick funktioniert der Direktverkauf ähnlich wie der Strukturvertrieb (Details siehe nächste Seite), muss davon aber klar abgegrenzt werden. Während Strukturvertriebe oft zweifelhafte, kundenunfreundliche Methoden anwenden und qualitativ minderwertige Produkte vertreiben, setzen etablierte Direktverkaufsfirmen auf Qualität und faire Vertriebsmethoden. Dabei dürfen Verkäufer in der Regel keine Warenbestände einkaufen. Sie besitzen nur eine Musterkollektion für die Vorführung und geben die Bestellungen ihrer Kunden an den Hersteller oder Zwischenhändler zur Auslieferung weiter. So besteht kein Risiko, dass sie als Direktverkäufer auf der Ware sitzen bleiben.

Qualitätsmerkmal Verbandsmitglied

Um sich klar von den Strukturvertrieben abzugrenzen, haben sich die Direktverkaufsfirmen im Schweizerischen Verband der Direktverkaufsfirmen (SVDF) zusammengeschlossen (www.svdf.ch). Die SVDF-Mitglieder verpflichten sich, einen Ehrenkodex einzuhalten. So arbeiten Direktverkaufsfirmen unter anderem mit verständlichen Verkaufsunterlagen, garantieren den Kundinnen und Kunden ein Rücktrittsrecht, respektieren die Entscheide einer paritätischen Beschwerde- und Schlichtungsstelle, werben ihre Mitarbeiter auf seriöse Art an, schulen diese regelmässig und geben ihnen einen Verbandsausweis. Verbandsmitglieder, die gegen die Auflagen dieses Ehrenkodexes verstossen, müssen mit Sanktionen oder mit dem Verbandsausschluss rechnen. Der SVDF besitzt auch das Gütesiegel des Konsumentenforums Schweiz.

Tipp | Ein Problem bei Direktverkaufsfirmen ist der AHV-rechtliche Status der Mitarbeitenden. Zwar werden sie in den Verträgen meist als selbständige Berater oder Agenten bezeichnet, für die AHV-Behörde sind sie jedoch nicht zwingend Selbständigerwerbende, da sie nur für

Links | Verband der Direktverkaufsfirmen beobachter.ch/download

---

Selbständig im Direktverkauf

Vorteile
- Eignet sich dank freier Zeiteinteilung gut für berufliche Wiedereinsteigerinnen
- Beinhaltet je nach Organisation eine mehr oder weniger intensive Verkaufsschulung
- Viele Produkte lassen sich an eine breite Käuferschicht verkaufen, online oder im direkten Kundenkontakt bei Produktvorführungen im privaten Umfeld.

Nachteile
- Relativ hoher Verkaufsdruck, wenn man auf den Verdienst angewiesen ist
- Meist nur als Nebenverdienst und nicht für eine hauptberufliche Selbständigkeit geeignet
- Kein Gebietsschutz zugesichert
- Einzel- oder Gruppenberatungen finden oft ausserhalb der üblichen Bürozeiten statt (bedingt hohe zeitliche Flexibilität).
- Wird von der AHV-Behörde nicht zwingend als selbständige Erwerbstätigkeit betrachtet

einen Anbieter tätig sind. Der AHV-Status ist wichtig, denn er hat einen Einfluss auf die Beitragszahlungen an die AHV/IV, die Arbeitslosen- und Unfallversicherung sowie die berufliche Vorsorge (mehr dazu auf Seite 193). Klären Sie deshalb vor dem Abschluss eines Direktverkaufsvertrags bei der zuständigen AHV-Zweigstelle ab, welchen AHV-Status Sie für die geplante Tätigkeit im Direktverkauf erhalten.

Vorsicht bei Strukturvertrieben
Strukturvertriebsfirmen preisen den Verkauf von Produkten als ideale Form einer selbständigen Erwerbstätigkeit an. Die Realität sieht jedoch oft anders aus: Wer bei einem Strukturvertrieb einsteigt, muss meist für viel Geld obligatorisch Waren, Werbematerial, Drucksachen oder sonstige Repräsentationsgegenstände beziehen. Die Produkte vertreibt der Verkäufer dann entweder auf eigene Rechnung oder er verdient bei jedem vermittelten oder selbst abgeschlossenen Geschäft eine Provision.

Der Verkäufer in einem Strukturvertrieb ist gezwungen, so schnell wie möglich eigene Mitarbeiter anzuwerben, da er an deren Umsatz mitverdient. Er wird dafür sorgen, dass die Angeworbenen ebenfalls neue Mitarbeiter gewinnen, denn er erhält auch auf deren Umsatz Provision. Aus diesem System – bei dem jeder von den unter ihm liegenden Hierarchiestufen profitiert – entsteht schliesslich in kürzester Zeit eine grosse Verkaufsorganisation mit hohem Umsatz.

Darin liegt gleichzeitig das Problem des Strukturvertriebs: Aufgrund der schnell wachsenden Zahl der Verkäufer und des oft fehlenden Gebietsschutzes ist der Markt in kurzer Zeit übersättigt und das eigene Kundenpotenzial ausgeschöpft. So gehen Umsatz und Provision nach einem anfänglich steilen Anstieg bald stark zurück. Zudem schmälern die selbst zu bezahlenden Unkosten und Spesen den Gewinn. Das ursprünglich versprochene Einkommen erweist sich deshalb vielfach als Illusion.

Info | Sogenannte Schneeballsysteme verstossen gegen das Lotteriegesetz, sind also illegal. Die Grenze zwischen einem legalen Strukturvertrieb und einem Schneeballsystem ist fliessend. Eine Firma funktioniert nach dem Schneeballprinzip, wenn der Hauptverdienst nicht durch den Verkauf eines Produkts oder einer Dienstleistung erzielt wird, sondern durch das Anwerben von weiteren Personen.

Selbständig als Agent

Agenten sind in der Regel selbständige Unternehmerinnen und Unternehmer mit eigenem Betrieb, die auf eigenes Risiko arbeiten. Sie stehen also in keinem Arbeits- bzw. Angestelltenverhältnis zu einer Firma (Auftraggeber). Sie verpflichten sich gegenüber einer Firma oder auch mehreren, für sie dauerhaft Geschäfte zu vermitteln oder in deren Namen und für deren Rechnung Geschäfte abzuschliessen. Im ersten Fall werden sie Vermittlungs-, im zweiten Abschlussagenten genannt. Umgangssprachlich bezeichnet man Agenten auch als Handelsvertreter, Handelsagenten oder Vertriebspartner.

Agenten leben von den vereinbarten Provisionen für vermittelte oder abgeschlossene Geschäfte. Sie können grundsätzlich in jeder Branche tätig sein und erhalten von ihren Auftraggebern in der Regel ein bestimmtes Verkaufsgebiet oder einen bestimmten Kundenkreis zugewiesen – am bekanntesten ist der unabhängige Versicherungsagent.

Eingesetzt werden Agenten hauptsächlich von Firmen, die gewisse Verkaufsrisiken an Dritte delegieren wollen. Etwa weil sie sich von ihnen mehr Umsatz erhoffen als von einem eigenen Aussendienst, weil sie vom Netzwerk des Agenten und seinen Branchenkenntnissen profitieren möchten oder die hohen Kosten für eine eigene Verkaufsorganisation vermeiden wollen.

Rechte und Pflichten

Die Rechtsbeziehung zwischen dem Agenten und seinem Auftraggeber regelt das Obligationenrecht (Agenturvertrag, Art. 418a bis 418v OR); in Ergänzung dazu wird üblicherweise ein detaillierter schriftlicher Vertrag aufgesetzt. Dabei können die Vertragsparteien die mit dem Agenturvertrag verfolgten Ziele und dessen Ausgestaltung nach ihren eigenen Vorstellungen definieren.

Agenten und Auftraggeber haben von Gesetzes wegen bestimmte Rechte und Pflichten: So müssen Agenten beispielsweise für ihre Unkosten und Spesen selbst aufkommen. Bei Krankheit haben sie für eine kurze Zeit Anspruch auf eine angemessene Entschädigung – sofern sie nicht gleichzeitig für einen anderen Auftraggeber tätig sind und wenn das Agenturverhältnis mindestens ein Jahr gedauert hat. Das Gesetz gewährt Agenten zudem im ersten Vertragsjahr eine Kündigungsfrist von einem Monat, in den Folgejahren von zwei Monaten. Aus wichtigen Gründen lässt sich der Agenturvertrag jedoch jederzeit von beiden

Selbständig als Agent

+ Vorteile

- Ein gewisser sozialer Schutz bei Krankheit und Kündigung
- Nicht nur von einem einzigen Auftraggeber abhängig, sofern jemand für mehrere Firmen tätig ist
- Kein eigenes Produkt und keine eigene Dienstleistung nötig
- In der Regel exklusives Verkaufsgebiet garantiert oder bestimmtes Kundensegment zugewiesen
- Unterstützung durch Auftraggeber gemäss Agenturvertrag (etwa Schulung, Back-Office)

− Nachteile

- Risiko, dass sich das Produkt oder die Dienstleistung nicht vermarkten lässt (falsche Absatzprognose)
- Keine oder nur unzulängliche Unterstützung durch den Auftraggeber
- Gefahr der Benachteiligung durch einseitige Vertragsklauseln (etwa Konkurrenzverbot und Konventionalstrafe nach Beendigung des Vertrags)
- Eingeschränkte unternehmerische Freiheit bei vollem Geschäftsrisiko
- Problem, dass die AHV die Agententätigkeit nicht als selbständige Erwerbstätigkeit anerkennt

Parteien auflösen. Geht der Auftraggeber Konkurs, erlöscht der Agenturvertrag automatisch.

Wichtig zu wissen: Ein Agent darf Geschäftsgeheimnisse des Auftraggebers, die ihm anvertraut oder bekannt geworden sind, nach Beendigung des Agenturvertrags nicht verwerten. Nachteilig kann sich für ihn auch ein im Vertrag enthaltenes Konkurrenzverbot auswirken. Dieses kann sich auf eine bestimmte Zeitspanne oder ein geografisches Gebiet beziehen und seine künftige Tätigkeit erschweren oder gar verunmöglichen.

Je nach Agenturvertrag erhält der Agent durch den Auftraggeber auch Unterstützung – etwa Produkt- und Verkaufsschulungen oder administrativen Support. Über alles gesehen sind Agenten aber wirtschaftlich stark vom Auftraggeber abhängig, ihre unternehmerische Freiheit ist aufgrund des Agenturvertrags eingeschränkt – vor allem, wenn ein Agent nur für einen einzigen Auftraggeber tätig ist.

> **Tipp |** Die Voraussetzungen, um als Agent erfolgreich selbständig zu sein, sind dieselben wie für jeden Unternehmer. Fundierte Branchenerfahrung mit einem intakten Netzwerk und Verkaufstalent spielen dabei eine besonders wichtige Rolle. Der Erfolg oder Misserfolg hängt jedoch primär von den Produkten oder Dienstleistungen ab: Sie müssen sich verkaufen lassen. Angebote für potenzielle Agenten finden Sie auf der Website des Verbands Kaufmännischer Agenten der Schweiz (www.vka.ch) oder auf dafür spezialisierten Onlineplattformen (etwa auf www.handelsagent.ch).

Ein häufiges Problem für Agenten ist ihr AHV-rechtlicher Status. Sind sie nämlich nur für einen Auftraggeber tätig, werden sie von der AHV meist nicht als Selbständigerwerbende anerkannt, da ihre Abhängigkeit vom Auftraggeber zu gross ist. Aus dem Agenturvertrag sollte deshalb klar hervorgehen, dass der Agent vom Auftraggeber kein Lohnfixum erhält, dass er ein eigenes Geschäftsdomizil besitzt, eigene Werbung betreibt, einen Eintrag im Handelsregister aufweist, keine Pflicht zum Rapport über Kundenbesuche hat, keine Weisungen bezüglich Reiseroute oder Arbeitszeiten erhält, eine eigene Buchhaltung führt, Spesen selbst bezahlt, nach freiem Ermessen Personal einstellen kann und für mehrere Auftraggeber arbeiten darf (Details dazu auf Seite 184 und 193 sowie in der Checkliste «AHV-Kriterien für eine selbständige bzw. unselbständige Erwerbstätigkeit» im Download-Angebot).

> **Info |** Rechtlich vom Agenten zu unterscheiden sind Handelsreisende (Art. 347 bis 350a OR). Sie gelten versicherungsrechtlich für die AHV nicht als selbständig, weil sie bei einem Unternehmen mit einem Arbeitsvertrag angestellt sind.

Selbständig als Alleinvertreter

Alleinvertreter sind selbständige Unternehmerinnen und Unternehmer, die einem bestimmten Hersteller Waren oder Produkte abkaufen und diese in eigenem Namen, auf eigene Rechnung und auf eigenes Risiko weiterverkaufen. Der Verdienst des Allein-

Checkliste | AHV-Kriterien für eine selbständige bzw. unselbständige Erwerbstätigkeit
beobachter.ch/download

Links | Angebote für Agenten
beobachter.ch/download

vertreters besteht in der Gewinnmarge zwischen dem An- und dem Verkaufspreis der Produkte. Das Risiko liegt bei diesem Geschäftsmodell also voll beim Alleinvertreter.

Die Rechtsbeziehung zwischen dem Alleinvertreter und dem Warenproduzenten oder Händler (Lieferanten) regelt der Alleinvertriebsvertrag. Dieser ist nicht im Gesetz geregelt; er besteht aus Elementen verschiedener gesetzlicher Vertragstypen und wird in der Regel schriftlich zwischen dem Lieferanten und dem Alleinvertreter abgeschlossen.

Im Alleinvertriebsvertrag verpflichtet sich der Lieferant, seine Produkte ausschliesslich an den Alleinvertreter zu liefern. Er gewährt ihm die exklusiven Vertriebsrechte für ein klar bezeichnetes Verkaufsgebiet und unterstützt ihn in der Regel bei der Vermarktung der Produkte. Auf der anderen Seite verbietet der Lieferant dem Alleinvertreter meist, ähnliche oder vergleichbare Konkurrenzprodukte zu vertreiben.

Die Lieferanten von Produkten und Waren gehen Alleinvertriebsverträge aus betriebswirtschaftlichen Überlegungen ein. Sie senken damit ihre Vertriebskosten, müssen keine eigene Verkaufsorganisation und kein Distributionsnetz aufbauen und können dennoch den Markt lückenlos abdecken. Zudem tragen sie kein Verkaufsrisiko, da ja der Alleinvertreter die bezogenen Waren bezahlt – ohne sie schon zwingend selbst verkauft zu haben.

Warenlieferanten wollen mit Alleinvertriebsverträgen natürlich nicht auf jeglichen Einfluss verzichten. Aus diesem Grund enthalten Alleinvertriebsverträge immer einschränkende Bestimmungen: etwa Mindestbezugsmengen, Preisbindungen, Garantieverpflichtungen oder Vorschriften zur Vermarktung und zur Präsentation der Produkte bzw. zur Ausgestaltung der Verkaufsräume.

Auflösen lassen sich Alleinvertriebsverträge gemäss den Vertragsbestimmungen oder fristlos, sofern ein wichtiger Grund vorliegt. Ein wichtiger Grund wäre zum Beispiel, dass der Lieferant dem Alleinvertreiber die Ware ständig zu spät und nicht in der vertraglich garantierten Qualität liefert.

Selbständig als Alleinvertreter

＋ Vorteile
- Kein eigenes Produkt und keine eigene Dienstleistung nötig
- Exklusives Vertriebsrecht in einem klar festgelegten Verkaufsgebiet
- Der Alleinverteter profitiert von der Bekanntheit der vertriebenen Produkte und den Verkaufsunterstützungen des Herstellers

− Nachteile
- Abhängigkeit von einem Lieferanten, seinen Produkten und seinem Image
- Kaum Möglichkeiten für eigene Ideen oder Innovationen
- Kein Recht, gleichzeitig ähnliche Produkte von Konkurrenten anzubieten
- Risiko, bei einer Vertragsauflösung ohne Kunden und ohne Produkte dazustehen

Tipp | Planen Sie den Schritt in die Selbständigkeit als Alleinvertreter, müssen Sie den Hersteller kennen; insbesondere das Image der Firma und ihrer Produkte. Sie benötigen zudem ausgezeichnete Kenntnisse der vertriebenen Produkte (etwa Vor- und Nachteile, Qualität, Einsatzmöglichkeiten, Unterschiede zu Konkurrenzprodukten) und der potenziellen Kunden. Dies ist eigentlich nur möglich, wenn Sie in einer vergleichbaren Branche mit einem ähnlichen Business jahrelang Erfahrung sammeln konnten und den Markt und die Kundenbedürfnisse im Detail kennen.

Selbständig als Lizenznehmer

Wer mit fremden immateriellen Werten unternehmerisch tätig sein möchte, kann eine Lizenz übernehmen, das heisst Fachwissen, Patente, Fabrik- und Handelsmarken oder Designs von Dritten nutzen (siehe auch Seite 95).

Der Inhaber eines solchen immateriellen Wertes kann einem Lizenznehmer erlauben, die Rechte an diesem Wert im vereinbarten Umfang zu verwerten und zu benützen. So erhält beispielsweise ein Textilhersteller vom Lizenzgeber das Recht, ein bestimmtes Design europaweit auf Stoffen, nicht aber auf Papieren oder Lederwaren zu verwenden. Dieses Verwertungsrecht wird im Rahmen eines Lizenzvertrags erteilt. Dieser ist im Gesetz nicht speziell geregelt, sondern besteht aus verschiedenen Elementen gesetzlicher Vertragstypen.

Zu unterscheiden ist zwischen exklusiven und einfachen Lizenzen. Exklusive Lizenzen übertragen einzig und allein einem bestimmten Lizenznehmer das Recht, ein immaterielles Gut zu benützen. Bei einfachen Lizenzen kann der Lizenzgeber die Nutzungsrechte nicht nur anderen Lizenznehmern, sondern auch sich selber einräumen. Sie können zudem auf ein bestimmtes Produkt oder ein geografisches Gebiet beschränkt werden.

Für das Verwertungsrecht einer Lizenz zahlt der Lizenznehmer dem Lizenzgeber Gebühren – in der Regel einen einmaligen Betrag beim Abschluss des Vertrags sowie eine wiederkehrende Gebühr auf dem Umsatz oder für jeden hergestellten bzw. verkauften Gegenstand. Erreicht der Lizenznehmer den vertraglich vereinbarten Mindestumsatz nicht, muss er in der Regel trotzdem eine Mindestgebühr bezahlen.

Lizenznehmer verwerten Lizenzen in eigenem Namen und auf eigene Rechnung. Oft haben sie das Recht, Veränderungen am Produkt vorzunehmen oder die Ware unter einer neuen Markenbezeichnung zu vermarkten. Lizenzen von Patenten sind im Prinzip auf deren Gültigkeitsdauer beschränkt; keine Beschränkungsdauer gibt es üblicherweise in den Bereichen Knowhow, Marken und Design. Lizenzverträge können allerdings auch vorzeitig aufgelöst werden. Die Kündigungsgründe sollten im Vertrag geregelt sein.

Gute Lizenzen finden
Vorsicht bei Lizenzangeboten in Chiffre-Inseraten und auf einschlägigen Onlineplattformen. Das sind selten Topangebote; diese werden normalerweise unter der

Hand vermittelt. Wenn Sie sich für eine Lizenz interessieren, holen Sie mit Vorteil eine Offerte ein – noch vor einem Treffen mit dem Anbieter.

Seriöse Angebote beinhalten einen Detailbeschrieb zum Umfang der Lizenz sowie umfassendes Zahlenmaterial. Achten Sie auf den Lizenztypus (einfache oder exklusive Lizenz). Klären Sie ab, ob ein Patent, ein Design oder eine Marke tatsächlich angemeldet bzw. registriert ist und ob die Jahresgebühren für die Aufrechterhaltung des Schutzes bezahlt worden sind. Besteht der Gegenstand einer Lizenz erst als Prototyp und liegen noch keine Markttests vor, sollten Sie die Finger davon lassen. Hier besteht die Gefahr, dass sich die Lizenz nie wirtschaftlich vermarkten lässt – selbst wenn der Lizenzgeber eindrückliche Marktdaten präsentiert und hohe Umsätze und Gewinne in Aussicht stellt. Die Angaben beziehen sich oft auf ausländische Märkte und gelten nicht zwingend auch für die Schweiz. Führen Sie deshalb immer eine eigene Marktanalyse im für Sie relevanten Marktumfeld durch; nur so können Sie den ungefähren Wert einer Lizenz abschätzen (mehr zur Marktanalyse auf Seite 85). Erst wenn Sie alles restlos überzeugt, empfiehlt sich ein Gespräch mit dem Lizenzgeber.

Wirtschaftlich bedeutende Lizenzen sind für Neuunternehmer meist unbezahlbar, denn sie kosten Hunderttausende von Franken. Eine Lizenzübernahme ist zudem nur dann sinnvoll und möglich, wenn das Unternehmen die zur Verwertung der Lizenz erforderliche Infrastruktur (Maschinen, Produktionskapazitäten, Vertriebs- und Absatzkanäle) besitzt und Sie selbst oder das Management Ihres Unternehmens über fundierte Markt- und Kundenkenntnisse verfügen.

Selbständig als Lizenznehmer

Vorteile
- Keine Kosten für Vorleistungen (Forschung und Entwicklung, Schutz der immateriellen Werte)
- Grosse Erfolgschancen, falls sich die Lizenz wirtschaftlich vermarkten lässt
- In der Regel wenig Restriktionen und grosse unternehmerische Freiheit

Nachteile
- Meist schwierige, zeitaufwendige Suche nach geeigneten Lizenzgebern
- Hohe Kosten (für Top- und Exklusivlizenzen)
- Starke Beeinträchtigung der geplanten Nutzung durch vertragliche Restriktionen
- Keine Garantie für Markterfolg
- Gefahr, einem dubiosen Anbieter aufzusitzen

Lea von Bidder
Mitgründerin und Präsidentin Ava Science

Ava hat 45 Mitarbeitende und stellt ein Armband her, mit dem Frauen ihren Zyklus verfolgen und die Fruchtbarkeit messen können.

Was ist der wichtigste Ratschlag, den Sie einem jungen Gründer, einer Gründerin geben würden?
Die meisten Gründer scheitern nicht, weil sie kein Geld mehr haben, das Team nicht funktioniert oder weil sie nichts verkaufen – sie scheitern, weil sie zu lange warten, überhaupt richtig anzufangen. Mein Tipp ist, sich von Tag eins an als Firma zu sehen. Und wenn die Leute fragen, was du machst, sag nicht: «Oh, ähm, ich arbeite da an was», sondern sag: «Ich bin die Gründerin der Firma X, wir tun XYZ.» Und dann zieh es durch.

Welcher Ratschlag hat Ihnen überhaupt nicht geholfen?
Ich stehe generell allen Produktivitätshacks kritisch gegenüber. Ob ich nun zehn Minuten meditieren, täglich einen Smoothie trinken oder am Abend Tagebuch schreiben soll – am Schluss geht es darum, seinen eigenen Weg zu finden.

Wann merkt man, dass jemand nicht zum Gründer, zur Gründerin taugt?
Die besten Gründer sind die, die regelmässig hinterfragen, ob sie gute Gründer sind. Daran sieht man, ob sie bereit sind, ständig zu lernen, sich zu hinterfragen und ihrem Team zu vertrauen.

Ihr grösster Fehler als Gründerin – und wie man ihn verhindern kann?
Glauben, alles wissen zu müssen. Es ist okay, einem Investor mal zu sagen: «Ich weiss es nicht, aber ich schaue nach und melde mich in einer Stunde.» Dasselbe gilt auch für die Medien. Man kann nicht immer über alles informiert sein.

Warum lohnt es sich, trotz allem eine Firma zu gründen?
Für das Gefühl, an etwas zu arbeiten, was wirklich wichtig ist.

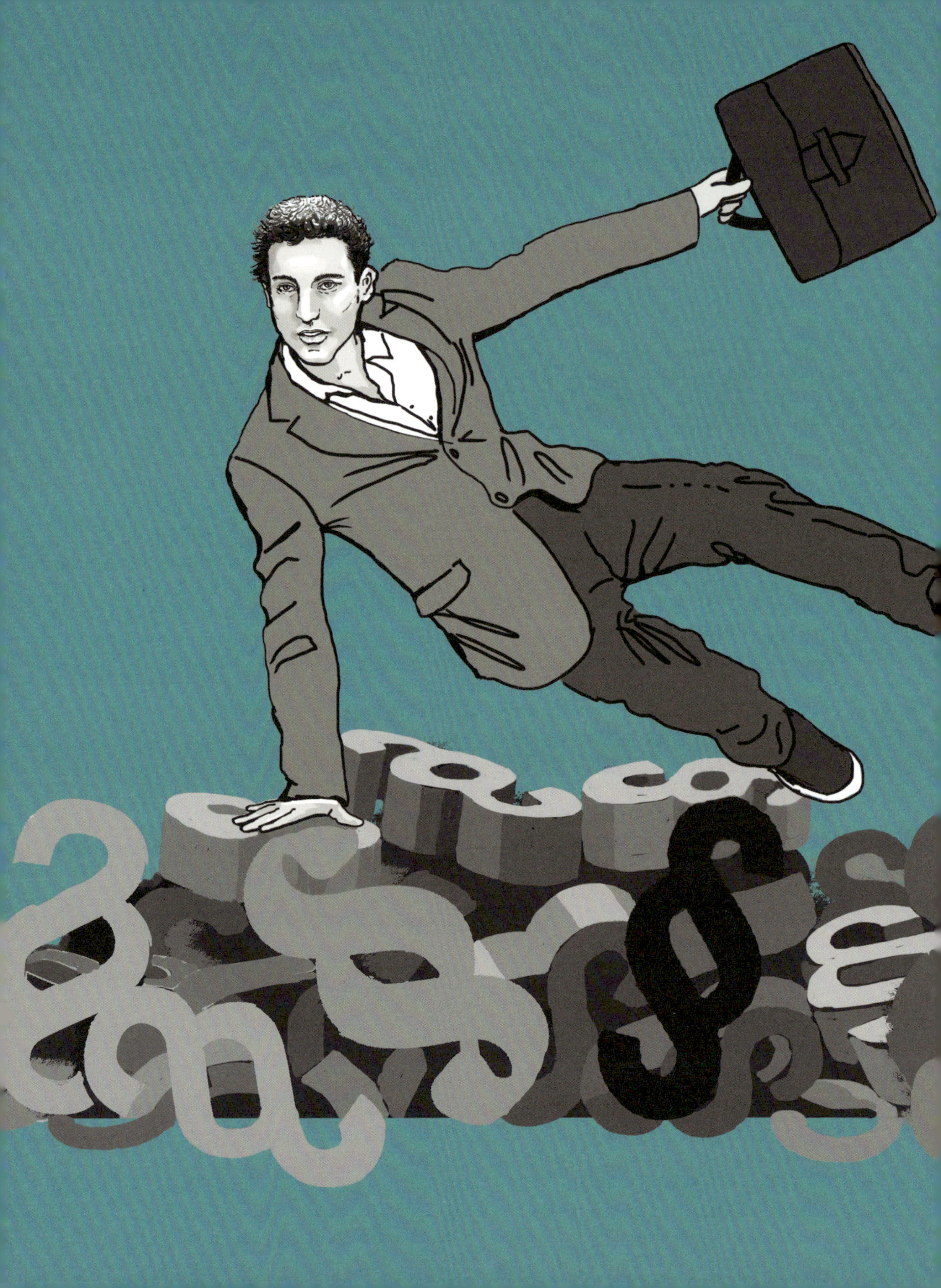

3 | Die Hürden

In der Schweiz herrscht Wirtschaftsfreiheit. Das bedeutet jedoch nicht, dass sich jedermann ohne Schranken unternehmerisch betätigen kann. Für gewisse Tätigkeiten und Berufe verlangen Bund oder Kantone eine Bewilligung. Auch der ehemalige Arbeitgeber kann den Start in die Selbständigkeit erschweren. Zudem gibt es Restriktionen für ausländische Staatsangehörige.

Auflagen von Bund und Kantonen

Die Wirtschaftsfreiheit sei in unserem Land gewährleistet, heisst es in der Bundesverfassung. Uneingeschränkt ist diese Freiheit allerdings nicht. Bund und Kantone sind befugt, über die Ausübung von Handel und Gewerbe Bestimmungen zu erlassen.

Der Bund regelt insbesondere Berufe und Tätigkeiten, die die Sicherheit von Menschen beeinträchtigen oder die Umwelt gefährden können. Deshalb müssen beispielsweise Ärzte, Zahnärztinnen oder Apotheker für die Ausübung ihres Berufs eine Bewilligung einholen. Eine staatliche Zulassung benötigen auch Betriebe, die eine private Arbeitsvermittlung, einen Personalverleih (für Temporärarbeit und Leiharbeit) oder eine Fotomodellagentur betreiben. Und Markthändler oder Handelsreisende müssen eine Ausweiskarte beantragen, die in der Regel das Polizei- oder Volkswirtschaftsdepartement ausstellt.

Auflagen macht der Staat im Weiteren sogenannten Finanzintermediären. Dazu gehören private Vermögensverwalter sowie Vertreiber von Finanz- und Versicherungsprodukten. Sie müssen sich entweder einer anerkannten Selbstregulierungsorganisation anschliessen oder sich der direkten Aufsicht der Kontrollstelle für die Bekämpfung der Geldwäscherei unterstellen. Und Handelsunternehmen haben die für sie relevanten Import- und Exportvorschriften zu beachten.

Neben den Vorschriften des Bundes regeln auch kantonale Gesetze gewisse gewerbliche Aktivitäten. Getreu dem Schweizer Föderalismus variieren die Vorschriften jedoch von Kanton zu Kanton stark. Zudem existieren selbst innerhalb der Kantone unterschiedliche kommunale Bestimmungen. Die kantonalen Sanitätsbehörden überwachen vor allem die Ausübung von medizinischen, pflegerischen und therapeutischen Berufen. Eine Bewilligung einholen müssen meist Zahntechniker, Physiotherapeutinnen, Optiker, Ergotherapeuten, Logopädinnen, Chiropraktoren, Dentalhygienikerinnen, Hebammen, Hörgeräte-Akustiker, Podologinnen, Ernährungsberaterinnen und medizinische Masseure. Auch für die gewerbliche Betreuung von Menschen ist in der Regel eine Bewilligung erforderlich – zum Beispiel für die Eröffnung einer Kinderkrippe oder eines Tagesheims. Wer mit Tieren handelt, braucht ebenfalls eine Bewilligung. Wer sich in der Gastronomie selbständig machen will, benötigt in den meisten Kantonen ein Wirtepatent (Fähigkeitsausweis), oft aber nicht für jeden Gastrobetrieb. So können etwa für einen Partybetrieb, ein Take-away, eine Bar oder ein Café mit wenigen Sitzplätzen und ohne Alkoholausschank andere Vorschriften gelten.

Info | Die Auflagen, Vorschriften und Gesetze ändern sich laufend. Informieren Sie sich deshalb unbedingt bei den zuständigen Stellen über die für Sie gültigen Bestimmungen und lassen Sie sich die Auskünfte schriftlich bestätigen. Einen informativen Überblick über die notwendigen Bewilligungen und reglementierten Berufe in der Schweiz bietet das Portal www.bewilligungen.admin.ch. Auch das Staatssekretariat für Wirtschaft (Seco) sowie Branchen- und Berufsverbände sind gute Anlaufstellen.

Zuständige Ämter

Je nach Tätigkeit sind verschiedene Ämter für Bewilligungen oder Fragen zuständig, die je nach Kanton andere Bezeichnungen haben. Holen Sie erste Informationen bei der Gemeinde ein. Auf kantonaler Ebene sind in der Regel folgende Stellen zuständig:

- Bewilligungen im Gast- und Wandergewerbe, im Vermittlungs- und Verleihgeschäft, im Marktwesen sowie für Ladenöffnungszeiten und Handelsreisende: Gewerbepolizei (auch Wirtschafts- oder Handelspolizei, Polizeiinspektorat, Verwaltungspolizei, Arbeitsmarktbehörde, Patentamt oder Gewerbeinspektorat genannt)
- Bewilligungen für Berufe im Gesundheitswesen und Fragen zur Lebensmittelkontrolle: Gesundheitsamt
- Ladenumbauten, Ladeneinrichtungen, Werbeschilder, Leuchtreklamen: Bau- und Feuerpolizei
- Auskünfte zu Lärm-, Abwasser-, Sondermüll- oder Luftreinhaltevorschriften: Umweltschutzamt
- Fragen zu Arbeitsrecht und Versicherungen: Arbeitsinspektorat
- Vorschriften bezüglich Warenimport und -export: Eidgenössische Zollverwaltung (www.ezv.admin.ch)

Links | Seco, Branchen- und Berufsverbände beobachter.ch/download

Behinderungen durch den bisherigen Arbeitgeber

Wer eine selbständige Erwerbstätigkeit plant, wird viele Vorbereitungen und Abklärungen bereits als Angestellter vornehmen. Doch ist das überhaupt erlaubt und wenn ja, in welchem Umfang? Und kann einem der Arbeitgeber allenfalls Steine in den Weg legen?

Bereiten Sie den Übergang in die Selbständigkeit nach Feierabend und an Wochenenden vor, gibts dagegen nichts einzuwenden – sofern Ihre Tätigkeit den Arbeitgeber nicht konkurrenziert und Sie am Arbeitsplatz weiter die verlangte Leistung erbringen. Nimmt diese jedoch drastisch ab oder erledigen Sie Vorbereitungsarbeiten für die Geschäftseröffnung während der Arbeitszeit, verletzen Sie Ihre arbeitsvertraglichen Pflichten. Im schlimmsten Fall kann dies zur fristlosen Entlassung führen.

In vielen Arbeitsverträgen steht, dass für Nebenbeschäftigungen eine Bewilligung des Vorgesetzten erforderlich ist. Dies bezieht sich jedoch in der Regel auf politische Ämter oder ehrenamtliche Tätigkeiten, die den Mitarbeiter zum Teil während der Arbeitszeit beanspruchen. Gesetzlich klar verboten sind bezahlte Nebenerwerbstätigkeiten, die den Arbeitgeber konkurrenzieren.

Stehen Sie in einem Arbeitsverhältnis, ist es Ihnen verboten, im Betrieb Ihres Arbeitgebers Mitarbeitende abzuwerben oder Firmenkunden über Ihr künftiges Unternehmen zu informieren. Dagegen können Sie in Inseraten bereits nach Personal suchen – selbst in ungekündigter Stellung. Das Bundesgericht erkannte in einem konkreten Fall keine Verletzung der Treuepflicht, als jemand bei voller Erbringung seiner Arbeitsleistung ein Einzelunternehmen gründete, das seine Tätigkeit erst nach Auflösung des Arbeitsverhältnisses aufnahm und den früheren Arbeitgeber nicht konkurrenzierte.

Info | Es ist verboten, bei Beendigung des Arbeitsverhältnisses Geschäftsunterlagen, etwa Pläne oder interne Firmendokumente, mitzunehmen. Erfindungen, die Sie als Arbeitnehmer im Rahmen Ihrer vertraglichen Pflichten machten, gehören dem Arbeitgeber. Sie dürfen diese nicht kommerziell verwerten.

Konkurrenzverbot im Arbeitsvertrag

Bei der Anstellung von mittleren und oberen Kaderleuten oder von Mitarbeitenden mit viel Kundenkontakt versuchen

Arbeitgeber oft, mit einem vertraglichen Konkurrenzverbot zu verhindern, dass ihre Angestellten nach Beendigung des Arbeitsverhältnisses zu Konkurrenten werden. Im Arbeitsvertrag wird dann festgehalten, dass der Mitarbeiter nach Beendigung des Arbeitsverhältnisses nicht auf eigene Rechnung ein Geschäft betreiben darf, das den ehemaligen Arbeitgeber konkurrenziert. Dies wäre der Fall, wenn die neue Firma den gleichen Kunden im gleichen Gebiet gleichartige Leistungen anbieten würde.

Info | Wer gegen ein Konkurrenzverbot verstösst, wird schadenersatzpflichtig. Zu diesem Zweck vereinbaren Arbeitgeber in der Regel eine Konventionalstrafe. Diese können sie bei Übertretung des Konkurrenzverbots auch einfordern, wenn noch kein Schaden entstanden ist. Erleidet der Arbeitgeber eine Einbusse, die den Betrag der Konventionalstrafe übersteigt, kann er zusätzlich Schadenersatz fordern. Dazu muss er aber nachweisen können, dass der Schaden auf die Verletzung des Konkurrenzverbots zurückzuführen ist und den ehemaligen Angestellten ein Verschulden trifft.

Ist das Konkurrenzverbot gültig?
Steht in Ihrem Arbeitsvertrag ein Konkurrenzverbot, bedeutet dies nicht unbedingt, dass es auch rechtsgültig ist. Ein Konkurrenzverbot ist nämlich nur gültig, wenn der austretende Mitarbeiter Einblick in den Kundenkreis oder in Fabrikations- und Geschäftsgeheimnisse seines früheren Arbeitgebers hatte, die er zu dessen Schaden verwenden könnte. Als geheim gelten Informationen, die nur einem begrenzten Personenkreis zugänglich sind. Dazu gehören insbesondere spezielle Fabrikationsverfahren, Produktions-Know-how oder Produktzusammensetzungen. Sind die Informationen jeder interessierten Fachperson zugänglich oder allgemein bekannt, liegt kein Geheimnis vor. Im Klartext: Verlassen Sie ein Unternehmen, dürfen Sie Ihre gesammelten branchenüblichen Berufserfahrungen in Zukunft frei verwenden – auch zum Nachteil des ehemaligen Arbeitgebers –, solange Sie nicht von offensichtlichen Firmengeheimnissen profitieren und Ihre Kenntnisse nicht unredlich erworben haben.

Ob ein Konkurrenzverbot gültig ist, hängt zudem davon ab, wer das Arbeitsverhältnis aus welchem Grund kündigte. Ein Konkurrenzverbot kann zum Beispiel durch eine Kündigung des Arbeitgebers aufgehoben werden – wenn der Mitarbeiter sich nichts zuschulden kommen liess.

Ebenfalls nicht durchsetzen lässt sich ein Konkurrenzverbot, wenn Sie kündigten, weil die Firma ihren Vertragsverpflichtungen nicht mehr nachkam oder Ihnen sonst einen begründeten Anlass zur Kündigung gab. Etwa weil Sie wesentlich unter einem marktüblichen Salär entlöhnt wurden oder unter einer erkannten chronischen Arbeitsüberlastung litten.

Arbeitgeber versuchen ihre Angestellten zum Teil mit Geheimhaltungsverpflichtungen daran zu hindern, interne Daten missbräuchlich zu verwenden. Solche Vereinbarungen richten sich vor allem gegen die unberechtigte Mitnahme und

Verwendung von Kundenkarteien. Ob diese Daten allerdings geheim sind oder nicht, lässt sich in der Praxis meist nur mit grossen Schwierigkeiten beantworten.

Tipp | Wenden Sie sich im Zweifelsfall oder bei Streitigkeiten mit dem Arbeitgeber an einen Rechtsberater, der sich im Arbeitsrecht gut auskennt.

Rechtsgültigkeit von Konkurrenzverboten

Damit ein Konkurrenzverbot rechtsgültig ist, muss es die folgenden Kriterien erfüllen:
- Es muss schriftlich abgefasst sein und eine persönliche Abmachung mit dem Arbeitnehmer enthalten.
- Es muss präzise umschrieben sein. Dazu gehören die genaue Tätigkeit des Arbeitnehmers (Definition des Arbeitsbereichs) sowie eine örtliche Begrenzung (zulässig ist nur der tatsächliche Geschäftsbereich der Firma) und die zeitliche Dauer des Konkurrenzverbots (in der Regel maximal drei Jahre).
- Es darf das wirtschaftliche Fortkommen des Angestellten nicht «auf unbillige Weise» gefährden. Mit anderen Worten: Ein Konkurrenzverbot darf nicht zum Berufsverbot werden.

Einschränkungen für Ausländerinnen und Ausländer

Die Wirtschaftsfreiheit ermöglicht es auch ausländischen Staatsangehörigen, in der Schweiz ein Unternehmen zu gründen, sich an einem solchen zu beteiligen und sich als aktive Unternehmer zu betätigen. Beachten müssen Ausländerinnen und Ausländer aber je nach Ausländer-Kategorie spezielle Genehmigungen sowie die Vorschriften über die Anerkennung der Diplome und die auch für Schweizerinnen und Schweizer geltenden gesundheits- und wirtschaftspolitischen Vorschriften (Details siehe Seite 66).

Ausländische Staatsangehörige müssen sicherstellen, dass ihre Firma durch eine in der Schweiz wohnhafte Person vertreten ist, die eine gültige Aufenthalts- und Arbeitsbewilligung besitzt. Bei der AG kann dies ein Mitglied des Verwaltungsrats sein, bei der GmbH ein Geschäftsführer. Will ein Ausländer ein Einzelunternehmen gründen, muss er in den meisten Kantonen seinen Wohnsitz in der Schweiz haben. Erforderlich ist dafür eine Aufenthalts- oder die Niederlassungsbewilligung der kantonalen Arbeitsmarkt- und Migrationsbehörde. Ist der ausländische Unternehmer der Gesellschafter einer Kommandit- oder Kollektivgesellschaft, kann er auch im Ausland wohnen, benötigt aber ebenfalls eine Arbeits- und Aufenthaltsbewilligung (mehr zu den Rechtsformen ab Seite 155).

Info | Bei der Drucklegung dieser Ausgabe des Ratgebers war noch nicht restlos klar, welche konkreten Auswirkungen die diversen politischen Initiativen und Volksabstimmungen in Bezug auf die Begrenzung der Einwanderung von Ausländern und Ausländerinnen auf potenzielle Firmengründer und -gründerinnen mit ausländischem Pass haben. Informieren Sie sich deshalb über die aktuell gültigen Bestimmungen bei den kantonalen Migrationsbehörden.

Ausländerinnen und Ausländer aus EU-/EFTA-Staaten

Firmengründerinnen und -gründer aus einem Land der Europäischen Union (EU) oder der Europäischen Freihandelsassoziation (EFTA) werden in der Schweiz gegenüber Bürgerinnen und Bürgern aus Nicht-EU-Staaten (sogenannten Drittstaatsangehörigen) bevorzugt behandelt. Dies dank dem bilateralen Abkommen mit der EU über die Personenfreizügigkeit sowie der

EFTA-Konvention. Unterschieden werden folgende Personenkategorien:

- **EU-17/EFTA:** Dazu zählen Bürgerinnen und Bürger von Belgien, Dänemark, Deutschland, Finnland, Frankreich, Griechenland, Grossbritannien, Irland, Island, Italien, Liechtenstein, Luxemburg, Malta, Niederlande, Norwegen, Österreich, Portugal, Schweden, Spanien und Zypern.
- **EU-8:** Dazu zählen Bürgerinnen und Bürger von Estland, Lettland, Litauen, Polen, Slowakei, Slowenien, Republik Tschechien und Ungarn.
- **EU-2:** Dazu zählen Bürgerinnen und Bürger von Bulgarien und Rumänien.
- **EU-1:** Das ist Kroatien, das jüngste EU-Mitglied.

Seit Juni 2016 kommen alle Bürgerinnen und Bürger der EU-17/EFTA, EU-8 und EU-2 in den Genuss der vollen Personenfreizügigkeit. Für Bulgarien und Rumänien (EU-2) gilt allerdings bis mindestens Mai 2018 die sogenannte Ventilklausel. Dies ist eine spezielle Schutzklausel, die es der Schweiz ermöglicht, die Zuwanderung durch die Wiedereinführung von Kontingenten zu beschränken. Seit Juni 2017 nimmt der Bundesrat diese Ventilklausel für Personen aus Rumänien und Bulgarien in Anspruch. Diese Kontingentierung der Aufenthaltsbewilligungen B dauert zwölf Monate. Auch für Kroatien gilt das Freizügigkeitsabkommen seit Januar 2017, allerdings unter Berücksichtigung gewisser Übergangsbestimmungen. So unterstehen selbständig erwerbstätige kroatische Staatsangehörige bis Dezember 2018 einer sechsmonatigen Einrichtungszeit und festgelegten Kontingenten.

Rechtlich ist zu unterscheiden zwischen Bürgern von EU und EFTA, die neu in die Schweiz einreisen, und solchen, die bereits hier wohnhaft sind.

Neu einreisende EU-27/EFTA-Bürger
Innert 14 Tagen nach der Einreise in die Schweiz und vor der Aufnahme einer Erwerbstätigkeit müssen sich Selbständigerwerbende bei der Wohngemeinde anmelden und bei der kantonalen Arbeits- bzw. Migrationsbehörde eine Aufenthaltsbewilligung zur selbständigen Erwerbstätigkeit beantragen. Dabei benötigen sie eine gültige Identitätskarte oder einen Pass sowie Dokumente, die aufzeigen, dass die Voraussetzungen für eine effektive und existenzsichernde Selbständigkeit erfüllt sind (etwa durch das Vorlegen der Geschäftsbücher oder mit einem Handelsregistereintrag). Die kantonalen Migrationsbehörden erteilen dazu detailliert Auskunft.

Gelingt der Nachweis einer selbständigen Erwerbstätigkeit, wird eine Aufenthaltsbewilligung für fünf Jahre erteilt (Ausweis B-EU/EFTA). Die Behörde kann zu einem späteren Zeitpunkt überprüfen, ob die selbständige Erwerbstätigkeit effektiv, dauerhaft und existenzsichernd ist. Sind diese Bedingungen nicht erfüllt – etwa weil die selbständig erwerbende Person Sozialhilfe bezieht – kann die Behörde eine schon erteilte Bewilligung widerrufen.

Die Aufenthaltsbewilligung berechtigt Staatsangehörige von EU- und EFTA-Ländern zur Wohnsitz- und Arbeitsaufnahme in der ganzen Schweiz. Das heisst, sie dürfen überall im Land alle Formen unternehmerischer Aktivitäten entfalten – als Einzelunternehmer, Inhaber von Kollektiv- und Kommanditgesellschaften sowie als mitarbeitende Inhaber von GmbHs und AGs. Sie können jederzeit ihren Aufenthalts- und Arbeitsort wechseln und dürfen die aufgenommene Selbständigkeit später auch zugunsten einer unselbständigen Erwerbstätigkeit aufgeben. Kroatische Staatsangehörige müssen jedoch während der Übergangsfrist für den Wechsel von einer selbständigen zu einer unselbständigen Erwerbstätigkeit eine neue Aufenthaltsbewilligung für Unselbständige beantragen. Diese wird erteilt, wenn Kontingente verfügbar sind und die arbeitsmarktlichen Voraussetzungen erfüllt sind (Inländervorrang, Arbeits- und Lohnbedingungen).

Nach fünf Jahren ordnungsgemässem und ununterbrochenem Aufenthalt in der Schweiz können Bürger der EU-17/EFTA (gilt nicht für Malta und Zypern) eine Niederlassungsbewilligung (Ausweis C-EU/EFTA) erhalten. Eine Niederlassungsbewilligung berechtigt zur Ausübung einer unselbständigen oder selbständigen Erwerbstätigkeit in der ganzen Schweiz. Staatsangehörige von Malta und Zypern, der EU-8, der EU-2 sowie von Kroatien können grundsätzlich erst nach einem Aufenthalt von zehn Jahren einen Ausweis C-EU/EFTA beantragen. Hat der Gesuchsteller wichtige Gründe oder ist er erfolgreich integriert, kann ihm die Behörde eine Aufenthaltsbewilligung vor Ablauf der zehn Jahre erteilen.

Sonderfall Grenzgänger aus EU-/EFTA-Staaten
Bürgerinnen und Bürger aus den EU-27/EFTA-Staaten können auch als selbständig erwerbende Grenzgänger (Ausweis G-EU/EFTA) überall in der Schweiz in irgendeiner Form unternehmerisch tätig sein und hier ihren Firmensitz haben. Bedingung ist ein Wohnort in einem Staat der EU-27/EFTA, an den sie wöchentlich mindestens einmal zurückkehren. Kroatische Staatsangehörige müssen ihren Wohnsitz in der ausländischen Grenzzone haben. Sie können als Grenzgänger in der Schweiz nur innerhalb der Grenzzonen selbständig erwerbend sein. Massgebend sind die bilateralen Grenzgängerabkommen mit den Nachbarstaaten und die arbeitsmarktlichen Beschränkungen (Inländervorrang sowie Lohn- und Arbeitsbedingungen). Über die genaue Ausdehnung der Grenzzone informieren die kantonalen Arbeitsmarktbehörden. Diese Zonen sind in den Grenzgängerabkommen mit den Nachbarstaaten festgelegt.

Um den Grenzgängerstatus zu bekommen, muss man bei der zuständigen kantonalen Behörde am Schweizer Firmenstandort ein Gesuch für eine Grenzgängerbewilligung einreichen – zusammen mit den Unterlagen zur geplanten unternehmerischen Aktivität (glaubwürdig belegt etwa mit einem Businessplan, der Anmeldung im Handelsregister, der Eröffnung eines Büros oder einer Werkstatt). Genaue Informationen zu den verlangten Nachweisen erteilen die kantonalen Migrationsbehörden. Die Grenzgängerbewilligung wird in der Regel für fünf Jahre ausgestellt. Im

Übrigen gleicht das Verfahren demjenigen für Personen aus EU-/EFTA-Staaten mit Aufenthalt in der Schweiz. Die meisten Grenzgängerinnen und Grenzgänger in der Schweiz sind Angehörige von EU- oder EFTA-Staaten und fallen daher unter den Geltungsbereich des Personenfreizügigkeitsabkommens.

In der Schweiz wohnhafte EU-/EFTA-Bürger

Alle Bürgerinnen und Bürger der EU-/EFTA-Staaten, die eine Aufenthaltsbewilligung (B-EU/EFTA) oder eine Niederlassungsbewilligung (C-EU/EFTA) besitzen, können jederzeit von einer unselbständigen zu einer selbständigen Tätigkeit wechseln oder sich direkt selbständig machen. Das ist ihnen in der ganzen Schweiz erlaubt.

Anders sieht die Situation für kroatische Staatsangehörige sowie für in der Schweiz wohnende EU-/EFTA-Bürger aus, die nur eine Kurzaufenthaltsbewilligung (L-EU/EFTA) besitzen. Diese berechtigt dazu, zwischen drei und zwölf Monaten in der Schweiz zu wohnen und zu arbeiten. Der Wechsel zu einer selbständigen Erwerbstätigkeit ist meldepflichtig und erfordert eine neue Aufenthaltsbewilligung EU/EFTA. EU-2-Staatsangehörigen wird eine Aufenthaltsbewilligung EU/EFTA erteilt, sofern Kontingente verfügbar sind (Ventilklausel, siehe Seite 72).

Info | Selbständigerwerbende aus EU-/EFTA-Ländern, die nicht mehr für ihren eigenen Lebensunterhalt aufkommen können und Sozialhilfe beantragen, verlieren ihr Aufenthaltsrecht in der Schweiz.

Ausländerinnen und Ausländer aus Nicht-EU-/-EFTA-Staaten

Für ausländische Staatsangehörige, die nicht das Bürgerrecht eines EU- oder EFTA-Landes besitzen, gelten für die Aufnahme einer selbständigen Erwerbstätigkeit andere Voraussetzungen. Auch hier wird unterschieden zwischen Ausländern, die neu in die Schweiz einreisen, und solchen, die bereits hier wohnhaft sind. Grundsätzlich unterstehen alle ausländischen Erwerbstätigen den in der Schweiz herrschenden arbeitsmarktlichen Anforderungen (Bundesgesetz über die Ausländerinnen und Ausländer, AuG), der Verordnung über Zulassung, Aufenthalt und Erwerbstätigkeit (VZAE) sowie den Weisungen zum AuG und der VZAE.

Neu einreisende Ausländer aus Nicht-EU-/-EFTA-Staaten

Personen von ausserhalb der EU und der EFTA, die in der Schweiz wohnen und arbeiten möchten, benötigen eine Arbeits- und Aufenthaltsbewilligung (Ausweis L oder B). Diese ist an Kontingente gekoppelt, die der Bundesrat jährlich festlegt, sowie an bestimmte Voraussetzungen geknüpft.

Gemäss dem Bundesgesetz über Ausländerinnen und Ausländer (AuG) und der Verordnung über Zulassung, Aufenthalt und Erwerbstätigkeit (VZAE) können Personen aus Nicht-EU-/-EFTA-Staaten mit einer Bewilligung der kantonalen Behörden eine selbständige Erwerbstätigkeit ausüben. Grundsätzlich wird diese Bewilligung jedoch nur erteilt, wenn die Erwerbstätigkeit dem gesamtwirtschaftlichen Interesse der Schweiz entspricht. Von einem spürbaren Nutzen für den Arbeitsmarkt Schweiz kann etwa gesprochen werden, wenn die geplante Tätigkeit bedeutende wirtschaftliche Impulse auslöst, also nachhaltige, positive Auswirkungen auf den Arbeitsmarkt hat. Das ist etwa der Fall, wenn ein ausländischer Unternehmer glaubhaft nachweisen kann, dass er

- mehrere Arbeitsplätze für inländische Arbeitnehmende schafft oder erhält,
- zur branchenspezifischen Diversifikation der regionalen Wirtschaft beiträgt,
- neue Aufträge für die Schweizer Wirtschaft generiert,
- erhebliche Investitionen tätigt.

Wollen Bürger von Nicht-EU-/-EFTA-Staaten eine selbständige Erwerbstätigkeit aufnehmen, müssen sie sich vor der Aufnahme der Erwerbstätigkeit bei den kantonalen Behörden des künftigen Wohnorts anmelden und am vorgesehenen Firmenstandort ein Gesuch um eine Bewilligung einreichen. Darin sind detaillierte Angaben zur geplanten unternehmerischen Tätigkeit zu machen (etwa Businessplan, Markt- und Konkurrenzanalyse). Sie sollen aufzeigen, dass der Gesuchsteller die notwendigen finanziellen und betrieblichen Voraussetzungen mitbringt und dass bereits organisatorische Verbindungen zu anderen Unternehmen bestehen. Das Gesuch muss auch eine Firmengründungsurkunde und/oder einen Nachweis des Handelsregistereintrags enthalten. Wird das Gesuch bewilligt, kann der Gesuchsteller in der ganzen Schweiz als Unternehmer tätig sein.

Grundsätzlich erteilen die Behörden Selbständigerwerbenden in einer ersten Phase (Betriebsgründung und -aufbau) eine auf maximal zwei Jahre befristete Kurzaufenthaltsbewilligung (L). Eine Umwandlung in eine Aufenthaltsbewilligung (B) über diesen Zeitraum hinaus wird in der Regel an die fristgerechte Erfüllung der im Businessplan angegebenen Ziele geknüpft (die Bedingungen sind in der arbeitsmarktlichen Verfügung festgehalten). Beide Ausweis-Kategorien sind dem vom Bund festgelegten jährlichen Kontingent für Jahres- und Kurzaufenthalter unterstellt.

Haben Bürger von Nicht-EU-Staaten insgesamt mindestens zehn Jahre mit einer Kurzaufenthalts- oder Aufenthaltsbewilligung in der Schweiz gelebt und während fünf aufeinanderfolgenden Jahren ununterbrochen eine Aufenthaltsbewilligung besessen, können sie bei den zuständigen kantonalen Behörden eine Niederlassungsbewilligung beantragen (Ausweis C). Diese kann die Behörde auch vorzeitig erteilen, wenn wichtige Gründe vorliegen und der Gesuchsteller hier gut integriert ist und über gute Kenntnisse einer Landessprache verfügt.

Info | Für Ausländer aus Staaten ausserhalb des EU-/EFTA-Raums sind die Hürden für eine selbständige Erwerbstätigkeit in der Schweiz relativ hoch. Das gilt für ein Einzelunternehmen, eine Kollektiv- oder Kommanditgesellschaft ebenso wie für die Gründung einer GmbH oder AG, um dort als mitarbeitender Inhaber tätig zu sein. Problemlos und ohne Behördenauflagen *möglich ist eine selbständige Erwerbstätigkeit dagegen für Bürger von Nicht-EU-Staaten, die schon eine Niederlassungsbewilligung (Ausweis C) besitzen.*

Grenzgänger aus Nicht-EU-/EFTA-Staaten
Besondere Bestimmungen gelten für Grenzgängerinnen und Grenzgänger von Ländern ausserhalb der EU und der EFTA, die in der Schweiz eine selbständige Erwerbstätigkeit ausüben möchten. Sie erhalten die Grenzgängerbewilligung (Ausweis G) nur, wenn sie in einem Nachbarstaat der Schweiz ein dauerhaftes Aufenthaltsrecht besitzen und seit mindestens sechs Monaten in der ausländischen Grenzzone wohnen.

In Anlehnung an das Freizügigkeitsabkommen müssen Grenzgängerinnen und Grenzgänger wöchentlich an ihren Wohnsitz im Ausland zurückkehren. Ansonsten gleicht das Verfahren für selbständig erwerbende Grenzgängerinnen und Grenzgänger demjenigen für Personen aus Nicht-EU-/EFTA-Staaten mit Aufenthalt in der Schweiz.

In der Schweiz wohnhafte Bürger von Nicht-EU-/EFTA-Staaten
Grundsätzlich gelten für sie die gleichen Bestimmungen wie für neu einreisende Bürger von Staaten ausserhalb des EU-/EFTA-Raums: Die Aufnahme einer selbständigen Erwerbstätigkeit ist im Normalfall und ohne Auflagen nur mit einer Niederlassungsbewilligung (Ausweis C) möglich.

Das Gesetz sieht diese Möglichkeit jedoch auch für Personen mit einer Aufenthaltsbewilligung (Ausweis B) vor, die ursprünglich für eine unselbständige Erwerbstätigkeit zugelassen worden sind. Sie müssen für den Wechsel von einer unselbständigen zu einer selbständigen Erwerbstätigkeit bei den kantonalen Arbeitsmarktbehörden ein Gesuch stellen. Die kantonale Behörde kann dem Wechsel zustimmen, wenn die geplante unternehmerische Tätigkeit dem gesamtwirtschaftlichen Interesse der Schweiz entspricht und die dafür notwendigen finanziellen sowie betrieblichen Voraussetzungen gegeben sind.

Info | *Wichtig zu wissen: Ehegatten von Schweizerinnen und Schweizern sowie Personen mit Niederlassungsbewilligung und deren Ehegatten haben einen Rechtsanspruch auf die Ausübung einer selbständigen Erwerbstätigkeit in der Schweiz. Für Personen, die in eingetragener Partnerschaft leben, gelten diese Regeln sinngemäss.*

Anerkannte Flüchtlinge mit einer Aufenthaltsbewilligung (Ausweis B) haben gemäss der Genfer Konvention – ohne Berücksichtigung der aktuellen Arbeitsmarkt- und Wirtschaftslage – Zugang zur selbständigen Erwerbstätigkeit. Denn die Genfer Konvention verlangt für diese Personengruppe eine Gleichbehandlung mit Einheimischen in Bezug auf Personenrechte, Sozialhilfe und Arbeitsmarkt. Demnach können anerkannte Flüchtlinge jederzeit eine selbständige Erwerbstätigkeit aufnehmen und diese in der ganzen Schweiz ausüben.

Vorläufig aufgenommenen Ausländern und Ausländerinnen (Ausweis F) kann eine selbständige Erwerbstätigkeit bewilligt werden, wenn sie die dafür notwendigen finanziellen, betrieblichen und fachlichen Voraussetzungen erfüllen.

Info | Die Bewilligung für eine selbständige Erwerbstätigkeit steht in der Regel im Ermessen der Behörden. Spezielle Sachverhalte klären Sie am besten frühzeitig bei den zuständigen kantonalen Migrations- und Arbeitsämtern ab.

Links | Migrations- und Arbeitsämter
beobachter.ch/download

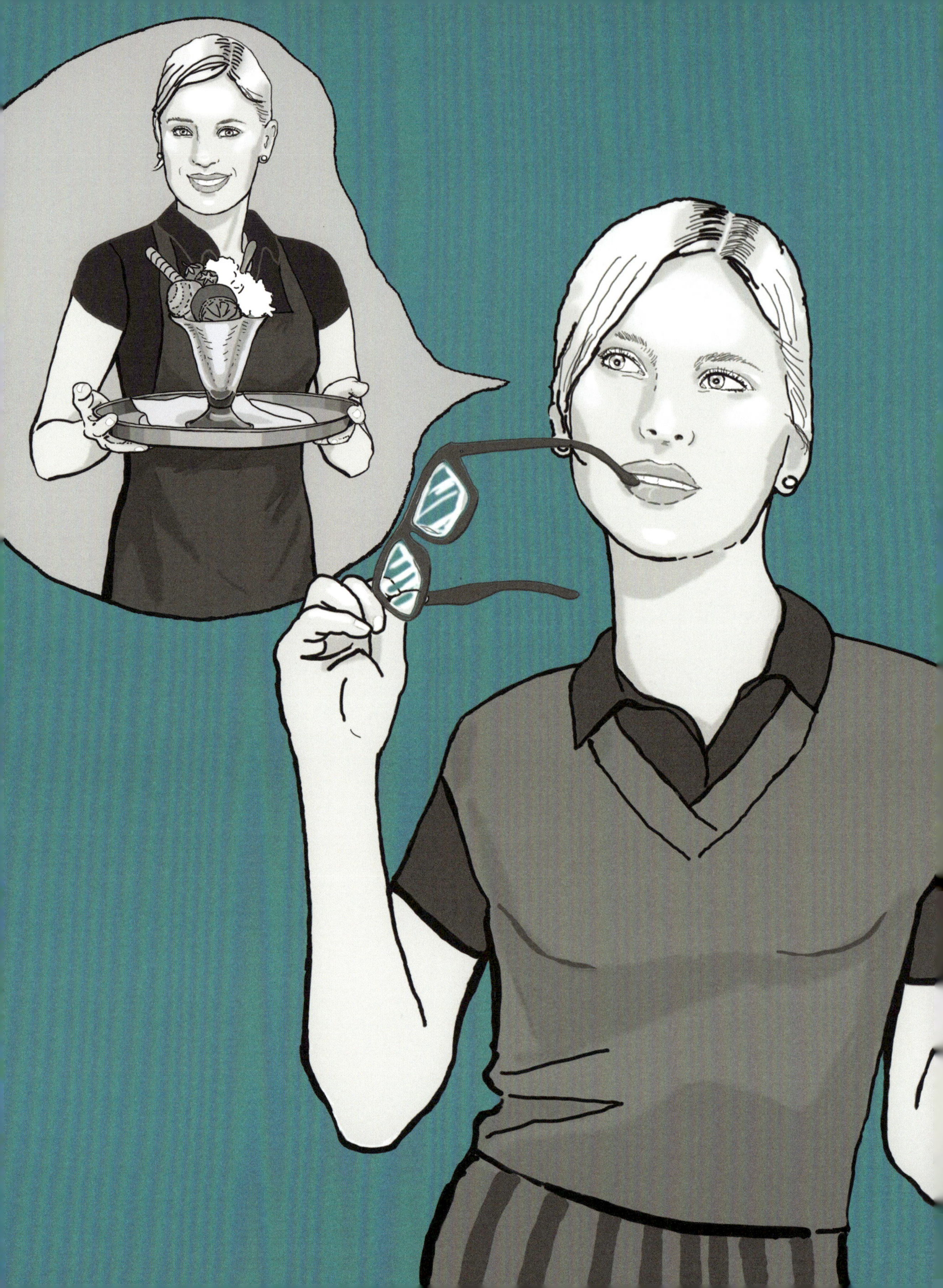

4 | Die Geschäftsidee

Basis jeder erfolgreichen Geschäftstätigkeit ist eine überzeugende Geschäftsidee. Wer sie gefunden hat, muss mit einer Marktanalyse prüfen, ob sie einem echten Kundenbedürfnis entspricht. Patente, Marken und Designs sollen Neuunternehmer rechtlich schützen, damit ihnen die Konkurrenz nicht zuvorkommt.

Geschäftsideen

Wer sich selbständig machen will, weiss meist aufgrund solider Ausbildung und langjähriger Berufserfahrung, welches Produkt oder welche Dienstleistung er anbieten möchte. Er hat Marktlücken erkannt und will diese nun ausnützen. Gehören Sie zu dieser Kategorie, können Sie sich gleich mit der fundierten Analyse des Marktes beschäftigen (siehe Seite 85).

Wer den Schritt in die Selbständigkeit ausserhalb des angestammten Berufsumfelds wagt, ist wahrscheinlich schon einige Zeit auf der Suche nach der berühmten Marktlücke – einer einzigartigen Geschäftsidee bzw. einer Dienstleistung, die es noch nicht gibt und mit der sich eine Existenz aufbauen lässt. Nachfolgend die wichtigsten Inspirationsquellen für clevere Geschäftsideen.

Suchstrategien

Fangen Sie am besten mit folgenden Fragen an: Was fehlt mir selbst im aktuellen Marktangebot? Was vermisse ich als Konsumentin? Was nervt mich bei bestehenden Produkten und Dienstleistungen? Welche App könnte mir das Leben erleichtern? Welche bestehenden Marktleistungen liessen sich neu kombinieren, damit ich als

Von der Geschäftsidee zum Businessplan

Geschäftsidee formulieren siehe Seite 84

Markt analysieren siehe Seite 85
- Datenerhebung
  - Sachverhalte beobachten
  - Experimente anstellen
  - Medieninhalte analysieren
  - Personen befragen
- Datenauswertung
  - aufbereiten
  - analysieren
  - interpretieren
- SWOT-Analyse

Marktpositionierung festlegen siehe Seite 93

Geistiges Eigentum schützen siehe Seite 95
- Patentschutz
- Markenschutz
- Designschutz

Businessplan erstellen siehe Kapitel 5

Konsument einen Vorteil hätte? Vielleicht können Sie aufgrund von selbst erkannten Produktmängeln oder wenig kundenorientierten Dienstleistungen eine neue, vielversprechende Geschäftsidee entwickeln.

Die wichtigste Quelle der Ideenfindung ist sicher das eigene Berufsumfeld. Aus regelmässigen Diskussionen mit Arbeitskolleginnen, Brancheninsidern, Fachexpertinnen, Lieferanten und Kunden lassen sich vielfach Erfolg versprechende Geschäftsideen herauskristallisieren. Wer bei seinen bisherigen Geschäftskontakten mit Kunden die Ohren gespitzt hat, kennt deren Probleme, Wünsche und Bedürfnisse genau und weiss, wie aufgeschlossen sie sich gegenüber innovativen Ideen zeigen und ob die Zeit reif ist für eine Marktneuheit.

Auch Kundenreklamationen sind eine hervorragende Quelle für Geschäftsideen. Bemängeln Kunden wiederholt Produkte oder Dienstleistungen, könnten das Ausmerzen von Schwachstellen sowie Produkt- oder Prozessoptimierungen zu echten Innovationen führen.

Wacher Geist

Wer mit offenen Augen durch die Welt geht, findet zahlreiche Quellen der Inspiration: Zeitungen, Fachzeitschriften, neue Fachbücher, neue Studien, Umfragen, Studienarbeiten an Hochschulen, branchenspezifische Websites und Newsletters berichten laufend über Neuheiten, Trends und verändertes Konsumverhalten. Interessant sind auch spezielle Magazine für Firmengründer (etwa «Die Geschäftsidee» aus Deutschland) oder Ratgeberbücher mit Geschäftsideen. Auch die im Handelsregister veröffentlichten Firmengründungen können wertvolle Anregungen geben, ebenso der Besuch von Fach- und Publikumsmessen sowie branchenspezifische Seminare, Tagungen, Workshops und Weiterbildungsveranstaltungen. Auch Auslandreisen können auf der Suche nach Businessideen inspirierend sein. Wertvolle Denkanstösse vermitteln zudem Patentdokumentationen. Kopien von Patentschriften sind gegen eine Gebühr beim Eidgenössischen Institut für Geistiges Eigentum (www.ige.ch) erhältlich.

Links | Patentschriften
beobachter.ch/download

Internetrecherchen

Bei der Suche nach einer Erfolg versprechenden Geschäftsidee drängt sich in jedem Fall eine fundierte Recherche im Internet auf. Es gibt weltweit unzählige Webportale für Start-ups und etablierte Unternehmer mit innovativen Businessideen, die unter Umständen auch im Schweizer Markt realisierbar sind.

Kreativitätstechniken

Neue Geschäftsideen können auch mithilfe von Innovations- oder Kreativitätstechniken entstehen. Diese sollen durch eine bestimmte Systematik das kreative Potenzial eines Menschen oder einer Gruppe von Personen erhöhen. Ziel ist es, Ideen, Alternativen und Lösungen zu einem Problem zu entwickeln.

Die bekannteste und einfachste Methode der Ideenfindung ist das **Brainstorming**. Dabei lassen einige kreative Personen in einer ersten Phase ihrer Fantasie freien Lauf. Jeder noch so verrückte Einfall wird unkommentiert und widerspruchslos

Morphologischer Kasten für einen privaten Vorschulkindergarten

Merkmal	Variante 1	Variante 2	Variante 3
Philosophie	**Interkulturalität**	Montessori	Rudolf Steiner
Sprache	Schweizerdeutsch	Hochdeutsch	**Englisch**
Betreuungstage	Montag bis Freitag	**Montag bis Samstag**	Montag bis Sonntag
Betreuungszeiten	8.30 bis 11.30 Uhr / 13.30 bis 16.00 Uhr	**8.30 bis 17.00 Uhr**	Montag bis Freitag: 7.00 bis 18.30 Uhr / Samstag und Sonntag: 7.00 bis 16.00 Uhr
Ferienzeiten	Gleich wie die kantonale Volksschule	**Ganzjahresbetrieb ohne Ferienzeiten**	Nur Sommerferien wie die Volksschule
Alter der Kinder	**2 bis 5 Jahre**	4 bis 5 Jahre	3 bis 5 Jahre
Anzahl Kinder	Maximal 30	**Maximal 20**	Maximal 15
Personal	**Nur ausgebildetes Personal**	Ausgebildetes und angelerntes Personal	Ausgebildetes Personal und Lehrlinge
Infrastruktur	Innenspielräume	Innen- und Aussenspielräume	**Innen- und Aussenspielräume sowie Ruhe- und Schlafzimmer**
Spielsachen	Herkömmliche Spielsachen	**Vornehmlich Holzspielzeug**	Kein Spielzeug (wird von den Kindern selbst erfunden und gebastelt)
Mahlzeiten	Nur Mittagessen	Morgen- und Mittagessen	**Morgen-, Mittag- und Abendessen**
Standort	**Stadtzentrum**	Auf dem Land	Stadtrand
Betreuungskosten	Für alle gleich, hoher fixer Monatsbetrag	**Abhängig vom versteuerten Einkommen der Eltern**	Verrechnung der benutzten Dienstleistungen (Taxpunktsystem)

aufgeschrieben. Die Gedanken anderer dürfen aufgegriffen, weiterentwickelt, modifiziert oder kombiniert werden. Erst im zweiten Schritt werden die Ideen dann bewertet: etwa bezüglich ihrer Neuartigkeit, ihrer Nützlichkeit für Kunden oder ihrer Machbarkeit.

Eine spezielle Technik, um bekannte Produkte oder Dienstleistungen zu verbessern, zu verändern oder neue Produkte zu finden, ist der **morphologische Kasten**. Dabei werden in einer Matrix auf der einen Achse die Merkmale des Produkts eingegeben und auf der anderen Achse die zu den einzelnen Merkmalen möglichen Varianten (ein Beispiel finden Sie nebenstehend). Aus der Kombination der verschiedenen Varianten entstehen dann möglicherweise neue, zukunftsträchtige Produktideen (im Beispiel die dunkel unterlegten Felder).

Einzigartiger Produktvorteil
Als potenzieller Firmengründer oder als Neuunternehmerin müssen Sie bei der Suche nach einer Erfolg versprechenden Geschäftsidee das Rad nicht komplett neu erfinden. Es ist absolut legitim, bestehende Ideen aufzugreifen und zu perfektionieren – solange Sie dabei keine Schutzrechte verletzen. Studien zeigen, dass drei Viertel aller neu gegründeten Unternehmen bestehende Marktangebote imitieren und kopieren. Je einzigartiger und exklusiver ein Marktangebot jedoch ist, desto grösser sind seine Marktchancen. Deshalb sollte sich Ihr Produkt, Ihre Dienstleistung mindestens in einem für Ihre Kunden wichtigen Bereich von den Mitbewerbern klar unterscheiden: zum Beispiel bezüglich Qualität, Service, Nebenleistungen oder Preis (mehr dazu auf Seite 122 und 128). Mit einem solchen einzigartigen Produktvorteil (unique selling proposition, USP) können sich neue Firmen am Markt besser profilieren und positionieren.

Tipp | Brillante Ideen kommen selten über Nacht – sie reifen über eine längere Zeit. Schreiben Sie darum Ihre Gedanken zu möglichen Geschäftsideen jeweils sofort auf – sei es beim Busfahren, an einem Gartenfest, in den Ferien oder in einer schlaflosen Nacht. So vergessen Sie nichts und sind gezwungen, Ihre Gedanken zu strukturieren. Sammeln Sie Ihre Notizen.

Bewertung von Geschäftsideen

Haben Sie Erfolg versprechende Ideen gefunden, gilt es, diese zu bewerten. Dazu formulieren Sie die einzelnen Geschäftsideen in einem ersten Schritt am besten schriftlich als prägnante Kernaussage.

Beispiel | Jana K. ist ausgebildete Kindergärtnerin mit zehnjähriger Berufserfahrung; sie spricht Deutsch und Englisch. Nach einer mehrjährigen Kinderpause möchte sie als Selbständigerwerbende wieder ins Berufsleben einsteigen. Während ihrer Auszeit hat sie sich ständig mit der Entwicklung in ihrem Beruf und den Trends in der Kleinkindererziehung auseinandergesetzt und so eine eigene Geschäftsidee entwickelt.

Die Geschäftsidee von Jana K.

Ich will im Zentrum von Olten einen privaten Ganztages-Vorschulkindergarten in englischer Sprache für zwei- bis fünfjährige Kinder verschiedenster Nationalitäten eröffnen, der von Montag bis Samstag geöffnet hat. Mein Angebot zeichnet sich vor allem durch eine qualifizierte, intensive Betreuung der Kinder durch ausgebildetes, Englisch sprechendes Personal, einen Mahlzeitendienst sowie ein erzieherisch wertvolles Spiel-, Beschäftigungs- und Lernumfeld aus, basierend auf den neusten bildungswissenschaftlichen, methodischen und didaktischen Erkenntnissen in der Kleinkindererziehung. Die Kinder entwickeln dank des interkulturellen Umfelds Interesse und Verständnis für Kulturunterschiede. Das Angebot richtet sich primär an Kinder berufstätiger Eltern aller Einkommensklassen und soll nicht teurer als eine konventionelle Ganztagesbetreuung sein.

Checkliste |
Geschäftsidee
beobachter.ch/
download

In einem zweiten Schritt werden die verschiedenen, kurz beschriebenen Geschäftsideen einander anhand von relevanten Erfolgsfaktoren gegenübergestellt und bewertet. Zu diesen Erfolgsfaktoren zählen unter anderem der Kundennutzen, der Innovationsgrad, die Abgrenzung von der Konkurrenz, der Kapitalbedarf oder das generelle Geschäftsrisiko. Ziel in diesem Entwicklungsstadium ist es noch nicht, jede skizzierte Geschäftsidee einer fundierten Marktanalyse zu unterziehen. Die Ideen werden lediglich auf der Basis des eigenen Branchen- und Fachwissens sowie mit gesundem Menschenverstand gegeneinander abgewogen.

Da bei diesem Vorgehen emotionale Faktoren vorherrschen, sollten Sie Ihre Geschäftsideen zwingend zusammen mit kritischen Gesprächspartnern bewerten, die idealerweise Ihre künftigen Kunden sein könnten.

Tipp | In der Checkliste «Geschäftsidee» sind die wichtigsten Erfolgsfaktoren für ein erfolgreiches Start-up aufgezählt. Es spricht nichts dagegen und vieles dafür, dass Sie – je nach Geschäftsbereich – weitere Aspekte hinzufügen.

Aufgrund dieser ersten Bewertung entscheiden Sie sich nun für die Geschäftsidee mit den grössten Marktchancen und den besten Erfolgsaussichten. Ob sich diese Geschäftsidee tatsächlich umsetzen lässt und ob sie einem echten Kundenbedürfnis entspricht, zeigt Ihnen anschliessend eine detaillierte Marktanalyse.

Marktanalyse

Nachdem Sie sich für eine bestimmte Geschäftsidee entschieden und diese formuliert haben, müssen Sie die Erfolgschancen abklären. Dabei sind unter anderem Fragen zum Markt, zu den Kunden, zur Konkurrenz und zum Unternehmensumfeld zu beantworten.

Die Antworten auf diese Fragen beeinflussen den Entscheid, wie Sie Ihre Marktleistung ausgestalten, damit sie sich klar von der Konkurrenz unterscheidet und die Kundenbedürfnisse optimal befriedigt (mehr dazu ab Seite 128).

Wer für die Marktanalyse ein grosses Budget besitzt, beauftragt ein professionelles Marktforschungsunternehmen vom Verband Schweizer Markt- und Sozialforscher (www.vsms-asms.ch). Das Marktforschungsunternehmen führt die Umfragen und Erhebungen durch und liefert dem Auftraggeber sämtliche Erkenntnisse in einem Bericht ab. Dies kostet aber schnell einige Tausend Franken und ist deshalb für die meisten Firmengründer unerschwinglich.

Eine weitaus günstigere Alternative ist es, den Marktforschungsauftrag an eine Hochschule zu vergeben, als Auftrag an eine von Studierenden geleitete Beratungsstelle oder als studentische Projekt-, Bachelor- oder Masterarbeit.

Ist auch das zu kostspielig oder passt es zeitlich nicht, bleibt nichts anderes übrig, als den Markt selbst zu erforschen. Das ist grundsätzlich sowieso das Klügste: Denn nur wer den Markt und die Kunden selbst analysiert, entwickelt das notwendige Gespür. Und das braucht es zwingend für eine erfolgreiche Produktlancierung.

Tipps | Die relevanten Fragen für eine fundierte Analyse des Marktes finden Sie in der Checkliste «Marktanalyse», ebenso die Adressen von Beratungsstellen von Studierenden an Hochschulen.

Falls Sie Dritte mit der Marktforschung beauftragen, sollten Sie unbedingt verschiedene Offerten und Referenzauskünfte einholen und die gebotenen Leistungen vergleichen.

Datenquellen und Datenarten

Um die Marktchancen eines Produkts abzuklären, sollten Sie wie die Marktforschungsprofis vorgehen: möglichst viele und möglichst genaue Informationen und Daten sammeln. Dabei ist zwischen quantitativen und qualitativen Daten zu unterscheiden.

Quantitative und qualitative Daten
Quantitative Daten sind Aussagen, die sich quantifizieren, das heisst in Mengen-

Checkliste | Marktanalyse
beobachter.ch/download

Links | Marktforschungsinstitute und Beratungsstellen von Studierenden
beobachter.ch/download

Marktforschung im Überblick

Marktforschungsmethoden

- **Primäre Marktforschung (Field Research)**
  Eigene Datenerhebungen, Auftrag an Marktforschungsinstitut
  - **Qualitative Marktforschung**
    Aussagen zu Sachverhalten (Antworten auf die Frage «Warum?»)
  - **Quantitative Marktforschung**
    Aussagen mit Zahlenwerten (Antworten auf die Frage «Wie viel?»)

- **Sekundäre Marktforschung (Desk Research)**
  Auswertung bestehender Daten
  - **Interne Quellen**
    Analyse von intern schon vorhandenen Daten (etwa aus eigenen Umfragen, Interviews)
  - **Externe Quellen**
    Analyse von extern vorhandenen Daten von Dritten (etwa aus Studien, Umfragen, Berichten)

begriffen bzw. Zahlen ausdrücken lassen. Sie geben vereinfacht gesagt Antwort auf die Frage: «Wie viel?» Einige Beispiele: Wie viele Konkurrenzunternehmen sind in der Region tätig? Wie viele potenzielle Kunden gibt es für die angebotene Dienstleistung? Wie oft und wann bestellen Kundinnen ein Produkt?

Mit quantitativen Daten, statistischem Zahlenmaterial sowie eigenen Berechnungen erhalten Sie meist ein gutes Bild über das Konsumverhalten, die Branche und ihre Marktteilnehmer, das Marktvolumen und das Marktpotenzial – und können so den Marktanteil bestimmen, den Sie in Ihrem Geschäftsfeld erobern wollen.

Nackte Zahlen sagen jedoch noch nichts aus über die Handlungsmotive von Konsumentinnen. Dazu braucht es **qualitative Daten**. Das sind in Worten ausgedrückte, interpretierte Sachverhalte, die Antwort geben auf die Frage: «Warum?» Beispiele: Warum gibt es keine Konkurrenzunternehmen in der Region? Warum verlangen Kundinnen eine Dienstleistung tatsächlich? Warum bestellen die Kunden das Produkt nur einmal jährlich und das vor allem im Sommer?

Primär- und Sekundärdaten
Unterschieden wird bei der qualitativen wie auch bei der quantitativen Datenerhe-

bung zwischen Primärdaten und Sekundärdaten.

Primärdaten sind Daten, die im Rahmen einer speziellen Untersuchung erhoben werden – beispielsweise von einem Marktforschungsunternehmen oder vom angehenden Neuunternehmer selbst. Primärdaten zu erheben, ist meist zeit- und kostenintensiv. Dafür sind die gewonnenen Erkenntnisse sehr hilfreich.

Sekundärdaten stammen aus bereits vorhandenen Quellen und sind in der Regel in Form von Berichten, Reports, Studien, Umfragen, White Papers, Tabellen, Grafiken und Statistiken aufbereitet. Allerdings sind sie nicht auf die speziellen Fragen des Neuunternehmers ausgerichtet. Öffentlich leicht zugängliche Quellen von Sekundärdaten sind Berufsorganisationen, Branchenverbände (etwa der Schweizerische Gewerbeverband, www.sgv-usam.ch), Banken, Wirtschaftsprüfungs- und Unternehmensberatungsfirmen, das Bundesamt für Statistik (www.bfs.admin.ch) sowie die kantonalen und lokalen Statistikämter. Wertvolle Daten liefern möglicherweise auch Forschungsinstitute an Hochschulen.

Vorsichtig sein sollten Sie bei aufbereiteten Daten aus unbekannten und deshalb wenig vertrauenswürdigen Quellen. Da befragt etwa eine Onlineagentur zehn Unternehmen zu einem bestimmten Thema und stellt dann das Resultat als repräsentative Studie ins Netz – mit dem Ziel, damit neue Kunden zu gewinnen. Solche Pseudo-Umfragen und -Studien, die aufgrund ihrer Methodik und Unwissenschaftlichkeit diesen Namen nicht im Ansatz verdienen, sollten Sie ignorieren.

Beispiel | Jana K. sammelt bei ihrer Marktanalyse zur Abklärung der Chancen eines privaten Vorschulkindergartens als Erstes vorhandene quantitative Daten: Sie beschafft sich über die kantonale Verwaltung und direkt bei den Gemeinden des geplanten Einzugsgebiets Angaben zur Entwicklung der Einwohnerzahlen, zur Zahl der jährlichen Geburten und zur gegenwärtigen Anzahl Kinder im Alter von drei bis fünf Jahren. Darauf ermittelt sie mithilfe einer Onlinerecherche, wie viele Betreuungsangebote es in der Region bereits gibt.

Links | Datenquellen beobachter.ch/download

Datenerhebung

Eine umfassende Marktforschung besteht in der Regel aus quantitativen und qualitativen Daten, die auf primären und sekundären Datenquellen basieren. Aus Kostengründen sollten Neuunternehmer zuerst alle erhältlichen Sekundärdaten zu ihrer Fragestellung beschaffen und danach mit primärer Marktforschung versuchen, die noch offenen Fragen zu beantworten.

Daten lassen sich auf unterschiedliche Art erheben. Nachfolgend einige gängige Methoden, von denen jede bestimmte Vor- und Nachteile aufweist.

Sachverhalte beobachten
Wertvolle quantitative Daten lassen sich oft mit sorgfältigem Beobachten – etwa der Konkurrenz oder des Kundenverhaltens – erheben. Wer zum Beispiel an ausgewählten Tagen die Zahl der Kunden notiert, die im einzigen Bioladen der Kleinstadt einkaufen, erhält einen groben Hinweis zur

Nachfrage. Sind die Kunden an einer Hand abzuzählen, verträgt es wohl keinen zweiten Shop.

Diese Methode ist in der Regel zeitintensiv, liefert dem Beobachter aber meist wertvolle Erkenntnisse, die ihm womöglich mehr bringen als reine Zahlen, die falsch interpretiert werden können, oder schwammige, beschönigte oder gar falsche Antworten aus einer aufwendigen schriftlichen Befragung ausgewählter Personen. Ein Nachteil dieser Methode liegt in der selektiven Wahrnehmung eines Sachverhalts. Erklärt der Beobachter im obigen Beispiel eine schwache Kundenfrequenz mit dem aus seiner Sicht zu wenig beworbenen Angebot und nicht mit der fehlenden Nachfrage, kann ihn diese Interpretation zu einem völlig falschen unternehmerischen Entscheid führen.

Experimente anstellen
Ein Experiment unterscheidet sich von der reinen Beobachtung dadurch, dass der Marktforscher zunächst eine genau definierte Situation präpariert. Danach beobachtet er das Verhalten von Menschen in dieser Situation und vergleicht es mit dem erwarteten Verhalten. Auf diese Weise lässt sich eine Annahme entweder stützen oder widerlegen; die Geschäftsidee, die darauf baut, wird dann entweder weiterverfolgt oder verworfen. Ein Beispiel: Eine experimentierfreudige Köchin ist überzeugt, dass die regelmässigen Besucherinnen des wöchentlichen Gemüsemarkts in ländlicher Umgebung, auf dem die Bauern der Region ihre mehrheitlich biologischen Erzeugnisse anbieten, auch japanische Sushi-Häppchen kaufen würden. Also mietet sie für einen Tag einen Marktstand und bietet unterschiedlichste Sushi-Varianten an. Der Verkaufserfolg bei Marktschluss wird ihr zeigen, ob ihre Einschätzung richtg war oder nicht.

Der Nachteil eines Experiments: Es macht nur Aussagen über die präparierte Situation und lässt sich deshalb nicht zwingend verallgemeinern. Trotzdem kann es zu wertvollen neuen Erkenntnissen führen und eine Geschäftsidee stützen.

Medieninhalte analysieren
Angehende Neuunternehmer sollten mit Blick auf ihre Geschäftspläne alle in diesem Zusammenhang verfügbaren Informationen recherchieren und analysieren. Das erfordert eine intensive Lektüre von Fach- und Publikumsmedien und zeitaufwendige Onlinerecherchen. Berichten journalistische Medien beispielsweise wiederholt über den Trend steigender Freizeitausgaben der Schweizer Bevölkerung, ist dies für den künftigen Anbieter einer Freizeitdienstleistung höchst relevant.

Ein systematisches Monitoring von Onlineforen und Blogs im thematischen Umfeld der eigenen Geschäftsidee sowie die Analyse der Inhalte von entsprechenden Social-Media-Plattformen kann zudem wertvolle Hinweise für das geplante Business liefern.

Beschaffen Sie sich unbedingt auch Informationen über künftige Konkurrenzunternehmen. Diese finden Sie in Branchenverzeichnissen, Geschäftsberichten, Imagebroschüren, Unternehmensporträts, Werbeprospekten, Produktdokumentationen, Katalogen, Preislisten, Kundenmagazinen oder Newsletters. Diese Dokumente stehen meist online zur Verfügung, lassen sich direkt bei den Herausgebern anfordern oder an Fach- und Publikumsmessen mitnehmen. Wer detaillierte Informationen zu Preisen, Lieferfristen oder Verkaufskonditionen sucht, gibt sich als Kunde aus und lässt sich eine Offerte erstellen.

Der Nachteil dieser Recherchemethode: Sie ist zeitaufwendig und liefert unter Umständen nur einen Bruchteil der gewünschten Antworten. Auf der anderen Seite zeigt sie wichtige Entwicklungen und Trends auf und verschafft fundierte Einblicke in eine bestimmte Branche oder ein Konkurrenzunternehmen.

Personen befragen
Mit dieser Methode der Informationsgewinnung lassen sich quantitative und insbesondere qualitative Daten zu Einstellungen und Meinungen, zum Wissensstand, zu Verhaltensweisen, Präferenzen und Motiven erheben. Befragt werden je nach Ausgangslage und Fragestellung beispielsweise Fachkolleginnen, Branchen-insider, Expertinnen, potenzielle Kunden, bestehende oder ehemalige Kunden von Konkurrenten, Lieferantinnen von Konkurrenten – ja selbst Mitbewerber, sofern es sich nicht um die direkte Konkurrentin um die Ecke handelt. So dürfte der Inhaber eines Berliner Sandwichladens einer Berner Neuunternehmerin bereitwillig Insiderwissen weitergeben.

Es gibt verschiedene Befragungsmethoden: schriftliche Umfragen per Brief und Fragebogen, Onlineumfragen übers Internet, persönliche Gespräche im Rahmen eines Telefoninterviews oder einer direkten Begegnung mit Einzelpersonen oder Gruppen. Gespräche lassen sich unter anderem frei oder mithilfe eines Interviewleitfadens bzw. Fragenkatalogs führen oder moderieren.

Am aussagekräftigsten ist das persönliche Gespräch mit möglichen Kunden. Schon mit wenigen Gesprächen erfahren Sie dank gezielten Fragen deren Bedürfnisse, Wünsche, Denkweisen und Kaufmotive, können Ihr Produkt erklären und vorführen oder Ihre Dienstleistung im Detail beschreiben. Allerdings sind persönliche Gespräche zeitaufwendig und oft schwierig auszuwerten. Andererseits können Sie aus einem Gespräch mehr als nur reine Informationen herausholen, indem Sie auf Aussagen zwischen den Zeilen achten, Zwischentöne heraushören, Gestik und Mimik des Gesprächspartners interpretieren. Zudem können Sie sofort nachfragen, sollte etwas nicht klar sein. Durch den direkten Kontakt mit wenigen Kunden erhalten Sie oft ein besseres Gespür für den Markt als mit dem Versand von fünfhundert Fragebogen – von denen erfahrungsgemäss nur die wenigsten zurückgeschickt werden.

Tipp | Benutzen Sie möglichst viele verlässliche Datenquellen, um ein objektives Bild zu erhalten. Je spezieller oder neuer Ihre Dienstleistung ist, desto mehr müssen Sie Annahmen treffen und Schätzungen vornehmen. Versuchen Sie auch Einschätzungen von möglichst vielen Drittpersonen *einzuholen. Lassen Sie sich erklären, auf welchen Überlegungen diese basieren. Am besten gehen Sie immer von einem «Worst-Case-Szenario» aus, also von pessimistischen Annahmen.*

Fragebogen erstellen

Wer eine schriftliche Umfrage plant, sollte sich bewusst sein, dass es nicht einfach ist, einen guten Fragebogen zu erarbeiten. Da irrelevante und schlecht formulierte Fragen zu schlechten Daten führen, sollten Sie vor allem auf die folgenden Punkte achten:

- Formulieren Sie zuerst die Problemstellung: Was wollen Sie mit der Befragung herausfinden? Wie werten Sie die Antworten aus?
- Informieren Sie die Befragten zu Beginn über das Ziel der Befragung und den Zeitaufwand für das Ausfüllen des Fragebogens.
- Achten Sie darauf, dass der Fragebogen logisch und dramaturgisch spannend aufgebaut ist, damit die Befragten nicht mittendrin aussteigen.
- Stellen Sie geschlossene Fragen (die Antworten sind vorformuliert, der Befragte kann eine davon auswählen), wenn die Befragten das Thema kennen und die Antworten gewichtet werden.
- Stellen Sie offene Fragen (keine Vorgaben, die Befragten antworten mit eigenen Worten), um Motive, Werthaltungen oder Zielsetzungen zu erfassen.
- Formulieren Sie die Fragen in präzisen Worten, in einfachen, kurzen Sätzen und in der Sprache der Zielgruppe. Verwenden Sie eindeutige Begriffe, die alle Befragten verstehen. Definieren Sie unklare Begriffe.
- Beziehen Sie sich bei jeder Frage nur auf ein Thema bzw. einen Sachverhalt.
- Stellen Sie keine hypothetischen oder suggestiven Fragen.
- Vermeiden Sie Verneinungen.
- Verwenden Sie plausible, vollständige Skalen mit gleichen Abständen und einer ungeraden Anzahl von Beantwortungsmöglichkeiten (zum Beispiel: sehr schlecht – schlecht – mittel – gut – sehr gut).
- Stellen Sie nicht zu viele Fragen; der Fragebogen muss sich in wenigen Minuten ausfüllen lassen.
- Überlegen Sie sich bei jeder Frage genau, ob sich die Antworten auswerten lassen, ob sie Ihnen nützen, ob Sie neue Erkenntnisse gewinnen und sinnvolle Schlüsse daraus ziehen können.

Verwenden Sie den Fragebogen erst nach einem Testlauf mit kritischen Personen. Erwarten Sie bei schriftlichen Befragungen keine zu grosse Rücklaufquote: Mit 15 Prozent können Sie schon zufrieden sein.

Info | *Es gibt keine fixe Zahl, wie viele Personen befragt werden müssen, damit eine Umfrage als repräsentativ bezeichnet werden kann. Bestimmen Sie die Grösse der Stichprobe anhand der Grösse der Zielgruppe, der Erreichbarkeit der Befragten, Ihrer eigenen personellen, zeitlichen und finanziellen Ressourcen sowie der gewünschten Genauigkeit der Ergebnisse.*

Beispiel | Zu den vorhandenen Daten erhebt Jana K. selbst weitere wichtige Informationen. Sie gibt sich als Mutter aus, die für ihr Kind einen Platz sucht, und fragt direkt bei verschiedenen Betreuungsorganisationen in der Region nach der Anzahl Plätze, nach Aufnahmekriterien und Wartelisten, den Öffnungszeiten, der Qualifikation des Personals, den Preisen und der Betreuungsphilosophie. Dann schätzt sie, wie viele der Kinder im passenden Alter möglicherweise in einen Privatkindergarten geschickt würden. Sie verteilt einen kurzen Fragebogen an eine Gruppe von Eltern und befragt die Mütter auf einigen Spielplätzen und nach dem MuKi-Turnen, ob und weshalb sie ihr Betreuungsangebot nutzen würden. Da die Kosten pro Kind auf dem steuerbaren Einkommen der Eltern basieren sollen, konsultiert Jana K. die öffentlich zugänglichen Daten der kantonalen Steuerstatistik, um abzuschätzen, wie hoch in der Region die durchschnittlichen versteuerten Einkommen der angesprochenen Zielgruppe sind.

Datenauswertung

Im nächsten Schritt müssen Sie die gesammelten Informationen und Daten aufbereiten, analysieren, interpretieren und daraus die richtigen Schlüsse ziehen (siehe auch Seite 122). Idealerweise nehmen Sie diese Datenanalyse zusammen mit einer kritischen aussenstehenden Person vor. Dies soll verhindern, dass Sie in Ihrer Euphorie und weil Ihnen die nötige Distanz zur eigenen Geschäftsidee fehlt, bestimmte Fakten ignorieren oder falsch interpretieren.

Beispiel | Jana K. berechnet aufgrund der geschätzten Einnahmen sowie des prognostizierten Aufwands, wie viele Kinder sie in ihrem geplanten Vorschulkindergarten benötigt, um das gewünschte Einkommen zu erzielen. Zusammen mit den Erkenntnissen aus ihrer Marktanalyse zeigt ihr das Resultat, dass die erhofften Anmeldezahlen realistisch sind.

Um eine gute Übersicht über die gewonnenen Erkenntnisse zu erhalten und die Marktchancen – aber auch die Risiken – einer Geschäftsidee noch besser abschätzen zu können, eignet sich die sogenannte SWOT-Analyse (auf Englisch: Strengths, Weaknesses, Opportunities und Threats).

Mit dieser einfachen Analysemethode lassen sich auf der einen Seite die Stärken und Schwächen einer Geschäftsidee oder eines Unternehmens aufzeigen. Diese basieren auf einer Selbsteinschätzung bzw. Innensicht, weshalb sie als interne Faktoren bezeichnet werden. Auf der anderen Seite zeigt die SWOT-Analyse die Chancen und Risiken auf, die ein Unternehmen künftig im Rahmen seiner Tätigkeit nutzen kann bzw. denen es ausgesetzt ist – beispielsweise aufgrund ökonomischer, technischer, politischer, rechtlicher, gesellschaftlicher oder ökologischer Veränderungen. Da diese Kräfte von aussen wirken, nennt man sie externe Faktoren. Die SWOT-Analyse für den privaten Vorschulkindergarten von Jana K. sehen Sie im Kasten auf der nächsten Seite.

SWOT-Analyse für Vorschulkindergarten

Bereich	Externe Faktoren		Interne Faktoren	
	Stärken	Schwächen	Chancen	Risiken
Markt	Einziger englischsprachiger Vorschulkindergarten in der Region	Relativ kleiner Markt	Trend, Kinder vorschulisch zu fördern Geplantes, neues Wohnquartier in der Gemeinde mit erschwinglichem Wohnraum für 30 Familien	Zunahme an staatlichen Auflagen/Vorschriften Zunahme an unterschiedlichsten privaten Angeboten im Vorschul- und Schulbereich
Produkte	Neuartige und einzigartige Dienstleistung	Teures Angebot, nicht für alle Interessierten erschwinglich	Finanzielle Unterstützung und Subventionen durch Firmen und Gönner	Angebot von Konkurrenzanbietern leicht kopierbar
Kunden	Grosse Nachfrage nach Englischausbildung für Kinder Grosses Bedürfnis nach professioneller Ganztagesbetreuung von Kleinkindern	Wenig Vertrauen in Kindergärten unter privater Leitung Zweifel an Englisch-Qualifikation des Personals	Steigendes Durchschnittseinkommen in der Region Zunahme an Doppelverdiener-Ehepaaren mit Kindern	Wegzug von gut Verdienenden aufgrund hoher Steuerbelastung in Kanton und Gemeinde
usw.				

Das Resultat einer Marktabklärung kann Sie in Ihrem Vorhaben bestärken und Ihnen aufzeigen, dass Sie mit Ihrer Geschäftsidee im Markt reelle Erfolgschancen besitzen. Andererseits können die Erkenntnisse Sie auch brutal auf den Boden der Realität zurückwerfen – und all Ihre Unternehmerträume platzen lassen.

Auch im zweiten Fall kann aber dank Ihren fundierten Marktanalysen eine neue Geschäftsidee entstehen. Jana K. könnte beispielsweise durch ihre Recherchen erkennen, dass in der Pendlerregion Olten kein Bedürfnis für einen englischsprachigen Vorschulkindergarten besteht. Aber es fehlt eventuell eine Kindertagesstätte, die Kinder von Alleinerziehenden und Eltern mit spätem Feierabend und unregelmässigen Arbeitszeiten auf Wunsch auch über Nacht, an Wochenenden und Feiertagen betreut, also rund um die Uhr. Ihre neue Idee könnte demnach «24-Stunden-Kita» heissen, ein Angebot für Kinder von drei Monaten bis zum zweiten Schuljahr. Jetzt beginnt Jana K. – zurück auf Feld eins – mit den Detailrecherchen.

Tipp | Auch die ausführlichste Marktanalyse und die akribischste Datenauswertung beantworten nie alle Fragen, die sich in der Abklärungsphase für ein Start-up stellen. Meist können Sie auch die wahren Bedürfnisse und Motive der potenziellen Kunden nicht ganz erfassen. Denn diese agieren irrational, unberechenbar, inkonsequent. Als Firmengründer oder Firmengründerin müssen Sie mit dieser Situation leben können und bereit sein, unternehmerische Risiken einzugehen.

Marktpositionierung

Zeigt die Marktabklärung für Ihre Geschäftsidee ein klares Erfolgspotenzial auf, bilden diese Erkenntnisse die Basis für die weiteren Planungsschritte auf dem Weg zur Firmengründung. Idealerweise machen Sie in Ihrem Businessplan (siehe Seite 109) anhand einer Marktpositionierung visuell sichtbar, welches – hoffentlich noch freies – Terrain Sie mit Ihrem Start-up im Markt erobern und besetzen wollen (siehe Grafik auf der nächsten Seite).

Unternehmensgründer sollten sich bewusst sein, dass sie beim Firmenstart als unbekannte Marktplayer in stark umkämpften Märkten wenig Chancen haben, wenn sie potenziellen Kundinnen und Kunden nicht von Beginn weg sichtbar machen können, wofür ihre Firma steht, was sie anbietet und was sie von etablierten Konkurrenzunternehmen unterscheidet. Oder anders gesagt: Kunden müssen sich von der neuen Firma und ihrem Angebot ein unverwechselbares Bild machen und sie im Markt klar einordnen können. Da Sie die Marktkonkurrenten dank Ihren Marktabklärungen nun gut kennen, sollten Sie sich mit Blick auf die Einzigartigkeit Ihres Leistungsangebots (USP, siehe Seite 83) innerhalb der Konkurrenzunternehmen eindeutig positionieren können.

Dies gelingt Ihnen am besten, wenn Sie sich mit Ihrem Marktangebot als neue Marke betrachten, die in den Köpfen der Kunden ein bestimmtes Bild hervorrufen soll. Man spricht in diesem Zusammenhang von einem Markenimage. Dieses verpasst einem Unternehmen eine Identität. Sie wird unter anderem geprägt durch die Person des Gründers, seine Firmenphilosophie, seine Vision und seine Firmenleitsätze. Diese besonderen Unternehmenscharakteristiken tragen dazu bei, sich gegenüber der Konkurrenz zu differenzieren (siehe Seite 120).

Die gewünschte Markenidentität sollte sich auf wenige differenzierende Merkmale der Marke beschränken, die logischerweise den relevanten Wünschen und Bedürfnissen der Konsumenten entsprechen müssen. Das gesamte Marketing (siehe Seite 128) wird dann voll auf dieses angestrebte Markenimage ausgerichtet.

Der Aufbau eines Markenimages gelingt nicht über Nacht; es ist ein zeitaufwendiges Unterfangen. Damit keine Diskrepanzen zwischen Ihrer Ist- und Soll-Markenidentität entstehen, müssen Sie regelmässig überprüfen, ob das gewünschte Image von den Kunden auch so wahrgenommen wird.

Beispiel | Sie wollen an Ihrem Wohnort den dritten Cateringservice anbieten? Zeigt Ihre Marktanalyse, dass dies gelingen könnte, müssen Sie sich im Markt gegenüber der Konkurrenz so abgrenzen, dass Ihre Kunden Sie als «anders» empfinden. «Endlich ein alternativer Caterer mit einem vielseitigen Angebot an vegetarischen und veganen Gerichten mit Produkten von zertifizierten Bio-Bauernhöfen der Region – und das erst noch zu bezahlbaren Preisen.» Das könnten die Hauptmerkmale für die Marktpositionierung und das angestrebte Markenimage Ihres neuen Cateringservice sein.

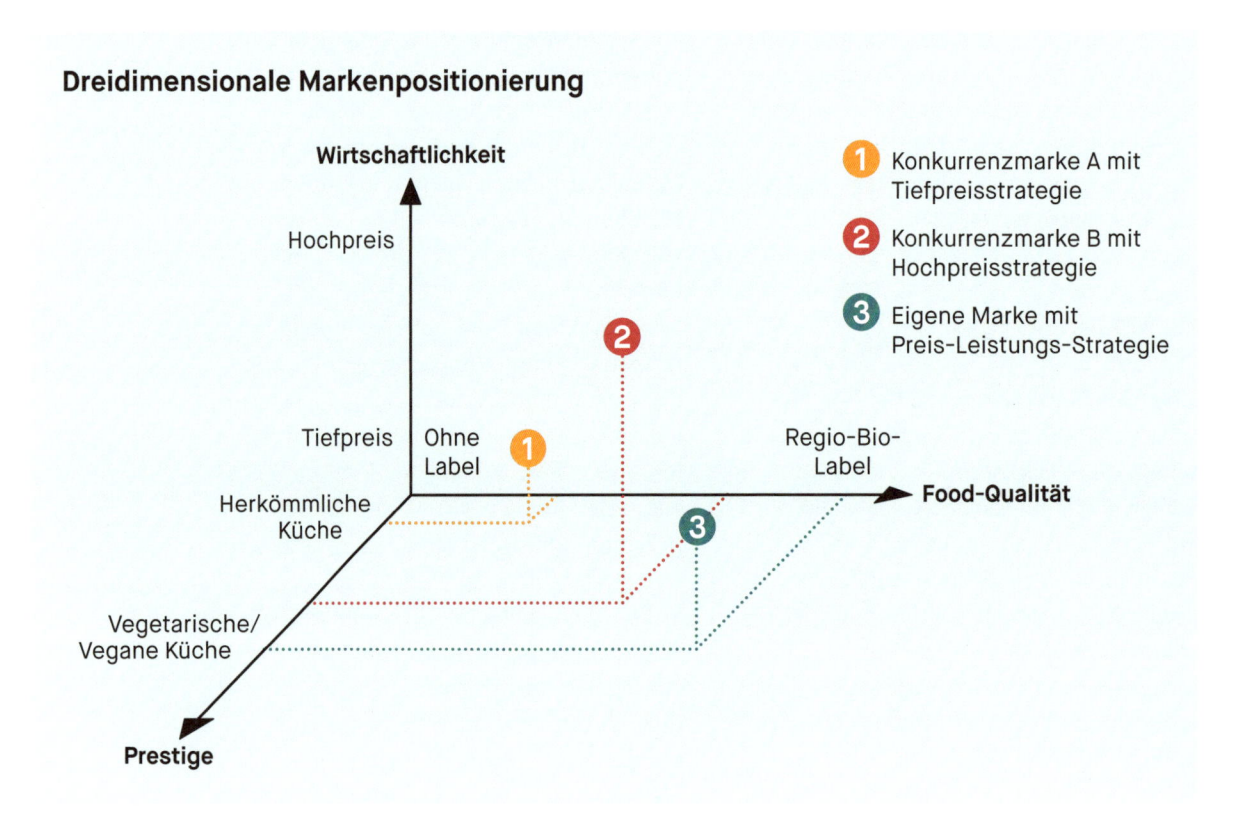

Dreidimensionale Markenpositionierung

Achsen: Wirtschaftlichkeit (Hochpreis / Tiefpreis), Food-Qualität (Ohne Label / Regio-Bio-Label), Prestige (Herkömmliche Küche / Vegetarische/Vegane Küche)

1. Konkurrenzmarke A mit Tiefpreisstrategie
2. Konkurrenzmarke B mit Hochpreisstrategie
3. Eigene Marke mit Preis-Leistungs-Strategie

Schutz von geistigem Eigentum

Eine Erfindung, die sich auf dem Markt verkaufen lässt, kann der Grundstein für eine Firmengründung und für ein langfristig erfolgreiches Business sein. Auch starke Marken oder ein unverwechselbares Design zählen zu den Erfolgsfaktoren eines Unternehmens. Es ist deshalb äusserst wichtig, geistiges Eigentum, Patente, Marken und Designs mit den rechtlich zur Verfügung stehenden Mitteln zu schützen.

Verzichten Sie auf diesen Schutz, besteht das Risiko, dass Ihre Ideen von irgendjemandem kopiert und wirtschaftlich genutzt werden. Verhindern lässt sich dies mit den Mitteln des Patent-, des Marken- und des Designschutzes.

Patentschutz

Unternehmensgründer sind innovative, kreative Personen. Viele von ihnen entwickeln dank Ideenreichtum und Erfindergeist neue Produkte oder finden Lösungen für bisher ungelöste technische Probleme. Innovatoren sollten ihr Know-how so schnell wie möglich schützen – bevor ihnen die Konkurrenz zuvorkommt oder ihre Ideen von jemandem kopiert und wirtschaftlich genutzt werden. Der Schutz des geistigen Eigentums ist unter anderem mit einem Patent möglich.

Patentierbar sind nur technische Erfindungen, die sich auf die Zusammensetzung, Beschaffenheit, Herstellung oder Verwendung eines Stoffes, Erzeugnisses, Verfahrens oder einer Vorrichtung beziehen. Sie müssen in der Industrie, in Gewerbebetrieben oder in der Landwirtschaft hergestellt oder benutzt werden können. Nicht mit einem Patent schützen lassen sich dagegen ausgefallene Ideen, Computerprogramme als solche, Dienstleistungen oder bestimmte Methoden und Konzepte – etwa Werbekonzepte, Marketingstrategien oder ein spezieller Haarschnitt.

Zudem ist eine Erfindung nur dann patentierbar, wenn sie neu ist. Neu heisst: Die Erfindung ist am Anmeldetag des Patents der Öffentlichkeit nicht bekannt, weder in schriftlicher, bildlicher, mündlicher noch sonstiger Art und Weise. Ausserdem darf die Erfindung nach dem aktuellen Stand der Technik nicht naheliegend sein, sondern muss einen wirklichen Fortschritt darstellen.

Neuheit abklären
Viele «Erfindungen» sind leider schon irgendwo von irgendwem erfunden worden. Um Enttäuschungen und «Neuerfin-

Links | Informationen über Patente
beobachter.ch/download

dungen des Rades» zu vermeiden, sollten Sie deshalb vor der Patentanmeldung eine Neuheitsrecherche durchführen und zwar sowohl allgemein als auch in den veröffentlichten Patentschriften.

Einen ersten Überblick über Patentschriften verschaffen Sie sich im Internet, zum Beispiel kostenlos unter https://worldwide.espacenet.com. Eine einfache Suchmaske erlaubt dort den Zugriff auf weltweit über 90 Millionen Patentdokumente.

Aber Achtung: Die Suche im Internet ersetzt nicht die professionelle Recherche in Spezialdatenbanken zum aktuellen Stand der Technik. Möglich ist dies beim kommerziellen Informationsdienst des Instituts für Geistiges Eigentum (IGE) in Bern (www.ip-search.ch). Auch Patentanwälte mit Zugriff auf internationale Datenbanken übernehmen Abklärungen (zum Patentanwalt siehe nächste Seite). Ausserdem bietet das IGE eine kostengünstige, sogenannte begleitete Recherche gegen eine kleine Gebühr an, die ebenfalls einen guten Eindruck der Patentierbarkeit einer Erfindung geben kann (www.ige.ch → Dienstleistungen → Patentrecherchen).

Diese Recherchen sind wichtig, um spätere rechtliche Probleme zu vermeiden. Denn das IGE prüft bei der Patentanmeldung die Neuheit und die erfinderische Qualität der Erfindung nicht. Damit ein erteiltes Patent aber gültig ist, müssen beide Voraussetzungen erfüllt sein – andernfalls könnte ein Richter das Patent auf Klage eines Dritten nachträglich für nichtig erklären. Es empfiehlt sich also, zumindest eine dieser fakultativen Recherchen durchführen zu lassen. Die Resultate sind allerdings nicht einfach zu analysieren, idealerweise besprechen Sie sie mit einem Patentanwalt.

Eine fundierte Recherche ist nicht nur wichtig für die eigene Patentanmeldung. Fast noch wichtiger ist es, sicherzustellen, dass Sie mit Ihrem neuen Produkt keine bestehenden Patente verletzen und so im Markt frei handeln können. Das Risiko eines ungewollten Konflikts lässt sich mit einer Patentverletzungsrecherche verringern.

Tipp | Halten Sie Ihre Ideen und Erfindungen bis zur Patentanmeldung geheim. Wenn Sie darüber mündlich oder publizistisch berichten, wird Ihre Erfindung nicht mehr als neu betrachtet. Zudem besteht die Gefahr, dass Dritte Ihre Ideen verwenden. Falls Sie für die Herstellung von Prototypen Dritte in Ihre Entwicklung einweihen müssen, schliessen Sie einen Geheimhaltungs- und Nutzungsverbotsvertrag mit ihnen ab.

Nutzen eines Patents
Ein Patent gibt Ihnen als Inhaber oder Inhaberin das Recht, Konkurrenten von der kommerziellen Verwertung Ihrer Erfindung auszuschliessen. Darunter fallen Herstellung, Werbung, Verkauf, Export und Import. Dieses Recht besteht jedoch nur in dem Land – oder in der Ländergruppe –, in dem das Patent erteilt wurde. Die Patente erlöschen spätestens zwanzig Jahre nach ihrer Anmeldung.

Während der ganzen Gültigkeitsdauer können Sie über Ihr Patent frei verfügen.

Sind Sie nicht selbst in der Lage, Ihre geschützten Produkte herzustellen und zu vermarkten, können Sie Ihr Patent mit allen Rechten einem Dritten verkaufen. Oder Sie suchen sich einen Produzenten oder Händler, der die Produktion bzw. den Vertrieb in Lizenz übernimmt.

Patent anmelden
Zeigt eine Patentrecherche, dass eine Erfindung tatsächlich neu und erfinderisch ist, empfiehlt es sich, das Patent sofort beim IGE für die Schweiz anzumelden. Zwar nimmt die Bedeutung eines Schweizer Patents – aufgrund des kleinen Marktpotenzials – stetig ab, aber die Einreichung des Patentgesuchs beim IGE ist erstens günstig (siehe Kasten auf Seite 100), zweitens ist die Erfindung vom Anmeldedatum an geschützt und drittens erhalten Sie mit der Anmeldung das sogenannte Prioritätsrecht im Ausland. Dieses Recht räumt Ihnen eine Frist von zwölf Monaten ein, um Ihre Absatz- und Verwertungschancen oder die Finanzierung Ihrer Erfindung abzuklären und allenfalls eine Patentanmeldung im Ausland vorzunehmen – und zwar mit dem Datum der Anmeldung in der Schweiz. Beim heutigen Konkurrenzkampf kann dies sehr wichtig sein. Fallen die Abklärungen negativ aus, lässt sich ein Patentgesuch jederzeit kostenlos zurückziehen.

Nach der Patentanmeldung können Sie beim IGE innerhalb von 14 Monaten eine Recherche zur nationalen Patentanmeldung oder innerhalb von sechs Monaten eine Recherche internationaler Art beantragen. Letztere ist etwas teurer, hat aber offiziellen Charakter und wird im europäischen Patentprüfungsverfahren angerechnet. Mit diesen Abklärungen beginnen Sie mit Vorteil sofort, damit eine Antwort innerhalb der Prioritätsfrist gewährleistet ist.

Möchten Sie Ihre Erfindung auch im Ausland patentieren lassen, sollten Sie dies nicht nur in einzelnen Ländern tun. Bei mehr als drei Ländern in Europa ist es ratsam, eine Anmeldung beim Europäischen Patentamt in München (EPA, www.epo.org) vorzunehmen. Wird Ihrem Patentgesuch entsprochen, lässt es sich in den einzelnen Mitgliederländern nach Wahl ohne weitere Abklärungen in Kraft setzen.

Sind Sie an einem internationalen Patent interessiert, können Sie Ihr Patent bei der Weltorganisation für geistiges Eigentum (WIPO, www.wipo.int) zentral anmelden. Dort wird eine Recherche vorgenommen und das Gesuch in jedem Staat gemäss den nationalen Gesetzen oder Patentorganisationen überprüft. Gesuchsteller erhalten dann bis zu 30 Monate Zeit, um zu entscheiden, in welchen Ländern sie den Patentschutz definitiv beantragen möchten.

Links | Internationale Patentämter beobachter.ch/download

Info | Sowohl für Anmeldungen beim EPA wie auch bei der WIPO können Sie das IGE als Annahmestelle für die Anmeldung wählen. Dort erhalten Sie auch alle nötigen Unterlagen und Informationen.

Hilfe vom Patentanwalt
Laien sollten unbedingt die Hilfe eines Patentanwalts beanspruchen, um Patentansprüche zu erfassen. Sonst machen sie Fehler, die sich später verheerend auswirken können.

Daniel Rüegg
Mitgründer und Geschäftsführer Drehmoment Bikes

Drehmoment Bikes vertreibt in der Schweiz fair produzierte Fahrräder aus Bambus. Die zwei Gründer arbeiten mit Lieferanten hochwertiger Materialien in China und den USA zusammen.

Was ist der wichtigste Ratschlag, den Sie einem jungen Gründer, einer Gründerin geben würden?
Für mich sind die drei Faktoren Mut, Zeit und Wille die wichtigsten. Ohne Mut, ausreichend Zeit und den bedingungslosen Willen wird eine erfolgreiche Geschäftsentwicklung schwierig. Ein gut auf das Businessmodell abgestütztes Budget erleichtert einem, kontinuierlich voranzukommen. Wichtig ist dabei, dass das Budget immer noch Reserven für unvorhergesehene Kosten enthält.

Ebenfalls wichtig ist ein gutes Netzwerk. Damit erreicht man Etappenziele oft schneller und kostenoptimiert. Es gilt, eine Kundenzielgruppe zu definieren und die Anforderungen dieser Gruppe konsequent zu verfolgen. Oft kaufen die Leute nicht nur Produkte, sondern ein Lebensgefühl. Deshalb muss eine schlüssige Story und ein entsprechendes Handeln erkennbar sein.

Welcher Ratschlag hat Ihnen überhaupt nicht geholfen?
Tipps von sogenannten Experten, die sich nicht getrauen, ausgetrampelte Pfade zu verlassen, und immer auf Nummer sicher gehen.

Wann merkt man, dass jemand nicht zum Gründer, zur Gründerin taugt?
Man merkt dies, wenn der potenzielle Gründer von möglichen Ideen für eine Gründung spricht. Wenn jemand eine Firma gründen will, muss er zu 100 Prozent von seinem Businessmodell überzeugt sein und fest daran glauben, dass es funktionieren wird. Wenn der potenzielle Gründer auch noch bereit ist, die Extra-Meile zu gehen, und seine eigenen Ideen einbringt, kann es klappen.

Ihr grösster Fehler als Gründer – und wie man ihn verhindern kann?
Den Aufwand für die Firmengründung und alles, was dazugehört, zu unterschätzen. Im Auslandgeschäft ist am Anfang eine stete Kontrolle und Qualitätssicherung vonnöten. Hier darf der Aufwand nicht vernachlässigt werden. Man muss aufpassen und den Cashflow im Auge behalten. Es nützt nichts, viele Bestellungen zu haben, wenn das Geld für die Produktion ausgeht. Man soll nicht zu früh daran denken, grosse Löhne auszuzahlen, sondern das erarbeitete Geld ins Marketing und Branding investieren.

Warum lohnt es sich, trotz allem eine Firma zu gründen?
Es gibt viele Gründe dafür. Am meisten Freude habe ich, wenn unsere bestehenden und potenziellen Kunden ihre positive Einschätzung unserer Fahrräder kundtun. Natürlich macht es auch Spass, wenn man sieht, dass die eigene Idee am Markt ankommt und sich der Aufwand gelohnt hat. Obwohl es oft mehr Arbeit bedeutet, ist die Arbeit an sich doch erfüllender.

Was kostet ein Patent?

Bei Patenten müssen Sie die folgenden Kostenfaktoren berücksichtigen (Stand 2017):

- **Begleitete IGE-Patentrecherche** (Umfang vier Stunden): 300 Franken
- **IGE-Recherche zur schweizerischen Patentanmeldung:** 500 Franken
- **Anmeldegebühr für das Patent:** 200 Franken
- **Prüfungsgebühr für das Patent:** 500 Franken
- **Kosten für den Patentanwalt:** In der Regel rechnen Patentanwälte mit einer fixen Gebühr und nach Zeitaufwand ab. Das Abfassen der technischen Unterlagen kann je nach Patentanwalt und Umfang des Patents einige Tausend Franken kosten.
- **Aufrechterhalten des Patentschutzes:** Nicht zu unterschätzen sind die wiederkehrenden Jahresgebühren, die in jedem Land zu bezahlen sind, in dem das Patent in Kraft ist. Für die Schweiz beispielsweise sind das ab dem vierten Jahr nach der Anmeldung 100 Franken. Für jedes folgende Jahr erhöht sich die Gebühr um 50 Franken (5. Jahr: 150 Franken, 6. Jahr: 200 Franken usw.).
- **Anmeldegebühren beim Europäischen Patentamt in München (EPA):** Ein europäisches Patent durchschnittlichen Umfangs für alle Mitgliedstaaten kostet gegen 6000 Euro.
- **Anmeldegebühren bei der Weltorganisation für geistiges Eigentum (WIPO) in Genf:** Eine internationale Patentanmeldung kostet 1330 Franken Anmeldegebühr und zwischen 150 und 2000 Franken Recherchegebühr. Diese Anmeldung basiert auf dem «Patent Cooperation Treaty» (PCT), dem 152 Vertragsstaaten angeschlossen sind.

Vor einer Mandatserteilung sollten Sie folgende Fragen klären: Ist der Anwalt im Register der Schweizer Patentanwälte eingetragen? Besitzt er Kenntnisse auf dem Gebiet der Erfindung? Können Sie mit ihm gut kommunizieren? Hat er ausreichend Erfahrung, um die Patentschrift fundiert abzufassen? Welche Infrastruktur und Organisation bietet er? Ist seine Stellvertretung sichergestellt? Erhält er von früheren Klienten positive Referenzen? Besitzt er die Zulassung beim Europäischen Patentamt für eine allfällige Anmeldung bei diesem Amt?

Info | Wichtig zu wissen: Um ein Patent zu erhalten, brauchen Sie Geduld. Vom Tag der Anmeldung bis zur Patenterteilung durch ein Patentamt kann es je nach Land bis zu fünf Jahre oder länger dauern. Zudem ist eine Patentierung nicht zwingend die beste Methode, um geistiges Eigentum zu schützen. Ein Nachteil ergibt sich etwa aus der automatischen Veröffentlichung der Patentanmeldung nach 18 Monaten. Ein Patentschutz in der Schweiz dürfte dann jemanden in Südamerika kaum daran hindern, die offengelegte geniale Konstruktionsanleitung zu kopieren.

Markenschutz

Wieso trinkt jemand Red Bull, trägt Kleider von Calvin Klein, sitzt auf einer Corbusier-Liege oder kauft sich eine Porsche-Brille? Die Antwort ist einfach: Kunden verbinden Marken mit Werten und Emotionen; etwa mit Qualität, Originalität, Zuverlässigkeit, Eleganz, Prestige. Solche Werte sind unbezahlbar und deshalb zu schützen – noch bevor sich der Markterfolg einstellt. Ansonsten reitet möglicherweise die Konkurrenz auf der Erfolgswelle mit, etwa indem sie ein ähnliches Produkt unter dem gleichen Namen anbietet, und profitiert so gratis von Ihren Marketinganstrengungen.

Schützbare Marken
Neuunternehmer, die Waren herstellen, Dienstleistungen anbieten oder mit Produkten handeln, haben es in der Regel mit Individualmarken zu tun. Grundsätzlich können alle grafisch darstellbaren Zeichen Individualmarken sein:
- Wörter (Beispiel: Breitling, Ricola)
- Slogans (Beispiel: Red Bull verleiht Flügel)
- Buchstabenkombinationen (Beispiel: ABB)
- Zahlenkombinationen (Beispiel: 501)
- Bildliche Darstellungen (Beispiel: SBB-Logo)
- Kombinierte Marken bestehend aus Wort und Bild (Beispiel: das Logo des Bundes)
- Dreidimensionale Formen (Beispiel: Mercedes-Stern)

Anders gesagt: Jedes Firmenlogo, das an der Tür angebracht ist, auf dem Briefpapier oder der Visitenkarte steht, könnte eine Marke darstellen. Das umfasst den Pizzaservice «Toni's Best», den Coiffeursalon «Haarwerk» genauso wie das Einmann-Malergeschäft «Design-Pinsel».

Gleiches gilt auch für Domainnamen im Internet (siehe Seite 146): Für einen besseren Schutz kann der Domainname zusätzlich als Marke eingetragen werden.

Selbst Eigennamen lassen sich als Wortmarke schützen. Das kann sinnvoll sein, wenn ein Firmengründer künftig mit seinem Namen – etwa mit «Peter Müller» – im Markt auftritt und unter dieser Marke seine Produkte oder Dienstleistungen anbietet. Bei Wortmarken ist der Schutz nicht auf eine bestimmte grafische Gestaltung beschränkt. Deshalb kann Peter Müller seinen geschützten (Marken-)Namen mit jedem beliebigen Schrifttyp verwenden.

Damit eine Marke geschützt werden kann, muss sie unterscheidungskräftig sein. Das heisst: Sie darf keine reine Sachbezeichnung sein und auch nicht nur aus Angaben über die Qualität, die Beschaffenheit, die Art oder den Preis der Ware besehen. Unzulässig sind in der Regel Werbeslogans und Bezeichnungen, die die Ware beschreiben. Nicht geschützt werden können zudem Marken, die täuschend sind oder gegen geltendes Recht oder die guten Sitten verstossen. Zusätzliche Angaben finden Sie auf der Informationsplattform für KMU des IGE (www.ige.ch → Geistiges Eigentum → KMU-Portal).

Marke anmelden
Am einfachsten ist eine Anmeldung beim Institut für geistiges Eigentum (IGE) über das Online-Anmeldesystem e-trademark (https://e-trademark.ige.ch). Das IGE prüft dann die Marke und trägt sie ein, sofern keine Mängel festgestellt werden. Der Schutz beginnt am Tag der Anmeldung – wenn die Marke eintragbar ist.

Wichtig zu wissen: Das IGE prüft im Eintragungsverfahren nicht, ob eine Marke die Rechte Dritter verletzt – etwa an älteren Marken, Firmen- oder Domain-Namen. Das IGE achtet nur darauf, dass die Marke unterscheidungskräftig, nicht täuschend und nicht sitten- oder ordnungswidrig ist. Es liegt deshalb in Ihrem Interesse, Ihre Marke noch vor der Hinterlegung auf Exklusivität zu prüfen. Damit vermindert sich das Risiko, dass ein Dritter beim IGE gegen die eingetragene Marke Widerspruch erhebt oder vor einem Gericht gegen Sie klagt, weil Sie seine Rechte verletzen.

Links | Markenrecherchen und Onlineanmeldung beobachter.ch/download

Tipp | Ob gleiche oder ähnliche nationale oder internationale Marken für die Schweiz bereits hinterlegt oder registriert sind, können Sie in einem ersten Schritt mit eigenen Recherchen auf kostenlosen Websites ermitteln (Links unter www.ige.ch → Etwas schützen → Marken → Vor der Anmeldung). Auf diesen Websites lässt sich jedoch nicht umfassend nach Bildern oder ähnlichen Marken suchen. Dazu sollten Sie eine professionelle Recherche bei einem Spezialisten in Auftrag geben (Anbieter unter www.ige.ch). Weil Marken auch Firmenrechte verletzen können, empfiehlt sich zudem eine Recherche beim Eidgenössischen Amt für das Handelsregister (www.zefix.admin.ch).

Bei der Registrierung müssen Sie anhand einer internationalen Waren- und Dienstleistungsklassifikation genau angeben, für welche Produkte Sie die Marke künftig beanspruchen. Denn eine Marke ist nur für diejenigen Waren oder Dienstleistungen geschützt, die Sie bei der Anmeldung bestimmt haben. Ist schon bei der Hinterlegung absehbar, dass Sie die Marke für verschiedenste Produkte oder Dienstleistungen beanspruchen wollen, lohnt es sich, diese von Anfang an zu benennen. Sonst müssen Sie für jede weitere Ware oder Dienstleistung ein neues Gesuch einreichen. Die Gebühren in drei Warenklassen betragen für einen zehnjährigen Markenschutz 550 Franken. Die Verlängerung für weitere zehn Jahre kostet dann 700 Franken (Stand 2017). Der Schutz lässt sich beliebig oft für jeweils weitere zehn Jahre verlängern. Wird eine Marke allerdings während eines ununterbrochenen Zeitraums von fünf Jahren für das angemeldete Produkt nicht benutzt, können Sie die Markenrechte verlieren.

Umfang des Markenschutzes

Geschützte Marken können – müssen aber nicht – mit dem Schutzvermerk ® (registered) gekennzeichnet werden. Das ® soll Dritte davon abhalten, Ihre Marke zu kopieren. Denn der Gebrauch Ihrer Marke steht allein Ihnen als Inhaber des Markenrechts zu: Sie können also anderen verbieten, gleiche oder ähnliche Produkte mit einer identischen oder verwechselbaren Marke zu kennzeichnen.

So kann sich beispielsweise ein Genfer Confiseur, der für seine Pralinés den Namen «Pralito» hat registrieren lassen, rechtlich gegen einen Kreuzlinger Bäcker wehren, wenn dieser unter dem gleichen Namen seine selbst kreierten Schokoladeplätzchen verkauft. Nichts unternehmen kann der Genfer Confiseur aber gegen eine Möbelschreinerin in Basel, die ihre speziellen Sofas und Sessel unter dem Designlabel «Pralito» verkauft. Denn in diesem Fall handelt es sich nicht um ähnliche Waren und es besteht keine Verwechslungsgefahr.

Tipp | Bei komplexeren Fällen ziehen Sie mit Vorteil einen Markenberater bei. Er ist in der Lage, die Schutzfähigkeit und Stärke Ihrer Marke sowie das Konfliktpotenzial mit anderen Marken oder Firmen richtig einzuschätzen und darauf basierend eine passende Schutzstrategie zu erarbeiten. Er kann Sie auch bei der Gestaltung oder Abänderung der Marke bzw. des Logos beraten. Ausserdem kennt ein fähiger Markenberater die Feinheiten beim Abfassen einer Waren- und Dienstleistungsliste.

Markenschutz im Ausland

Möchten Sie Ihre Marke auch in anderen Ländern schützen, ist dies direkt im gewünschten Land beim dortigen staatlichen Markenamt möglich. Über das Verfahren informieren Sie sich am besten über die entsprechende Website. Wollen Sie Ihre Marke gleich in mehreren Staaten registrieren lassen, gelingt dies allenfalls über ein regionales Markenamt – etwa über das Amt der Europäischen Union für geistiges Eigentum. In diesem Fall erhalten Sie einen Markenschutz für alle EU-Mitgliedstaaten.

Im Weiteren lassen sich Marken mit einer internationalen Registrierung nach dem Madrider System schützen. Dieses wird durch die Weltorganisation für Geistiges Eigentum in Genf verwaltet. Dabei können Sie Ihre Marke gegen eine Gebühr mit einem einzigen Antrag in nur einer Sprachversion in allen oder in ausgewählten Vertragsländern hinterlegen. Zurzeit sind das rund 100 Staaten. Jedes benannte Land prüft danach die Marke gemäss seinem nationalen Gesetz und schützt diese dann vollumfänglich, teilweise – oder gar nicht.

Haben Sie schon eine Marke in der Schweiz registriert, müssen Sie das Gesuch für eine internationale Registrierung nach dem Madrider System zwingend beim IGE einreichen. Doch auch für eine internationale Registrierung gilt: Zuerst über Spezialisten recherchieren und erst dann anmelden. Zudem nützt Ihnen ein internationaler Schutz nichts, wenn Sie die Verletzung Ihres Markenrechts nicht entdecken oder diese im Streitfall gerichtlich

Swissness

Wer im Zusammenhang mit seinem künftigen Marktangebot das Schweizerkreuz oder die Bezeichnung «Schweiz», «Made in Switzerland», «Schweizer Rezept» oder «Swiss Quality» verwenden möchte, sollte sich unbedingt mit dem Markenschutzgesetz (Art. 47 ff.) und den dazugehörigen Verordnungen vertraut machen. Die Herkunftsangabe «Schweiz» darf frei gebraucht werden, sofern die Swissness-Kriterien eingehalten sind. Eine spezielle Bewilligung ist nicht nötig.

Die Kriterien sind für Naturprodukte, Lebensmittel, industrielle Produkte und Dienstleistungen gesondert geregelt. Naturprodukte wie Gemüse oder Fleisch dürfen nur dann ein Schweizer Label tragen, wenn sie einen engen Bezug zum hiesigen Boden aufweisen. Bei Lebensmitteln müssen mindestens 80 Prozent des Gewichts der Rohstoffe, aus denen sie sich zusammensetzen, aus der Schweiz stammen. Bei Milch und Milchprodukten sind 100 Prozent des Gewichts des Rohstoffs Milch erforderlich. Zudem muss die Verarbeitung, die dem Produkt die Grundeigenschaft verleiht, in der Schweiz stattfinden.

Bei industriellen Produkten ist eine Schweizer Herkunftsangabe nur zulässig, wenn mindestens 60 Prozent der Herstellungskosten in der Schweiz anfallen. Zudem muss die Tätigkeit, die dem Produkt seine wesentlichen Eigenschaften verleiht, in der Schweiz erfolgen. Bei Dienstleistungen darf ein Unternehmen seinen Service nur dann als schweizerisch bewerben, wenn sich der Geschäftssitz in der Schweiz befindet und die Firma tatsächlich von hier aus verwaltet wird.

Links | Markenberater beobachter.ch/download

nicht durchsetzen können. Wollen Sie eine Marke im Ausland schützen, sollten Sie sich auf jeden Fall an einen spezialisierten Markenberater wenden (eine Liste gibt es auf www.ige.ch).

Designschutz

Formschöne, ästhetische oder originelle Objekte werden von der Konkurrenz häufig kopiert. Dies lässt sich mit dem Designschutz verhindern. Unter dem Begriff Design werden Gegenstände oder Teile von Gegenständen verstanden, die durch eine spezielle Anordnung von Linien, Flächen, Konturen, Farben oder durch das verwendete Material charakterisiert sind.

Von Design spricht man beispielsweise im Zusammenhang mit Stoffen, Papieren, Lederwaren, Drucksachen, Glückwunschkarten, Etiketten, Schmuckgegenständen, Möbelstücken, Geschirr, Besteck, Brillengestellen, Flaschen, Haushaltsapparaten, Autos oder Spielsachen.

Schützbare Designs

Design lässt sich schützen, sofern es neu ist und eine bestimmte Eigenart aufweist. Die Neuheit ist gegeben, wenn nicht bereits ein identisches Design existiert, das der Öffentlichkeit bekannt ist. Das Kriterium der Eigenart verlangt eine gewisse Originalität und ästhetische Leistung bzw. ein Mindestmass an geistigem Aufwand des Designers. Ein Design darf zudem weder gesetzeswidrig noch anstössig sein.

Damit jemand berechtigt ist, ein Design zu schützen, muss er dieses nicht unbedingt selbst entworfen haben. Er muss aber die Rechte daran besitzen.

Design anmelden

Der Designschutz entsteht mit der Hinterlegung eines Designs beim Eidgenössischen Institut für Geistiges Eigentum (IGE) in Bern. Das ist ein einfaches Prozedere: Sie füllen das Antragsformular aus und senden es mit qualitativ guten Abbildungen des zu schützenden Designs per Post oder per E-Mail ans IGE (design.admin@ekomm.ipi.ch). Danach trägt das IGE das Design ins Register ein und publiziert die geschützten Gegenstände. Dabei überprüft es aber nicht, ob das Design neu ist und das Kriterium der Eigenart erfüllt. Dies ist Aufgabe des Gerichts, falls später jemand Klage einreichen sollte.

Das Designrecht steht derjenigen Person zu, die ein Design zuerst hinterlegt hat. Es empfiehlt sich deshalb abzuklären, ob das gleiche Design nicht schon früher hinterlegt wurde. Dies ist nicht ganz einfach: Zurzeit sind weder das IGE noch die Weltorganisation für geistiges Eigentum (WIPO) in Genf in der Lage, nationale oder internationale Recherchen bezüglich hinterlegter Gegenstände nach Sachgebieten vorzunehmen. Nachforschungen sind nur nach Hinterlegungsnummern oder -namen möglich, und diese sind oft

---

Was kostet der Designschutz?

Der Designschutz ist nicht allzu teuer.

- **Hinterlegungsgebühr für einen einzelnen Gegenstand beim IGE:** 200 Franken Grundgebühr für die erste Schutzperiode von fünf Jahren (die erste Abbildung des Gegenstands ist kostenlos, jede weitere kostet 20 Franken).
- **Kosten für den Patentanwalt:** Da das administrative Verfahren einfach und auch für Laien leicht verständlich ist, braucht es in den meisten Fällen keine Beratung bei einem Marken- oder Patentanwalt.
- **Internationaler Designschutz:** Deutlich teurer und etwas komplizierter gestaltet sich der Designschutz, wenn er zusätzlich international beantragt wird. Zuständig ist die WIPO in Genf; sie informiert auch über die Gebühren.

nicht allgemein bekannt. Möchten Sie ein Design hinterlegen, sollten Sie deshalb mithilfe Ihrer Branchenkenntnis selbst Nachforschungen anstellen. Bestehen Zweifel, ob das Design tatsächlich neu ist, kann eine Hinterlegung trotzdem ratsam sein – mit dem Risiko, dass zu einem späteren Zeitpunkt ein Kläger auftritt.

Info | Möchten Sie verhindern, dass die Konkurrenz zu früh von Ihrem Design erfährt, können Sie einen Aufschub der Publikation um bis zu dreissig Monate verlangen. Dann hält das IGE das Design geheim.

Nach der Hinterlegung ist ein Design für fünf Jahre geschützt. Der Schutz lässt sich danach um weitere vier Perioden von jeweils fünf Jahren verlängern. Insgesamt können Sie damit Dritten also während fünfundzwanzig Jahren verbieten, Produkte mit gleichem oder ähnlichem Design herzustellen oder zu verkaufen. Bei Ablauf der Schutzdauer ist jeweils eine Verlängerungsgebühr fällig. Verpassen Sie die Zahlungsfrist, verfällt der Schutz. Ob ein Konkurrent die Schutzrechte verletzt, müssen Sie als Inhaber oder Inhaberin des Designschutzes selbst kontrollieren und allenfalls auf gerichtlichem Weg dagegen vorgehen.

Wichtig zu wissen: Mit der Hinterlegung ist nur das Design geschützt und nicht etwa die Art und Weise, wie ein Gegenstand hergestellt oder genutzt wird. Der Schutz umfasst auch nicht die technische Funktion des Gegenstands. Diese lässt sich allenfalls durch ein Patent schützen (siehe Seite 95).

Tipp | Einen Designschutz im Ausland sollten Sie sich aus zwei Gründen genau überlegen: Die Gebühren sind wesentlich höher und die Verletzung des Schutzrechts lässt sich oft nicht eruieren. Wer kontrolliert die Konkurrenzaktivitäten in Senegal oder China? Und wer geht dort gegen Missbräuche vor? Haben Sie keine Geschäftspartner vor Ort, ist der Schutz in der Praxis höchst fraglich.

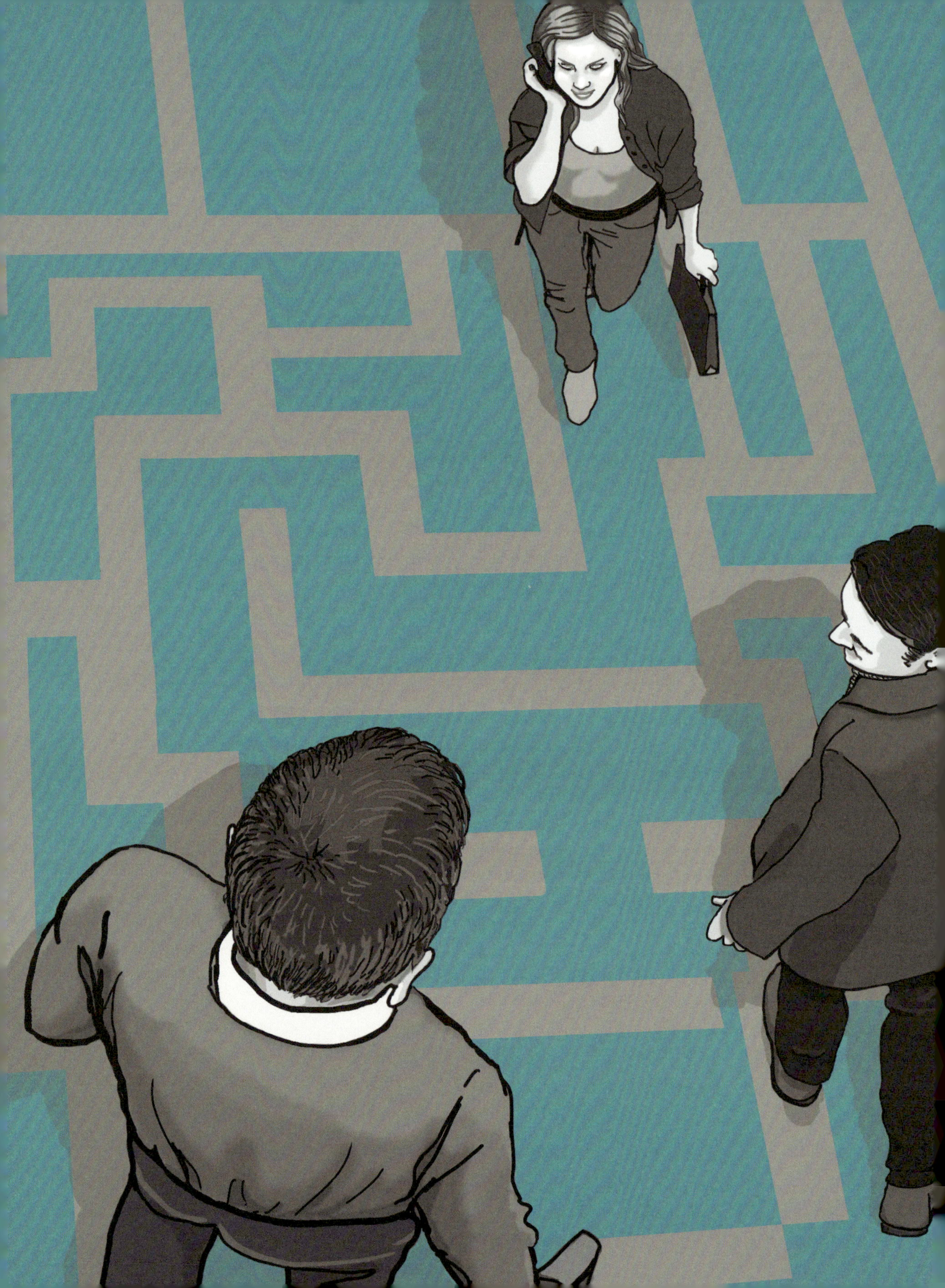

5 | Der Businessplan

Jeder Neuunternehmer, jede Firmengründerin sollte einen Geschäftsplan (Businessplan) erstellen, der alle wesentlichen Informationen zum Unternehmen beinhaltet. Er verhilft zu einer Gesamtübersicht, dient potenziellen Kapitalgebern als Entscheidungsgrundlage und ist ein praktisches und wertvolles Instrument für die Unternehmensführung.

Sinn und Zweck des Businessplans

Kernstück einer jeden Planung der künftigen Selbständigkeit bildet der Geschäfts- oder Unternehmensplan. Er beantwortet alle wesentlichen Fragen, die sich im Zusammenhang mit einer Firmengründung stellen, und enthält alle relevanten Informationen zum Unternehmen. Unter anderem gibt er Auskunft über den Unternehmer und seine Ziele, über die Firma, die Produkte, den Markt, dessen Bearbeitung und die Finanzierung.

Der Businessplan ist jedoch nicht nur für den Neuunternehmer oder die Firmengründerin wichtig, sondern auch für Dritte. Er kommt intern und extern zum Einsatz:

- Intern ist der Businessplan die Basis für die Firmengründung und später Leitplanke für die weitere Entwicklung des Unternehmens. Er ermöglicht dem Unternehmer, die Umsetzung seiner Geschäftsidee und die Erreichung der definierten Ziele laufend zu kontrollieren und nötigenfalls Korrekturen vorzunehmen.
- Extern ist der Businessplan unabdingbar bei der Suche nach Investoren oder Kapitalgebern. Denn diese geben sich zu Recht nicht mit mündlichen Ausführungen zufrieden, sondern wollen – bevor sie sich finanziell engagieren – ein ausgereiftes, schriftlich formuliertes Geschäftsprojekt sehen.

Die Erstellung eines Businessplans zwingt potenzielle Unternehmer ausserdem dazu, sich intensiv mit ihrem künftigen Unternehmen auseinanderzusetzen, Ideen niederzuschreiben, Absichten zu formulieren, Entscheidungen zu treffen, Zusammenhänge zu sehen, aus vagen Plänen konkrete Ziele zu formulieren, darauf passende Strategien zu entwickeln und davon konkrete Umsatz- und Gewinnzahlen abzuleiten. Und dies in einer verständlichen, strukturierten Form. Denn erst wenn die anfänglich für «super clever» gehaltene Geschäftsidee genau durchdacht und detailliert beschrieben werden muss, wird ersichtlich, wie «genial» sie tatsächlich ist.

Der Businessplan reduziert auch das Risiko, dass jemand bei der Planung seines Start-ups in der Euphorie und Hektik wesentliche Überlegungen vergisst, erfolgsentscheidende Faktoren ignoriert, wichtige Abklärungen unterlässt – und damit grundsätzliche Fehler begeht. Ein Businessplan zeigt zudem, welche Mittel der Unternehmer für die Realisation seiner Pläne benötigt. Und er deckt schonungslos auf, ob sich die Sache finanziell überhaupt lohnt. Ein seriös erstellter Businessplan geht also viel weiter als ein Firmenleitbild, eine Firmenstrategie oder ein einfaches Unternehmenskonzept.

Info | Businesspläne werden nicht nur anlässlich einer Neugründung verfasst. Auch bei diversen anderen Geschäftsereignissen macht die Neuerstellung oder zumindest die Überarbeitung eines Businessplans Sinn. Etwa bei Übernahmen, Liquidationen, Expansionen, Strategiewechseln, Restrukturierungen, Wechseln im Management, Kooperationen, Fusionen oder Firmenverkäufen.

Die Lektüre dieses Ratgebers ermöglicht es Ihnen, schrittweise Ihren eigenen Businessplan zu erarbeiten. In diesem Kapitel erhalten Sie grundlegende Informationen; die folgenden Kapitel behandeln die für Ihren Businessplan relevanten Themen im Detail.

Tipp | Im Download-Angebot finden Sie zwei Dateien zum Businessplan: eine Checkliste mit allen relevanten Punkten sowie eine Word-Vorlage für die Erstellung Ihres eigenen Businessplans.

Inhalt und Aufbau des Businessplans

Nur ein vollständiger Businessplan mit allen relevanten Angaben wird zum nützlichen Instrument und überzeugt potenzielle Geschäftspartner oder Kapitalgeber. Nachfolgend die wichtigsten Elemente:

1. Zusammenfassung
Eine kurze Zusammenfassung (Management Summary) hält die wichtigsten Punkte des Businessplans auf maximal zwei Seiten fest. Nach der Lektüre dieser Seiten muss dem Leser die Geschäftsidee klar sein und sie muss ihn so überzeugen, dass er den Businessplan studiert.

2. Unternehmen
Daten und Fakten zum Unternehmen: Ziele, Rechtsform, Organisation, Partner. Welches sind die Wertvorstellungen des Unternehmens (Unternehmensphilosophie)?

3. Produkte und Dienstleistungen
Details zur Marktleistung: Welches Produkt, welche Dienstleistung bietet das Unternehmen an? Welche Kundenbedürfnisse werden damit befriedigt? Was macht das Angebot im Vergleich zur Konkurrenz einzigartig oder besonders attraktiv?

4. Markt und Kunden
Erkenntnisse der Marktanalyse: Wie präsentiert sich die heutige Marktsituation? Ist der Markt gesättigt, herrscht ein Verdrängungskampf? Welche Markttrends zeichnen sich ab? Wo gibt es Marktnischen? Welchen Kunden lässt sich das Produkt, die Dienstleistung verkaufen? Welche Charakteristiken und Bedürfnisse haben die potenziellen Abnehmer? Warum sollten sie das Produkt, die Dienstleistung erwerben?

5. Konkurrenz
Details zu den Mitbewerbern: Welche Anbieter gibt es und wie sind sie im Markt etabliert und aktiv? Wer hat welchen Marktanteil? Welche Geschäftsmodelle hat die Konkurrenz? Wie grenzt sich die eigene Firma von den Konkurrenzunternehmen ab? Wo liegen die Stärken und Schwächen der Konkurrenz im Vergleich mit dem eigenen Unternehmen?

Checkliste und Vorlage | Businessplan
beobachter.ch/download

6. Marketing
Details zur Marketingstrategie: Wie und über welche Kanäle werden welche Haupt- und Nebenprodukte oder Dienstleistungen verkauft? In welcher Qualität? Zu welchem Preis? Wie kommuniziert das Unternehmen über sich und sein Angebot? Mit welchen Kommunikationsinstrumenten und -mitteln bewirbt es seine Produkte? Wie werden sie vertrieben?

7. Produktion und Administration
Informationen zur Herstellung der Produkte und Dienstleistungen: Was wird selbst produziert, was halb fertig oder fertig eingekauft? Wie und wo werden die Produkte hergestellt (Produktionsverfahren)? Wie gestalten sich die Produktionsabläufe? Wer sind die Warenlieferanten? Wer besorgt die Buchhaltung, kümmert sich um Personalfragen, den Wareneinkauf, akquiriert und berät Kunden, konzipiert die Werbung, kümmert sich um den Onlineauftritt und die Logistik?

8. Standort und Infrastruktur
Details zum Firmenstandort: Wo werden die Produkte entwickelt, fabriziert, veredelt, gelagert, gehandelt, verkauft? Wie präsentieren sich Verkaufsräume, Schalter mit Kundenkontakt, Büros für Kundengespräche? Welche Vor- und Nachteile hat der gewählte Standort? Ist die notwendige Infrastruktur in der gewünschten Qualität vorhanden?

9. Management und Organisation
Schlüsselpersonen im Unternehmen: Von wem und wie wird die Unternehmung geführt? Wer hat welches Fachwissen, welche Berufserfahrung, Kompetenzen und Aufgaben? Wie ist die Zusammenarbeit organisiert? Wer ist wofür verantwortlich? Wie ist die Stellvertretung geregelt?

10. Risikoanalyse
Analyse des Gefahrenpotenzials: Welche Risiken existieren für das Unternehmen? Wie lassen sie sich vermeiden oder vermindern? Welche werden selber getragen? Wie lauten die Best-Case-, Realistic-Case- und Worst-Case-Szenarien für bestimmte Risiken? Wie funktioniert die Krisenprävention?

11. Finanzen
Detaillierte Finanzplanung: Wie viel Kapital braucht es für den Unternehmensaufbau? Woher stammt das notwendige Kapital? Wer sind die Kreditgeber? Wie viel Kredit gewähren sie zu welchen Bedingungen? Lässt sich mit diesem Business genügend Ertrag erwirtschaften? Wie sieht die finanzielle Entwicklung des Unternehmens aus?

12. Aktionsplan
Details zu den nächsten Schritten: Was ist bis wann warum zu tun (Meilensteine)? Wer ist dafür verantwortlich?

Ein Businessplan ist inhaltlich logisch gegliedert und enthält ein übersichtliches Inhaltsverzeichnis. Er soll den Empfänger optisch ansprechen: durch eine attraktive Gestaltung, ein gefälliges Layout, durch visuell aufbereitete Daten in Form von Grafiken, Tabellen oder Diagrammen.

Erstellung des Businessplans

Wer die einzelnen Kapitel dieses Ratgebers durchgelesen hat, wird einen detaillierten und realistischen Businessplan erstellen können. Doch unterschätzen Sie den Aufwand nicht: Das Zusammentragen der nötigen Fakten, der intensive Kontakt mit den beteiligten Personen, die fundierte, selbstkritische Auseinandersetzung mit der Unternehmensstrategie und schliesslich das Niederschreiben aller Informationen in komprimierter, verständlicher Form – das alles braucht viel Zeit.

Und trotzdem: Lassen Sie Ihren Businessplan nicht von unbeteiligten Dritten erstellen. Das ist Ihr Job. Nur wenn Sie Autor des Businessplans sind, können Sie auf kritische Fragen der Empfänger überzeugende Antworten geben. Lassen Sie sich aber durchaus von Fachleuten (Unternehmensberaterin, Marketingexperte, Treuhänderin) helfen, wenn Sie unsicher sind.

Grundregeln beim Verfassen

Auf folgende Punkte sollten Sie beim Erstellen Ihres Businessplans besonders achten:

- Der Businessplan orientiert sich konsequent am Empfänger (zum Beispiel Banken, potenzielle Partner, Investoren). Bevor Sie jemandem Ihren Businessplan unterbreiten, sollten Sie genau wissen, welche Informationen der Empfänger benötigt. Berücksichtigen Sie also seine Sichtweise in Bezug auf Ihre Geschäftsidee, verfassen Sie den Businessplan aus seiner Perspektive. So sollte beispielsweise ein potenzieller Investor aus dem Businessplan unmissverständlich herauslesen können, warum gerade er in Ihr Projekt investieren soll. Dagegen will ein möglicher Geschäftspartner Ihre fachlichen Stärken und Schwächen im Detail kennenlernen, um zu beurteilen, ob er Sie mit seinem Fachwissen perfekt ergänzen würde.
- Ein Businessplan enthält sowohl harte Fakten wie auch Annahmen. Diese müssen Sie strikte trennen. Zu allen Fakten gehören vertrauenswürdige Quellenangaben. Persönliche Einschätzungen müssen realistisch sein. Eigene Gedanken und Schlussfolgerungen sind zu kommentieren. Untermauern Sie wichtige Aussagen mit der unabhängigen Meinung anerkannter Fachleute.
- Ein Businessplan ist kein Werbeprospekt und keine PR-Broschüre. Eigenlob, Selbstbeweihräucherung sowie unkritische und unreflektierte Aussagen sind deplatziert.

- Aus dem Businessplan muss ersichtlich sein, welche Personen hinter dem Geschäftsprojekt stehen. Ihre Qualifikationen und bisherigen Leistungsausweise müssen klar erkennen lassen, dass Sie Erfolg haben werden.
- Zeigen Sie Ihre Vorgehensplanung genau auf und definieren Sie wichtige Meilensteine. Zum Beispiel: Bis wann soll das Patent angemeldet sein? Wann wird die Produktion aufgenommen? Wann findet die Markteinführung statt? Wann geht der Webshop online? Wann wird wie viel Umsatz und Gewinn erzielt?
- Drücken Sie sich verständlich aus. Verwenden Sie keine technischen Fachausdrücke, die der Empfänger nicht versteht. Argumentieren Sie logisch und für nicht involvierte Drittpersonen leicht nachvollziehbar. Der Businessplan enthält keine Nebensächlichkeiten, Gemeinplätze oder Floskeln, sondern verdichtete, substanzielle Aussagen.
- Ein Businessplan ist keine Loseblattsammlung. Er sollte gebunden, geheftet oder in einem Ringordner zusammengefasst und elektronisch als PDF-Dokument verfügbar sein.
- Ein Businessplan sollte maximal 30 A4-Seiten umfassen. Hinzu kommen allenfalls in einem Anhang für den Empfänger relevante Beilagen. Welche Dokumente zu einem vollständigen Businessplan gehören, sehen Sie in der Checkliste «Businessplan».

Hilfreiche Informationen zur Erstellung eines Businessplans finden Sie auch im Internet – etwa auf Websites von Banken oder auf Onlineplattformen zum Thema Firmengründung.

Schlussredaktion

Während der Planung Ihrer Selbständigkeit werden Sie den Businessplan laufend weiterentwickeln: Inhalte ergänzen, streichen, verändern, neu formulieren, kürzen. Ein Businessplan wird in der Regel über mehrere Wochen oder gar Monate in einzelnen Schritten erstellt. Daher ist es am Schluss extrem wichtig, ihn als Ganzes nochmals genau unter die Lupe zu nehmen und ihm den letzten Schliff zu geben. Achten Sie dabei auf folgende Punkte:

Widersprüche: Ein Businessplan darf keine Widersprüche enthalten. Überprüfen Sie die Plausibilität Ihrer Aussagen. Wenn Sie sich in Ihren Ausführungen widersprechen, disqualifizieren Sie sich selbst und verlieren jegliche Glaubwürdigkeit.

Zahlen: Kontrollieren Sie alle Zahlen nochmals auf ihre Richtigkeit und darauf, ob sie in den verschiedenen Kapiteln aufeinander Bezug nehmen bzw. aufeinander abgestimmt sind.

Leserfreundlichkeit: Je mehr Zahlen ein Businessplan enthält, desto mühsamer ist er zu lesen. Vermeiden Sie deshalb Zahlenfriedhöfe sowie irrelevante Tabellen und Grafiken, liefern Sie diese wenn nötig im Anhang mit.

Sprache und Rechtschreibung: Ein Businessplan mit Rechtschreibfehlern, holpriger Sprache und kompliziertem Satzbau ist eine äusserst schlechte Visitenkarte. Lassen Sie den fertig gelayouteten Businessplan unbedingt von einer sprachbegabten Person mit stilsicherem Deutsch gegenlesen. Idealerweise ist diese Person nicht ins Firmenprojekt involviert und kann Ihnen deshalb ein kritisches Feedback geben zur Struktur, Logik und Argumentation sowie zur Nachvollziehbarkeit und Verständlichkeit der Aussagen.

Detaillierungsgrad: Der Businessplan soll die Bedürfnisse des Empfängers befriedigen und bei der Durchsicht rasch seine zentralen Fragen beantworten. In diesem Sinn soll er nicht so viele Informationen wie möglich, sondern nur so viele wie nötig enthalten.

Vollständigkeit: Prüfen Sie anhand der Aufzählung der wichtigsten Elemente auf Seite 111 sowie der Checkliste und der Vorlage, ob Ihr Businessplan alle wichtigen Informationen enthält.

Layout: Ihr Businessplan muss keinen Grafikpreis gewinnen – es sollte einen interessierten Leser aber auch nicht Überwindung kosten, das Dokument zur Hand zu nehmen. Vermeiden Sie also alles, was negativ auffällt: etwa zu viele verschiedene Schrifttypen, Farben und Titelhierarchien sowie eine unkonventionelle Seitengestaltung. Sorgen Sie für ein gefälliges, attraktives Layout.

Der Businessplan ist kein starres, einmal festgelegtes und für immer gültiges Dokument. Im Gegenteil: Er sollte regelmässig überprüft und an die neuen Verhältnisse angepasst werden. Nur dann erfüllt er auch den beabsichtigten Zweck für Sie als Unternehmer: Planungsinstrument und Grundlage für die künftige Firmenentwicklung zu sein.

Checkliste und Vorlage |
Businessplan
beobachter.ch/download

INTERVIEW | ALEX CAPUS

Alex Capus
Gastronom und Autor

Der erfolgreiche Schriftsteller Alex Capus betreibt die Galicia Bar in Olten. Das vierköpfige Team organisiert dort zudem Events und Konzerte.

Was ist der wichtigste Ratschlag, den Sie einem jungen Gründer, einer Gründerin geben würden?
Vor dem Start sollte man sich ganz, ganz sicher sein, dass das, was man tun will, wichtig und richtig und gut ist. Ohne diese Grundmotivation halten die wenigsten durch.

Welcher Ratschlag hat Ihnen überhaupt nicht geholfen?
Das Erstellen oberschlauer Marketingkonzepte und allzu ausgeklügelter Businesspläne. Prognosen sind bekanntlich schwierig, besonders wenn sie die Zukunft betreffen. Am besten gelingen die Dinge nach meiner Erfahrung, wenn man es zulässt, dass sie ihren natürlichen Verlauf nehmen.

Wann merkt man, dass jemand nicht zum Gründer, zur Gründerin taugt?
Wenn er oder sie schon von Beginn weg über zu viel Arbeit, zu viel Präsenzzeit, zu wenig Sicherheit und zu wenig Lohn jammert.

Ihr grösster Fehler als Gründer – und wie man ihn verhindern kann?
Trau, schau, wem!

Warum lohnt es sich, trotz allem eine Firma zu gründen?
Weil es ein unvergleichliches Glück ist, etwas geschaffen zu haben.

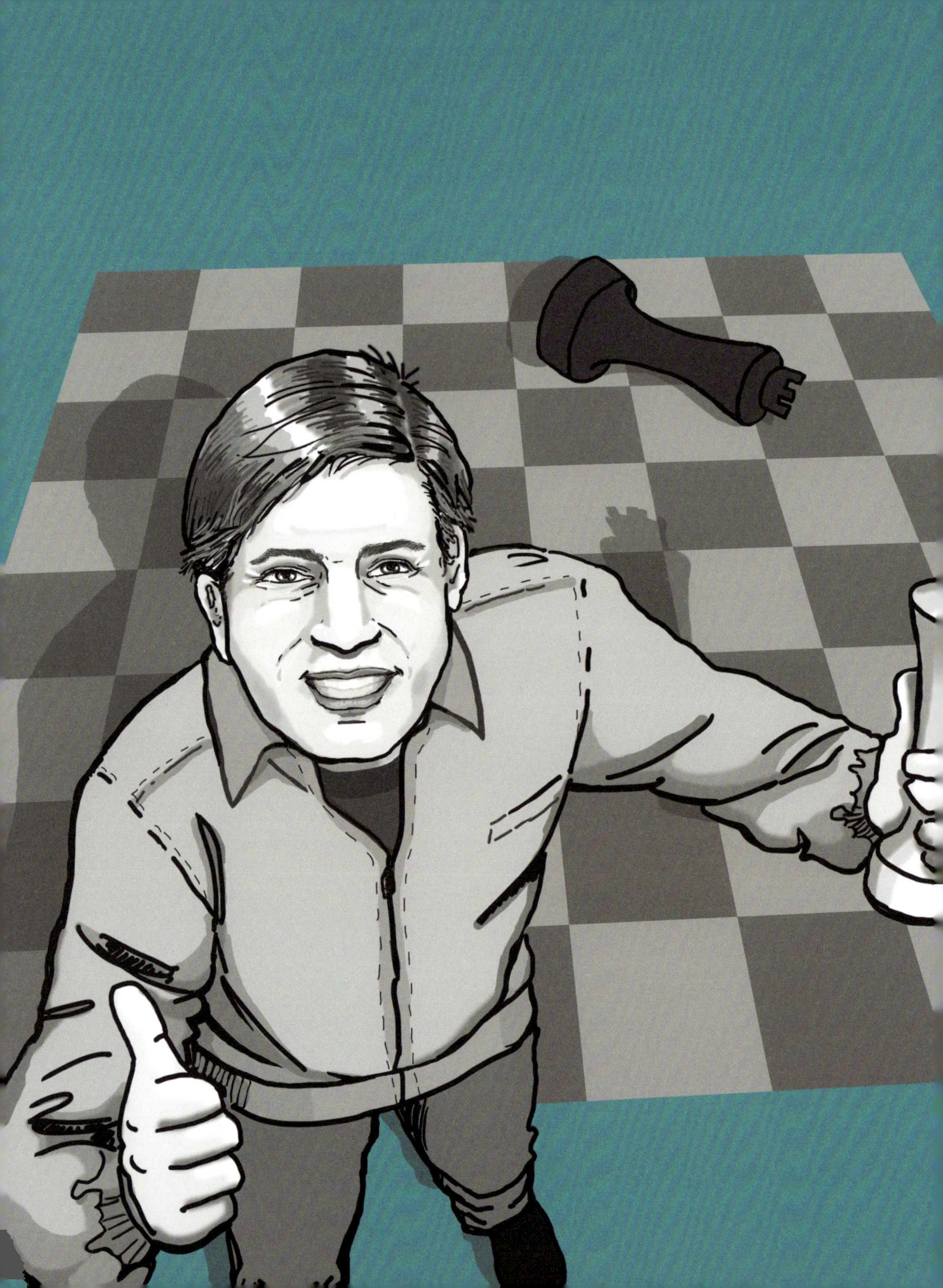

6 | Die Geschäftsstrategie

Die meisten Märkte sind heute gesättigt. Es gibt von allem ein zu grosses Angebot. Erfolgreich sind deshalb vor allem jene Unternehmerinnen und Firmeninhaber, die ein spezielles Produkt oder eine besondere Dienstleistung für ein bestimmtes Kundensegment mit einer cleveren Strategie vermarkten.

Unternehmensstrategie

Die Geschäftsidee ist grob formuliert, die Marktanalyse gemacht, die Marktlücke ist ersichtlich. Dies ist die Basis, auf der Sie als künftiger Firmeninhaber, als Neuunternehmerin im nächsten Schritt Ihre Unternehmensstrategie konkret ausformulieren. Ihre Strategie dient dazu, das Überleben des Unternehmens langfristig zu sichern und dabei den Gewinn zu maximieren.

Eine einfach strukturierte Unternehmensstrategie enthält folgende Elemente:
- die übergeordnete Vision oder Leitidee des Unternehmens
- die angestrebte Positionierung des Unternehmens im Markt
- die mittel- und langfristig angestrebten Unternehmensziele
- den Weg, wie die Unternehmensziele mit der gewählten Strategie erreicht werden sollen

Tipp | Benutzen Sie als Grundlage für Ihre eigene Strategie die Checkliste «Unternehmensstrategie», die Sie im Download-Angebot finden.

Checkliste | Unternehmensstrategie
beobachter.ch/download

Vision

Basis jeder Unternehmensstrategie ist die Vision oder die Leitidee des Neuunternehmers. Sie dient ihm als Leitplanke für alle Teilschritte der Strategieentwicklung, hilft ihm, sich im hektischen Arbeitsalltag an der ursprünglichen Geschäftsidee zu orientieren und sich immer wieder neu zu motivieren. Eine Leitidee reduziert zudem das Risiko, dass sich der Neuunternehmer in seinen Aktivitäten verzettelt und seine Kräfte am falschen Ort einsetzt.

Eine Leitidee umschreibt das Tätigkeitsgebiet des Unternehmens und beantwortet die Frage, was genau das Unternehmen erreichen will und wem dies nützen soll. Die Leitidee muss einfach, aktiv und zielgerichtet formuliert sein. Sie kann sich auf die angebotenen Produkte oder Dienstleistungen, den bearbeiteten Markt, das Kundensegment, die verwendete Technologie oder auf das zu lösende Kundenproblem beziehen. Die Leitidee des angehenden selbständigen Architekten Stefan G. könnte beispielsweise lauten: «Ich plane und realisiere im Kanton Luzern die kostengünstigsten Fertig-Einfamilienhäuser für Familien mit Kindern.»

Unternehmensleitbild

Die Leitidee lässt sich ergänzen mit Aussagen zu den Wertvorstellungen, den Grundsätzen, der Politik und der Philosophie des Unternehmens. Diese werden in der Regel in einem separaten Unterneh-

Von der Vision zur Marketing-strategie

- Vision/Leitidee für das Unternehmen definieren

- Strategische Erfolgsposition bestimmen
  - Grundstrategie
  - Strategische Unternehmensziele
  - Strategische Stossrichtungen
  - Strategische Alternativen

- Marketingkonzept erstellen

Erweiterter Marketing-Mix

- Marktleistung: Price, Product
- Marktbearbeitung: Place, Promotion
- People
- Processes
- Physical Facilities

- Marketingmassnahmen definieren

- Marketingbudget bestimmen

mensleitbild in einprägsam formulierten Leitsätzen festgehalten.

Strategische Erfolgsposition

Die Marktanalyse zeigt dem Neuunternehmer auf, wo es im Markt attraktive Nischen mit Erfolg versprechenden Aussichten gibt, die er bearbeiten und besetzen kann. Die Unternehmensstrategie beschreibt nun, wie das Unternehmen diese Marktchancen nutzt und sich im Markt positioniert, um sich klar von der etablierten Konkurrenz abzugrenzen (siehe Seite 93). Man spricht in diesem Zusammenhang vom Aufbau einer strategischen Erfolgsposition. Dies ist mit verschiedenen Grundstrategien möglich. Im Kasten auf der nächsten Seite finden Sie ein paar klassische Strategievarianten.

In der Praxis sind Unternehmensstrategien oft eine Kombination verschiedener Lehrbuchstrategien, die dann zu einer eigenen, individuell entwickelten Strategie führen. Eine Unternehmensstrategie sollte möglichst einzigartig sein. Nur so kann sich ein Unternehmen im Markt gegenüber seinen Mitbewerbern und den Kunden sichtbar und erfolgreich profilieren.

> **Info |** Eine erfolgreiche Grundstrategie stimmt mit der Unternehmensvision überein und basiert auf einem starken Kerngeschäft. Sie konzentriert sich auf die Stärken des Unternehmens und auf jene Geschäftsaktivitäten, die die Konkurrenz nur schwer kopieren kann und mit denen sich die grössten Gewinne erzielen lassen. Das zwingt Sie, Ihre Kräfte auf das Wesentliche zu konzentrieren. In der Praxis heisst dies beispielsweise, dass Sie klare Prioritäten setzen und nicht jeden noch so ausgefallenen Kundenwunsch erfüllen.

Strategische Ziele

Haben Sie definiert, mit welcher Strategie Sie welche strategische Erfolgsposition aufbauen möchten, sollten Sie im nächsten Schritt Ihre strategischen Ziele für die Aufbauphase, die ersten drei bis fünf Unternehmensjahre, ausformulieren. Sie beschreiben dabei in präzisen Worten, welche konkreten quantitativen und qualitativen Ziele Sie mittel- und langfristig erreichen wollen.

- **Quantitative Ziele:** Dazu gehören zum Beispiel Aussagen über die neu zu entwickelnden Produkte oder Dienstleistungen, über die Anzahl Kunden, die abgeschlossenen Kooperationsverträge, die gewonnenen Marktanteile oder über Firmenkennzahlen (etwa Umsatz, Gewinn, Eigen- oder Gesamtkapitalrendite). Möglich sind auch Zielformulierungen zum Wissensstand der Kunden über die Firma und ihr Leistungsangebot. Zum Beispiel: 50 Prozent der Kunden kennen ein bestimmtes Produkt. Oder: 20 Prozent der Kunden bestellen innerhalb eines Jahres ein zweites Mal. Wenn immer möglich sollten Zahlen als Zielgrössen dienen.
- **Qualitative Ziele:** Dazu zählen Aussagen zur Positionierung und Reputation der Firma in der Branche oder im

Klassische Strategievarianten

Strategie	Merkmale
Kostenführerschaftsstrategie	Das Unternehmen bietet innerhalb der Branche seine Produkte oder Dienstleistungen so günstig wie möglich an. Dies bedingt unter anderem eine kostengünstige Beschaffung der Waren, niedrige Produktions- und Personalkosten sowie eine hohe Arbeitseffizienz.
Differenzierungsstrategie	Das Unternehmen bietet eine gegenüber den Konkurrenzfirmen unterschiedliche und für die Kundinnen und Kunden klar wahrnehmbare, einzigartige Leistung an – zum Beispiel bezüglich Produktnutzen, Service, Qualität, Sortiment, Beratung, Distribution, Garantieleistungen.
Fokussierungsstrategie	Das Unternehmen bearbeitet lediglich ein kleines Markt- oder Kundensegment – zum Beispiel eine bestimmte Region (wie das Mittelland, eine Stadt, Gemeinde oder auch bloss ein Quartier) oder eine Teilzielgruppe (zum Beispiel Gruppenreisende mit hohem Einkommen, Studierende, Pendler oder Pensionierte).
Innovationsstrategie	Das Unternehmen versucht seinen Marktkonkurrenten mit ständig neuen, innovativen Produkten oder Dienstleistungen immer eine Nasenlänge voraus zu sein.
Imitationsstrategie	Das Unternehmen kopiert erfolgreiche Geschäftskonzepte anderer Marktkonkurrenten, ohne dabei Patent- oder Urheberrechte zu verletzen, oder optimiert die Konzepte in Bezug auf die Bedürfnisse der eigenen Kunden.
Kooperationsstrategie	Das Unternehmen geht gezielt Kooperationen mit anderen Marktteilnehmern ein, die seine eigenen Geschäftsaktivitäten durch ihre Stärken optimal ergänzen – zum Beispiel bezüglich Warenbeschaffung, Know-how, Produktion, Vertrieb, Service (siehe Seite 37).

Geschäftsumfeld, zum Firmenimage, zum Verhalten von Kunden, zu den Beziehungen zu Kunden, Lieferanten und Geschäftspartnern. Ein Beispiel: Für Hausbesitzer in der Region Aarau gilt meine Spenglerei als die mit dem schnellsten Kundenservice und den fairsten Preisen.

Info | Gute Zielformulierungen leiten sich logisch von der Leitidee und von der angestrebten strategischen Positionierung ab. Ziele sollten präzis beschrieben, terminiert, hoch gesteckt, aber realisier- und vor allem messbar sein – sonst lässt sich später nicht überprüfen, ob sie erreicht worden sind. Das Ziel «eine gute Rentabilität erzielen» ist beispielsweise zu schwammig formuliert und so nicht messbar. Die Absicht des Architekten Stefan G. jedoch schon: «Ich möchte in den ersten drei Geschäftsjahren im Kanton Luzern sechs Einfamilienhäuser zum Verkaufspreis von maximal 600 000 Franken erstellen.»

Strategische Stossrichtung

Sind die strategischen Ziele definiert, müssen Sie den Weg beschreiben, wie diese erreicht werden sollen. Das heisst, Sie legen die strategische Stossrichtung fest. Dazu machen Sie in Bezug auf die strategischen Erfolgsfaktoren Ihres Unternehmens möglichst konkrete Aussagen zur geplanten Vorgehensweise. Zu den relevanten Erfolgsfaktoren gehören unter anderem die folgenden Bereiche:

- **Unternehmensfinanzierung:** Wie und bei wem wird das notwendige Kapital beschafft?
- **Investitionen:** Wie werden die Prioritäten beim Aufbau der benötigten Infrastruktur gesetzt?
- **Produktentwicklung:** Wie gestaltet sich der Innovationsprozess?
- **Leistungserbringung:** Wie sieht der gesamte Prozess der Wertschöpfungskette aus (der Weg von der Produktidee bis zum Verkauf des Produkts an die Kunden)?
- **Marketing:** Wie werden die Märkte und Kundengruppen bearbeitet, wie die Kunden akquiriert?
- **Management:** Wie werden die benötigten Managementkapazitäten aufgebaut?
- **Personal:** Wie wird das notwendige Fachpersonal rekrutiert?
- **Organisation:** Wie wird das Unternehmen organisiert?
- **Kooperationen:** Welche Partnerschaften sind für welche Zwecke einzugehen?

Die Antworten auf diese Fragen zeigen angehenden Unternehmern in ihrem Geschäftsmodell unter Umständen Lücken, Widersprüche, Schwachstellen oder mögliche Probleme auf. Das zwingt sie dann, die Geschäftspläne noch einmal fundiert zu überdenken und Anpassungen vorzunehmen.

Ist die strategische Stossrichtung in den einzelnen Geschäftsbereichen klar, werden im nächsten Schritt die entsprechenden Teilstrategien und schliesslich die dazugehörenden Konzepte erarbeitet. Diese enthalten die im Geschäftsalltag konkret zu ergreifenden Massnahmen. Der Ratgeber geht nur auf das Marketingkonzept ein, sonst würde der Rahmen dieses Buches gesprengt.

Strategische Alternativen

Da Strategien reine Absichtserklärungen sind und in der Regel auf vielen Annahmen und Schätzungen beruhen, ist es gut möglich, dass die in der Planungsphase angestellten Überlegungen in der Aufbauphase des Unternehmens nur bedingt zutreffen oder sich gar als falsch erweisen – sodass der eingeschlagene Weg nicht zum erhofften Erfolg führt. Ist dies der Fall, muss der Neuunternehmer seine Strategie ändern und den neuen Realitäten anpassen. Dies kommt in der Praxis häufig vor.

Aus diesem Grund sind Sie gut beraten, neben Ihrer Grundstrategie auch strategische Alternativen zu entwickeln – für den Fall, dass sich die Grundstrategie nicht bewährt.

Beispiel | Der Elektroniker und Hobbyfotograf Marc S. will sich mit Drohnen-Luftaufnahmen selbständig machen. Er will vor allem Architekten, Immobilienfirmen, Bauunternehmen, Eigenheimbesitzer und Firmen ansprechen, die ihre Liegenschaften aus der Vogelperspektive abgelichtet haben möchten. Mit dieser Unternehmensstrategie kombiniert er die Innovations-, Fokussierungs- und Differenzierungsstrategie. Daneben kann sich Marc S. als alternatives Szenario aber auch gut vorstellen, mit seiner Drohne kleine Promotions-Videoclips für den Tourismusbereich zu produzieren. Dabei entstünden beispielsweise spektakuläre Luftaufnahmen von Bergbahnen, Klettersteigen, Kanufahrten, Downhill-Bikestrecken.

Tipp | Setzen Sie eine einmal definierte Strategie nicht einfach stur um, sondern hinterfragen Sie sie immer wieder kritisch. Betrachten Sie die Entwicklung einer Strategie als dynamischen Prozess, der grundsätzlich nie abgeschlossen ist und von Ihnen grosse unternehmerische Flexibilität erfordert.

INTERVIEW | DOMINIK KAISER

Dominik Kaiser
Initiant und Geschäftsführer
3 Plus Group AG

Die 3 Plus Group ist die grösste Schweizer Privatsendergruppe; zu ihr gehören die Sender 3+, 4+ und 5+. Die 3 Plus Group hat rund 60 Mitarbeitende.

Was ist der wichtigste Ratschlag, den Sie einem jungen Gründer, einer Gründerin geben würden?
Entwickle klar definierte Kriterien, an denen du die Zielerreichung möglichst von Anfang an eindeutig und konstant messen kannst. Nur so weisst du, ob du auf dem richtigen Weg bist. Miss deine Ziele stetig, rede negative Ergebnisse nicht schön und passe deine Aktivitäten entsprechend an. Probier viel aus. Sei bereit, wenn etwas nicht funktioniert, aus den Elementen, die funktioniert haben,

etwas ganz Neues zu bauen und dein ursprüngliches Ziel aufzugeben.

Welcher Ratschlag hat Ihnen überhaupt nicht geholfen?
Ratschläge, die von aussen an einen herangetragen werden, helfen eigentlich immer. Sie helfen, über das eigene Projekt nachzudenken, eigene Annahmen zu überprüfen und den eigenen Plan zu verbessern. Man sollte sich durch Ratschläge aber nicht aus der Bahn werfen lassen.

Wann merkt man, dass jemand nicht zum Gründer, zur Gründerin taugt?
Als Unternehmer muss man bereit sein, alles dafür zu geben, damit das Projekt erfolgreich wird: Verstand, Emotionen, Geld und Zeit. Nur wer mit voller Leidenschaft dabei ist, bereit ist, all seine Ersparnisse zu investieren und auf jegliche Freizeit zu verzichten, sollte ein Unternehmen gründen.

Ihr grösster Fehler als Gründer – und wie man ihn verhindern kann?
Ich hatte bei meinen frühen Projekten zu hohe Umsatzerwartungen in zu kurzer Zeit und kam mehr als einmal mit einem blauen Auge davon. Ich lernte, meine Projekte in Stufen zu unterteilen und meine Hypothesen schrittweise zu testen.

Warum lohnt es sich, trotz allem eine Firma zu gründen?
Man hat ein enormes Gestaltungspotenzial und wächst an den stets neuen Herausforderungen. Das macht unheimlich Spass und ist sehr bereichernd und sinnstiftend.

Marketingkonzept

Allein mit der Festlegung einer Unternehmensstrategie lassen sich noch keine Produkte oder Dienstleistungen verkaufen. Dazu braucht es in aller Regel auch Marketing – zielgruppengerechte Massnahmen, die den Kunden und die Befriedigung seiner Wünsche ins Zentrum aller unternehmerischen Aktivitäten stellen.

Die klassische Marketinglehre kennt vier Marketinginstrumente, auch die vier P genannt; die Kombination dieser Instrumente heisst Marketing-Mix:

- Produkt- und Sortimentspolitik – Product (siehe Seite 130)
- Preispolitik – Price (siehe Seite 132)
- Kommunikationspolitik – Promotion (siehe Seite 135)
- Vertriebspolitik – Place (siehe Seite 143)

Je besser die einzelnen Bereiche des Marketing-Mix aufeinander abgestimmt sind und mithelfen, dieselbe Wirkung zu erzielen, desto klarer kann ein Unternehmer sein Produkt oder seine Dienstleistung im Markt und gegenüber der Konkurrenz positionieren.

Info | In verschiedenen Lehrbüchern wird der Marketing-Mix um drei zusätzliche P erweitert: Processes, People und Physical Facilities. Darauf geht dieser Ratgeber nicht ein. Unter dem Stichwort Processes stehen kundenorientierte Abläufe und Prozesse bei den angebotenen Produkten und Dienstleistungen im Zentrum – zum Beispiel die Kundenführung und die Wartezeit an einer Telefon-Hotline. Bei People geht es insbesondere um das Verhalten von Mitarbeitenden gegenüber den Kunden. Dazu gehören beispielsweise ihre Auftritts- und Beratungskompetenz sowie ihr kundenorientiertes Denken und Handeln. Physical Facilities betrifft die physische Ausstattung des Unternehmens – etwa die Gestaltung des Firmengebäudes, des Ladens, Kundenempfangs oder eines Besprechungsraums (siehe auch Seite 150).

Verkauft zum Beispiel eine Textildesignerin ihre selbstgefertigten, exklusiven Seidenkrawatten für eine gehobene Käuferschicht zu saftigen Preisen über teure Modeboutiquen, sollte sie Restposten nicht gleichzeitig zum halben Preis auf dem Wochenmarkt verhökern. Das macht sich vielleicht kurzfristig bezahlt, doch die unterschiedliche Vertriebs- und Preispolitik für dasselbe Produkt hinterlässt bei der primär anvisierten Kundschaft Konfusion und Ärger. Die Ökoladenbesitzerin dagegen, die mit einem Solarmobil herumsurrt und ihre von Hand gezogenen Bienenwachskerzen den

Marketing-Mix im Überblick

Produkt- und Sortimentspolitik

- Hauptprodukt
- Nebenprodukte
- Zusatzprodukte
- Sortimentsbreite
- Sortimentstiefe
- Serviceleistungen
- Namensgebung (Naming, Marke)
- Verpackung
- Produktdesign

Preispolitik

- Preis-/Honorarniveau
- Preisbildungskonzepte/ -mechanismen
- Margen
- Rabattsystem
- Aktionen, Sonderkonditionen
- Zahlungskonditionen
- Zahlungsmodalitäten (Kreditkartenakzeptanz, E-Billing)

Kommunikationspolitik

Übergeordnete Aspekte
- Visueller Auftritt (Corporate Design)
- Unternehmensidentität (Corporate Identity)

Verkauf
- Verkaufsform
- Verkaufsorganisation
- Verkaufsstil

Verkaufsförderung
- Besondere Verkaufsaktivitäten
- Warendisplays
- Gutscheine, Gutschriften
- Wettbewerbe

Werbung
- Anzeigen in Printmedien
- TV-, Radio-, Kino-, Onlinewerbung
- Messen, Ausstellungen
- Promotionsstände
- Plakate, Flyer, Direct Mails

Öffentlichkeitsarbeit
- Imagebroschüren
- Unternehmenswebsite
- Medienarbeit
- Social-Media-Aktivitäten

Vertriebspolitik

- Vertriebssystem
- Auftragsabwicklung
- Vertriebsorganisation
- Lieferbereitschaft
- Lieferkonditionen
- Logistik
- Lagerhaltung
- Warentransport

Kunden in Recycling-Geschenkpapier einpackt, vermittelt das, was eine wesentliche Voraussetzung für den langfristigen Geschäftserfolg ist: Glaubwürdigkeit.

Bietet ein Unternehmen unterschiedlichen Kundengruppen verschiedene Produkte oder Dienstleistungen an, sollte es für jedes Produkt und jede Zielgruppe eine eigene Marketingstrategie bzw. einen eigenen Marketing-Mix definieren. Diese müssen nicht, können aber voneinander abweichen. Ein Beispiel: Ein auf Wohnungs- und Büroreinigungen spezialisiertes Reinigungsinstitut hat Wohnungsmieter, Liegenschaftsverwalter und Firmen als Kunden, die ganz unterschiedliche Bedürfnisse aufweisen: Mieter wollen primär günstige Preise, Liegenschaftsverwalter eine hohe zeitliche Flexibilität und Firmen wünschen vor allem Einsätze zu Randzeiten. Für diese drei Kundengruppen braucht es unterschiedliche Teilstrategien.

Tipp | Setzen Sie im Marketing-Mix aufgrund Ihrer unternehmerischen Ziele, Marketingstrategien und Zielgruppen klare Schwerpunkte und Prioritäten. Stellen Sie sicher, dass jede Marketingaktivität zu Ihrem Unternehmens- und Produktimage passt und sich harmonisch in den gesamten Marketing-Mix einfügt.

Produkt- und Sortimentspolitik

In einem ersten Schritt haben Neuunternehmer im Rahmen des Marketing-Mix ihr genaues Produkt- oder Dienstleistungsangebot zu definieren. Auf der Basis ihrer Marktanalyse und den dabei festgestellten Kundenbedürfnissen gilt es nun unter anderem zu entscheiden, welchen Qualitätsansprüchen das Angebot genügen und wie umfangreich dieses sein soll.

Bei der Definition der Produktqualität sollten Neuunternehmer beachten, dass aus ihrer Sicht gute Qualität für die Kunden möglicherweise unnötig, unerwünscht oder unerschwinglich ist. Stellt ein Schreiner beispielsweise Holzspielzeug her, dürfte es den umwelt- und gesundheitsbewussten Kunden egal sein, ob es aus Tannen- oder Buchenholz gefertigt wird. Für sie bedeutet Qualität, dass die Spielsachen keine giftigen Lacke und Farben enthalten. Qualität kann sich bei Produkten auch auf Leistung, Robustheit, Lebensdauer, Funktion, Sicherheit oder auf das Design beziehen. Bei Dienstleistungen kann Qualität Schnelligkeit, Flexibilität, Individualisierbarkeit oder Zuverlässigkeit bedeuten. Bei Beratungstätigkeiten sind damit vielleicht individuell ausbaubare Lösungskonzepte gemeint, Methodenvielfalt im Beratungsprozess, persönliche Betreuung durch die Firmeninhaberin oder Beratung durch interdisziplinär zusammengestellte Teams.

Tipp | Definieren Sie die Produktqualität nicht aus Ihrer Sicht, sondern aus der Sicht Ihrer Kunden und ausgerichtet auf deren Wünsche, Kaufmotive und wahren Bedürfnisse.

Leistungsangebot
Ein weiterer wichtiger Entscheid in der Produkt- und Sortimentspolitik ist die Bestimmung des optimalen Leistungsum-

fangs. Unterschieden wird hier zwischen der Breite und der Tiefe des Leistungsangebots:
- Je mehr verschiedene Produkte ein Unternehmen anbietet, desto **breiter** ist sein Sortiment. Am Beispiel des Schreiners: Er stellt nicht nur Bauklötze her, sondern auch Schaukelpferde, Laufräder, Brettspiele, Puppenhäuschen und Kinderküchen.
- Je mehr Varianten ein Unternehmen in einer einzelnen Warengruppe anbietet, desto **tiefer** ist sein Sortiment. Am Beispiel des Schreiners: Er produziert seine Laufräder in vier verschiedenen Grössen und drei Farben – und von den Kinderküchen stellt er fünf unterschiedliche Ausführungen mit verschiedenem Zubehör her.

Neuunternehmer fahren mit einem beschränkten Leistungsangebot meist nicht schlecht. Es bindet weniger Kapital, beansprucht weniger teuren Lagerplatz und reduziert die Gefahr von Ladenhütern. Zudem kann sich eine Neuunternehmerin mit einem schmalen, aber perfekt auf die Kundenbedürfnisse abgestimmten Leistungsangebot im Markt viel eher als Spezialistin etablieren und sich dadurch leichter von Konkurrenten abgrenzen. Deshalb gibt es Läden, die ausschliesslich Glückwunschkarten verkaufen; Grafiker, die hauptsächlich Internetauftritte gestalten; Hoteliers, die vor allem Familien mit Kindern oder Gäste mit Hunden beherbergen.

Wer als E-Commerce-Unternehmen Produkte ausschliesslich über das Internet verkauft, kann sich möglicherweise ein breiteres und tieferes Sortiment leisten als der Laden in der Innenstadt. Denn der Internetshop muss für ein grösseres Sortiment nicht mehr teure Ladenfläche mieten. Er kann die Waren in einem billigen Aussendepot lagern oder sie erst nach Bestellungseingang beim Hersteller anfordern (mehr zum Thema Internet auf Seite 146).

Nebenprodukte und Zusatzleistungen
Ein Leistungsangebot lässt sich unter Umständen auch mit geeigneten Nebenprodukten abrunden oder mit sinnvollen Zusatzleistungen attraktiver machen:
- **Nebenprodukte** sollten einen Bezug zum Hauptprodukt haben und zur Unternehmensstrategie passen. So verkaufen Sportfachgeschäfte Kraftriegel und Energydrinks oder medizinische Masseurinnen ätherische Öle. Die Kunst der Sortimentsabrundung liegt in der Wahl des richtigen Ergänzungsprodukts: Verkauft ein Sandwichladen im Sommer zusätzlich Eis, ergänzt dies das Angebot ideal, was bei Sonnenschutzmitteln kaum der Fall wäre.
- **Zusatzleistungen** ergänzen das Hauptprodukt auf sinnvolle Weise. Mögliche Zusatzleistungen sind zum Beispiel eine Individualberatung, Merkblätter, eine Onlinehotline rund um die Uhr, eine spezielle App, besondere Garantien, Hauslieferungen, Reparatur- oder Unterhaltsdienste. Je nach Kundenbedürfnis und Art der Zusatzleistung wird diese in den Preis des Hauptprodukts eingerechnet oder zusätzlich in Rechnung gestellt. Zusatzleistungen müssen nicht teuer

sein, es braucht dazu nur Gespür für die Bedürfnisse der Kunden: Bringt die Wirtin den Kindern mit dem Sirup gleich noch Zeichenpapier und Malstifte, kostet sie dies wenig, freut aber Kinder und Eltern gleichermassen.

Nebenprodukte und Zusatzleistungen sollen mithelfen, Mund-zu-Mund-Werbung zu initiieren und ein gewünschtes Unternehmensimage entstehen zu lassen. Im obigen Beispiel dürfte das Restaurant schnell vom Ruf «kinderfreundlich» profitieren.

Checkliste | Produkt- und Sortimentspolitik
beobachter.ch/download

Tipp | Die Checkliste «Produkt- und Sortimentspolitik» enthält alle Aspekte, die Sie bei der Planung Ihres Sortiments berücksichtigen sollten.

Preispolitik

Von entscheidender Bedeutung für ein Unternehmen ist die Preispolitik. Sie hat direkte Auswirkungen auf das Unternehmensergebnis. Was schon bei der Produktqualität erwähnt wurde, trifft auch für den Preis zu: Er ist relativ. Ob eine Ware teuer oder billig ist, entscheidet nicht der Anbieter, sondern die Konsumentin. Für sie muss das Verhältnis von Kosten und Nutzen stimmen.

Neuunternehmer ohne fundierte Branchenerfahrung in ihrem künftigen Geschäftsumfeld orientieren sich am besten anhand der Konkurrenzpreise über das aktuelle Preisniveau, indem sie Onlinevergleiche anstellen und Offerten oder Preislisten anfordern. Im Firmengeschäft (business to business) geht das meist nicht so einfach, weil die Preise oft Verhandlungssache sind. Schwierig ist die Preisfindung auch bei neuen Produkten oder Dienstleistungen, für die es noch keine Richtwerte gibt.

Grundlage für den «richtigen» Preis muss eine solide und realistische Kalkulation der effektiven Kosten sein. Vergessen dürfen Sie dabei auf keinen Fall Aufwendungen, die Sie den Kunden nicht direkt in Rechnung stellen können. Insbesondere bei Beratungstätigkeiten lässt sich meist nur ein Teil der effektiven Arbeitszeit einem Kunden direkt verrechnen. Die übrige Zeit geht für die Kundenakquisition, Reisen zum Kunden und die Administration drauf – und diese Kosten müssen Sie letztlich über das Honorar oder den Verkaufspreis des Produkts hereinholen.

Zu berücksichtigen ist auch das Verhältnis zwischen Angebot und Nachfrage: Der einzige Anbieter eines gefragten Trendartikels oder einer exklusiven Dienstleistung wird einen verhältnismässig hohen Preis verlangen können. Eine wichtige Rolle bei Preisen spielen schliesslich auch irrationale Kriterien wie Prestige, Ansehen oder Geltungsbedürfnis. Wie sonst wäre jemand bereit, für ein paar Tröpfchen Parfum tief ins Portemonnaie zu greifen?

Preise haben zudem eine psychologische Komponente: Eine Ware lässt sich für 199 Franken besser verkaufen als für 200 Franken – würde sie für unter 100 Franken angeboten, könnten die Kunden je nach Produkt unter Umständen das Gefühl haben, dass es sich um billigen Ramsch handle.

Info | Neuunternehmer getrauen sich oft nicht, den Preis zu verlangen, den sie fordern müssten – aus Angst, keine Kunden zu gewinnen. Sie kalkulieren schon bei der Offerte extrem knapp, bieten Spitzenqualität und Zusatzleistungen zum Normalpreis, verrechnen absichtlich ein paar Stunden weniger Arbeitsaufwand – und schaufeln sich damit unbewusst das eigene Grab.

Preisstrategien

Start-ups können verschiedene Preisstrategien ins Auge fassen. Sie müssen schliesslich diejenige wählen, die ihrem Produkt oder ihrer Dienstleistung, ihrer Kundschaft sowie Ihrem gewünschten Firmenimage entspricht und eine Marge beinhaltet, mit der sie nach Abzug allen Aufwands den geplanten Gewinn erwirtschaften können. Wichtig ist, die einmal gewählte Preisstrategie gleich von Beginn weg konsequent anzuwenden.

Tiefpreisstrategie: Diese Strategie steht meist in direktem Zusammenhang mit Produktqualität, Sortimentsgrösse und Zusatzleistungen; typisches Beispiel sind Discountläden: Sie führen ein begrenztes Sortiment, wenige Produkte in Topqualität und bieten keine Zusatzleistungen an. Als Strategie für Neuunternehmer eignet sie sich weniger, weil dafür ein Massengeschäft erforderlich ist.

Niedrig- bis Mittelpreisstrategie: Diese Strategie wird angewendet, um Marktanteile zu gewinnen und neue Märkte zu erschliessen. Eine typische Strategie für Neuunternehmer, um sich zu etablieren.

Mittel- bis Hochpreisstrategie: Eine Preisstrategie, die oft bei neuen Produkten angewendet wird, um die Entwicklungskosten zu decken. Sobald die Konkurrenz mit Produkten nachzieht, werden die Preise gesenkt. Diese Strategie kann für Neuunternehmer durchaus geeignet sein.

Hochpreisstrategie: Die Hochpreisstrategie eignet sich für Prestige- oder Hochqualitätsprodukte, aber auch für Trendprodukte mit absehbar kurzem Lebenszyklus oder einfach dafür, den Gewinn zu optimieren. Typisches Beispiel sind Luxusartikel. Diese Strategie ist auch für Neuunternehmer angezeigt, sofern hohe Qualität geboten wird – etwa Beratung in einem Spezialgebiet.

Alternativpreisstrategie: Neuunternehmer können sich unter Umständen auch mit einer – verglichen mit der Konkurrenz – alternativen Preisstrategie profilieren. So kann sich ein unabhängiger Anlageberater mit einer Gewinn- und Verlustbeteiligung entschädigen lassen statt wie üblich mit einem Fixhonorar oder einer prozentualen Entschädigung auf dem verwalteten Portefeuille. Eine Texterin kann für Zeilenhonorare schreiben oder für Tagespauschalen. Je nach Branche eher unkonventionelle Preisbildungsverfahren sind Auktionen, Tages- oder Saisonpreise oder gar sich laufend ändernde Preise aufgrund der Nachfrage, wie es Hotels und Airlines praktizieren.

Preismarge

Die Nettomarge muss umso höher sein, wenn im Unternehmen viel Kapital gebunden ist und hohe Unternehmerrisiken existieren. Die Marge wird auch von den Zahlungskonditionen beeinflusst,

Dumpingpreise

Viele Neuunternehmer versuchen, mit Dumpingpreisen den Markt zu erobern. Das geht aber nur, wenn der Preis als Verkaufsargument eingesetzt wird und die Nettomarge stimmt. Wer diese Strategie ins Auge fasst, muss tiefere Fixkosten als die Konkurrenz haben und billiger einkaufen oder produzieren können. Die Dumpingpreisstrategie erfordert ein äusserst straffes Kostenmanagement und ist oft nur mit rigorosen Rationalisierungsmassnahmen möglich. Ausserdem besteht das Risiko, dass etablierte Konkurrenten mit aggressiven Gegenmassnahmen reagieren oder dass der Preisbrecher bei späteren unvermeidbaren Preiserhöhungen viele Kunden verliert. Dumpingpreise führen zudem zu einem Image, das ein Unternehmen später kaum mehr wegbringt.

Checkliste | Preispolitik
beobachter.ch/download

---

die Sie den Käufern offerieren, etwa Skonti, Rabatte, Zahlungsfristen, sowie von der Akzeptanz von Kreditkarten. Ein Barzahlungsrabatt, ein Skonto oder eine verkürzte Zahlungsfrist – zum Beispiel von den üblichen 30 auf 20 Tage reduziert – kann sich positiv auswirken, wenn Sie dadurch keinen teuren Kontokorrentkredit beanspruchen müssen oder das Geld zinsbringend anlegen können. Wer Geschäftspartnern Vermittlungsprovisionen bezahlen muss oder Kreditkarten akzeptiert, schmälert dagegen die Nettomarge, denn einige Prozente des Verkaufspreises erhalten dann Dritte.

Zurückhaltend sein sollten Sie beim Anbieten von individuellen Finanzierungsmöglichkeiten wie etwa Ratenzahlungen oder einer Rechnungsstellung, die erst Monate nach dem Kauf erfolgt. Hier besteht das grosse Risiko, dass Sie das Geld nie erhalten.

Spielt das Internet in Ihrem Geschäftsmodell eine Rolle, kann dies die Ware oder Dienstleistung deutlich vergünstigen. Denn Sie können die Kosten für die Administration, den Verkauf und die Warendistribution reduzieren. Das kann dann zu höchst attraktiven Preisen führen.

Tipps | Egal, für welche Preispolitik Sie sich entscheiden: Wichtig ist, dass Sie den Kunden die im Preis eingeschlossenen Leistungen transparent machen. Verlangt ein Handwerker für die gleiche Arbeit ohne Erklärung im Durchschnitt zehn Prozent mehr als seine Konkurrenten, wird ihn kaum jemand berücksichtigen. Kann er die Preisdifferenz jedoch mit der Verwendung von Qualitätsprodukten, mit schnellerem Service und längerer Garantie begründen, sieht die Rechnung für die Kunden anders aus. Solche Angaben gehören deshalb in jede Offerte.

Im Download-Angebot finden Sie die Checkliste «Preispolitik» mit allen Kriterien für eine sorgfältige Preisgestaltung.

Kommunikationspolitik: übergeordnete Aspekte

Ein Neuunternehmer muss seine potenziellen Kunden möglichst rasch – idealerweise schon vor dem offiziellen Firmenstart – auf sich und seine Produkte oder Dienstleistungen aufmerksam machen. Das ist leichter gesagt als getan, denn in der Regel wird er kein Geld für eine gross angelegte Werbekampagne haben.

Das fehlende Budget lässt sich grundsätzlich nur mit einer geschickten Kommunikationsstrategie, mit innovativen, aussergewöhnlichen Ideen bzw. mit einem geschickten Kommunikations-Mix kompensieren. Zu den klassischen Instrumenten des Kommunikations-Mix gehören:
- Verkauf (siehe Seite 136)
- Verkaufsförderung (siehe Seite 137)
- Werbung (siehe Seite 139)
- Öffentlichkeitsarbeit (siehe Seite 141)

Beim Kommunikations-Mix gilt dasselbe wie beim Marketing-Mix: Kommunikationsaktivitäten erzielen nur dann die gewünschte Wirkung, wenn sie visuell einheitlich gestaltet sind und wenn die Kommunikationsinstrumente, der Zeitpunkt ihres Einsatzes, die Botschaften sowie die Tonalität in der Vermittlung auf die angesprochenen Zielgruppen ausgerichtet sind. Vereinfacht gesagt: Die Kommunikationsmassnahmen müssen sich optimal ergänzen und gegenseitig verstärken. Man spricht in diesem Zusammenhang von integrierter Kommunikation.

Neuunternehmer, die konzeptlos kommunizieren, inserieren auf Anfrage von Vereinskollegen im Infoblatt der Dorfschützen, nutzen das Sonderangebot für Neuinserenten im Gratisanzeiger, sponsern ein regionales Handballturnier oder machen Diawerbung im Kino. Damit verzetteln sie sich und geben viel Geld für wenig Wirkung aus. Ein durchdachtes Kommunikationskonzept hilft dies zu vermeiden.

Gelingt die ganzheitliche, abgestimmte Kommunikation, empfinden die angesprochenen Zielgruppen sie als ein harmonisches Ganzes. Sie erkennen ein Unternehmen leichter im Markt, unterscheiden es von Konkurrenzfirmen, machen sich vom Unternehmen das gewünschte Bild, speichern kommunizierte Botschaften besser ab – und handeln danach wie beabsichtigt: Sie informieren sich, probieren aus, bestellen, kaufen auf Vorrat, lassen sich bedienen oder beraten.

Buchtipp | Mehr zur erfolgreichen Kommunikation mit Kunden, Lieferanten und Angestellten erfahren Sie in diesem Beobachter-Ratgeber: **Besser schreiben im Business.** Aktuelle Tipps und Vorlagen für den Geschäftsalltag.
www.beobachter.ch/buchshop

Corporate Identity
Voraussetzung für eine stimmige Kommunikation mit Kunden, Lieferanten und anderen Zielgruppen ist eine einheitliche visuelle Gestaltung der Kommunikation, etwa bezüglich Farben, Logos und Schriften. Diese Gestaltungsrichtlinien werden in einem Corporate-Design-Manual festgehalten und sind dann für alle Kommuni-

kationsformen verbindlich. Darauf basiert der visuelle Auftritt des Unternehmens. Aus dem einheitlichen Corporate Design, einer unverwechselbaren Art der Kommunikation und dem Verhalten des Unternehmens und Ihnen als Firmeninhaber entsteht in der Wahrnehmung Ihrer Ansprechpartner schliesslich die Persönlichkeit Ihres Unternehmens – die Corporate Identity.

Tipp | Was alles Ihre Gestaltungsrichtlinien beinhalten können, sehen Sie in der Checkliste «Corporate Design» im Download-Angebot.

Checkliste | Corporate Design
beobachter.ch/download

Kommunikationspolitik: Verkauf

Der Verkauf ist das direkteste Marketinginstrument. Ohne eine hohe Kompetenz in diesem Bereich wird keine Neuunternehmerin, kein Firmengründer Erfolg haben.

Produkte oder Dienstleistungen lassen sich auf verschiedene Arten verkaufen: über Agenten, Lizenznehmer, Vertriebspartner, den Handel, über Aussendienstmitarbeiter, interne Sachbearbeiter, übers Internet oder im direkten Kontakt mit den Kunden. Kleinunternehmer werden sich in der ersten Phase ihrer Selbständigkeit kaum auf eine eingespielte Verkaufsorganisation abstützen können. Sie müssen in den meisten Fällen selbst die Rolle des Verkäufers übernehmen.

Das direkte und persönliche Gespräch ist nach wie vor die wirksamste Form des Verkaufens – und gleichzeitig die anforderungsreichste. Es bedingt hohe Fachkompetenz, Motivation, souveränes, überzeugendes Auftreten und eine auf den Gesprächspartner abgestimmte Verkaufstaktik. Verkäufer müssen wie ihre Kunden denken und ihnen nicht Produkte oder Dienstleistungen verkaufen wollen, sondern Problemlösungen, Lebensgefühle, Sicherheiten. Nur so können sie im Verkaufsgespräch wirkungsvoll und glaubwürdig argumentieren.

Tipp | Erfolgreiches Verkaufen setzt eine intensive Vorbereitung voraus. Denn Sie erhalten meist nur eine Chance für ein Verkaufsgespräch. Verpassen Sie diese, verlieren Sie schnell potenzielle Kunden – denn Negatives macht rasch die Runde. Perfektionieren Sie deshalb Ihre Verkaufskompetenz mithilfe von Kursen oder Fachliteratur.

Für den Verkaufserfolg sind letztlich auch irrationale Faktoren ausschlaggebend: die Ausstrahlung und das Äussere des Verkäufers, seine Mimik und Gestik, seine Fähigkeit, auf den Gesprächspartner einzugehen. Neuunternehmer, die sich dessen bewusst sind und sich selbst als den wichtigsten Werbeträger ihres Unternehmens betrachten, sparen viel Geld bei der Werbung.

Doch nicht immer ist der persönliche Kundenkontakt die beste Art des Verkaufs. Je nach Produkt, Dienstleistung, Firmenphilosophie, Bedürfnissen und Gewohnheiten der Kundschaft drängen sich andere Formen auf: etwa der Verkauf über Kataloge, über Telefon oder Internet. Kreative Neuunternehmer werden zudem neue Verkaufsvarianten prüfen – beispielsweise alternative Büro- und Ladenöffnungszeiten, einen Abholservice oder einen Hauslieferdienst.

Kundenpflege
Schon beim Firmenstart sollten sich Neuunternehmer überlegen, wie sie ihre Kunden nach einem Verkaufsabschluss betreuen. Nachfassen – wie das im Marketing-Jargon heisst – ist der Schlüssel zu einer loyalen Stammkundschaft. Dabei wirken schon kleine Aufmerksamkeiten Wunder: ein nettes Dankeschön per E-Mail oder SMS, ein Zeichen über eine Social-Media-Plattform, eine handgeschriebene Neujahrskarte, ein regelmässiger Newsletter oder ein freundlicher Anruf, um eine neue Dienstleistung zu erklären.

Schwieriger ist die Kundenpflege bei Laden- oder sogenannter Laufkundschaft. Ihre Adressen erhält man nur mit speziellen Werbemassnahmen, etwa mit Wettbewerben, bei denen die Teilnehmenden die Adresse angeben müssen, oder mit einer Kundenkarte, die Rabatte oder sonstige Vorteile gewährt.

Tipp | Kundenpflege heisst auch, mit Reklamationen richtig umzugehen. Legen Sie sich eine klare Politik und ein Argumentarium zurecht. Schliesslich hat der Kunde immer recht, selbst wenn dies nicht zutrifft. Schulen Sie auch Ihre Mitarbeiterinnen und Mitarbeiter im Beschwerdemanagement. Erkennen Sie das Positive an Kundenreklamationen – sie sind die beste Informationsquelle für Verbesserungen.

Kundendatei
Damit Sie Ihre Kundinnen und Kunden pflegen können, sollten Sie eine Kundendatei führen. Dabei genügt es nicht, einfach Name, Adresse und allenfalls das Geburtsdatum zu speichern. Vielmehr sollten Sie die Kundenkontakte im Detail protokollieren: Wie verlief das Gespräch? Was wurde vereinbart? Wie lautete die Bestellung? Wann dürfen Sie sich wieder melden? Da nicht jeder Kunde gleich bedeutend und wichtig ist, empfiehlt es sich, Kategorien zu bilden. Dabei werden die Kunden nach Umsätzen, nach der Bestellhäufigkeit oder anderen Kriterien gewichtet – zum Beispiel als A-, B- und C-Kunden.

Tipp | Am einfachsten lassen sich solche Kundendateien mit dem Computer führen; geeignete Programme gibt es im Fachhandel. Oder Sie übernehmen die Vorlage «Kundenkartei» im Download-Angebot. Dort finden Sie auch die Checkliste «Verkauf» zur Formulierung Ihrer Verkaufspolitik.

Checkliste | Verkauf
Vorlage | Kundendatei
beobachter.ch/download

Kommunikationspolitik: Verkaufsförderung

Als Verkaufsförderung bezeichnet man alle Massnahmen, die kurz- oder langfristig dazu beitragen, ein Produkt oder eine Dienstleistung besser zu verkaufen und damit den Umsatz zu steigern. Die Verkaufsförderung ist zwischen dem Verkauf und der Werbung angesiedelt und lässt sich deswegen nicht immer klar zuordnen. Während Werbung die Kunden auf ein Produkt aufmerksam macht, versucht Verkaufsförderung, die Ware den Abnehmern sozusagen in die Hand zu drücken. Verkaufsförderung kann auf verschiedenen Stufen betrieben werden:

- Zwischen dem Arbeitgeber und seinen Mitarbeitenden in Verkauf oder Beratung: Motivieren Sie Ihre Mitarbeitenden mit Schulungen, attraktiven Verkaufsprospekten und neuen Argumenten, mehr zu verkaufen, und belohnen Sie sie dafür mit Prämien oder Geschenken.
- Zwischen dem Produzenten und seinen Warenverkäufern/Händlern: Ihre Händler können Sie zu eigenen Verkaufsförderungsmassnahmen ermuntern, indem Sie ihnen zum Beispiel Displaymaterial für Schaufenster und Verkaufsräume oder spezielle Verkaufsunterlagen liefern. Oder indem Sie das Verkaufspersonal Ihrer Händler schulen oder ihnen pro verkaufte Einheit für eine bestimmte Zeit einen Zusatzrabatt gewähren. Im Onlinebereich bezeichnet man Verkaufskonzepte mit Provisionszahlungen als «Affiliate-Marketing».
- Zwischen dem Produkthersteller oder Dienstleistungsanbieter und den Konsumenten: Ihr Ziel ist es, neue Kunden zu gewinnen, bestehende zu belohnen und alle mit zeitlich limitierten Angeboten dazu zu motivieren, mehr zu kaufen. Geeignete Mittel sind etwa Aktionen, Rabatte, Sonderangebote, Gratismuster, Beratungsgutscheine, Coupons, Marken.

Als Neuunternehmer, als Firmengründerin dürften Sie Verkaufsförderung vorwiegend auf der dritten Stufe betreiben. Übertreiben Sie jedoch damit, gefährden Sie auf die Dauer das Image Ihres Produkts oder Ihrer Dienstleistung. Zudem ziehen Sie vor allem Aktionskunden an, die sofort wegbleiben, wenn die Konkurrenz eines Tages günstiger ist.

Oft entscheidet der Zeitpunkt einer Verkaufsförderung über ihren Erfolg oder Misserfolg. Verkaufsaktionen wirken vor allem, wenn sie an speziellen Tagen des Kalenderjahrs stattfinden, die mit dem Produkt oder der Dienstleistung in direktem Zusammenhang stehen: etwa zu Beginn des Winters (Autogarage lanciert Winterpneuaktion), am Schulanfang (Papeterie gewährt Spezialrabatt auf Schulmaterial), während Messen (Weinhändler offeriert Messerabatt) oder vor dem Inkrafttreten eines neuen Gesetzes (Treuhänder informiert an einem Kundenseminar).

Tipps | Betrachten Sie Verkaufsförderung nicht nur als kurzfristige Massnahme zur Absatzsteigerung, sondern als permanentes Bemühen, Ihre Kundschaft kauffreudig zu stimmen und an sich zu binden. Übernehmen Sie Ideen anderer Branchen für Ihr Produkt oder Ihre Dienstleistung. Vermeiden Sie Verkaufsförderungsaktionen, die nur über den Preis laufen. Betreiben Sie Verkaufsförderung lieber über zusätzliche Dienstleistungen.

Definieren Sie Ihre Verkaufsförderungspolitik mithilfe der Checkliste «Verkaufsförderung». Darin finden Sie auch konkrete Ideen zum Thema.

Checkliste | Verkaufsförderung
beobachter.ch/download

Kommunikationspolitik: Werbung

Werbung dient der Imagepflege, will den Bekanntheitsgrad eines Produkts steigern und die Nachfrage erhöhen. Keine Firma – am allerwenigsten eine neu gegründete – kommt ohne Werbung aus. Und sei es nur das Verteilen einer Visitenkarte. Damit Werbung beachtet wird und die erhoffte Wirkung zeigt, braucht es eine leicht verständliche Botschaft, die über ein geeignetes Kommunikationsinstrument die gewünschte Zielgruppe erreicht.

Was für die anderen Marketinginstrumente zutrifft, gilt auch für die Werbung: Sie muss sich an der Unternehmensstrategie der Firma orientieren, darf keine falschen Erwartungen wecken, sollte dem Image des Unternehmens und des Produkts entsprechen und vom Stil her zielgruppengerecht sein. Macht beispielsweise ein selbständiger Kundengärtner mit einem handgeschriebenen Flugblatt im Quartier bekannt, dass er in der Nachbarschaft einen Auftrag ausführt und danach Kapazitäten für weitere Aufträge hat, passt diese Werbemassnahme zu seinem Geschäftsmodell. Bewirbt eine Goldschmiedin ihre exklusive Kollektion mit einem Flugblatt statt einer farbigen Hochglanzbroschüre, passt die Werbung nicht.

Zusammenarbeit mit Werbeprofis
Neuunternehmer ohne Werbefachkenntnisse und gestalterische Fähigkeiten sollten für ihre Werbeaktivitäten einen Kommunikationsprofi beiziehen. Vielfach helfen eine Grafikerin, die eine Werbeidee auf kreative Art umsetzt oder ein Werbekonzept entwickelt, und ein Fotograf, der das Produkt ins rechte Licht rückt. Den umworbenen Kunden soll die Werbung dank einer cleveren Leitidee und einer gelungenen Umsetzung positiv auffallen. Stümperhafte Werbung ist kontraproduktiv.

Übergeben Sie die Werbung für Ihr Unternehmen einer Agentur, sollten Sie diese sorgfältig auswählen – denn längst nicht alle arbeiten professionell. Viele Werbeagenturen sind in einem Verband organisiert (etwa www.asw.ch oder www.bsw.ch), was einen gewissen Qualitätsstandard garantiert. Vergleichen Sie Offerten von mehreren Agenturen und holen Sie Referenzauskünfte ein.

Wichtig ist, dass Sie sich vor der Auftragserteilung mit den zuständigen Werbefachleuten persönlich unterhalten. Nur so finden Sie heraus, ob sich diese in die Problemstellung einfühlen können und genügend Sensibilität für Ihr Produkt oder Ihre Dienstleistung besitzen. Je präziser Sie den Kommunikationsfachleuten Ihre Ideen und Absichten schildern, desto besser wird deren Arbeit ausfallen.

Links | Verbände von Werbeagenturen
beobachter.ch/download

Tipp | Ihre Werbeagentur wählen Sie nach ähnlichen Kriterien aus wie jeden anderen externen Berater. Auf welche Punkte Sie achten sollten, zeigt Ihnen die Checkliste «Beraterwahl».

Checkliste | Beraterwahl
beobachter.ch/download

Basis-Werbung
Da Werbung schnell ins Geld geht, sollten Sie zwischen absolut notwendigen Werbemassnahmen zum Firmenstart und laufenden Werbeaktivitäten nach der Aufnahme der Geschäftstätigkeit unterscheiden.

Zu den Basis-Werbemassnahmen gehören etwa die Kreation eines passenden Firmenlogos, die Gestaltung von Visitenkarten, Briefpapier, Rechnungsformularen, das Formulieren von Werbebotschaften (Slogans oder Claims), das Erstellen einer Firmen- und Produktdokumentation sowie eines Internetauftritts (siehe Seite 146). Der Geschäftsstart wird unter Umständen mit einem Kundenevent gefeiert oder mit einer anderen speziellen Werbeaktion. Danach reduziert sich die Werbung wahrscheinlich auf wenige Massnahmen – etwa auf einen regelmässigen Newsletter an die Kunden, einen Eintrag ins regionale Branchentelefonbuch, eine attraktive Verkaufsbroschüre, auf Onlineinserate auf Social-Media-Plattformen oder Adwords bei einer Internet-Suchmaschine (beispielsweise bei http://adwords.google.ch).

Info | Bei Adwords zahlt der Inserent für seine Anzeige nur, wenn jemand den geschalteten Link anklickt. Damit dies geschieht, muss der Anzeigentext diejenigen Schlüsselwörter enthalten, nach denen potenzielle Kunden bei ihren Produktrecherchen googeln. Für Adwords mit wenig gesuchten Begriffen zahlt der Inserent an Google nur einige Rappen, dagegen können ihn Klicks auf heiss umworbene Begriffe Hunderte von Franken kosten.

Direktmarketing

Die meisten Neuunternehmer dürften in der Aufbauphase Direktmarketing einsetzen. Mit diesem Kommunikationsinstrument werden Zielkunden direkt und persönlich angesprochen – per Telefon, mit Werbebroschüren, Werbebriefen, mit E-Mails oder SMS. Direktwerbemassnahmen sollten bei den Empfängern eine sofortige Reaktion auslösen: Sie sollen umgehend Waren bestellen, eine Telefonnummer wählen, an einem Wettbewerb mitmachen, die offerierte Gratisberatungsstunde buchen, das bereitgestellte Geschenk abholen, mit dem Promo-Code den Onlinerabatt einlösen. Man spricht in diesem Zusammenhang von Direct-Response-Werbung.

Auch hier gilt: Professionalität ist oberstes Gebot. Wer einen Werbebrief mit unverständlichen Botschaften, unlogischen Argumenten und voller Rechtschreibfehler verschickt, zerstört innert Sekunden sein Firmenimage nachhaltig.

Tipps | Nutzen Sie jeden sozialen Kontakt, um auf sympathische Art Werbung für Ihre Firma und Ihr Angebot zu machen. Aktivieren Sie also Ihr Vereinsleben, treten Sie Erfahrungsgruppen, Branchenverbänden und Unternehmernetzwerken bei. Engagieren Sie sich politisch, nutzen Sie die Sozialen Medien (besonders Business-Netzwerke wie Xing oder LinkedIn), publizieren Sie einen Blog, outen Sie sich als Fachperson in Onlinekommentaren und mit Beiträgen in Onlineforen. Ihr primäres Ziel sollte Mund-zu-Mund-Werbung von bestehenden zu neuen Kunden sein. Keine noch so ausgeklügelte Werbekampagne ist günstiger und wirksamer.

Die Checkliste «Werbung» im Download-Angebot hilft Ihnen beim Entwickeln Ihrer Werbestrategie. Zudem enthält sie Ideen für kleinere und grössere Budgets.

Checkliste | Werbung
beobachter.ch/download

Kommunikationspolitik: Öffentlichkeitsarbeit

Bei der Öffentlichkeitsarbeit – besser bekannt als Public Relations (PR) – steht nicht wie im klassischen Marketing das Produkt oder die Dienstleistung im Zentrum der Kommunikationsaktivitäten, sondern die Firma selbst, ihr Handeln und ihre Reputation. PR-Themen sind etwa: Vision, Strategie und Ziele der Firma, ihre Anliegen und Werte, ihr wirtschaftliches und soziales Engagement, ihr nachhaltiges, ökologisches Wirtschaften, ihre unternehmerischen Erfolge, Kooperationen, Innovationen und Entwicklungen, Wechsel im Management, die Bedeutung als Steuerzahlerin oder Arbeitgeberin.

Mit gezielten PR-Massnahmen versucht eine Firma, bei den für sie relevanten internen und externen Bezugsgruppen einen guten Ruf zu erlangen. Zu diesen Bezugsgruppen gehören je nach Unternehmen die Mitarbeitenden, die Kunden, die Kapitalgeber (Banken, Aktionäre, Darlehensgeber, Investoren), die Geschäftspartner (Lieferanten, Kooperationspartner, Distributoren), Medienschaffende, wirtschaftliche, politische oder kulturelle Meinungsführer, die Bevölkerung am Firmenstandort, die Behördenmitglieder in der Gemeinde, im Kanton oder beim Bund, Politiker, Parteien sowie die Vertreter von Berufs- und Branchenverbänden, Umwelt- und Konsumentenschutzorganisationen, Onlinecommunitys und sonstige Interessengruppen.

Zu den gängigen PR-Instrumenten zählen unter anderem Firmenbroschüren, Imageinserate, Veranstaltungen, Engagements als Gönner und Sponsor, Lobbying, Medienarbeit (siehe Kasten auf der nächsten Seite) sowie die Unternehmenswebsite (siehe Seite 146). Letztere ist für viele Kunden der erste Kontakt mit Ihrem Unternehmen – und hinterlässt einen nachhaltigen, hoffentlich positiven Eindruck.

In kleineren Unternehmen tragen primär nicht die eingesetzten PR-Instrumente zur guten Öffentlichkeitsarbeit bei, sondern der Inhaber als Person. Seine Persönlichkeit, sein verantwortungsvolles, vertrauenswürdiges Handeln sind der Massstab für glaubwürdige PR – und nicht ein clever inszeniertes PR-Event. Überaus schlechte PR macht etwa die Umweltberaterin, die zwei Privatautos besitzt und jeden Tag mit dem Motorrad zur Arbeit braust, obwohl sie nur fünf Minuten zu Fuss hätte. Besser macht es ihre Kollegin, die Rad fährt und beim Kopieren Recyclingpapier verwendet.

Internetpräsenz

Der Webauftritt bietet einem Unternehmen fast unbeschränkte Möglichkeiten, mit den wichtigen Bezugsgruppen auf transparente, schnelle Art zu kommunizieren. Eine professionelle Firmenwebsite ist deshalb ein zentrales Kommunikationsinstrument für die PR-Arbeit. Mit einem zur Firma und zum Leistungsangebot passenden, informativen Internetauftritt tragen Sie zum guten Image Ihres Unternehmens bei. Das Internet hilft Ihnen auch massiv Kosten sparen, indem Sie beispielsweise Ihre Firmenpublikationen, Imagebroschüren, Produktbe-

Aktive Medienarbeit

Die Medien können als Multiplikatoren von positiven Botschaften beim Aufbau Ihrer Firma enorm helfen – oder aber mit der Verbreitung von negativen Schlagzeilen Ihren Unternehmenserfolg gefährden. Versuchen Sie vom Firmenstart an, eine gute Beziehung zu den lokalen Medien (Zeitungen, Radio, Fernsehen, Online-Newssites) und zur Fachpresse aufzubauen. Letztere ist besonders wichtig für Unternehmen im Business-to-Business-Bereich. Wenn Sie es geschickt anstellen und den Medienschaffenden für ihre Leser, Hörer oder Zuschauer ab und zu spannende, aktuelle Themen anbieten – wenn möglich in Form von fertigen Fachartikeln –, erreichen Sie mit wenig Aufwand kostenlose Publizität, die Ihnen im Geschäftsleben dienen kann. Am besten laden Sie die Medienschaffenden gleich zu Ihrer Firmeneröffnung ein oder versuchen, einen Lokaljournalisten für einen Artikel über Ihre neue Geschäftsidee zu begeistern.

---

schreibungen, Preislisten oder Ihr Bildmaterial nicht mehr in ausgedruckter Form anbieten, sondern lediglich als PDF-Dokumente zum Herunterladen.

Viele Unternehmen nutzen ihren Internetauftritt als öffentlich zugängliches Firmenarchiv und veröffentlichen darauf neben dem Leistungsangebot auch ihr Firmenorganigramm, die Teammitglieder mit Lebensläufen, Referenzlisten mit Kommentaren von zufriedenen Kunden, Kurzbeschreibungen von erfolgreich durchgeführten Projekten, Antworten auf die häufigsten Kundenfragen, publizierte Artikel über die Firma, vom Inhaber geschriebene Fachberichte, seine Referate in Form eines Videoclips oder Podcasts. Hinzu kommen Links zur neusten Fachliteratur, zu Studien, Blogs, Wikis, Social-Media- und speziellen Community-Plattformen im Themengebiet der unternehmerischen Tätigkeit.

Tipp | Bieten Sie auf Ihrer Website den Webnutzern bei der Suche nach Informationen einen echten Mehrwert, werden Sie nicht nur von Ihren Kunden besonders positiv wahrgenommen, sondern erhalten auch ein besseres Rating bei Suchmaschinen. Diese bewerten nämlich insbesondere die Qualität der Website-Inhalte – den Webcontent (siehe auch «Die Unternehmenswebsite vermarkten», Seite 147).

PR für Beratungsfirmen

Einen wichtigen Platz nehmen die PR bei Beratungstätigkeiten ein. Der Schwerpunkt des Kommunikations-Mix liegt hier eher bei der gezielten Öffentlichkeitsarbeit und weniger in den Bereichen Verkauf, Verkaufsförderung oder Werbung. Berater und Beraterinnen können beispielsweise das gewünschte Image und die Sympathien für ihr Unternehmen mit seriösen Studien, dokumentierten Praxisfällen, mit White Papers, mit Fach- und Ratgeberartikeln in Zeitungen, Fachzeitschriften und Onlineplattformen sowie mit Seminaren und Fachvorträgen fördern. Aufgrund der so gewonnenen Publizität sollten die Kunden von sich aus auf den Neuunternehmer zukommen.

Beispiel | Die selbständige Versicherungsberaterin Sara O. plant fürs erste Geschäftsjahr folgende PR-Aktivitäten ein: Im Januar organisiert sie ein Feierabendgespräch mit einem Regionalbankenvertreter über steuerbegünstigte Anlagemöglichkeiten (Zielgruppe: Privatkunden). Im Juni will sie an der Jahresversammlung des lokalen Gewerbeverbands einen Fachvortrag zum Thema «Risikomanagement» halten (Zielgruppe: Geschäftskunden). Und im Oktober möchte sie einen Fachartikel zum Thema «Frühpensionierung» in der Regionalpresse platzieren (Zielgruppe: über 50-Jährige).

Damit Neuunternehmer erfolgreiche PR-Arbeit betreiben können, benötigen sie eine hohe persönliche Kommunikationskompetenz. Denn sie müssen in allen für sie relevanten Bereichen ein Beziehungsnetz aufbauen und pflegen. Der lokale Bauunternehmer braucht zum Beispiel offene Türen bei der Bauverwaltung der Gemeinde und einen guten Draht zu den Gemeindepolitikern. Damit er sie für seine Bauvorhaben gewinnen kann, muss er geschickt lobbyieren. Ob dies zum gewünschten Ziel führt, hängt wiederum stark von der Persönlichkeit des Geschäftsinhabers, seinem Ruf und seinem Verhalten in der Öffentlichkeit ab.

Tipp | Ein strukturiertes Vorgehen erhöht die Wirkung der einzelnen Massnahmen. Definieren Sie zuerst die Kommunikationsziele, die Sie mit der PR-Arbeit erreichen wollen. Bestimmen Sie dann die für Sie relevanten Bezugsgruppen und deren Wichtigkeit und legen Sie eine Strategie fest, um die Ziele zu erreichen. Danach planen Sie geeignete PR-Massnahmen für Ihr erstes Geschäftsjahr. Die Checkliste «Öffentlichkeitsarbeit» im Download-Angebot hilft Ihnen dabei.

Checkliste | Öffentlichkeitsarbeit
beobachter.ch/download

Vertriebspolitik

Mit dem Vertrieb oder der Distribution stellt ein Unternehmen sicher, dass seine Kunden die gewünschten Produkte oder Dienstleistungen in der richtigen Qualität und Menge zur richtigen Zeit am richtigen Ort erhalten.

Damit dies klappt, benötigen Sie genaue Informationen über das Kundenverhalten: Was wünscht der Kunde? Wie möchte er einkaufen? Wie oft und wann bestellt er? Wie viel kauft er ein? Wie wichtig ist für ihn die Lieferzuverlässigkeit? Welche Ansprüche hat er an Reparatur- und Unterhaltsdienste? Wie schnell müssen Ersatzteile geliefert werden? Wie rasch benötigt er Antworten auf seine Fragen? In welcher Form wünscht er Auskunft oder Beratung (online, Telefon, Merkblätter, persönliches Gespräch)?

Diese Fragen müssen Sie noch vor der Geschäftseröffnung beantworten. Denn Marktneulinge können sich keine Vertriebspannen erlauben. Die Kunden werden keinen Garagisten weiterempfehlen, der verspricht, der Service sei am Abend fertig – dann aber drei Tage braucht, weil er keine Ersatzteile an Lager hat. Kunden lassen auch das Restaurant in Zukunft links liegen, dem schon abends um sieben die gross angepriesenen Pfeffersteaks ausgegangen sind.

Neuunternehmer mit einschlägiger Branchenerfahrung können absehbare Logistikprobleme abschätzen und entsprechende Gegenmassnahmen treffen. Wer sich nicht auf Erfahrungswerte abstützen kann, muss versuchen, mögliche Engpässe bei Warenfluss und Arbeitsaufwand anhand von Modellrechnungen, Schätzungen und Organisationsabläufen zu erkennen.

Im Beratungsgeschäft manifestiert sich das Vertriebsproblem in Form von Kundenkontakt und Zeitmanagement. Ist ein persönliches Treffen mit den Kunden nötig, stellt sich die Frage, wie es die Beraterin schafft, Kunden am Morgen in Bern, am Nachmittag in Zürich und gegen Abend in Basel zu beraten. Vielleicht kann ein Skype-Video-Gespräch die zweite Sitzung ersetzen. Und wie stellt sie sicher, dass sie die mit den Kunden vereinbarten Termine für einen kurzen Telefonanruf, die Antwort auf eine E-Mail, die Abgabe von Konzepten, Arbeitspapieren und Abschlussberichten einhalten kann?

Wer sich im Handel engagiert, hat wiederum ganz andere Logistikprobleme: Wie verlässlich sind die ausländischen Lieferanten? Welches sind die zuverlässigsten, kostengünstigsten Transportmittel? Mit welchen Verzögerungen am Zoll ist bei der Aus- und Einfuhr von Waren zu rechnen? Wie lässt sich sicherstellen, dass die Güter unversehrt ankommen?

Der Vertrieb von Waren wirft meist auch Fragen zur Lagerhaltung auf. Wo und in welchem Umfang müssen Waren gelagert werden? Hier stehen Neuunternehmer vor einem Dilemma: Einerseits möchten sie über ein möglichst umfangreiches Lager verfügen, um Lieferengpässe zu vermeiden. Andererseits binden sie dadurch Kapital, das sie eigentlich für andere Zwecke benötigen. Und wie steht es mit den Lagerkosten? Ein Lager im Industriequartier ist billiger zu mieten als im Stadtzentrum. Dafür liegt es vielleicht verkehrstechnisch höchst ungünstig. Auch hier bleibt nichts anderes übrig, als die Vor- und Nachteile sorgfältig gegeneinander abzuwägen.

Müssen Waren transportiert werden, stellt sich zusätzlich die Frage nach dem Transportmittel. Oft gibt es mehrere Möglichkeiten: Post, Bahn, Schiff, Flugzeug, Auto. Die Wahl der idealen Vertriebsart und des geeignetsten Anbieters hängt primär vom Produkt ab (Verderblichkeit, Zerbrechlichkeit). Hinzu kommen Kriterien wie Schnelligkeit, Verfügbarkeit, Zuverlässigkeit und Kosten. Beachten Sie bei der Distributionsart auch den Imagefaktor. Muss die Ware zwingend mit dem Auto zu den Kunden gebracht werden? Eine lokal tätige Grafikerin mit Mandaten im Umweltschutzbereich setzt wohl besser den Velokurier ein, selbst wenn dies teurer ist. Dafür resultiert daraus ein Imagegewinn.

Der kreative Neuunternehmer wird sich grundsätzlich überlegen, ob sich seine Produkte und Dienstleistungen allenfalls über neue Vertriebsformen verkaufen lassen. Wieso nicht Sushi direkt an die Haustür liefern, verspannte Managerrücken während der Mittagspause im Büro massieren, High Heels nur übers Internet vertreiben? Für digitale Ware wie Software, Games, Musik oder Filme bietet sich der elektronische Vertrieb an. Verpackungs- und Versandkosten entfallen, denn die Kunden laden sich die gewünschten Daten nach Bezahlung mit der Kreditkarte einfach von Ihrer Website herunter.

Tipp | Richten Sie sich auch in der Distribution Ihres Angebots ganz nach den Kundenwünschen aus. Es ist müssig, den Kunden einen 24-Stunden-Expressdienst anzubieten, den sie kaum beanspruchen und deshalb auch nicht bezahlen wollen.

Vertrieb über Dritte
Produkte lassen sich auch via Dritte vertreiben – über Händler, Agenten oder Detaillisten. Natürlich sind Sie als Produkthersteller dann auf die Zuverlässigkeit, Qualität und Effizienz Ihrer Partner angewiesen. Die Gründe, den Vertrieb über Dritte abzuwickeln, liegen in den hohen Vertriebskosten, einem fehlenden Absatzkanal oder einem zu schmalen Warensortiment.

Beispiel | Die Künstlerin Meret C. kreiert Modeschmuck. Doch sie hat zwei grosse Probleme: Einerseits könnte sie den Schmuck wohl nur an bester Kundenlage verkaufen – das ist ihr aber wegen der horrenden Ladenmieten kaum möglich. Andererseits müsste sie Fremdware zukaufen, um ihr beschränktes Angebot abzurunden. Beides will sie sich nicht leisten. Darum wählt Meret C. eine alternative Vertriebsvariante und bietet ihren Schmuck in ausgewählten Bijouteriegeschäften und Modeboutiquen an. Denn genau diese Orte frequentiert ihre Zielkundschaft. Wenn Frau C. ständig ein paar Quadratmeter im Laden beansprucht bzw. mietet, spricht man von einem «Shop-in-Shop»-Konzept.

Bevor Sie eine Zusammenarbeit mit einem Vertriebspartner eingehen, sollten Sie sich folgende Fragen stellen:
- Passt Ihr Produkt ins Sortiment des Vertriebspartners?
- Stimmt sein Image mit Ihrem Produkt- und Unternehmensimage überein?
- Besitzt der Vertriebspartner ein ausgeprägtes Interesse und das nötige Know-how für eine fachgerechte Vermarktung?
- Spricht er mit seinem Angebot die gewünschte Kundengruppe an?
- Welchen Absatz/Umsatz garantiert der Vertriebspartner?
- Welche Distributionsleistungen (Investitionen) müssen Sie selbst übernehmen?
- Wie stark schmälert der Vertrieb über Dritte Ihre eigene Marge?

Tipp | Welche Punkte bei der Wahl der richtigen Vertriebsart zu berücksichtigen sind, sehen Sie in der Checkliste «Vertriebspolitik».

Checkliste | Vertriebspolitik
beobachter.ch/download

Unternehmenswebsite

Bevor Sie sich mit Euphorie an die Entwicklung einer Website machen, sollte Ihnen klar sein, wozu Sie sie primär nutzen wollen, welche Funktion sie in Ihrem Geschäftsmodell übernimmt und welche Kundengruppen Sie damit ansprechen wollen. Die Antworten auf diese Fragen prägen dann den gesamten Internetauftritt.

Ihre Website ist gleichzeitig die Visitenkarte, die Broschüre und der Prospekt Ihres Unternehmens. Je professioneller sie daherkommt, umso eher entscheiden sich potenzielle Kunden für Ihre Firma. Denn das Internet ermöglicht einen schnellen und einfachen Vergleich mit Marktkonkurrenten: Wer hier negativ auffällt, wartet vergebens auf Aufträge. Es lohnt sich also, etwas Zeit und Geld in die eigene Website zu investieren. Achten Sie dabei auf folgende Punkte:

Anmeldung der Adresse: Melden Sie so schnell wie möglich Ihre gewünschte Internetadresse bei einem der anerkannten Registrare an. Diese Firmen sind für die Registrierung und Verwaltung von .ch-Domainnamen zuständig. Auf www.nic.ch erhalten Sie eine Liste. Welche Dienstleistungen zu welchen Preisen ein Registrar anbietet, erfahren Sie auf seiner Website. Mit Vorteil wählen Sie eine einfach zu merkende Adresse, optimalerweise Ihren Firmennamen. Besteht das Risiko, dass viele Internetnutzer Ihre Adresse falsch schreiben, registrieren Sie auch falsche Varianten und lassen diese auf die richtige umleiten. So entgehen Ihnen weniger potenzielle Kunden.

Entwicklungskosten: Je höher Ihre Qualitätsansprüche an die eigene Website sind, desto grösser ist der Entwicklungsaufwand. Viele grosse Provider bieten Tools an, mit denen Sie einen rund zehnseitigen, einfachen Internetauftritt in etwa drei Tagen selbst erstellen können. Mit Gratisprogrammen, Freeware genannt, können Sie – ein gewisses Grundwissen vorausgesetzt – Ihre Website kostenlos selber gestalten. Für eine professionelle Lösung sollten Sie jedoch einen Internetprofi beiziehen. Er erstellt Ihnen je nach Umfang und Funktionen bereits für wenige Tausend Franken einen individuell gestalteten Webauftritt. Eine professionelle Onlineshop-Lösung kostet hingegen schnell einige Zehntausend Franken. Zwar gibt es auch standardisierte Verkaufsplattformen, für die man eine einmalige Einrichtungsgebühr und danach monatliche Nutzungsgebühren zahlt. Dabei müssen Sie aber sicherstellen, dass Ihre Kunden einfach bestellen und sicher bezahlen können – was nicht bei allen Anbietern der Fall ist.

Laufende Kosten: Zu den ständig anfallenden Kosten eines Internetauftritts gehören unter anderem die technische und inhaltliche Betreuung, das Beschaffen und Aufbereiten von Inhalten, die Weiterentwicklung der Website, die Gebühren für die Adresse und den Speicherplatz beim Provider sowie der Aufwand für die Vermarktung (siehe Kasten). Gerade Letzteres geht oft vergessen.

Betreuung: Eine Website müssen Sie intensiv betreuen. Das heisst, die Inhalte ständig aktualisieren, auf Vollständigkeit und Fehler überprüfen (insbesondere Links),

---

Links | Freeware für Websitegestaltung, Anmeldung Domainnamen beobachter.ch/download

Die Unternehmenswebsite vermarkten

Der tollste Webauftritt nützt nichts, wenn ihn niemand kennt und aufruft. Deshalb müssen Sie Ihre Website bekannt machen, indem Sie die Internetadresse auf alle Firmenunterlagen drucken, also auf Visitenkarten, Briefpapier, Kuverts, Bestell- und Rechnungsformulare, Broschüren, Prospekte, Werbeschreiben, Werbeschilder, Werbegeschenke, aber auch aufs Geschäftsauto.

Ausserdem sollten Sie alles daransetzen, dass Ihre Website bei den wichtigen Suchmaschinen möglichst weit oben in der Trefferliste erscheint, wenn User die relevanten Stichworte abfragen. Dazu müssen Sie Ihre Site bei Suchmaschinen und Webverzeichnissen anmelden. Zudem müssen Sie den sichtbaren und den unsichtbaren Inhalt der Website mit den in Ihrem Business relevanten Schlüsselwörtern versehen. Publizieren Sie möglichst einzigartigen, hochwertigen Inhalt. Sorgen Sie auch dafür, dass möglichst viele Links von anderen Websites auf Ihre Site führen, und verlinken Sie Ihre Website mit Unternehmen, die das gleiche Zielpublikum ansprechen, Sie aber nicht konkurrenzieren. Wenn «Suchmaschinenoptimierung» (englische Abkürzung SEO) ein Fremdwort ist für Sie, dann beschaffen Sie sich Fachliteratur zum Thema.

E-Mails und Anfragen rasch beantworten und Nutzungsstatistiken auswerten. Das ist zeit- und kostenintensiv, aber zwingend notwendig. Denn die Kunden setzen die Qualität Ihres Webauftritts mit der Qualität Ihres Angebots gleich.

Tipps | Vergleichen Sie Ihre Website mit den Internetauftritten von Konkurrenzunternehmen und sorgen Sie dafür, dass Ihre Site für die Kunden attraktiver ist. Achten Sie darauf, dass Sie keine Datenschutzbestimmungen verletzen. Für die Publikation von fremden Texten und Bildern benötigen Sie beispielsweise das Einverständnis der Urheber. Das gilt übrigens auch für die Publikation von Fotos Ihrer Mitarbeitenden.

Der Inhalt entscheidet über den Erfolg eines Internetauftritts. Er muss den Besuchern einen echten Nutzen bringen und darf nicht zur Selbstbeweihräucherungsplattform verkommen. Die Checkliste «Internetauftritt» im Download-Angebot hält einige Ideen bereit.

Marketingmassnahmen

Sich Ziele setzen ist eines, sie realisieren etwas anderes. Haben Sie sich eingehend mit der Produkt-, Preis-, Kommunikations- und Vertriebspolitik auseinandergesetzt, sollten Sie nun für jeden Bereich des Marketing-Mix konkrete, messbare Massnahmen definieren, die sich gegenseitig ergänzen und ein harmonisches Gesamtpaket bilden. Idealerweise erstellen Sie dann einen Terminplan fürs erste Geschäftsjahr.

Dabei ist weniger oft mehr. Sammeln Sie in kleinen Schritten Erfahrungen, um

Checkliste | Internetauftritt
beobachter.ch/download

herauszufinden, welche Massnahmen was bewirken. Wie reagieren Kunden auf eine Sortimentsveränderung? Und auf eine Preiserhöhung? Wie stark steigt der Umsatz dank einer temporären Verkaufsförderungsaktion? Wie viele Personen machen beim Onlinewettbewerb mit? Wie viele bestellen den Produktkatalog, wollen ein Beratungsgespräch? Führt ein öffentlicher Vortrag zu den gewünschten Neukundenkontakten? Wie viele Kundinnen nutzen den neuen Vertriebskanal?

Marketingmassnahmen zu messen, ist oft schwierig bis unmöglich. Weil sie bei den angesprochenen Zielgruppen vielfach nicht unmittelbare Handlungen auslösen, sondern langfristig wirken. Einer der besten Indikatoren für gutes Marketing ist die Zufriedenheit der Kunden, die Zahl der treuen Wiederkäufer, der guten Empfehlungen – oder umgekehrt die Zahl der Reklamationen. Beschränken Sie sich in jedem Bereich des Marketing-Mix auf diejenigen Massnahmen, die Sie sich leisten können und von denen Sie sich die grösste Wirkung versprechen. Erwarten Sie nicht zu schnelle Erfolge, haben Sie Geduld.

Tipp | Eine Vorlage für die Planung Ihrer Marketingmassnahmen finden Sie im Download-Angebot.

Vorlage | Massnahmenplanung Marketing beobachter.ch/download

Marketingbudget

Neuunternehmer und Firmengründerinnen haben meist keine grossen Marketingbudgets. Sie müssen fehlendes Geld durch clevere Ideen kompensieren und bei den Massnahmen klare Prioritäten setzen. Für den Kommunikations-Mix könnte das heissen: ein Firmenlogo und ein einheitliches Erscheinungsbild entwerfen, Basisdokumente drucken (Briefbögen, Kuverts, Visitenkarten, Produktbroschüre), eine Website erstellen, ein Firmenschild produzieren, das Auto beschriften, Kunden jährlich einmal zu einem kleinen Kundenevent einladen, Rubrikenanzeigen in einer von den Kunden gelesenen Publikation aufgeben oder ein Google-Adword schalten.

Beachten Sie bei Werbemedien immer die Kosten pro Kundenkontakt. Zehn Zeitungsinserate mit hohem Streuverlust und tiefem Beachtungsgrad sind unter diesem Aspekt vielleicht massiv teurer als der Versand eines Direktmailings an einige Tausend potenzielle Kunden. Und vielleicht erreichen eine Bannerwerbung im Internet oder eine Diawerbung im lokalen Kino, ein kurzer Werbespot im Lokalradio oder ein Plakataushang im Stadtzentrum das angesprochene Zielpublikum besser und kostengünstiger.

Für Laien ist es schwierig, Werbekontaktberechnungen anzustellen. Ausführliche Informationen über Zahlen von Zeitungslesern, Radiohörerinnen, Fernsehzuschauerinnen, Onlinenutzern und Kinogängern sind direkt bei den Medienunternehmen erhältlich. Auch Werbeagenturen kennen die Reichweite, die Nutzung und die Beachtung der gängigen Kommunikationsinstrumente und können Ihnen Vorschläge machen, wie Sie Ihr begrenztes Werbebudget am sinnvollsten einsetzen.

Methoden zur Bestimmung des Marketingbudgets

Methode	Kommentar
So viel ausgeben, wie man sich leisten kann	Eine beliebte Methode, aber eigentlich eine falsche, denn sie fördert nicht Beständigkeit, sondern situatives Handeln. Nach guten Umsätzen wird ins Marketing reingebuttert, in der Flaute aber kein einziger Franken ausgegeben – dabei sollte es gerade umgekehrt sein.
Sich an der Konkurrenz orientieren	Damit werden Unternehmer zu Nachahmern und nicht zu Leadern. Auch hier wäre die umgekehrte Rolle besser: der Konkurrenz mit Marketingideen eine Nasenlänge voraus sein.
Sich an den Werbezielen orientieren	Bei diesem Vorgehen wird das Geld vor allem für die Marketingmassnahmen ausgegeben, die den Umsatz am positivsten beeinflussen. Die Methode eignet sich für Neuunternehmer in der Startphase und auch später.
Einen Prozentsatz des geplanten Umsatzes investieren	Diese Methode zwingt Unternehmer, in die Zukunft zu blicken, sich zu entscheiden, zu handeln und nicht nur zu reagieren. Für Neuunternehmer ist sie erst nach der Startphase zu empfehlen.
Einen Prozentsatz des erzielten Umsatzes einsetzen	Für Neuunternehmer ist diese Methode frühestens nach einem Geschäftsjahr anwendbar. Der Nachteil: Unternehmer richten sich nach der Vergangenheit aus. Idealerweise müssten sie sich an Gegenwart und Zukunft orientieren.

Wie viel Geld Sie in der Startphase gesamthaft ins Marketing stecken sollen, lässt sich nicht verallgemeinernd sagen – zu unterschiedlich sind die Ausgangslagen. In der Praxis gibt es verschiedene Methoden zur Bestimmung der Marketingausgaben (siehe Kasten), wobei keine richtig oder falsch ist. Die Höhe des Marketingbudgets entsteht vielfach aus einer Mischung dieser Berechnungsarten.

Unternehmensstandort

Glücklich, wer sich als Neuunternehmer, als Firmengründerin in ein gemachtes Nest setzen kann und sich nicht mit Standortfragen beschäftigen muss. Das trifft etwa auf all jene zu, die eine im Markt bereits etablierte Firma, einen gut laufenden Gewerbebetrieb, eine bestens ausgestattete Werkstätte, ein ideal gelegenes Büro oder einen gut frequentierten Laden übernehmen können.

Einfach haben es auch Jungunternehmer, die für ihre selbständige Tätigkeit nicht viel mehr als einen Schreibtisch, ein Telefon, einen Internetanschluss und ein freies Zimmer in der Wohnung benötigen. Sie müssen lediglich beim Vermieter abklären, ob eine selbständige Erwerbstätigkeit gemäss der Hausordnung erlaubt ist.

Die übrigen Neuunternehmer müssen mögliche Unternehmensstandorte sorgfältig auf ihre Vor- und Nachteile überprüfen und dabei vielfach Kompromisse eingehen. Sie sollten sich für die Wahl des optimalen Firmenstandorts genügend Zeit nehmen. Denn der Standort einer Unternehmung beeinflusst in vielen Fällen massgeblich den künftigen Geschäftserfolg.

Wichtige Standortkriterien

Die wichtigsten Entscheidungskriterien und Grundlagen für die Standortwahl liefert die Marktanalyse (siehe Seite 85). Sie zeigt auf, wo die Konkurrenz angesiedelt ist und wo es geografisch noch Platz für weitere Anbieter gibt. Die Unternehmens- und die Marketingstrategie (siehe Seite 120 und 128) definieren das Geschäftsmodell, die Zielkunden, die Verkaufsart und die Warendistribution. Das ist die Basis für weitere Überlegungen zur Standortfrage.

Die richtige Lage

Als Erstes sollten Neuunternehmer ihre Situation und ihre Präferenzen analysieren, um herauszufinden, was sie in der Standortwahl einschränkt: Jemand möchte etwa wegen seiner Familie den Wohnort nicht wechseln, den Arbeitsort mit öffentlichen Verkehrsmitteln erreichen, dafür aber höchstens eine Stunde Wegzeit einsetzen – und für die Miete der Geschäftsräume nicht mehr als einen bestimmten Betrag ausgeben. Solche Restriktionen schränken die Standortwahl ein.

In einem weiteren Schritt sollten sich Neuunternehmer überlegen, wie entscheidend der Betriebs- oder Verkaufsstandort für den Geschäftserfolg letztlich ist. Die zentrale Frage lautet, ob der Unternehmer mit seinem Produkt, seiner Dienstleistung zu den Kunden gehen muss oder ob diese zu ihm kommen. Läden mit Laufkundschaft oder bestimmte Dienstleistungsanbieter sollten möglichst einfach zu erreichen sein und zentral liegen: in der Innenstadt, in Fussgängerzonen oder in Einkaufszentren (siehe auch nächste Seite).

Für andere Unternehmer – etwa für einen Softwareentwickler – spielt der Standort dagegen eine untergeordnete oder keine Rolle; sie haben nur selten direkten Kundenkontakt. Und wenn, dann besuchen sie die Kunden an deren Standort.

Suchen die künftigen Kunden das Unternehmen auf, stehen folgende Fragen im Raum: Kommen sie zu Fuss, mit dem Zug, mit dem Auto, mit Bus oder Taxi? Je nachdem sollte eine Autobahnausfahrt, der Bahnhof oder eine Bushaltestelle in der Nähe sein – oder es sind Kundenparkplätze gefragt. Werden Waren angeliefert, braucht es Platz zum Abladen.

Platzbedarf und Umgebung
Als Nächstes müssen Sie Ihren genauen Raumbedarf definieren. Wie viele und wie grosse Räume werden benötigt? Welchen Zwecken müssen sie dienen? Denken Sie dabei auch an Empfangs- und Besprechungsräume, an Kochmöglichkeiten, Toiletten sowie an Archivräume.

Weitere Überlegungen bei der Wahl des Firmenstandorts betreffen die Umgebung, den Charakter des Quartiers. Das Erscheinungsbild sollte zu Ihrem Business passen. Die Atemtherapeutin beispielsweise wird entspanntere Kunden haben, wenn diese während der Therapie nicht ständig spielende Kinder aus dem angrenzenden Kindergarten hören.

Vorausschauende Neuunternehmer konsultieren vor der definitiven Wahl ihres Firmenstandorts den Orts- und Zonenplan und informieren sich beim zuständigen Bauamt über geplante Bauvorhaben, die ihre Geschäftstätigkeit negativ beeinflussen könnten. Sie erkundigen sich auch nach den Gewerbevorschriften, denn die meisten Gewerbebetriebe und Werkstätten dürfen nur in Gewerbe- und Industriezonen stehen. Dabei sind klare Bestimmungen bezüglich Lärm, Abwasser und Abgasen einzuhalten.

Steuern und Kosten
Für standortunabhängige Betriebe ist die Steuerbelastung des Kantons und der Gemeinde ein weiterer Aspekt. Steuern sollten aber nie das entscheidende Kriterium sein: Was nützen Ihnen tiefe Steuern auf dem Land, wenn sich dadurch die Distanz zu Kunden und Mitarbeitenden vergrössert?

Wer hoch spezialisierte Mitarbeitende braucht, sollte seinen Standort nach dem Markt für Arbeitskräfte ausrichten. Qualifizierte Fachkräfte lassen sich oft nur mit hohen Löhnen in die Provinz locken.

In den meisten Fällen dürften beim definitiven Entscheid des Firmenstandorts der Mietzins und die Mietkonditionen ausschlaggebend sein. Dafür sollten Sie in Ihrem Budget einen Maximalbetrag definiert haben – und davon auch nicht abweichen, wenn Sie ein vermeintliches Traumobjekt gefunden haben. Da an vielen Orten Büro-, Lager- und Gewerberäume leer stehen, lässt sich unter Umständen mit dem Vermieter verhandeln.

Technoparks, Gründer- und Technologiezentren

Eine kostengünstige Alternative zum individuellen Standort bieten Technoparks, Gründer- und Technologiezentren. Sie stehen Firmengründern aller Branchen offen. Die Idee dahinter: Möglichst unterschiedliche Betriebe sollen zu günstigen Mietkonditionen unter einem Dach vereint sein und dadurch voneinander profitieren können. Den eingemieteten Firmen steht meist eine zentrale Infrastruktur zur Verfügung, etwa eine Telefonzentrale, ein professionell geführtes Sekretariat oder eine hausinterne Unternehmensberatung. Beachten Sie bezüglich Büroräume auch die Hinweise zum Coworking auf Seite 38.

Links | Technoparks
beobachter.ch/download

Checkliste | Standortwahl
beobachter.ch/download

Tipps | Studieren Sie den Mietvertrag gründlich. Wer zahlt die für Ihre Geschäftstätigkeit notwendige Infrastruktur oder Umbauten? Klären Sie die Nebenkosten ab, beachten Sie die Kündigungsfristen und gehen Sie keine langfristigen Mietverträge ein. Informieren Sie den Vermieter über Ihre genaue Geschäftstätigkeit.

Wer sich bei der Standortwahl nicht in unwichtigen Detailfragen verlieren möchte, keine falschen Prioritäten setzen und nicht nach dem Zufallsprinzip entscheiden will, muss mit System vorgehen. Dabei hilft ein klares Anforderungsprofil an den Standort, das die individuellen Bedürfnisse berücksichtigt. Die Checkliste «Standortwahl» liefert Ihnen dafür wertvolle Impulse.

Spezialfall Ladenlokal

Je mehr potenzielle Kundschaft bereits heute an einem Ladenlokal vorbeigeht, desto geeigneter ist der Standort. Objekte an erstklassiger Lage sind allerdings meist sehr teuer zu mieten. Lassen Sie sich dennoch nicht gleich abschrecken. Unter Umständen lohnt es sich, für eine Toplage mehr zu bezahlen, wenn dafür die Kundenfrequenz deutlich steigt. Beachten Sie aber unbedingt auch folgende Standortfaktoren:

- **Schaufenster:** Es muss so gross sein, dass Sie Ihre Gestaltungswünsche umsetzen können.
- **Ladeneingang:** Er sollte ebenerdig, einladend und leicht zu finden sein.
- **Lieferanteneingang:** Für Warenlieferungen sollte ein separater Eingang vorhanden sein, damit die Kunden im Laden nicht gestört werden. Bei Warenlieferungen in der Nacht und frühen Morgenstunden ist zudem sicherzustellen, dass dies in der Nachbarschaft zu keinen Problemen führt.
- **Innenausstattung:** Ihre Waren müssen Sie optimal präsentieren können. Das ist meist nur mit einer baulichen Umgestaltung der Räume und zusätzlichen Installationen möglich, die der Vermieter aber schriftlich erlauben muss.

- **Konkurrenz:** Läden mit gleichem Warenangebot in unmittelbarer Nähe können sich positiv auf Ihr Geschäft auswirken, da sie gleiche Kundschaft anziehen.
- **Behördenauflagen:** Können über, neben, vor dem Laden und Schaufenster die gewünschten Prospektständer, Werbetafeln oder Leuchtreklamen angebracht werden? Die Baubehörde bzw. die Gewerbepolizei informiert darüber.
- **Parkplätze/Anbindung an den öffentlichen Verkehr:** Je nach Warenangebot braucht es in der Nähe des Ladens zwingend Parkmöglichkeiten oder eine Zug-, Bus- oder Tramhaltestelle.

LANZ & PARTNER KIG
ANWALTSKANZLEI
Veloflott GmbH
www.flott.ch

7 | Die Rechtsform

Firmengründer müssen sich überlegen, welche Rechtsform für ihr Unternehmen respektive für ihre geplanten unternehmerischen Aktivitäten die idealste ist. Dabei sind mehrere Varianten möglich. Dieses Kapitel beschreibt die wichtigsten Rechtsformen, zeigt deren Vor- und Nachteile sowie die Unterschiede auf.

Rechtsformen im Überblick

Firmengründer haben die Wahl zwischen verschiedenen Rechtsformen. Diese Wahl ist mehr als nur eine Formsache und sollte gut überlegt sein. Die für alle Unternehmer passende, ideale Rechtsform gibt es allerdings nicht, da jede andere Vor- und Nachteile aufweist. Ein falscher Entscheid zum Firmenstart lässt sich später jederzeit korrigieren.

Muster | Gesellschaftsvertrag für einfache Gesellschaft
beobachter.ch/download

Zu den gängigsten Rechtsformen in der Schweiz zählen das Einzelunternehmen, die Kommandit-, die Kollektiv- und die Aktiengesellschaft (AG) sowie die Gesellschaft mit beschränkter Haftung (GmbH).

Rechtsformen für Unternehmen

Neben den oben genannten Rechtsformen existieren noch weitere: die Kommanditaktiengesellschaft, die Genossenschaft, der Verein und die einfache Gesellschaft. Auf sie geht der Ratgeber nicht oder nur am Rand ein. Denn die Kommanditaktiengesellschaft kommt in der Praxis kaum mehr vor, die Genossenschaft und der Verein sind für Neuunternehmer eher ungeeignet und die einfache Gesellschaft hat bei der Gründung eines neuen Betriebs höchstens den Charakter eines Lückenbüssers. Die einfache Gesellschaft besitzt keine eigene Rechtspersönlichkeit und keinen eigentlichen Namen. Es handelt sich lediglich um eine Interessengemeinschaft bzw. eine Vereinbarung zwischen zwei oder mehreren Personen, die in der Regel in einer bestimmten Zeit gemeinsam ein bestimmtes Ziel erreichen möchten – etwa ein Bauwerk erstellen. Bei der einfachen Gesellschaft haftet jedes Mitglied solidarisch und unbeschränkt für allfällige Geschäftsschulden. Aus diesem Grund ist diese Rechtsform Neuunternehmern nicht zu empfehlen.

Die häufigsten Firmenformen in der Schweiz sind das Einzelunternehmen, die AG und die GmbH. Wobei vor allem Letztere in den vergangenen Jahren beliebt wurde.

Um es vorwegzunehmen: Die ideale Unternehmensform – die weder Haftungsrisiken noch Kapitalvorschriften mit sich bringt, die volle Unabhängigkeit gewährleistet und erst noch steuerlich die meisten Vorteile aufweist –, die gibt es nicht.

Entscheidungskriterien

Das Gesetz schreibt Unternehmern keine bestimmte Rechtsform vor. Ein kleiner, regionaler Familienbetrieb kann durchaus als AG geführt werden – und ein interna-

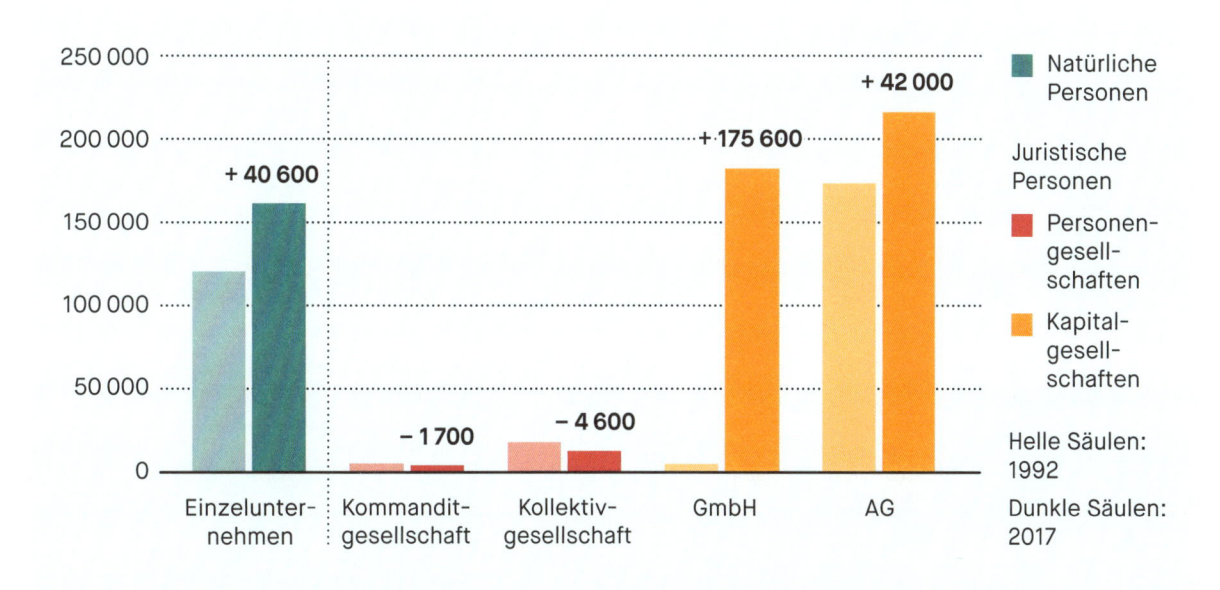

Rechtsformen von Unternehmen in der Schweiz

	Einzelunternehmen	Kommanditgesellschaft	Kollektivgesellschaft	GmbH	AG
	+ 40 600	– 1 700	– 4 600	+ 175 600	+ 42 000

Natürliche Personen

Juristische Personen
- Personengesellschaften
- Kapitalgesellschaften

Helle Säulen: 1992
Dunkle Säulen: 2017

QUELLE: EIDGENÖSSISCHES AMT FÜR DAS HANDELSREGISTER (STAND JANUAR 2017)

tional tätiges Unternehmen mit 200 Angestellten als Einzelunternehmen. Eine Änderung des Rechtsstatus ist jederzeit möglich, je nach Rechtsform aber mit beträchtlichen Kosten und allenfalls auch mit Steuerproblemen verbunden. Deshalb sollten Sie sich vorgängig durchaus gut überlegen, welche Rechtsform den Bedürfnissen Ihres Unternehmens langfristig am meisten entgegenkommt. Wägen Sie dabei folgende Aspekte gegeneinander ab:

Risiko, Haftung: Je nach Rechtsform unterscheiden sich Risiko und Haftung. Als Neuunternehmer sollten Sie diesem Aspekt erste Priorität einräumen. Generell gilt: Je höher Ihr Unternehmerrisiko und Ihr finanzielles Engagement, desto eher drängt sich eine Gesellschaftsform mit limitierter Haftung auf. Sie hält das Risiko für das private Vermögen in überschaubaren Grenzen.

Kapital, Kosten: Der Kapitalbedarf, das vorgeschriebene Mindestkapital und die Gründungskosten sind je nach Rechtsform unterschiedlich hoch. Neuunternehmer mit begrenzten Kapitalressourcen wählen deshalb mit Vorteil eine Gesellschaftsform mit niedrigen Gründungskosten und ohne gesetzliche Mindestkapitalvorschriften.

Unabhängigkeit: Der Einfluss und der Handlungsspielraum des Unternehmers unterscheiden sich bei den einzelnen Rechtsformen stark. Entscheidend ist deshalb, ob

Sie Ihr Geschäft allein oder mit einem oder mehreren Partnern führen wollen – und ob Ihre Partner reine Kapitalgeber, Mitarbeitende oder Mitinhaber sind.

Entwicklungsperspektiven, Nachfolger: Die Rechtsform muss in erster Linie für den Geschäftsstart ideal sein, darf aber gleichzeitig die absehbare Entwicklung des Unternehmens nicht behindern und sollte zur unternehmerischen Langzeitvision passen. Eine spätere Firmenfusion, Firmenspaltung oder Firmenumwandlung ist zwar möglich, verursacht jedoch Kosten und Umtriebe. Ältere Neuunternehmer sollten bei der Wahl der Rechtsform insbesondere an die Regelung der Unternehmensnachfolge denken.

Sozialversicherungen: Je nach Rechtsform sind gewisse Sozialversicherungen freiwillig, obligatorisch oder existieren für den Unternehmer gar nicht. Im Gegensatz zur AG oder zur GmbH sind beispielsweise Inhaber einer Einzelunternehmung und Kollektivgesellschaft nicht gegen Arbeitslosigkeit versichert, unterstehen nicht der obligatorischen Unfallversicherung und müssen sich auch keiner Pensionskasse anschliessen. In diesem Fall braucht es eine ganz andere Versicherungs- und Vorsorgestrategie (siehe Seite 184).

Steuern: Die einzelnen Rechtsformen unterliegen unterschiedlichen Besteuerungsgrundsätzen. Je nachdem werden dabei Privat- und Geschäftsvermögen des Unternehmers getrennt oder zusammen besteuert. Welche Rechtsform steuerlich am günstigsten kommt, lässt sich nicht generell beantworten. Das hängt unter anderem von den kantonalen Steuergesetzen, den Kosten der Finanzierung und den nur schätzbaren künftigen Unternehmensgewinnen und dem Unternehmensvermögen ab. Bei geringen Gewinnen oder gar Verlusten sind Personengesellschaften tendenziell steuerlich günstiger als Kapitalgesellschaften (mehr zu den Steuern lesen Sie ab Seite 233).

Tipp | Die Wahl der richtigen Rechtsform ist eine komplexe Angelegenheit. Nicht immer ist für Laien ersichtlich, welche längerfristigen Vor- und Nachteile die eine oder andere Variante mit sich bringt. Ziehen Sie deshalb einen versierten Treuhänder oder eine Anwältin mit Erfahrung im Bereich Firmengründungen bei. Diese beraten Sie nicht nur bei der Wahl der Rechtsform, sondern helfen Ihnen auch bei der Erstellung von Firmenstatuten und weiteren Gründungsformalitäten.

Im Download-Angebot finden Sie das Infoblatt «Die Rechtsformen im Überblick» mit einer Übersicht über alle im Ratgeber besprochenen Rechtsformen, in der die oben genannten Kriterien zusammengefasst sind.

Infoblatt | Die Rechtsformen im Überblick
beobachter.ch/download

Rechtsformen im Detail

Auf den folgenden Seiten werden die einzelnen Rechtsformen im Detail vorgestellt. Zur Verdeutlichung der Unterschiede wird jedes Mal das Beispiel des Malermeisters Werner Stern vorangestellt. Er ist 30 Jahre alt, heiratete letztes Jahr, wurde kürzlich Vater einer Tochter – und will nun sein eigenes Malergeschäft eröffnen. Seine Frau Marianne besitzt eine kaufmännische Grundausbildung. Sie will ihren Mann in der Buchhaltung, beim Erstellen von Offerten, bei der Fakturierung und der Korrespondenz unterstützen.

Die Wahl der Rechtsform hat unter anderem einen grossen Einfluss auf die Vorsorgesituation des Unternehmers und seiner Familie (mehr dazu auf Seite 184). Deshalb finden Sie bei den Eingangsbeispielen immer auch die Überlegungen von Malermeister Stern und seiner Frau zu diesem Thema.

Einzelunternehmen

Beispiel | Werner und Marianne Stern möchten ihr Unternehmen flexibel starten und suchen maximale unternehmerische Freiheit mit einem Minimum an Vorschriften. Die Firmengründung soll unkompliziert sein und möglichst wenig kosten. Die Firmenführung wird bei Werner Stern liegen. Des Risikos der persönlichen Haftung sind sich beide bewusst; mit Versicherungspolicen wollen sie ein Sicherheitsnetz knüpfen. Marianne Stern wird als Angestellte gegen Lohn im Geschäft arbeiten, geniesst dadurch den üblichen Versicherungsschutz und erhält Familienzulagen. Die Sterns wählen die Rechtsform des Einzelunternehmens.

Das Einzelunternehmen ist nicht speziell im Obligationenrecht geregelt. Einzelunternehmen sind nach kaufmännischer Art geführte Handels-, Fabrikations- oder Dienstleistungsbetriebe. Der Gründer hat beim Einzelunternehmen als Inhaber das alleinige Sagen. Er muss sich beim Gründungskapital nicht an gesetzliche Vorschriften halten, kann seine Ideen ohne Einschränkungen verwirklichen, muss sich von keinem Dritten dreinreden lassen und mit niemandem den Gewinn teilen. Es ist deshalb kein Zufall, dass die meisten Neuunternehmer, die eine Kleinfirma gründen, diese Rechtsform wählen.

Haftung
Beim Einzelunternehmen haftet der Inhaber für allfällige Firmenschulden mit seinem gesamten Geschäfts- und Privatvermögen.

Ein Firmenkonkurs kann ihn also auch privat ruinieren. Einzelunternehmer, die Wohneigentum besitzen, können im schlimmsten Fall ihr Dach über dem Kopf verlieren. Dies lässt sich nur verhindern, wenn private Vermögenswerte rechtzeitig auf den Ehepartner übertragen werden (mehr dazu auf Seite 223).

Steuern
Beim Einzelunternehmen ist die Trennung zwischen privatem und geschäftlichem Kapital weitgehend aufgehoben. Inhaber eines Einzelunternehmens versteuern deshalb ihr gesamtes privates und geschäftliches Einkommen und Vermögen zusammen.

Entstehung und Kosten
Jedermann kann jederzeit allein ein Einzelunternehmen «gründen» und sofort zu arbeiten beginnen. Dabei ist «gründen» eigentlich das falsche Wort, denn es ist dafür kein spezieller Gründungsakt, kein Vertrag, keine öffentliche Beurkundung notwendig. Das Einzelunternehmen beginnt zu existieren, wenn der Neuunternehmer mit seiner Firma eine regelmässige wirtschaftliche Tätigkeit aufnimmt. In diesem Fall sollte sich der Firmengründer jedoch vorher schon bei der AHV-Ausgleichskasse als selbständig erwerbend angemeldet (siehe Seite 193) und seine Mehrwertsteuerpflicht abgeklärt haben (siehe Seite 252).

Beträgt der jährliche Umsatz eines nach kaufmännischer Art geführten Einzelunternehmens voraussichtlich mehr als 100 000 Franken, ist der Eintrag ins Handelsregister obligatorisch (siehe auch Seite 176). Anmeldeformulare sind auf den Websites der Handelsregisterämter zu finden (Links unter www.handelsregisteramt.ch). Beträgt der Umsatz weniger als 100 000 Franken, können Einzelunternehmer ihre Firma freiwillig eintragen. Gehören einer Person mehrere Einzelunternehmen, ist deren Umsatz zusammenzurechnen.

Erzielt das Einzelunternehmen weniger als 500 000 Franken Jahresumsatz, muss der Einzelunternehmer im Rahmen seiner Buchführungspflicht (Details siehe Seite 289) nur seine Einnahmen, Ausgaben und seine Vermögenslage ausweisen und kann Ende Jahr zudem auf buchhalterische Abgrenzungen verzichten.

Die Kosten für ein Start-up als Einzelunternehmen sind bescheiden. Sie hängen davon ab, ob Sie die Beratung einer Fachperson in Anspruch nehmen und ob die Firma ins Handelsregister eingetragen wird. Im Normalfall reichen 500 Franken für die Gründung aus. Am schnellsten und einfachsten lässt sich ein Einzelunternehmen über die Webplattform www.startbiz.ch ins Handelsregister eintragen.

Info | Ein Einzelunternehmen lässt sich zu jedem Zeitpunkt problemlos in eine Kapitalgesellschaft umwandeln. Sie ist einfacher zu liquidieren als andere Rechtsformen.

Firmenbezeichnung
Die Bezeichnung eines Einzelunternehmens muss aus dem vollständigen, amtlichen Familiennamen des Inhabers gebildet

Links | Handelsregisteramt und Onlineanmeldung beobachter.ch/download

werden, mit oder ohne Vornamen. Der Vorname wird mit Vorteil ausgeschrieben, sofern der Familienname nicht schon sehr lang ist. Im Fall von Malermeister Stern hiesse die Firma also idealerweise «Werner Stern».

Zulässig sind zudem ergänzende Fantasie- oder Sachbezeichnungen, die die Geschäftätigkeit umschreiben. Besonders Letztere sind zu empfehlen, damit sich Aussenstehende vorstellen können, in welchem Bereich ein Einzelunternehmen tätig ist. Malermeister Stern könnte zum Beispiel mit der Firma «Werner Stern Farben» oder «Farbdesign Stern» auftreten. Er darf in der Firmenbezeichnung aber keinen Zusatz verwenden, der auf eine Personen- oder Kapitalgesellschaft hinweisen könnte (KlG, KmG, GmbH, AG). Unzulässig wäre demnach der Zusatz «Partnership» in der Firmenbezeichnung, mit dem Maler Stein signalisieren möchte, dass seine Frau tatkräftig im Unternehmen mithilft.

Übernimmt jemand ein Einzelunternehmen, kann er die Firma des bisherigen Inhabers nur weiterführen, wenn dieser einverstanden ist. Dann muss der Firmenbezeichnung jedoch ein Zusatz beigefügt werden, der den Inhaberwechsel ausdrückt. Aus dem ehemaligen «Malergeschäft Peter Bucher» würde dann zum Beispiel das «Malergeschäft Peter Bucher, Inhaber Werner Stern» oder das «Malergeschäft Werner Stern, ehemals Peter Bucher» (siehe auch Seite 101). Auf der Website der Schweizer Handelsregisterämter (www.zefix.ch) lässt sich leicht überprüfen, ob der gewählte Firmenname schon vergeben ist oder mit einer anderen Firma verwechselt werden kann (siehe Seite 177).

Links | Zentraler Firmenindex des Handelsregisters beobachter.ch/download

---

Typische Merkmale des Einzelunternehmens

Gründung	Führung	Liquidation
– Keine Mindestkapitalvorschriften – Geringe Gründungskosten – Firmenbezeichnung muss zwingend Nachnamen des Firmeninhabers enthalten – Zusatzbezeichnung im Firmennamen sind möglich – Handelsregistereintrag obligatorisch ab 100 000 Franken Jahresumsatz	– Private Haftung und alleinige Verantwortung – Grosse unternehmerische Freiheit – Bei Jahresumsatz unter 500 000 Franken nur Buchführung über Einnahmen, Ausgaben und Vermögen (siehe Seite 289) – Besteuerung zusammen mit Privateinkommen und -vermögen	– Einfaches Verfahren – Liquidations- und Verkaufsgewinne steuerbar – Umwandlung in andere Rechtsform möglich

Status des Inhabers für die Sozialversicherungen: selbständige Erwerbstätigkeit

Ist ein Einzelunternehmen im Handelsregister eingetragen, geniesst es nicht schweizweit, sondern nur am Ort seines Firmensitzes – damit ist die engere Region gemeint – einen Namen- bzw. Firmenschutz. Das heisst, es kann später kein anderer Geschäftsinhaber am selben Ort diese Firmenbezeichnung für ein Einzelunternehmen verwenden – auch wenn er den gleichen Vor- und Familiennamen hat.

Tipp | Alle Details zur Bildung und Prüfung von Firmennamen mit vielen Beispielen finden Sie in den Merkblättern «Anleitung für die Bildung und Prüfung von Firmen und Namen» und «Interne Weisung zur Prüfung der Firmenidentität» des eidgenössischen Amtes für das Handelsregister.

Fazit
Ist die Entwicklung Ihres Unternehmens höchst ungewiss, Ihr unternehmerisches Risiko und Kapital begrenzt und suchen Sie uneingeschränkte unternehmerische Freiheit, kann das Einzelunternehmen die ideale Rechtsform sein. Bei hohem Geschäftsrisiko drängt sich dagegen eine Kapitalgesellschaft auf.

Firmenbezeichnung bei Personen- und Kapitalgesellschaften

Für alle aufgeführten Personen- und Kapitalgesellschaften sowie die Genossenschaften gelten bezüglich der Wahl des Firmennamens dieselben Vorschriften. Die Firmenbezeichnung muss dabei zwingend aus einem Kernbegriff und der Angabe der Rechtsform bestehen.

Als **Kernbegriffe** akzeptiert werden etwa Namen der Inhaber, Fantasiebezeichnungen und Sachbegriffe, die einen direkten Bezug zur Geschäftstätigkeit oder zu einem Produkt des Betriebs aufweisen. Verwendet werden dürfen auch geografische Bezeichnungen (Namen von Ländern, Kantonen, Gemeinden, Bergen und Seen), sofern diese wahr (Wahrheitsgebot) und nicht täuschend sind (Täuschungsverbot) und nicht gegen öffentliche Interessen verstossen.

Neben dem grundsätzlich frei wählbaren Kernbegriff muss zusätzlich die **Rechtsform** des Unternehmens in der Firmenbezeichnung erwähnt sein. Die Rechtsform kann voll ausgeschrieben oder mit der offiziellen Abkürzung angefügt werden. In Deutsch lauten die Abkürzungen:

- **KmG** für Kommanditgesellschaft
- **KlG** für Kollektivgesellschaft
- **GmbH** für eine Gesellschaft mit beschränkter Haftung
- **AG** für Aktiengesellschaft

Mit Blick auf diese Vorschriften wäre beispielsweise der Name «Nordic Art-Design KmG» für Schweden-Fan Werner Stern nicht zulässig, wenn er nur herkömmliche Malerarbeiten ausführt. Er würde mit seiner Firmenbezeichnung gegen das Wahrheitsgebot bzw. Täuschungsverbot verstossen.

Kommanditgesellschaft

Beispiel | Marianne Stern wird ihren Ehemann in der Firma tatkräftig unterstützen und möchte deshalb nicht nur Angestellte, sondern Mitgesellschafterin sein. Da sie einiges Geld in die Ehe einbrachte, will sie jedoch unter keinen Umständen mit ihrem Privatvermögen haften, höchstens mit 5000 Franken. Um die Gründungsfinanzierung sicherzustellen, werden die Eheleute ihre Pensionskassenguthaben beziehen. Sie wollen die Altersvorsorge jedoch so schnell wie möglich wieder durch einen freiwilligen Pensionskassenanschluss sichern und mit regelmässigen Einzahlungen in die Säule 3a steueroptimiert ausbauen. Aus diesen Überlegungen heraus wählen sie die Rechtsform der Kommanditgesellschaft.

An einer Kommanditgesellschaft sind zwei oder mehrere Gesellschafter beteiligt. Sie schliessen sich zusammen, um eine Handels- oder Produktionsfirma oder ein anderes nach kaufmännischer Art geführtes Gewerbe zu betreiben. Jeder

---

Enthält die Firmenbezeichnung Angaben zum Sitz des Unternehmens, müssen diese zwingend dem tatsächlichen Sitz der Gesellschaft entsprechen. Die «Kunterbunt GmbH» von Maler Stern mit Sitz im solothurnischen Oberdorf dürfte also nicht «Kunterbunt GmbH Solothurn» heissen, auch wenn dies die Nachbargemeinde ist.

Im Weiteren darf eine Firmenbezeichnung nicht nur aus rein beschreibenden Sachbegriffen, die auf die Tätigkeit oder ein Produkt hinweisen, und dem Rechtsformzusatz gebildet werden. Die Bezeichnung «Malerei AG» wäre für Werner Stern also nicht möglich. Mit einem individuellen Zusatz wie «Malerei Stern AG» oder «Malerei Kunterbunt AG» gäbe es dagegen keine Probleme.

Wichtig zu wissen: Die Firmenbezeichnung eines neuen Unternehmens muss sich von allen in der Schweiz bereits im Handelsregister eingetragenen Firmen von Personen- und Kapitalgesellschaften deutlich unterscheiden. Diese sind nämlich durch den Handelsregistereintrag – anders als ein Einzelunternehmen – nicht nur am Ort des Unternehmenssitzes, sondern schweizweit geschützt. Die Firmenbezeichnung muss also einen eigenständigen Charakter aufweisen. Eine Firmenidentität wird aufgrund des Gesamteindrucks beurteilt, die eine Firmenbezeichnung beim Betrachter erzeugt. Wichtig, aber nicht allein massgebend, sind dabei die verwendeten Zeichen in der Firmenbezeichnung. Nicht tolerieren würden die Handelsregisterbehörden etwa die Bezeichnung «Malerei Stern AG», wenn es irgendwo in der Schweiz schon eine Firma mit Namen «MALEREI STERN AG» oder «Stern-Malerei GmbH» gäbe. Die Verwendung von ähnlichen, verwechselbaren Firmenbezeichnungen kann das Gericht verbieten.

Der einmal gewählte Kernbegriff kann auf unbestimmte Zeit weitergeführt werden; bei einer Firmenumwandlung in eine andere Rechtsform ist lediglich der Rechtsformzusatz zu ändern.

Merkblätter | Anleitung für die Bildung und Prüfung von Firmen und Namen

Interne Weisung zur Prüfung der Firmenidentität

beobachter.ch/download

Gesellschafter bringt dabei so viel Kapital ein, wie er möchte.

Was die Firmenbezeichnung einer Kommanditgesellschaft betrifft, so dürfen die Gesellschafter diese unter Berücksichtigung der rechtlichen Bestimmungen grundsätzlich frei wählen. Was bei der Wahl des Firmennamens zu beachten ist, lesen Sie im Kasten auf der vorangehenden Seite. Malermeister Sterns Kommanditgesellschaft könnte demnach beispielsweise «Farbdesign Stern KmG» heissen.

Die Kommanditgesellschaft hat heute eine geringe Bedeutung, sie «stirbt langsam aus». Die Zahl der neu gegründeten Kommanditgesellschaften nimmt seit Jahren ab, weil ihr die GmbH den Rang abgelaufen hat.

Haftung

Von den Gesellschaftern muss mindestens einer, der sogenannte Komplementär, unbeschränkt für die Verbindlichkeiten der Kommanditgesellschaft haften. Der Komplementär muss eine natürliche Person sein. Er kann aber erst belangt werden, wenn die Gesellschaft aufgelöst oder erfolglos betrieben wurde. Die anderen Gesellschaf-

---

Typische Merkmale der Kommanditgesellschaft

Gründung	**Führung**	**Liquidation**
– Handelsregistereintrag – Keine Mindestkapitalvorschriften – Geringe Gründungskosten – Firmenname zu bilden aus Kernbegriff mit direktem Bezug zur Geschäftstätigkeit und Angabe zur Rechtsform (KmG) – Gesellschaftsvertrag sinnvoll	– Private Haftung aller Komplementäre, und zwar solidarisch (jeder für alles) – Private Haftung aller Kommanditäre, und zwar solidarisch bis zur im Handelsregister eingetragenen Kommanditsumme – Geschäftsführung aufgrund mehrerer Gesellschafter einfach zu organisieren – Grosser Einfluss von Gesellschaftermutationen auf das Firmengeschehen – Buchführungspflicht (siehe Seite 289) – Besteuerung zusammen mit Privateinkommen und -vermögen	– Einfaches Verfahren – Liquidations- und Verkaufsgewinne steuerbar – Umwandlung in andere Rechtsform möglich

Status des Gesellschafters für die Sozialversicherungen: selbständige Erwerbstätigkeit

terinnen und Gesellschafter (Kommanditäre) haften nur bis zu einer bestimmten Vermögenseinlage, der Kommanditsumme. Als Kommanditäre kommen auch juristische Personen infrage. Kommanditäre sind von der Geschäftsführung ausgeschlossen, haben nur begrenzte Kontrollrechte und unterliegen einer anderen Gewinn- und Verlustbeteiligung als Komplementäre. Kommanditäre können für Firmenschulden nicht betrieben werden.

Entstehung und Kosten
Eine Kommanditgesellschaft entsteht durch den Abschluss eines Gesellschaftsvertrags. Dieser ist zwar auch mündlich rechtsgültig, sollte aber auf jeden Fall schriftlich abgefasst sein – am besten mithilfe eines Treuhänders, einer Rechtsanwältin oder Notarin. Je grösser der Beratungsaufwand, desto höher sind die Kosten. Die Kommanditgesellschaft muss im Handelsregister eingetragen werden. Am schnellsten und einfachsten ist dies im Internet unter www.startbiz.ch möglich.

> **Tipp |** Im Download-Angebot finden Sie eine Checkliste mit allen Punkten, die in einen Gesellschaftsvertrag gehören.

Fazit
Die Kommanditgesellschaft wird meist gewählt, wenn ein Einzelunternehmen oder eine Kollektivgesellschaft zusätzliche Eigenmittel benötigt, ohne dass die Geschäftsführung um einen neuen Teilhaber erweitert werden soll. In der Praxis übernimmt oft die Ehefrau eines Einzelunternehmers die Rolle der Kommanditärin.

Damit schliesst die Kommanditgesellschaft die Lücke zwischen einer Kapitalgesellschaft (AG oder GmbH) und der Kollektivgesellschaft. Sie eignet sich deshalb für Neuunternehmer, die sich mit keiner dieser beiden Rechtsformen anfreunden können.

Kollektivgesellschaft

> **Beispiel |** Werner und Marianne Stern möchten in ihrer Firma gleichgestellte Partner sein. Denn beide investieren ihre gesamte Arbeitskraft ins Malergeschäft und sind gleichwertige Unternehmerpersönlichkeiten. Aus diesem Grund akzeptieren sie auch, dass sie beide persönlich und solidarisch haften. Viele Risiken werden die Eheleute versichern können – das Restrisiko wollen sie selber tragen. Die Sterns wollen mit grösseren Einzahlungen auf Säule-3a-Konten ihre Altersvorsorge vorantreiben und so Steuern sparen. Aus diesen Überlegungen heraus wählen sie als Rechtsform die Kollektivgesellschaft.

Bei der Kollektivgesellschaft schliessen sich zwei oder mehrere natürliche Personen mit der Absicht zusammen, gemeinsam eine nach kaufmännischen Regeln geführte Firma zu betreiben. Dabei steuert jeder Gesellschafter so viel Kapital und Arbeit bei, wie er kann oder will. Die Kollektivgesellschaft besitzt keine eigene Rechtspersönlichkeit, ist also keine juristische Person. Auf der anderen Seite tritt sie im Geschäftsverkehr unter ihrem eigenen Namen auf. Sie kann Rechte erwerben, Verbindlichkeiten

Links | Onlineanmeldung beobachter.ch/download

Checkliste | Gesellschaftsvertrag beobachter.ch/download

Typische Merkmale der Kollektivgesellschaft

Gründung
- Handelsregistereintrag
- Keine Mindestkapitalvorschriften
- Geringe Gründungskosten
- Firmenname zu bilden aus Kernbegriff mit direktem Bezug zur Geschäftstätigkeit und Angabe zur Rechtsform (KlG)
- Gesellschaftsvertrag sinnvoll

Führung
- Private Haftung, und zwar solidarisch (jeder für alles)
- Geschäftsführung aufgrund mehrerer Gesellschafter einfach zu organisieren
- Grosser Einfluss von Gesellschaftermutationen auf das Firmengeschehen
- Buchführungspflicht (siehe Seite 289)
- Besteuerung zusammen mit Privateinkommen und -vermögen

Liquidation
- Einfaches Verfahren
- Liquidations- und Verkaufsgewinne steuerbar
- Umwandlung in andere Rechtsform möglich

Status des Gesellschafters für die Sozialversicherungen: selbständige Erwerbstätigkeit

---

eingehen, vor Gericht als Klägerin auftreten oder verklagt werden, Betreibungen einleiten und selbst betrieben werden.

Was die Firmenbezeichnung einer Kollektivgesellschaft betrifft, so dürfen die Gesellschafter diesen unter Berücksichtigung der rechtlichen Bestimmungen grundsätzlich frei wählen. Was bei der Wahl des Firmennamens vorgeschrieben und zu beachten ist, lesen Sie im Kasten auf Seite 162. Malermeister Sterns Kollektivgesellschaft könnte demnach beispielsweise «Farbdesign Stern KlG» heissen.

Haftung
Die Gesellschafter haften für die Verbindlichkeiten der Firma mit ihrem eigenen Vermögen unbeschränkt und solidarisch – und das bis fünf Jahre nach Auflösung der Gesellschaft. Dabei spielt es keine Rolle, wer von den Gesellschaftern einen Verlust oder Konkurs verschuldet hat; betrieben werden kann jeder einzelne auf die volle ausstehende Schuld. Allerdings können die Gesellschafter nur persönlich belangt werden, wenn zuvor die Kollektivgesellschaft selbst erfolglos betrieben worden ist. Macht eine Kollektivgesellschaft Konkurs, gehen in der Praxis meist auch alle Gesellschafter in Konkurs. Sie dürften nämlich zu diesem Zeitpunkt schon ihr ganzes Privatvermögen in die Firma gesteckt haben, um sie zu retten.

Was die Geschäftsführung betrifft, so haftet jeder Gesellschafter gegenüber den anderen im Rahmen der Sorgfaltspflicht. Wer diese Risiken eingeht, muss seinen Partnern voll und ganz vertrauen können.

Steuern

Die Kollektivgesellschaft ist als Unternehmen nicht steuerpflichtig. Die einzelnen Gesellschafter werden aufgrund ihres Einkommens (Lohn, Gewinnanteil, Eigenkapitalzinsen) und ihres Vermögens direkt privat besteuert. Muss ein Gesellschafter aus privaten Gründen Konkurs anmelden, kann sein Liquidationsanteil gepfändet werden. Der Konkurs eines Gesellschafters stellt somit eine Gefahr für den Weiterbestand der Kollektivgesellschaft dar.

Entstehung und Kosten

Ein mündlicher Vertrag zwischen zwei oder mehreren natürlichen Personen reicht bereits zur Gründung einer Kollektivgesellschaft. Die Gesellschafter sollten jedoch unbedingt einen schriftlichen Gesellschaftsvertrag abschliessen, der die Beziehungen untereinander im Detail regelt. Je sorgfältiger dieser Vertrag ausgearbeitet und auf die individuellen Verhältnisse abgestimmt ist, desto eher lassen sich spätere Konflikte vermeiden.

Die nach kaufmännischer Art geführte Kollektivgesellschaft ist im Handelsregister einzutragen; am schnellsten geht das unter www.startbiz.ch. Die Gründungskosten hängen weitgehend vom Beratungsaufwand des Anwalts oder der Treuhänderin ab. Dazu kommen noch einige Hundert Franken an Gebühren für den Handelsregistereintrag.

Tipp | Wegen des hohen Haftungsrisikos sollten Sie unbedingt auf einem sorgfältig abgefassten Gesellschaftsvertrag bestehen. Welche Punkte darin geregelt sein müssen, sehen Sie in der Checkliste «Gesellschaftsvertrag».

Fazit

Die Kollektivgesellschaft eignet sich für Neuunternehmer, die ihr Kapital und ihre Arbeitskraft mit einem Partner vereinen wollen, um am Markt potenter auftreten zu können. Sie nehmen dabei jedoch ein grosses persönliches Haftungsrisiko in Kauf. Das wesentliche Element einer Kollektivgesellschaft ist folglich die echte Partnerschaft unter den Gesellschaftern. Mit anderen Worten: Alle Beteiligten müssen sich bestens verstehen und dieselben Ziele verfolgen.

Checkliste | Gesellschaftsvertrag
beobachter.ch/download

Aktiengesellschaft (AG) und Gesellschaft mit beschränkter Haftung (GmbH)

Beispiel | Werner Stern will sein Unternehmen zu 100 Prozent allein besitzen und führen. Im Fall eines Konkurses will er nur mit dem Firmenvermögen haften, nicht aber das Eigenheim und das Privatvermögen aufs Spiel setzen. Er möchte zudem nicht mit seinem Namen in der Firmenbezeichnung erscheinen. Er beabsichtigt, mit seinem Geschäft rasch zu expandieren und dabei weitere Partner aufzunehmen. Sollte er den äusserst optimistischen Businessplan tatsächlich umsetzen können, will er das Geschäft teuer verkaufen – ohne auf dem Verkaufsgewinn Steuern zahlen zu müssen. Aufgrund dieser Pläne entscheidet sich Werner Stern für eine AG.

Links | Onlineanmeldung
beobachter.ch/download

Die AG ist eine eigenständige Rechtspersönlichkeit – eine juristische Person –, für die sich mehrere natürliche oder juristische Personen zusammenschliessen, ein bestimmtes Kapital einbringen und dadurch zu Aktionären werden.

> **Beispiel** | Das Ehepaar Stern will Firma und Privatleben möglichst klar trennen, um im Fall eines Konkurses nicht mit dem Privatvermögen haften zu müssen. Sie suchen auch die räumliche Trennung von der Firma und planen, in der Nähe ihres Eigenheims eine Werkstatt inklusive Büro zu mieten. Da sich beide mit ihrer Arbeitskraft und ihrem eigenen Geld für die Firma engagieren, wollen auch beide mit Einzelunterschrift für die Geschäftsführung zeichnen. Zudem möchten sie gegen Arbeitslosigkeit versichert sein, falls sie mit ihrem Geschäft scheitern. Und sie wollen von der obligatorischen Unfallversicherung, der beruflichen Vorsorge, von Kinderzulage und Mutterschaftsgeld profitieren. Aus diesen Überlegungen gründen die Sterns eine GmbH.

Auch die Gesellschaft mit beschränkter Haftung ist eine eigenständige juristische Person, bei der die Gesellschafter das sogenannte Stammkapital einbringen. Einst stand die GmbH im Schatten der AG und galt eher als Notlösung, wenn die Gründung einer AG nicht möglich war. Das hat sich in den letzten Jahren durch Gesetzesrevisionen grundlegend geändert: Die GmbH ist zu einer valablen Alternative geworden. Die Grundzüge der beiden Rechtsformen werden im Folgenden gemeinsam behandelt. Entsprechende Hinweise und die Zusammenstellungen am Ende der Ausführungen zeigen, wo Unterschiede bestehen.

Kapital

Zur Gründung einer **AG** ist ein Mindestkapital von 100 000 Franken nötig. Bei Inhaberaktien ist immer das volle Kapital einzuzahlen. Bei Namenaktien ist es möglich, nur einen Teil davon einzubringen (Teil-Liberierung). Das Minimum beträgt 20 Prozent des Aktienkapitals, darf aber nie weniger als 50 000 Franken sein. Der restliche, nicht eingezahlte Betrag ist bei Bedarf, spätestens aber bei einem Konkurs der Gesellschaft einzubringen. Das Aktienkapital einer AG lässt sich auf eine fast beliebige Anzahl Aktien aufteilen; der kleinstmögliche Nennwert beträgt 1 Rappen.

Bei der **GmbH** beträgt das Mindestkapital 20 000 Franken. Es ist stets zu 100 Prozent einzuzahlen (Voll-Liberierung). Als kleinste Stückelung bei den Stammanteilen ist ein Nennwert von 100 Franken erlaubt. Bei einem Grundkapital von 20 000 Franken könnten also beispielsweise 200 Anteile zu 100 Franken ausgegeben werden.

Das Kapital muss nicht zwingend bar eingezahlt werden; es lässt sich auch in Form von Sachwerten einbringen (Details siehe Kasten auf Seite 172). Die Aktionäre bzw. Gesellschafter erhalten im Verhältnis zu ihren Einlagen ein Stimmrecht, mit dem sie die Kontrolle über die Gesellschaft ausüben.

Was die Firmenbezeichnung einer AG oder GmbH betrifft, so dürfen die Gründer bzw. Aktionäre/Gesellschafter diese unter Berücksichtigung der rechtlichen Bestimmungen frei wählen. Was bei der Wahl des Firmennamens vorgeschrieben und zu beachten ist, lesen Sie im Kasten auf Seite 162. Malermeister Stern und seine Frau könnten für ihr Geschäft demnach beispielsweise folgende Firmenbezeichnungen verwenden: «Wema AG» (eine aus den beiden Vornamen konstruierte Fantasiebezeichnung), «Werner Stern GmbH» (wenn etwa die Bekanntheit von Werner Stern als ausgezeichnetem Malermeister betont werden soll) oder «Farbdesign Stern GmbH» (damit die Kunden auf Anhieb erkennen, was ihnen das Unternehmen bietet).

Gesellschaftsorgane

Eine Kapitalgesellschaft ist mit Organen ausgestattet, die in ihrem Auftrag handeln und entscheiden. Oberste Entscheidungsinstanz ist die Versammlung der Eigentümer (Aktionäre bzw. Gesellschafter). Bei der AG ist dies die Generalversammlung, bei der GmbH die Gesellschafterversammlung. Diese Versammlung übt die ultimative Kontrolle aus und wählt anlässlich der obligatorischen Jahresversammlung auch die zwei anderen gesetzlich vorgeschriebenen Organe, die die juristische Person gegen aussen vertreten: einerseits den für die Geschäftsführung bzw. die Aufsicht darüber zuständigen Verwaltungsrat bei der AG bzw. den Geschäftsführer bei der GmbH, anderseits die Revisionsstelle, die die Bücher der AG oder der GmbH überprüft. Dies ist zwingend nötig für Betriebe mit zehn oder mehr Vollzeitstellen.

Info | Kleinere AGs und GmbHs können mit einem sogenannten Opting-out auf eine Revisionsstelle verzichten und so die jährlich wiederkehrenden Kosten vermeiden. Damit müssen aber alle Aktionäre/Gesellschafter einverstanden sein. Doch aufgepasst: Ein solcher Verzicht kann sich negativ auf das Image und die Vertrauens- bzw. Kreditwürdigkeit der Firma auswirken, da die externe Kontrolle fehlt. Umso wichtiger ist es dann, dass die Buchhaltung der Firma korrekt geführt wird – am besten von einem etablierten Treuhänder.

Muster | Verzicht auf Revisionsstelle für AG und GmbH beobachter.ch/download

Haftung

AG und GmbH sind im Handelsregister einzutragen. Vor dem Eintrag bilden die Gründerinnen und Gründer eine einfache Gesellschaft (siehe Seite 156); sie haften mit ihrem persönlichen Vermögen für alle eingegangenen Verpflichtungen im Zusammenhang mit der Firmengründung persönlich und solidarisch. Nach der Gründung haftet allein die Gesellschaft mit ihrem Vermögen für die Geschäftsschulden. Im Fall eines Konkurses verlieren die Aktionäre/Gesellschafter also höchstens ihr Aktienkapital/Stammkapital. Ihr persönliches Vermögen bleibt unangetastet.

Die meisten Neuunternehmer gründen eine juristische Person wegen dieser beschränkten Haftung. Diese ist jedoch zu relativieren: Die Einschränkung der Haftung besteht nämlich nur, wenn der Unternehmer Privat- und Geschäftsvermögen strikte trennt. Er darf also für Geschäftsschulden auf keinen Fall Bürgschaften eingehen oder private Vermögenswerte hinterlegen, etwa Schuldbriefe auf der eigenen Liegenschaft, Wertschriften oder Versicherungspolicen.

Illusorisch ist die Trennung zwischen Privat- und Firmenvermögen in der Realität auch aus einem weiteren Grund: Wer nämlich Fremdkapital benötigt, muss den Kreditgebern Sicherheiten bieten. Und das ist meist nur mit privaten Vermögenswerten möglich. Dadurch ist das Privatvermögen indirekt mit der Firma verknüpft – und im Konkursfall verloren. Kommt dazu, dass ein Unternehmer in Krisenzeiten unter Umständen auch privates Geld in die Firma einschiessen muss und es vielleicht nie wieder sieht.

Zu beachten ist im Weiteren, dass das Gesetz den Mitgliedern des Verwaltungsrats bei der AG, den GmbH-Geschäftsführern sowie der Revisionsstelle eine hohe Verantwortung überträgt. Können Gläubiger oder Aktionäre/GmbH-Gesellschafter diesen Organen eine Verletzung der Sorgfaltspflicht nachweisen, müssen sie mit einem Verantwortlichkeitsprozess und mit Schadenersatzansprüchen rechnen. Ausserdem haften der Verwaltungsrat bzw. die GmbH-Geschäftsführer im Prinzip für die Schulden des Unternehmens bei Steuern und Sozialabgaben (AHV). Mit anderen Worten: Die Organe der Gesellschaft haften mit ihrem Privatvermögen für den Schaden, den sie durch absichtliche oder fahrlässige Verletzung ihrer Pflichten der Gesellschaft, den Aktionären/Gesellschaftern oder den Gesellschaftsgläubigern zufügen. Unerfahrenheit, Unkenntnis oder Zeitmangel sind keine Argumente, um sich der Verantwortung zu entziehen.

Um möglichen Verantwortlichkeitsklagen vorzubeugen, sollten Sie folgende Punkte beachten: Verwaltungsräte, GmbH-Geschäftsführer und Revisionsstelle müssen fachlich qualifiziert sein und die vorgeschriebenen Formalitäten strikte einhalten. Die Generalversammlung/Gesellschafterversammlung ist beispielsweise spätestens 20 Tage vor der Durchführung einzuberufen – mit Ankündigung der Traktanden und Anträge. Und die Versammlung muss detailliert protokolliert werden.

Verwaltungsräte und GmbH-Geschäftsführer müssen zudem ihre gesetzlichen Aufgaben wahrnehmen. Dazu zählt unter anderem: die Gesellschaft leiten, die Organisation festlegen, das Rechnungswesen ausgestalten, einen Geschäftsführer einsetzen, einen Geschäftsbericht erstellen und bei Überschuldung das Gericht benachrichtigen. Im Weiteren dürfen sie die Substanz der Firma nicht aushöhlen – etwa mit einem übermässig hohen Darlehen an den Hauptaktionär bzw. Hauptgesellschafter. Höchste Vorsicht ist auch bei Spekulations- und Risikogeschäften geboten, denn sie können zu Verantwortlichkeitsklagen führen.

Steuern
Bei den Kapitalgesellschaften wird steuerlich der Privat- vom Geschäftsbereich klar getrennt. Die Gesellschaft wird eigenständig als juristische Person besteuert, die Besitzer (Aktionäre/Gesellschafter) als Privatpersonen. Das führt zu einer teilweisen wirtschaftlichen Doppelbesteuerung: Der Reingewinn der juristischen Person wird nämlich einerseits als Ertrag

bei der AG/GmbH besteuert – und andererseits nochmals als privates Einkommen bei der Ausschüttung (Dividende) beim Aktionär/Gesellschafter. Das Gleiche gilt für das Eigenkapital des Unternehmens. Hier sind bei der AG/GmbH Kapitalsteuern fällig – der Firmeninhaber zahlt dann als Privatperson auf dem Wert seiner Aktien/Stammanteile nochmals Vermögenssteuern (siehe auch Seite 240). Der Unternehmensgewinn lässt sich jedoch durch die Lohn- und Reservepolitik beeinflussen, ebenso die Dividende.

Gründungsablauf
AGs und GmbHs lassen sich auf zwei Arten gründen: durch eine Bargründung (einfache Gründung) oder eine Sacheinlagegründung (qualifizierte Gründung, siehe Kasten auf der nächsten Seite). Die Bezeichnungen sprechen für sich: Bei der ersten Art muss das Kapital in Bargeld aufgebracht werden, bei der zweiten mit Sacheinlagen. Die Sacheinlagegründung lässt sich mit der Bargründung kombinieren. Die Gründung selbst läuft so ab:
- Gründer bestimmen; bei der AG und der GmbH braucht es dazu nur eine einzige Person.
- Firmensitz, -zweck und -name festlegen und beim Handelsregister die Zulässigkeit abklären.
- Gesellschaftsstatuten und eventuell Aktionärs- oder Gesellschafterbindungsvertrag erstellen und von einer Fachperson überprüfen lassen.
- Gesetzlich verlangtes Mindestkapital bei einer Bank auf ein Sperrkonto einzahlen. Nach dem Eintrag der Gesellschaft ins Handelsregister bekommt das Unternehmen vom Handelsregisteramt den sogenannten Auszug aus dem Handelsregister, der alle Angaben des Eintrags enthält. Auf Vorlage dieses Dokuments gibt die Bank das Stammkapital auf dem Sperrkonto frei und überweist den Betrag üblicherweise auf ein ordentliches Firmenkonto. Ab diesem Zeitpunkt kann das Unternehmen über sein einbezahltes Kapital verfügen. Wird das verlangte Mindestkapital nicht durch eine Bargeldeinlage, sondern durch Sacheinlagen eingebracht, braucht es einen schriftlichen Sacheinlagevertrag sowie den Gründungsbericht einer anerkannten Revisionsstelle (siehe Kasten auf der nächsten Seite).
- Gründungsversammlung einberufen und im Beisein eines Notars abhalten (im Normalfall direkt auf dem Notariat). Dabei werden bei der AG der Verwaltungsrat mit einem oder mehreren Mitgliedern, bei der GmbH der oder die Geschäftsführer gewählt sowie bei beiden eine Revisionsstelle ernannt (falls erforderlich und nicht darauf verzichtet wird, siehe Seite 169). Sowohl die AG als auch die GmbH muss von einer Person vertreten werden können, die ihren Wohnsitz in der Schweiz hat. Dieses Erfordernis kann durch ein Mitglied des Verwaltungsrats bzw. durch einen Geschäftsführer oder durch einen Direktor erfüllt werden. Der Notar beurkundet das Protokoll der Gründungsversammlung und die Gesellschaftsstatuten öffentlich.

Sacheinlagegründung

Wie vorne erwähnt, muss bei der Sacheinlagegründung ein zugelassener Revisor prüfen und bestätigen, ob die eingebrachten Aktiven auch den angegebenen Wert besitzen. Das kostet je nach Fall zwischen einigen Hundert (einfache Sacheinlage) bis einigen Tausend Franken (Prüfung eines umfangreichen Inventars mit komplexen Verhältnissen).

Als Sacheinlagen können Firmengründer beispielsweise Folgendes einbringen: Maschinen, Computer, Mobiliar, Fahrzeuge, Arbeitsgeräte, Waren, Wertschriften, Immobilien, Land, Patente, Lizenzen. Sind mehrere Personen an einer kombinierten Sacheinlage- und Bargründung beteiligt, kann dies kompliziert werden. Anschaulich wird dies am Beispiel von Werner Stern, wenn dieser mit seinem Kollegen Stefan Pfister ein Malergeschäft als GmbH gründen möchte. Das könnte dann so aussehen: Werner besitzt einen Lieferwagen im Wert von 20 000 Franken sowie Malerutensilien im Wert von 5000 Franken. Stefan dagegen hat einen älteren Kombiwagen im Wert von 8000 Franken, ein kleines Farbenlager im Wert von 6000 Franken und 11 000 Franken Bargeld. Die beiden Firmengründer können nun bei der GmbH-Gründung alle Gegenstände und das Bargeld einbringen. Dafür erhalten sie Stammanteile im Wert von insgesamt 50 000 Franken, also je 25 000 Franken (Werner für seinen Lieferwagen und die Malerutensilien, Stefan für seinen Kombi, das Warenlager und sein Bargeld).

- Firma beim zuständigen Handelsregisteramt anmelden; mit dem Eintrag erlangt die Gesellschaft ihre Rechtspersönlichkeit.
- Bei der AG: Aktien bzw. Aktienzertifikate sowie ein Aktienbuch erstellen; bei der GmbH: Anteilscheine bzw. Anteilzertifikate sowie ein Anteilbuch.

Das Entscheidende bei der Gründung einer juristischen Person ist das Festlegen der internen Machtstrukturen. Wer besitzt wie viele Stimmen? Wer hat Einsitz im Verwaltungsrat bzw. wer wird GmbH-Geschäftsführer? Wie werden Beschlüsse gefasst?

Engagieren sich in einer Kapitalgesellschaft mehrere Personen mit Kapital und Arbeit, sind solche Fragen von zentraler Bedeutung. Um Missverständnissen vorzubeugen und spätere Streitigkeiten zu vermeiden, empfiehlt es sich, noch vor der eigentlichen Gründung mit einem Aktionärsbindungsvertrag bzw. Gesellschafterbindungsvertrag klare Verhältnisse zu schaffen.

Tipp | Im Download-Angebot finden Sie Muster und Checklisten für die Statuten und für den Aktionärs- oder Gesellschafterbindungsvertrag, dazu ein Infoblatt zu den Gründungskosten einer AG oder GmbH.

Gründungskosten

Die Gründungskosten einer Kapitalgesellschaft lassen sich nicht einfach pauschal beziffern, denn sie hängen von verschiedenen Faktoren ab – insbesondere vom Beratungsumfang durch Spezialisten und von der Höhe des Aktien- bzw. des Stammkapitals. Zu berücksichtigen sind unter anderem folgende Posten:

- Handelsregistereintrag mit unterschiedlichen Zusatzkosten (siehe Seite 179); etwa für Firmenrecherchen (Namensabklärungen), juristische Auskünfte, das Abfassen von Anmeldungen, die Prüfung von Dokumenten, Expressdienste, Beglaubigungen, Eintragungsgebühren (die aktuellen Tarife erfahren Sie bei den kantonalen Handelsregisterämtern)
- Notariatsgebühren für Beglaubigungen und öffentliche Beurkundungen (kantonal unterschiedliche Tarife, fixe und verhandelbare)
- Kosten für die Dienstleistungen von Unternehmensberatern, Treuhändern, Revisoren, Rechtsanwälten (je nach Tarifstruktur und Domizil des Dienstleisters sowie Abklärungs- und Beratungsumfang unterschiedlich hoch)
- Kosten für das Führen eines Gründungskontos durch die Bank (die Spesen werden bei einigen Banken zurückvergütet, wenn später das Geschäftskonto dort eröffnet wird)

Die Ausgaben für die Gründung können gut 2000 Franken oder mehr betragen. Nicht zu vergessen sind die späteren Aufwendungen, die jedes Jahr neu anfallen: für die Revisionsstelle (wo vorgeschrieben), für die General- bzw. die Gesellschafterversammlung sowie bei der AG für Verwaltungsratshonorare. Vor allem die Kosten für die Revisionsstelle und den Verwaltungsrat belaufen sich rasch auf mehrere Tausend Franken.

Tipp | Vergleichen Sie die Kosten, die Notare bei der Firmengründung verlangen – auch über die Kantonsgrenze hinweg –, denn sie variieren zum Teil beträchtlich. Beziehen Sie dabei auch die Tarife von etablierten Onlinenotariatsdienstleistern mit ein (eine Liste mit Adressen von Onlinenotaren gibt es auf www.kmu.admin.ch). Lassen Sie sich zudem Offerten für eine Firmengründung von darauf spezialisierten Anbietern ausstellen. Mithilfe dieser Dienstleister sparen Sie möglicherweise viel Zeit – und damit schliesslich auch Geld.

Anonymität

Bei der Aktiengesellschaft können die Eigentümer – also die Aktionäre – nach aussen anonym bleiben, denn im Handelsregister werden nur die Organe der Gesellschaft eingetragen, die Aktionäre nicht. Allerdings ist der Gründer mit Namen in der Gründungsurkunde aufzuführen – und diese ist als Handelsregisterbeleg öffentlich und deshalb einsehbar. Bei Namenaktien sind der Gesellschaft die Aktieneigentümer bekannt, denn das

Checklisten |
Statuten AG
Statuten GmbH
Aktionärsbindungsvertrag

Muster |
Statuten AG
Statuten GmbH
Aktionärsbindungsvertrag

Infoblatt |
Gründungskosten AG, GmbH

beobachter.ch/download

Links | Onlinenotariate
beobachter.ch/download

Typische Merkmale der AG

Gründung

- Spezielle Gründungsformalitäten vorgeschrieben
- Handelsregistereintrag nötig
- Kapitalvorschriften
- Höhere Gründungskosten
- Firmenbezeichnung zwingend mit Zusatz AG (Fantasiebezeichnung möglich)
- Revisionsstelle ab zehn Vollzeitstellen obligatorisch, sonst Verzicht möglich, wenn alle Aktionäre einverstanden sind

Führung

- Keine private Haftung
- Private Haftung als Verwaltungsrat bei Fahrlässigkeit
- Intakte Einflussnahme durch Stimmrechts- und Unterschriftenregelung
- Klarere Abgrenzung zwischen Privat- und Geschäftsbereich
- Anonymität der Aktienbesitzer nach aussen
- Einfache Änderung der Beteiligungsverhältnisse (Kauf und Verkauf von Aktien)
- Buchführungspflicht (siehe Seite 289) mit strengeren Bilanzierungsvorschriften
- Separate Besteuerung von Firma und Firmenbesitzer
- Wirtschaftliche Doppelbesteuerung

Liquidation

- Kosten- und zeitintensives Liquidationsverfahren
- Liquidationsgewinn steuerbar
- Kapitalverkaufsgewinn nicht steuerbar
- Umwandlung in andere Rechtsform

Status des Gesellschafters für die Sozialversicherungen: unselbständige Erwerbstätigkeit

---

Unternehmen muss ein Aktienregister oder Aktienbuch führen. Das Gleiche gilt für an der Börse kotierte Inhaberaktien; auch hier kennt die Gesellschaft deren Besitzer, da das Gesetz ein Verzeichnis über die Inhaberaktionäre vorschreibt.

Im Gegensatz dazu werden bei der GmbH alle Gesellschafter mit vollem Namen im Handelsregister eingetragen; interessierte Kreise können daraus also sofort ersehen, wem wie viele Stammanteile einer GmbH gehören.

Verkauf und Übertragung von Aktien/Anteilen, Liquidierung

Da die Namen der Aktionäre nicht im Handelsregister publiziert sind, ist es bei einer AG einfach, Aktien an neue Eigentümer zu übertragen. Inhaberaktien lassen sich frei verkaufen. Bei Namenaktien erfolgt der Besitzerwechsel mit einem Vermerk auf der Aktie bzw. dem Aktienzertifikat.

Bei der GmbH sind die Eigentümer der Gesellschaftsanteile im Handelsregister eingetragen und auch ein Eigentümerwech-

Typische Merkmale der GmbH

Gründung

- Spezielle Gründungsformalitäten vorgeschrieben
- Handelsregistereintrag nötig
- Kapitalvorschriften
- Höhere Gründungskosten
- Firmenbezeichnung zwingend mit Zusatz GmbH (Fantasiebezeichnung möglich)
- Revisionsstelle ab zehn Vollzeitstellen obligatorisch, sonst Verzicht möglich, wenn alle Gesellschafter einverstanden sind

Führung

- Keine private Haftung (möglicherweise Nachschusspflicht gemäss Statuten)
- Private Haftung als Geschäftsführer bei Fahrlässigkeit
- Intakte Einflussnahme durch Stimmrechts- und Unterschriftenregelung
- Klarere Abgrenzung zwischen Privat- und Geschäftsbereich
- Fehlende Anonymität wegen des detaillierten Handelsregistereintrags
- Änderungen der Beteiligungsverhältnisse (Kauf und Verkauf von Stammanteilen) relativ kompliziert
- Buchführungspflicht (siehe Seite 289) mit strengeren Bilanzierungsvorschriften
- Separate Besteuerung von Firma und Firmenbesitzer
- Wirtschaftliche Doppelbesteuerung

Liquidation

- Kosten- und zeitintensives Liquidationsverfahren
- Liquidationsgewinn steuerbar
- Kapitalverkaufsgewinn nicht steuerbar
- Umwandlung in andere Rechtsform möglich

Status des Gesellschafters für die Sozialversicherungen: unselbständige Erwerbstätigkeit

sel ist dem Handelsregisteramt zu melden. Bei häufig ändernden Eigentumsverhältnissen ist die GmbH deshalb im Vergleich mit der AG die mühsamere Rechtsform.

Um in einer AG oder einer GmbH unerwünschten, fremden Einfluss zu verunmöglichen, lässt sich mit sogenannten Vinkulierungsbestimmungen ganz legal verhindern, dass Aktien oder Anteile in die Hände von Drittpersonen gelangen. Dieses Vorgehen ist vor allem bei Familiengesellschaften beliebt, die ihre Aktien/Stammanteile nur in der Familie oder im Freundeskreis gestreut haben möchten.

Vinkulierungsbestimmungen werden in den Statuten oder einem Aktionärs- bzw.

Gesellschafterbindungsvertrag festgehalten. Bei AGs ist dies nur mit Namenaktien möglich und nur bei Gesellschaften, die nicht an der Börse kotiert sind.

Tipp | Gründen Sie eine AG, sollten Sie möglichst die Kapitalmehrheit behalten. Ist dies aufgrund Ihrer finanziellen Mittel nicht möglich, können Sie Ihren Einfluss mit Stimmrechtsaktien sichern. Das sind Aktien mit tiefem Nennwert und einem Stimmrecht, die auf den Namen lauten und voll einbezahlt sein müssen. Bei einem Aktienkapital von 100 000 Franken könnte dies so aussehen: Sie selbst halten zehn Aktien mit einem Nennwert von 1000 Franken, die restlichen Aktionäre besitzen zusammen neun Aktien mit einem Nennwert von je 10 000 Franken. So besitzen Sie mit einem Anteil von 10 Prozent am gesamten Aktienkapital einen Stimmenanteil von 52,63 Prozent (10 von insgesamt 19 Aktienstimmen).

Wer sich für eine Kapitalgesellschaft wie die AG oder die GmbH entschieden hat, kann diesen Schritt nur mit einigem Aufwand wieder rückgängig machen. Es braucht dazu unter anderem einen sogenannten Schuldenruf, eine einjährige Sperrfrist, Änderungen im Handelsregister und einen Liquidator. Das kostet Zeit und Geld.

Fazit

Die meisten Neuunternehmer entscheiden sich wegen der beschränkten Haftung für eine AG oder eine GmbH: Im Konkursfall verlieren die Aktionäre/Gesellschafter höchstens ihr Aktienkapital/Stammkapital.

Ein weiterer Vorteil ist, dass der Firmengründer in seinem eigenen Unternehmen als Arbeitnehmer gilt, was ihn zum Bezug von Sozialleistungen berechtigt. Dem stehen mehr Verantwortung bei der Geschäftsführung, mehr Vorschriften und mehr Kosten gegenüber. Aufzupassen gilt es, wenn sich mehrere Personen in der Gesellschaft engagieren. Um Streitigkeiten zu vermeiden, ist der Abschluss eines Bindungsvertrags zu empfehlen. Eine AG/GmbH ist folglich vor allem für Neuunternehmer geeignet, die privates Vermögen zu verlieren haben und den Mehraufwand bei der Geschäftsbesorgung nicht scheuen.

Eintrag im Handelsregister

Das Handelsregister ist eine staatlich geführte gebührenpflichtige öffentliche Datenbank bzw. eine Datensammlung für gesellschaftsrechtliche Daten mit gesetzlichen Wirkungen. Das Handelsregister wird von den Kantonen geführt. Es soll die rechtlichen und tatsächlichen Verhältnisse von kaufmännischen Unternehmen sowie bestimmten Vereinen und Stiftungen transparent und publik machen. Im Handelsregister werden deshalb die wichtigsten Daten eines Unternehmens eingetragen, dazu die Zeichnungsberechtigungen der Inhaber, Organe und Mitarbeiter.

Tipp | Überlegen Sie sich gut, wem Sie in welcher Form (einzeln oder kollektiv) die Zeichnungsberechtigung in Ihrem Unternehmen erteilen. Das Vier-Augen-Prinzip mit der Kollektivunterschrift zu zweien ist zu empfehlen. Der Nachteil der Kollektivunterschrift: Sie kann ein Unternehmen handlungsunfähig machen. Etwa wenn eine zeichnungsberechtigte Person wegen Krankheit oder Abwesenheit wichtige Dokumente nicht unterschreiben kann.

Ins Handelsregister eintragen lassen müssen sich AGs und GmbHs, Kollektiv- und Kommanditgesellschaften sowie alle natürlichen Personen, die ein nach kaufmännischer Art geführtes Gewerbe betreiben – also die Einzelunternehmen. Als «nach kaufmännischer Art» geführtes Gewerbe gilt jede selbständige, auf dauernden Erwerb ausgerichtete wirtschaftliche Tätigkeit. «Dauernd» heisst für das Bundesgericht drei Monate. Einzelunternehmen sind jedoch erst bei jährlichen Roheinnahmen von 100 000 Franken zum Eintrag im Handelsregister verpflichtet. Die Pflicht zur Eintragung entsteht erst, wenn verlässliche Zahlen zum Jahresumsatz vorliegen.

Einzelunternehmen mit einem tieferen Jahresumsatz als 100 000 Franken dürfen sich jederzeit freiwillig ins Handelsregister eintragen lassen. Dies kann sinnvoll sein, weil Behörden, Geldgeber, Lieferanten oder Kunden im Zusammenhang mit Ihrer Geschäftstätigkeit unter Umständen von Ihnen einen Handelsregisterauszug verlangen.

Zudem profitieren im Handelsregister eingetragene Firmen von einem Firmenschutz (siehe Kasten auf Seite 163). Im Weiteren schafft der Handelsregistereintrag öffentliche Transparenz, denn er gibt allen Interessierten Einblick in die Verhältnisse und Struktur des Unternehmens. Diese positiven Effekte sind vertrauensfördernd bei der Suche nach potenziellen Geschäftspartnern und Kunden.

Tipps | Überprüfen Sie vor dem Eintrag, ob nicht schon eine identische oder ähnliche Firma existiert. Diese Abklärung ist beim Eidgenössischen Amt für das Handelsregister (www.regix.ch) kostenlos über die Onlineplattform www.zefix.ch möglich. Eine Abklärung über dieses tagesaktuelle zentrale Firmenregister aller im Handelsregister eingetragenen Firmen und Gesellschaften ist aber nicht rechtsverbindlich. Da die Suche nach ähnlich lautenden Firmen technisches Sachwissen voraussetzt, empfiehlt es sich, beim zentralen Firmenregister eine Firmenrecherche in Auftrag zu geben. Ein Formular dazu finden Sie auf www.regix.ch. Gegen eine Gebühr wird dann geprüft, ob es schon identische oder ähnliche Firmen gibt. Damit ist aber noch nicht sichergestellt, ob die vorgesehene Firmenbezeichnung auch rechtlich zulässig ist; dies überprüft dann erst der kantonale Handelsregisterführer im Rahmen Ihrer Anmeldung für den Handelsregistereintrag.

Beachten Sie zudem: Eine Firma kann nicht nur mit einem anderen im Handelsregister eingetragenen Namen kollidieren, sondern auch Markenrechte verletzen. Es kann deshalb sinnvoll sein, dies beim Institut für Geistiges Eigentum (IGE) abzuklären (zum Markenschutz siehe Seite 101).

Merkblätter | Anleitung für die Bildung und Prüfung von Firmen und Namen
Interne Weisung zur Prüfung der Firmenidentität
beobachter.ch/download

Link | Abklärungen Firmennamen
beobachter.ch/download

Wichtig zu wissen: Die gewünschte Firmenbezeichnung können Sie vor dem Handelsregistereintrag nicht reservieren lassen. Der Eintrag und damit der Schutz der Firma wird erst mit der Publikation im Schweizerischen Handelsamtsblatt (SHAB) wirksam. Wollen Sie die Firmenbezeichnung auch in anderen Sprachen verwenden, müssen Sie diese unbedingt eintragen lassen, sonst sind diese Versionen nicht geschützt. Die Firma ist dann wie im Handelsregister eingetragen im Geschäftsalltag – etwa in der Geschäftskorrespondenz, auf Rechnungen und der Website – vollständig und unverändert anzugeben (zusätzliche Kurz- und Geschäftsbezeichnungen sowie Logos sind erlaubt).

Der Anmeldungsvorgang und die Dokumente, die Sie einreichen müssen, unterscheiden sich je nach Rechtsform des Unternehmens. So ist zum Beispiel bei der Gründung einer AG oder einer GmbH nebst der öffentlich beurkundeten Gründungsurkunde und anderen Belegen die sogenannte Stampa-Erklärung einzureichen. Sie deklariert Sacheinlagen, bei denen das Kapital nicht in bar, sondern mittels Vermögenswerten aufgebracht wird, und Sachübernahmen, bei denen die Gesellschaft das in bar geleistete Grundkapital nach der Gründung für den Erwerb von Vermögenswerten von Aktionären verwendet.

Ein weiteres Dokument ist die Lex-Friedrich-Erklärung (betrifft den Grundstückserwerb von Ausländern im Rahmen der Unternehmensgründung oder -tätigkeit). Die meisten kantonalen Handelsregisterämter stellen auf ihrer Website Formulare und Merkblätter für die Anmeldung zur Verfügung. Grundsätzlich gilt Folgendes:

Einzelunternehmen
Die Eintragung ins Register erfolgt direkt beim zuständigen Handelsregisteramt des Kantons, in dem das Unternehmen seinen Sitz und sein Domizil hat. Gestützt auf Ihre Angaben erstellt der Registerführer auf Wunsch gegen Gebühr eine Handelsregisteranmeldung, die von Ihnen als Inhaber des Einzelunternehmens – nach dem Nachweis der Identität mit Pass oder ID – unterzeichnet werden muss. Haben Sie die Anmeldung selbst verfasst (schriftlich auf Papier oder elektronisch), sind die Unterschriften der zeichnungsberechtigten Personen durch eine Urkundsperson zu beglaubigen. Einzelunternehmenn lassen sich am einfachsten auf www.startbiz.ch anmelden.

Nach der Prüfung der Unterlagen übermittelt das kantonale Handelsregisteramt den Eintrag mit den erforderlichen Angaben (unter anderem Firma, Sitz, Domizil, Zweck) elektronisch zur offiziellen Genehmigung an das Eidgenössische Amt für das Handelsregister (EHRA). Ist alles in Ordnung, folgen innerhalb weniger Tage automatisch die Publikation im SHAB (nur Onlineausgabe auf www.shab.ch) und der definitive Eintrag im kantonalen Register.

Kollektiv- und Kommanditgesellschaft, AG und GmbH
Vor dem Eintrag ins Handelsregister müssen Sie als Gründer einer Kollektiv- oder

Muster |
Stampa-Erklärung AG und GmbH
Lex-Friedrich-Erklärung
beobachter.ch/download

Kosten des Handelsregistereintrags

Die Kosten eines Eintrags im Handelsregister hängen von der Rechtsform Ihres Unternehmens ab. Mindestens mit folgenden Grundgebühren müssen Sie rechnen (Stand 2017):

- Einzelunternehmen: 120 Franken
- Kollektiv- und Kommanditgesellschaft: 240 Franken
- GmbH und AG: 600 Franken

Hinzu kommen weitere Gebühren: etwa für die Eintragung der Funktion einer Person, Zeichnungsberechtigungen, beglaubigte Anmeldungsbelege oder Auszüge (siehe auch Infoblatt «Gründungskosten AG/GmbH» unter www.beobachter.ch/download).

Kommanditgesellschaft einen Gründungsvertrag abschliessen. Bei der AG und GmbH müssen Sie eine Gründungsversammlung durchführen und die gesetzlich vorgesehenen Dokumente erstellen – im Beisein eines Amts- oder freiberuflichen Notars. Viele Notariate bieten diese Dienstleistungen jedoch auch online an (eine Liste finden Sie unter www.kmu.admin.ch → Praktisches Wissen → KMU gründen → Firmengründung → Handelsregister → Anmeldung im HR → Online-Notariat).

Die bei einer AG oder GmbH vom Notar beglaubigten Statuten oder sonstigen Gründungsdokumente (etwa Gründungsurkunde, Gesellschaftsvertrag bei der KlG und KmG) dienen dann als Grundlage bzw. Belege für die Handelsregistereintragung. Danach läuft das Verfahren gleich ab wie beim Eintrag eines Einzelunternehmens. Auch Kollektiv- und Kommanditgesellschaften lassen sich online über www.startbiz.ch beim Handelsregister anmelden. Für AGs und GmbHs ist dies noch nicht möglich.

Tipps | Definieren Sie den Unternehmenszweck kurz und prägnant, aber nicht zu eng. Sonst müssen Sie bei einer späteren Ausweitung Ihrer Geschäftsaktivitäten im Handelsregister eine gebührenpflichtige Zweckänderung eintragen lassen und allenfalls (bei einer AG oder GmbH) eine öffentlich zu beurkundende Statutenänderung vornehmen. Geben Sie also beispielsweise nicht «Handel mit Ziegelsteinen» als Zweck an, sondern «Handel mit Baumaterialien». Unzulässig, weil zu unpräzis, wäre die Formulierung «Dienstleistungen aller Art».

Infoblatt | Gründungskosten AG und GmbH
beobachter.ch/download

Links | Online-notariate
beobachter.ch/download

Eintrag im UID-Register

Das Bundesamt für Statistik (BFS) teilt allen wirtschaftlich tätigen Unternehmen in der Schweiz – dazu gehören auch die Selbständigerwerbenden – eine neunstellige Unternehmens-Identifikationsnummer (UID) zu.

Mit der UID können sich Unternehmen dann gegenüber den Behörden von Bund, Kanton oder Gemeinden mit nur einer Nummer eindeutig identifizieren. Das soll ihren Administrationsaufwand verringern und den Datenaustausch mit der öffentlichen Verwaltung einfacher, sicherer und effizienter machen.

Die UID enthält neben der neunstelligen Nummer als Ergänzung einen Hinweis, der Dritten aufzeigt, ob ein Unternehmen im Handelsregister eingetragen oder mehrwertsteuerpflichtig ist. Im ersten Fall wird der UID der Zusatz «HR» hinzugefügt (zum Beispiel CHE-999.999.996 HR). Ist das Unternehmen zudem mehrwertsteuerpflichtig, erhält die UID die Ergänzung «MWST» (zum Beispiel CHE-999.999.996 HR/MWST). Das Unternehmen darf seine UID dann auf seinen Drucksachen wie Briefpapier, Rechnungen oder Quittungen verwenden.

Die UID sowie die Kernmerkmale des Unternehmens – unter anderem der Name und die Adresse des Firmensitzes – sind für die im Handelsregister eingetragenen und/oder mehrwertsteuerpflichtigen Unternehmen im UID-Register öffentlich einsehbar (www.uid.admin.ch). Alle anderen Unternehmen können selber entscheiden, ob ihre Kernmerkmale im UID-Register öffentlich gemacht werden sollen oder nicht.

Unterliegt Ihr Unternehmen der Mehrwertsteuer und/oder ist es im Handelsregister eingetragen, erhalten Sie die UID nach der Anmeldung im entsprechenden Register automatisch vom BFS zugeteilt. Allen anderen Start-ups wird empfohlen, sich selbst direkt beim BFS zu melden (uid@bfs.admin.ch) und eine UID-Nummer zu beantragen. Das kostet Sie nichts, sollte Ihnen aber die oben erwähnten Vorteile bringen.

Eintrag in privaten Firmenregistern

Unternehmensgründer werden nach der Publikation der Firma im Handelsregister mit unzähligen Produkt- und Dienstleistungsangeboten von anderen Unternehmen überschwemmt. Das allein kann schon eine extreme Belästigung sein. Nicht selten finden sich dabei auch Angebote für Inserate oder Einträge in einschlägigen Firmen- und Branchenregistern. Zum Teil liegt gleich eine Rechnung mit offiziellem Charakter bei oder ein Formular, das unterschrieben zurückzusenden ist. Vorsicht: Solche Registereinträge sind meist überflüssig und bringen nichts – ausser Kosten.

Erhalten Sie eine entsprechende Offerte, ohne dass darin gut sichtbar und verständlich hingewiesen wird auf Kosten, Laufzeit, Gesamtpreis, Form, Mindestauflage, Verbreitung und Zeitpunkt der Publikation, verstösst das Angebot gegen das Bundesgesetz gegen den unlauteren

Wettbewerb (Art. 3 Abs. 1 Bst. p UWG). In den Papierkorb damit!

Haben Sie leichtsinnigerweise einen Vertrag für einen solchen Registereintrag abgeschlossen, müssen Sie diesen innerhalb eines Jahres mit eingeschriebenem Brief wegen Irrtums und absichtlicher Täuschung anfechten. Dies hat die Unverbindlichkeit des Vertrags zur Folge (Art. 23 ff. OR). Sollte die Gegenpartei auf der Verbindlichkeit des Vertrags beharren und Klage erheben, muss der Richter beurteilen, ob der Vertrag unverbindlich ist.

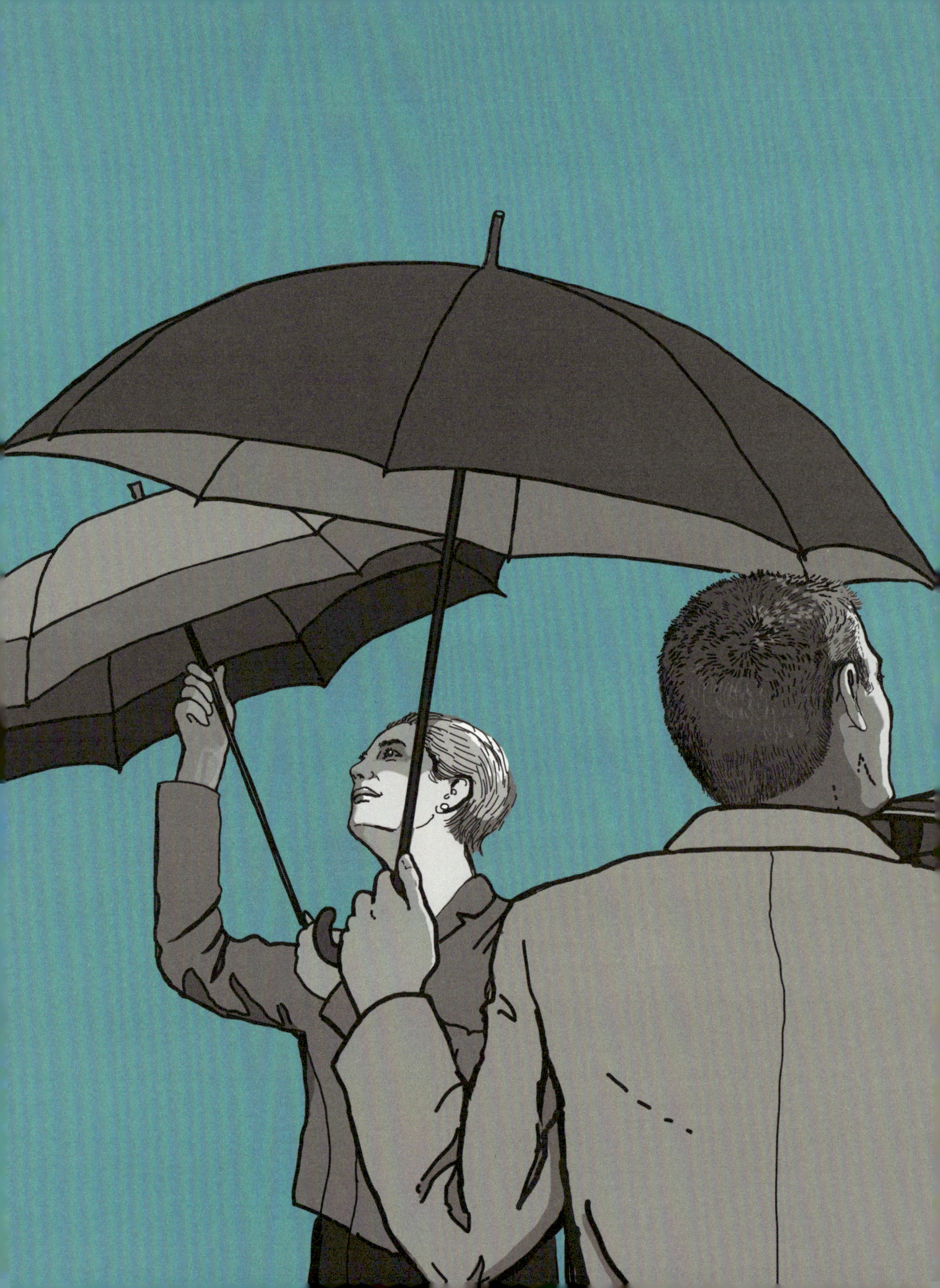

8 | Der Versicherungsschutz

Selbständigerwerbende sollten für einen optimalen Versicherungsschutz sorgen, denn jede unternehmerische Tätigkeit birgt Risiken. Manche sind nicht versicherbar, einige müssen obligatorisch, andere können freiwillig versichert werden.

Berufliche und private Existenz absichern

Firmengründer sind zahlreichen Risiken ausgesetzt: Sie können verunfallen oder krank werden, haften für ihre Produkte und ihre Arbeit, erleiden einen Brand- oder Wasserschaden im Betrieb. Gefahren ausgeliefert sind aber auch ihre Familie und ihr Personal. Ein einziges Schadenereignis im Privat- oder Geschäftsleben kann die gesamte private und berufliche Existenz gefährden. Firmengründer müssen sich deshalb für absehbare Risiken optimal schützen.

Versicherungsschutz ist nie gratis und wird bei der Abdeckung von speziellen Risiken schnell teuer. Firmengründer müssen sich deshalb Klarheit über mögliche Risiken verschaffen und sorgfältig abwägen, wie viel Schutz notwendig und finanziell verkraftbar ist. Schliesslich benötigen sie ihr Geld primär für den Firmenaufbau und nicht für Versicherungsprämien.

Was Sie als Firmengründer, als Neuunternehmerin obligatorisch versichern müssen oder freiwillig versichern können, hängt von der Rechtsform des Unternehmens bzw. von Ihrem sozialversicherungsrechtlichen Status bei der Alters- und Hinterlassenenversicherung (AHV) ab:

- Gründer von Einzelunternehmen, Kollektiv- oder Kommanditgesellschaften (siehe Seite 156) sind für die Sozialversicherungen in der Regel «echte Selbständigerwerbende». Sie unterstehen nur wenigen obligatorischen Versicherungen und sind für ihre eigene Sicherheit weitgehend selbst verantwortlich. Details finden Sie ab Seite 193.
- Gründer einer AG oder GmbH sind zwar Unternehmer, zugleich aber Angestellte ihres eigenen Betriebs und gelten deshalb für die Sozialversicherungen als Unselbständigerwerbende, sind also «Arbeitnehmer». Zahlreiche Versicherungen sind für sie gesetzlich vorgeschrieben; Details finden Sie ab Seite 201. Für den Versicherungsschutz der Firma ist grösstenteils das Unternehmen als juristische Person verantwortlich.

Risikoanalyse

Wenn Sie Ihre unternehmerischen Pläne im Businessplan zu Papier bringen, sollten Sie sich Ihrer Risiken bewusst werden. Dazu dient die Risikoanalyse. Nicht selten stossen Sie dabei auf Gefahren, die Sie im ersten Moment gar nicht vermutet hätten.

Beispiele | Laura H. ist Schreinermeisterin und hat vor einem halben Jahr den Betrieb ihres Onkels mit drei Angestellten übernommen. Die Auftragslage ist gut, das

Geschäft läuft. Mitarbeiter, Maschinenpark und eingelagertes Material hat Frau H. ausreichend versichert. Doch in einer gewittrigen Sommernacht überflutet der Dorfbach die Werkstatt. Drei Wochen dauern die Aufräumarbeiten, die Installation der neuen Maschinen und das Füllen des Lagers. Die laufenden Aufträge lässt Laura H. in dieser Zeit von befreundeten Betrieben ausführen, um die Kunden nicht zu verärgern. Ihre eigenen Mitarbeiter benötigt sie für die Aufräumarbeiten. Zwar zahlt die Versicherung den materiellen Schaden, nicht aber den Umsatzverlust: Geld kommt in dieser Zeit keines herein, die Löhne der Angestellten jedoch laufen weiter. Nur dank der finanziellen Hilfe des Onkels kann die Schreinermeisterin einen Konkurs vermeiden.

Peter B. hat sich vor einem Jahr als Informatiker selbständig gemacht und arbeitet von zu Hause aus. Sein Einkommen reicht gerade aus, um die vierköpfige Familie zu ernähren – aber nur, weil er fast Tag und Nacht arbeitet. Frau B. betreut den Haushalt und die beiden Kinder im Vorschulalter. Plötzlich erkrankt sie schwer und muss für drei Monate zur Rehabilitation in eine Klinik. Peter B. kann nicht gleichzeitig die Kinder betreuen und die Kunden bedienen. Die Grosseltern wohnen zu weit weg und so muss er eine Tagesmutter engagieren. Eine Versicherung für diesen Fall hat er nicht, den Lohn der Tagesmutter muss er selber bezahlen.

Mithilfe der Risikoanalyse können Sie abschätzen, ob Risiken sich aus eigener Kraft vermeiden oder begrenzen lassen und in welchen Bereichen Sie einen Versicherungsschutz benötigen. Risiken analysieren Sie am besten in drei Schritten:

- **Risikoanalyse:** Erstellen Sie eine Liste aller möglichen Risiken. Spielen Sie alle denkbaren Szenarien durch, auch unwahrscheinliche. Stellen Sie sich insbesondere folgende Fragen:
  – Woher droht Gefahr?
  – Welchen Risiken und Gefahren sind Sie und Ihre Mitarbeitenden ausgesetzt (Krankheit, Unfall, Invalidität, Tod, Kündigung)?
  – Welche Risiken und Gefahren gibt es durch äussere Einflüsse (Feuer, Einbruch, Wasser)?
  – Welchen Risiken und Gefahren ist Ihr Unternehmen ausgesetzt (Anlage-, Betriebs- und Produktehaftpflicht)?
- **Risikobewertung:** Bewerten Sie die Risiken nach folgenden Kriterien:
  – Wie oft treten die Schadenereignisse ein?
  – Wie gross kann der Schaden sein?
  – Wie schwer trifft der Schaden die Liquidität, Lieferbereitschaft und Existenz des Betriebs?

  Am besten nehmen Sie dabei eine Einteilung in Bagatellrisiken, mittelschwere und existenzgefährdende Risiken vor (siehe Kasten auf der nächsten Seite)
- **Versicherungsberatung:** Prüfen Sie Ihre Risikoanalyse und die Resultate mit einem versierten, neutralen Versicherungsberater. Das soll sicherstellen, dass Sie nichts vergessen haben und Ihre Einschätzung der Risiken und der

Beispiel einer Risikoanalyse

Art der Risiken	Risikoeinstufung			Häufigkeit des Schadeneintritts	Schadensumme in Franken
	Bagatellrisiken	Mittlere Risiken	Existenzgefährdende Risiken		
Schäden an Waren, Mobiliar, Maschinen, Einrichtungen, EDV-Anlagen, Datenträgern, Fahrzeugen und Geldwerten durch:					
Feuer- und Elementarereignisse (Unwetter usw.)			X	selten	3 000 000
Einbruchdiebstahl, Beraubung		X		selten	150 000
Wasser		X		selten	350 000
Glasbruch	X			öfters	6 000
Transporte	X			häufig	12 000
Montage		X		selten	80 000
Vandalismus		X		selten	50 000

Checkliste | Risikoanalyse
beobachter.ch/download

daraus entstehenden möglichen Schäden realistisch ist.

Tipp | Ein Beispiel für eine Risikoanalyse sehen Sie im nebenstehenden Kasten. Als Hilfsmittel für Ihre eigene Beurteilung finden Sie im Download-Angebot die detaillierte Checkliste «Risikoanalyse».

Risikomanagement

Versicherungen sind nur eine Möglichkeit, um sich vor Risiken zu schützen. Wichtiger ist es, Risiken durch geeignete Massnahmen von Beginn weg auszuschliessen oder stark einzugrenzen. Viele Versicherungen fordern dies sogar explizit. Wer sich nicht daran hält, zahlt überproportional hohe Prämien oder muss im Schadenfall Leistungseinbussen in Kauf nehmen. Begegnen Sie den Risiken in Ihrem Unternehmen mit einem systematischen Risikomanagement:

- **Risiken vermeiden durch Schadensverhütung**
  - Die Firmeninhaberin geht bei der Arbeit oder in der Freizeit bewusst keine unnötigen Risiken ein.
  - Das Unternehmen verwendet keine gefährlichen Rohstoffe. Es werden nur unbedenkliche Produkte produziert oder gelagert.
- **Risiken vermindern durch Schadensbegrenzung**
  - Die Firmenliegenschaft wird mit baulichen Massnahmen abgesichert, etwa

Risiken laufend überprüfen

Risiken analysieren und Massnahmen treffen müssen Sie nicht nur vor Beginn der Selbständigkeit, sondern dauernd. Denn jede Veränderung in der Firma birgt neue Risiken: etwa wenn sich die Mitarbeiterzahl erhöht, wenn Sie zusätzliche Kredite aufnehmen, ein neues Produktionsverfahren einführen oder einen Grossauftrag akquirieren. Deshalb sollte jedes Unternehmen seine Risiken regelmässig überprüfen. Für AGs und GmbHs verlangt dies sogar das Gesetz: Der Verwaltungsrat bzw. die Geschäftsführung muss jährlich eine Risikobeurteilung vornehmen, und eine Revisionsstelle muss dies bestätigen. In kleinen Firmen ist das Risk-Management meist Chefsache. Grössere Unternehmen wenden sich an externe Berater.

  mit Sicherheitstüren, Zäunen, Brandmeldeanlagen oder einem Wachdienst.
  - Im Betrieb werden organisatorische Massnahmen durchgesetzt, etwa das Tragen von Schutzkleidung und Helmen, das Erstellen von Backups im IT-Bereich und deren Lagerung ausserhalb des Betriebs.
  - Der Finanzbereich wird abgesichert, etwa durch Eigentumsvorbehalte oder Bürgschaften.
  - Die Rechtsfragen werden geklärt, die Ergebnisse schriftlich festgehalten, etwa zum Ehe- und Erbrecht und zur Unternehmensnachfolge.
- **Risiken auf Dritte überwälzen**
  - Die Risiken werden mit Versicherungsverträgen auf Versicherungen überwälzt.
  - Die Risiken werden durch vertragliche Vereinbarungen mit Lieferanten und Kunden abgedeckt.
- **Risiken selbst tragen**
  - Die Selbstbehalte in Policen werden zugunsten tieferer Prämien erhöht.
  - Für die absehbare Schadensumme durch nicht versicherbare oder bewusst unversicherte Schäden werden Rücklagen gebildet.

Versicherungsschutz im Überblick

Das Versicherungsangebot ist gross, fast jedes denkbare Risiko lässt sich abdecken. Welche Produkte Sie für Ihr Unternehmen wirklich brauchen, hängt von verschiedensten Faktoren ab – unter anderem von Ihrer persönlichen Lebenssituation, der Grösse und der Rechtsform Ihres Unternehmens, den Resultaten Ihrer Risikoanalyse.

Die für Sie und Ihr Unternehmen wichtigen Versicherungen lassen sich in drei Gruppen einteilen (siehe Kasten auf der nächsten Seite):
- Personenversicherungen für Sie und Ihr Personal
- Betriebs- und Berufshaftpflichtversicherungen
- Sachversicherungen

Versicherungen für Firmeninhaber und Unternehmen

Versicherungsart	Versicherte Ereignisse	Versicherungsdeckung
Personenversicherungen (für Selbständigerwerbende und Arbeitnehmer)	– Heilungskosten (ambulant, Spital) – Lohnausfall (kurzfristig) – Lohnausfall (langfristig, also bei Invalidität) – Hinterlassenenvorsorge (Witwe, Witwer, Waisen) – Altersvorsorge	– Unfallfolgen – Krankheitsfolgen – Alter
Betriebs- und Berufshaftpflichtversicherung (für das Unternehmen)	– Schäden, die durch die Berufsausübung Drittparteien gegenüber entstehen	– Sachen (Beispiel: beschädigte Gegenstände) – Personen (Beispiel: Verletzungen) – Vermögen (Beispiel: falsche Beratung)
Sachversicherungen (für das Unternehmen)	– Schäden an eigenen Werten verursacht durch: Feuer, Wasser, Einbruch, Diebstahl	– Sachen (Beispiel: Betriebseinrichtungen) – Umsatzausfall, Mehrkosten – Spezielles (Beispiel: EDV, Transport)

Quelle: VZ VermögensZentrum AG, Zürich

Sozialversicherungen in der Schweiz

Um den Versicherungsschutz für Invalidität und Tod sowie die Vorsorge für das Alter zu garantieren, besteht in der Schweiz ein System, das staatliche, betriebliche und individuelle Vorsorge kombiniert: das Drei-Säulen-System.

- **1. Säule:** Sie soll den Existenzbedarf decken. Dazu dienen die Alters- und Hinterlassenenversicherung (AHV) sowie die Invalidenversicherung (IV). AHV- und IV-Rentner in ungünstigen wirtschaftlichen Verhältnissen erhalten zudem Ergänzungsleistungen (EL). Grundlagen sind die entsprechenden Bundesgesetze.
- **2. Säule,** die berufliche Vorsorge: Sie soll zusätzlich zur 1. Säule im Alter, für Hinterlassene und für Invalide die Fortführung des gewohnten Lebensstandards sichern. Grundlagen für die 2,. Säule sind das Bundesgesetz über die berufliche Vorsorge (BVG), das Obligationenrecht (OR) und die einzelnen Vorsorgeverträge mit den Pensionskas-

sen. Diese richten Leistungen in Form von Renten oder einer Kapitalauszahlung aus. Das BVG schreibt obligatorische Mindestleistungen vor. Darüber hinaus gibt es in der Regel überobligatorische Leistungen.
- **3. Säule:** Sie fördert mit steuerlichen Anreizen die freiwillige Selbstvorsorge der Erwerbstätigen, um den weiteren Bedarf im Alter zu decken, vor allem in Form von Versicherungs- und Banksparen. Die Säule 3a umfasst die gebundene, die Säule 3b die freie Selbstvorsorge. Aus der 3. Säule können auch Todesfall- und Invaliditätsleistungen fliessen, die die Renten der 1. und 2. Säule ergänzen.

Wichtig zur Deckung weiterer persönlicher Risiken sind zudem die folgenden, teils obligatorischen, teils freiwilligen Versicherungen:

- **Erwerbsersatzordnung** (EO): Sie deckt teilweise den Einkommensausfall, während jemand Militär-, Zivil- oder Zivilschutzdienst leistet, sowie bei Mutterschaft (obligatorisch).
- **Arbeitslosenversicherung** (ALV): Sie zahlt Arbeitnehmenden einen Teil des Lohnausfalls bei Arbeitslosigkeit (Arbeitslosenentschädigung), bei Kurzarbeit (Kurzarbeitsentschädigung), bei Arbeitsausfall durch ungünstige Witterung (Schlechtwetterentschädigung) oder bei Zahlungsunfähigkeit des Arbeitgebers (Insolvenzentschädigung). Die Arbeitslosenversicherung fördert zudem mit finanziellen Leistungen die Umschulung, Weiterbildung und Eingliederung arbeitsloser Personen (für Arbeitnehmer obligatorisch, Selbständigerwerbende können sich nicht versichern).
- **Unfallversicherung** gemäss Unfallversicherungsgesetz (UVG): Sie trägt die Behandlungskosten nach Unfällen, deckt den vorübergehenden Lohnausfall mit Taggeldern, zahlt bei einer unfallbedingten Invalidität Renten und unterstützt Hinterbliebene beim Tod des Versicherten (für Arbeitnehmende obligatorisch, für Selbständigerwerbende auf freiwilliger Basis möglich). Gegen Betriebsunfälle sind alle Angestellten obligatorisch versichert, gegen Nichtbetriebsunfälle (NBU) nur diejenigen mit einem wöchentlichen Pensum von mindestens acht Stunden beim gleichen Arbeitgeber.
- **Krankenpflegeversicherung** (KVG): Sie finanziert die Kosten für medizinische Behandlungen bei Krankheit und, wenn eine spezielle Unfallversicherung fehlt, bei Unfall (Grundversicherung obligatorisch, Zusatzversicherungen nach dem Versicherungsvertragsgesetz VVG sind freiwillig).
- **Krankentaggeldversicherung:** Sie trägt den krankheitsbedingten Erwerbsausfall in vertraglich bestimmter Höhe für den vereinbarten Zeitraum (freiwillig).

Tipp | Achten Sie beim Wechsel vom bisherigen Arbeitnehmerstatus zur Selbständigkeit bei allen Versicherungen darauf, dass keine Deckungslücken entstehen und Sie lückenlos weiterversichert sind.

Personenversicherungen im Überblick

Versicherung	Selbständigerwerbende (Einzelunternehmen, Kommanditgesellschaft, Kollektivgesellschaft)	Inhaber einer AG oder GmbH	Mitarbeiter
AHV/IV/EO	Obligatorisch	Obligatorisch	Obligatorisch
ALV	Keine Absicherung möglich	Obligatorisch	Obligatorisch
Mutterschaft	Obligatorisch*	Obligatorisch*	Obligatorisch*
Familienausgleichskasse (FAK)	Obligatorisch	Obligatorisch	Obligatorisch
BVG (Pensionskasse)	Freiwillig	Obligatorisch	Obligatorisch
3. Säule (Bank- und Versicherungssparen)	Freiwillig	Freiwillig	Freiwillig
Berufsunfall (UVG) und Nichtberufsunfall (NBU)	Freiwillig	Obligatorisch (NBU ab 8 Stunden/Woche)	Obligatorisch (NBU ab 8 Stunden/Woche)
Krankenkasse (Grundversicherung)	Obligatorisch	Obligatorisch	Obligatorisch
Krankentaggeld	Freiwillig	Freiwillig	Freiwillig**

* Prämienzahlung über EO
** Lohnfortzahlungspflicht durch den Arbeitgeber, Dauer abhängig von der Anstellungsdauer

Versicherungsschutz für Start-ups

Die Auswahl an möglichen Versicherungen zu Ihrem Schutz und dem Ihres Betriebs (Betriebs- und Berufshaftpflicht, Sachversicherungen, siehe Seite 214) ist gross. Welchen Bereich Sie stärker gewichten wollen, hängt vor allem von Ihrer persönlichen Situation ab.

Insbesondere beim freiwilligen Versicherungsschutz müssen sich Neuunternehmer gut überlegen, ob sie den Personen- oder den Betriebsversicherungen mehr Gewicht beimessen. In begrenztem Ausmass ist eine individuelle Gewichtung sogar bei den obligatorischen Versicherungen möglich. So können Sie beispielsweise für sich selbst im Bereich der beruflichen Vorsorge nur den minimalen Lohn versichern, auf eine Krankentaggeldversicherung verzichten und Einzahlungen in die 3. Säule auf einen späteren Zeitpunkt verschieben. Das ist insbesondere dann sinnvoll, wenn Sie noch jung sind und keine Familie haben. Dann bleibt auch später noch Zeit, die Vorsorge auszubauen. Das so gesparte Geld können Sie für den Aufbau Ihres Unternehmens oder für den Abschluss von wichtigen Betriebsversicherungen verwenden.

Bevor die einzelnen Versicherungen im Detail erklärt werden (ab Seite 193), hier drei Beispiele, wie ein optimaler Versicherungsschutz aussehen könnte:

Beispiel | Cornelia S., Computerprogrammiererin, 26 Jahre alt, ledig, ist seit einem halben Jahr selbständig. Sie arbeitet von ihrer Wohnung aus mit einfacher Infrastruktur (Computer mit Spezialsoftware, Smartphone, Internetanschluss).

- **Persönliche Versicherungen:** obligatorische Beiträge an AHV/IV/EO und Familienausgleichskasse, Taggeldversicherungen (Krankheit und Unfall) ab dem 60. Tag für maximal zwei Jahre, Säule 3b mit Erwerbsunfähigkeitsrente (bei Krankheit und Unfall) ab dem 24. Monat
- **Betriebs- und Berufshaftpflicht:** Berufshaftpflichtversicherung für Schäden aufgrund ihrer Programmierarbeit
- **Sachversicherungen:** Versicherung für Schäden an der Büroinfrastruktur

Beispiel | Christoph D., Dachdecker, 36 Jahre alt, ist verheiratet und hat zwei Kinder (3- und 5-jährig). Er ist seit drei Jahren selbständig, hat zwei Mitarbeiter und besitzt eine kleine Werkstatt, zwei Lieferwagen, diverse Werkzeuge sowie Maschinen.

- **Persönliche Versicherungen:** obligatorische Beiträge an AHV/IV/EO und Familienausgleichskasse; Taggeldversicherungen (Krankheit und Unfall) ab dem 30. Tag für maximal zwei Jahre, Säule 3a und 3b als Vorsorge für Alter und Invalidität, Todesfallkapitalversicherung
- **Betriebs- und Berufshaftpflicht:** Betriebshaftpflichtversicherung
- **Sachversicherungen:** Versicherungen für Fahrzeuge und für Schäden an der Werkstatt samt Infrastruktur, Versicherung für Betriebsausfälle
- **Personalversicherungen:** obligatorische Beiträge an AHV/IV/EO, Arbeitslosen- und Unfallversicherung, Pensionskasse, Familienausgleichskasse; Krankentaggeldversicherung ab dem 30. Krankheitstag für maximal zwei Jahre

Beispiel | Susanne H., Unternehmensberaterin, 58 Jahre alt, ist verheiratet und hat zwei erwachsene Kinder. Sie ist seit acht Jahren selbständig, hat ein kleines Büro und einen Firmenwagen und beschäftigt eine Sekretärin. Frau H. ist vermögend und hat aufgrund ihrer früheren, langjährigen Anstellung im Kader einer grossen Beratungsfirma eine gut gefüllte Pensionskasse.

- **Persönliche Versicherungen:** obligatorische Beiträge an AHV/IV/EO und Familienausgleichskasse, Taggeldversicherungen (Krankheit und Unfall) für maximal zwei Jahre, regelmässige Beiträge auf ein 3a-Konto, Säule 3b mit Erwerbsunfähigkeitsrente (bei Krankheit und Unfall)

- **Betriebs- und Berufshaftpflicht:** Berufshaftpflichtversicherung
- **Sachversicherungen:** Versicherungen für Büroeinrichtung und Motorfahrzeug
- **Personalversicherungen:** obligatorische Beiträge an AHV/IV/EO, Arbeitslosen- und Unfallversicherung, Pensionskasse, Familienausgleichskasse; Krankentaggeldversicherung ab dem 30. Krankheitstag für maximal zwei Jahre

Links | Neutrale Versicherungsexperten
beobachter.ch/download

Tipp | Versicherungen sind ein komplexes Thema und das Risiko ist gross, falsche oder zu teure Policen abzuschliessen. Da Vertreter von Versicherungsgesellschaften in der Regel jeden möglichen Versicherungsschutz vorbehaltlos empfehlen und selten von sich aus die günstigste Variante anbieten, sollten Sie sich von neutralen Versicherungsexperten beraten lassen (Adressen finden Sie im Download-Angebot).

Buchtipp | Eine noch detailliertere Übersicht über alle wichtigen Personenversicherungen bietet dieser Beobachter-Ratgeber: **Vorsorgen, aber sicher!** So planen Sie Ihre Finanzen fürs Alter.
www.beobachter.ch/buchshop

Personenversicherungen für Selbständigerwerbende

Wenn Sie ein Einzelunternehmen, eine Kollektiv- oder eine Kommanditgesellschaft gründen (siehe Seite 156), gelten Sie in der Regel als selbständig erwerbend. Sie unterstehen dann nur wenigen obligatorischen Versicherungen.

Um versicherungsrechtlich den Status eines Selbständigerwerbenden zu erlangen, müssen Sie sich bei der zuständigen AHV-Ausgleichskasse anmelden (Adressen unter www.ahv-iv.ch) und sich die Selbständigkeit bestätigen lassen. Für die AHV sind Sie nur selbständig, wenn Sie das wirtschaftliche Risiko Ihrer unternehmerischen Tätigkeit selber tragen. Das heisst unter anderem, dass Sie

- in eigenem Namen handeln, eigenes Werbematerial besitzen, den Kunden direkt Rechnung stellen, das Inkassorisiko tragen,
- für Ihre Betriebsmittel selbst aufkommen, die Miete für Ihre Geschäftsräume selbst bezahlen und Investitionen mit langfristigem Charakter tätigen,
- Aufträge selber akquirieren und entscheiden, welche Arbeiten Sie annehmen, wie Sie Ihren Betrieb organisieren und ob Sie Arbeiten an Dritte weitergeben,
- für mehrere Auftraggeber tätig sind, also verschiedene Kunden haben.

Ob Sie in diesem Sinn selbständig erwerbend sind, beurteilt die Ausgleichskasse für jede einzelne Tätigkeit. So ist es durchaus möglich, dass die gleiche Person für die eine Arbeitsleistung als selbständig erwerbend und für die andere als unselbständig erwerbend eingestuft wird. Massgebend für die Beurteilung sind immer die wirtschaftlichen Verhältnisse – und nicht irgendwelche Verträge.

Akzeptiert Sie die AHV nicht als selbständig erwerbend, muss Ihr Auftraggeber Sie wie einen Angestellten bei der AHV, der Arbeitslosenversicherung, der Unfallversicherung und allenfalls auch bei der Pensionskasse anmelden und die entsprechenden Beiträge bezahlen.

Tipp | Die Einstufung durch die AHV ist zentral für Ihre Unternehmertätigkeit, denn auch die Unfallversicherung und die Pensionskasse wenden dieselben Kriterien an. Mithilfe der detaillierten Checkliste «AHV-Kriterien Selbständigkeit» können Sie Ihren Status einschätzen.

Links | AHV-Ausgleichskassen
beobachter.ch/download

Checkliste | AHV-Kriterien für eine selbständige bzw. unselbständige Erwerbstätigkeit
beobachter.ch/download

Versicherungskonzept

Obligatorisch sind für Selbständigerwerbende nur die AHV, IV, EO, die Beiträge an die Familienausgleichskasse und die Krankenkassen-Grundversicherung. Der Beitritt zu einer Unfallversicherung nach UVG und zu einer Pensionskasse ist auf freiwilliger Basis möglich; der Arbeitslosenversicherung können Selbständigerwerbende nicht beitreten.

Welche Versicherungen Sie darüber hinaus benötigen, hängt vor allem von Ihrer persönlichen Lebenssituation ab: Wer ist von Ihrem Einkommen abhängig? Wie viel Geld brauchen Sie pro Monat im Minimum? Wie lange können Sie sich ohne Einkommen mit persönlichen Rücklagen über Wasser halten?

Das Konzept für Ihren persönlichen Versicherungsschutz sollte zwingend folgende Bereiche umfassen: Heilungskosten, kurzfristige Arbeitsunfähigkeit, langfristige Erwerbsunfähigkeit, Tod und Altersvorsorge (siehe Grafik). Wenn Sie sich nicht einer Unfallversicherung anschliessen, sollten bei der Krankenkasse die Heilungskosten nach einem Unfall versichert sein. Ein freiwilliger Pensionskassenbeitritt bietet zusätzlichen Schutz bei Invalidität und Tod (siehe Seite 197).

Beschäftigen Sie als Selbständigerwerbender Angestellte, müssen Sie diese versichern (siehe Seite 211). Im Rahmen der Versicherungslösung für Ihr Personal können Sie sich mitversichern und sich zusätzlich zum Obligatorium von AHV/IV/EO gegen Unfallfolgen (gemäss UVG) und

Versicherungskonzept für Selbständigerwerbende

Fiktives Beispiel: Jahreseinkommen von 80 000 Franken, verheiratet, ein Kind

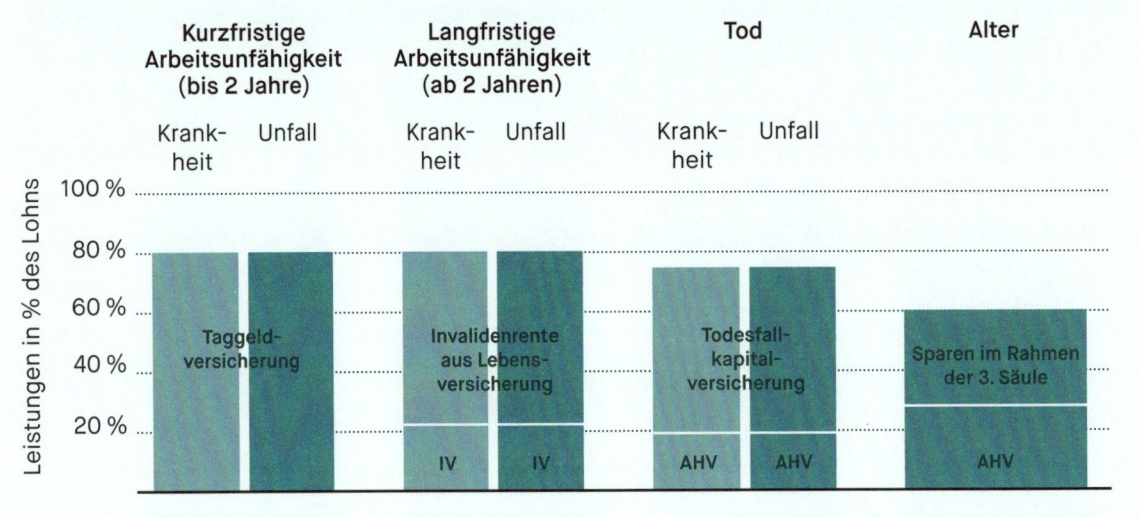

	Kurzfristige Arbeitsunfähigkeit (bis 2 Jahre)		Langfristige Arbeitsunfähigkeit (ab 2 Jahren)		Tod		Alter
	Krankheit	Unfall	Krankheit	Unfall	Krankheit	Unfall	
~80%	Taggeldversicherung	Taggeldversicherung	Invalidenrente aus Lebensversicherung	Invalidenrente aus Lebensversicherung	Todesfallkapitalversicherung	Todesfallkapitalversicherung	Sparen im Rahmen der 3. Säule
~20%			IV	IV	AHV	AHV	AHV

Leistungen in % des Lohns

QUELLE: VZ VERMÖGENSZENTRUM AG

gegen Invalidität und Todesfall (gemäss BVG) absichern.

AHV, IV, Erwerbsersatzordnung

Diesen Sozialversicherungen sind auch Selbständigerwerbende obligatorisch unterstellt. Als Neuunternehmer müssen Sie sich bei der kantonalen Ausgleichskasse oder bei der Ausgleichskasse Ihres Branchenverbands anmelden (möglich auch über www.startbiz.ch). Gehören Sie einem Berufsverband mit eigener Ausgleichskasse an, ist diese für Sie zuständig.

Tipp | Ein Muster für die Mitteilung des Statuswechsels an die AHV finden Sie im Download-Angebot.

Beiträge
Selbständigerwerbende zahlen für AHV, IV und EO zusammen 9,65 Prozent ihres Einkommens: 7,8 Prozent für die AHV, 1,4 für die IV und 0,45 Prozent für die EO. Liegt Ihr Einkommen unter 56 400 Franken, werden reduzierte Beiträge erhoben (zwischen 5,196 und 9,56 Prozent). Ist Ihr Einkommen tiefer als 9400 Franken – oder haben Sie mit Ihrem Unternehmen einen Verlust gemacht –, bezahlen Sie pauschal nur 478 Franken pro Jahr (Stand 2017). Zusätzlich zu den Beiträgen erheben die AHV-Ausgleichskassen zur Deckung der Betriebskosten ein bis drei Prozent der AHV-Prämie. Hinzu kommen die Beiträge für Familienzulagen, die je nach Familienausgleichskasse unterschiedlich hoch sind.

Erhoben werden alle Beiträge auf dem steuerbaren Einkommen. Das heisst, Sie können von Ihrem Bruttoeinkommen zuerst die Gewinnungskosten, den Zins für das investierte Eigenkapital, Abschreibungen, Rückstellungen und Geschäftsverluste abziehen.

Leistungen der AHV
Haben Sie keine Beitragslücken, erhalten Sie nach Erreichen des Rentenalters (65 für Männer, 64 für Frauen) eine volle AHV-Rente. Diese beträgt je nach Höhe der geleisteten Beiträge zwischen 1175 und 2350 Franken pro Monat (Stand 2017). Die AHV zahlt zudem im Todesfall Renten für Witwen und Witwer, hinterbliebene eingetragene Partner und Partnerinnen sowie für Waisen.

Muster | AHV Statuswechsel beobachter.ch/download

Leistungen der IV
Die IV richtet Leistungen an Personen aus, die invalid sind oder denen Invalidität droht. Sie will vor allem die Wiedereingliederung ins Erwerbsleben fördern, zum Beispiel mit Früherfassung, Frühintervention, Integrationsmassnahmen und beruflichen Massnahmen (Umschulung). Erst wenn all diese Anstrengungen keinen Erfolg zeitigen, prüft die IV eine Rente. Diese berechnet sich analog zur AHV-Rente, ist aber nach dem Grad der Invalidität abgestuft und wird ab einer mindestens 40-prozentigen Invalidität ausgezahlt. Versicherte mit Kindern erhalten zusätzlich Kinderrenten. Der Rentenanspruch erwächst frühestens ein Jahr nach Beginn der Arbeitsunfähigkeit. Bis darüber effektiv entschieden ist, können aber gut zwei Jahre und

mehr vergehen. Zur Überbrückung dieser Zeit dient in der Regel eine Krankentaggeld- oder Unfallversicherung (siehe Seite 199 und 207).

Leistungen der EO
Die Erwerbsersatzordnung bezahlt den Erwerbsausfall während eines Mutterschaftsurlaubs, bei Einsätzen im Militär, in Zivildienst oder Zivilschutz, beim Roten Kreuz oder in Kaderkursen von «Jugend und Sport». Bezahlt werden während der Dienstzeit in der Regel 80 Prozent des durchschnittlichen vordienstlichen Erwerbseinkommens. Hinzu kommen Familien- und Betriebszulagen.

Mütter haben Anspruch auf 14 Wochen Mutterschaftsurlaub, sofern sie zum Zeitpunkt der Niederkunft als erwerbstätig gelten, in den neun Monaten vor der Geburt des Kindes bei der AHV versichert und in dieser Zeit mindestens fünf Monate lang erwerbstätig waren. Auch ihnen werden 80 Prozent des bisherigen Einkommens bezahlt, maximal aber 196 Franken pro Tag. Das maximale Taggeld wird mit einem Monatslohn von 7350 Franken erreicht, als Selbständigerwerbende mit einem Jahreseinkommen von 88 200 Franken (Stand 2017).

Familienzulagen
Selbständigerwerbende haben Anrecht auf die festgelegten Mindestleistungen der Familienausgleichskasse. Pro Kind wird eine Zulage ausgezahlt. Für Kinder bis zum vollendeten 16. Altersjahr beträgt diese in allen Kantonen 200 Franken pro Monat. Danach haben Kinder in Ausbildung Anspruch auf eine Ausbildungszulage von monatlich mindestens 250 Franken – aber nur bis zum vollendeten 25. Altersjahr. Einige Kantone richten deutlich bessere Leistungen aus. Hinzu kommen kantonal unterschiedlich hohe Geburts- und Adoptionszulagen. Informieren Sie sich bei der kantonalen Behörde.

Wichtig: Der selbständig erwerbende Elternteil bekommt die Zulage nur, wenn der andere Elternteil entweder nicht oder ausserhalb des Wohnkantons des Kindes arbeitet oder weniger als 7050 Franken pro Jahr verdient. Bei arbeitstätigen Getrennten und Geschiedenen bekommt derjenige Elternteil die Zulage, der das Sorgerecht hat oder bei dem das Kind hauptsächlich wohnt.

Auf der anderen Seite müssen Selbständigerwerbende bei der Finanzierung der Familienausgleichskasse mithelfen, auch die kinderlosen. Die zu entrichtenden Beiträge sind unterschiedlich hoch; sie richten sich nach der zuständigen Familienausgleichskasse.

Arbeitslosenversicherung

Anspruch auf Arbeitslosenentschädigung haben nur Arbeitnehmer, die in den letzten zwei Jahren vor der Arbeitslosigkeit während mindestens zwölf Monaten angestellt gewesen sind und Beiträge an die Arbeitslosenversicherung bezahlt haben (Rahmenfrist für die Beitragszeit). Als Selbständigerwerbender können Sie sich deshalb nicht gegen Arbeitslosigkeit versichern – auch nicht freiwillig. Dies kann unter Umständen gravierende Konsequenzen haben, wenn Sie mit Ihrem Unternehmen scheitern und nicht sofort wieder eine Anstellung finden.

Immerhin: Waren Sie vor Ihrer Selbständigkeit angestellt erwerbstätig und müssen Sie die Selbständigkeit nach relativ kurzer Zeit wieder beenden, haben Sie eventuell noch einen Anspruch auf Taggelder. Dann verlängert sich nämlich Ihre Rahmenfrist für die Beitragszeit um die Dauer der selbständigen Erwerbstätigkeit, längstens jedoch um zwei Jahre. Beispiel: Wenn Sie 14 Monate selbständig waren, haben Sie eine Rahmenfrist von drei Jahren und zwei Monaten statt der üblichen zwei Jahre. Waren Sie in dieser Zeit mindestens zwölf Monate als Angestellter tätig, haben Sie Anspruch auf Arbeitslosentaggelder.

Info | Selbständigerwerbende, die ihr Unternehmen aus der Erwerbslosigkeit heraus mit Unterstützung der Arbeitslosenversicherung aufgebaut haben, können innerhalb einer verlängerten Rahmenfrist von vier Jahren noch nicht verbrauchte Taggelder beziehen (siehe Seite 46).

Als Selbständigerwerbender erhalten Sie von der Arbeitslosenversicherung keine Kurzarbeits- oder Schlechtwetterentschädigungen ausgezahlt.

Berufliche Vorsorge (2. Säule)

Die Versicherung in der 2. Säule ist für Selbständigerwerbende nicht obligatorisch. Der Anschluss an eine Pensionskasse ist jedoch auf freiwilliger Basis wie folgt möglich:
- Beschäftigen Sie Personal, können Sie der Pensionskasse Ihrer Angestellten beitreten, sofern dies das Reglement erlaubt.
- Verfügt Ihre Branche oder der Branchenverband über eine eigene Pensionskasse, können Sie sich dort versichern.
- Genügt Ihnen ein Versicherungsschutz im Rahmen der obligatorischen Mindestleistungen, können Sie sich der Stiftung Auffangeinrichtung BVG anschliessen.

Selbständigerwerbende mit Personal schliessen sich mit Vorteil einer Sammelstiftung an (Zusammenschluss unterschiedlichster Firmen diverser Branchen mit je eigenem Vorsorgereglement) oder wählen eine Gemeinschaftsstiftung (Zusammenschluss von Firmen der gleichen Branche oder eines Berufsverbands mit einheitlichem Vorsorgereglement). Worauf bei der Auswahl der geeigneten Vorsorgeeinrichtung zu achten ist, lesen Sie auf Seite 204.

Beiträge

Die Vorsorgeeinrichtungen der 2. Säule regeln ihre Finanzierung weitgehend selbst. Sie müssen aber Gewähr dafür bieten, dass sie den Versicherten jederzeit die reglementarischen Leistungen ausrichten können. Daher fallen die Beiträge für die berufliche Vorsorge unterschiedlich hoch aus, je nach Umfang der Leistungen und Risikostruktur des Versichertenbestands.

Was tun mit den Pensionskassengeldern?

Treten Sie aus Ihrer bisherigen Pensionskasse aus und schliessen Sie sich keiner neuen an, müssen Sie Ihr erworbenes Vorsorgeguthaben, die sogenannte Freizügigkeitsleistung, an eine Freizügigkeitseinrichtung überweisen. Dabei können Sie zwischen einem Freizügigkeitskonto oder einer Freizügigkeitspolice wählen. Guthaben auf einem Freizügigkeitskonto werden zu einem Vorzugszins verzinst; Zinserträge und Guthaben sind steuerfrei. Bei der Freizügigkeitspolice ist in der Regel das Todesfallrisiko versichert. Stirbt die versicherte Person, erhalten die Hinterbliebenen die in der Police festgesetzte Summe ausgezahlt.

Ob Freizügigkeitskonto oder -police: In beiden Fällen bleibt dort das Geld bis zu Ihrer Pensionierung blockiert. Ein vorzeitiger Bezug des Kapitals ist nur noch möglich, wenn Sie selbst genutztes Wohneigentum kaufen, definitiv auswandern – oder das Geld für die Finanzierung Ihrer Selbständigkeit einsetzen wollen. Letzteres muss aber zwingend als Gesamtsumme (Teilbezug ist nicht möglich) innerhalb eines Jahres nach Austritt aus der bisherigen Pensionskasse erfolgen, danach können Sie sich das Geld nicht mehr auszahlen lassen (Details siehe Seite 270).

Sind Sie beim Wechsel in die Selbständigkeit noch unschlüssig, ob Sie einen bestimmten Betrag Ihres Pensionskassengeldes für den Aufbau der eigenen Firma verwenden wollen oder müssen, empfiehlt es sich, die Freizügigkeitsleistung in zwei verschiedene Freizügigkeitseinrichtungen einzuzahlen (mehr als zwei sind allerdings nicht erlaubt). Mit diesem legalen Vorgehen können Sie das Gesamtkapital bedürfnisgerecht splitten und bei Bedarf nur einen Teilbetrag beziehen. Ein Beispiel: Sie überweisen einen Drittel des Kapitals auf das Freizügigkeitskonto A und zwei Drittel auf das Freizügigkeitskonto B – in der Absicht, das Konto A vor Ablauf eines Jahres nach dem Pensionskassenaustritt möglicherweise für den Firmenaufbau zu verwenden.

Beziehen Sie beim Wechsel in die Selbständigkeit Freizügigkeitsleistungen aus mehreren Pensionskassen, lässt sich das beschriebene Vorgehen bei jeder Vorsorgeeinrichtung vornehmen. Beachten Sie jedoch: Ihre bisherige Pensionskasse ist nicht verpflichtet, das Guthaben auf zwei Einrichtungen zu übertragen.

Beziehen Sie Ihr Pensionskassengeld, sollten Sie für Invalidität und Todesfall Risikoversicherungen abschliessen und Ihre Altersvorsorge in der 3. Säule ausbauen (siehe Seite 208).

Leistungen

Nach der Pensionierung zahlt die Pensionskasse eine Altersrente. Sie richtet auch Leistungen an Witwen und Witwer, an hinterbliebene eingetragene Partner und Partnerinnen sowie an Waisen aus. Je nach Reglement können auch Konkubinatspartner und weitere Begünstigte Hinterlassenenleistungen erhalten.

Das BVG-Minimum müssen alle Pensionskassen gewähren, viele kennen zusätzlich überobligatorische Leistungen.

Was genau bei einer Vorsorgeeinrichtung gilt, lässt sich im Reglement und im jährlich zugestellten Versicherungsausweis nachlesen.

Auf Wunsch können Versicherte einen Teil des Altersguthabens – je nach Reglement auch das ganze – als Kapital beziehen. Entsprechend niedriger sind dann die oben erwähnten Rentenleistungen oder sie fallen ganz weg.

> **Tipp** | Vor allem wegen des Risikoschutzes kann der Beitritt zu einer Vorsorgeeinrichtung sinnvoll sein. Sind Sie jedoch alleinstehend, bezahlen Sie mit Ihren Pensionskassenbeiträgen auch für Leistungen, die Sie nicht beanspruchen können (Rente an Hinterbliebene im Todesfall). Die übrigen Risiken können Sie gezielter im Rahmen der 3. Säule abdecken (siehe Seite 208).

Unfallversicherung

Die Unfallversicherung nach UVG ist für Selbständigerwerbende nicht obligatorisch – aber oft sinnvoll. Denn ein Unfall bei der Arbeit oder in der Freizeit ist schnell passiert, und die Folgen können zu einer längeren oder gar lebenslangen Arbeitsunfähigkeit führen.

Selbständigerwerbende in gewissen Branchen (diese sind im Gesetz aufgeführt, zum Beispiel das Baugewerbe oder Betriebe, die Metall und Holz bearbeiten) müssen die freiwillige UVG-Versicherung zwingend bei der Schweizerischen Unfallversicherungsanstalt (Suva) abschliessen.

Alle anderen (insbesondere Dienstleistungsbetriebe) können dies bei einer privaten Versicherungsgesellschaft tun. Während die Suva nur die gesetzlichen Leistungen nach UVG anbietet, lassen sich bei privaten Versicherern im Rahmen einer Zusatzversicherung auch weitere Leistungen abdecken. Zum Beispiel ein Taggeld von 100 statt nur 80 Prozent – was je nach persönlicher Situation sinnvoll sein kann.

Welche Lösung am zweckmässigsten ist, hängt vom Einzelfall ab. Holen Sie auf jeden Fall mehrere Offerten ein und vergleichen Sie die Angebote sorgfältig.

Beiträge
Die Berechnung der Prämien hängt vom Versicherer ab. Basis ist aber in jedem Fall das mit der AHV abgerechnete Einkommen. Maximal versichert werden kann nach UVG ein Lohn von 148 200 Franken pro Jahr. Es muss aber mindestens ein Einkommen von 66 690 Franken für einen Selbständigen bzw. 44 460 Franken für ein Familienmitglied versichert werden (Stand 2017). Mit einer UVG-Zusatzversicherung sind höhere Löhne versicherbar.

Die Höhe der Prämien ist bei den meisten Versicherern von der Branche abhängig. Je höher das Risiko einer Berufsgruppe, desto höher fällt die Prämie aus. Ein Dachdecker beispielsweise bezahlt einiges mehr als ein Softwareprogrammierer.

Leistungen
Die Leistungen der Unfallversicherung umfassen die Heilungskosten sowie

ein Taggeld von 80 Prozent des versicherten Lohns. Dieses wird so lange bezahlt, bis der Verunfallte wieder voll arbeitsfähig ist oder eine Invalidenrente erhält. Dazu kommen eine sogenannte Integritätsentschädigung für unfallbedingte Dauerschäden sowie Rentenzahlungen an Hinterbliebene im Todesfall.

Tipp | Achten Sie zwischen alter und neuer Erwerbstätigkeit darauf, dass keine Deckungslücke entsteht. Beim bisherigen Versicherer sind Sie 31 Tage nach Ende des mindestens halben Lohnanspruchs noch versichert (Nachdeckung). Im Normalfall fällt das Ende des Lohnanspruchs auf das Ende des Arbeitsverhältnisses. Der Lohnanspruch kann aber unter Umständen auch vorher (etwa bei langer Krankheit) oder später enden, etwa bei einer Auszahlung von nicht bezogenen Ferien. Nach Stellenaustritt können Sie Ihren Versicherungsschutz für Nichtberufsunfälle durch eine sogenannte Abredeversicherung über die Nachdeckung hinaus um weitere maximal sechs Monate verlängern. Diese Abredeversicherung müssen Sie vor Ablauf der 31-tägigen Nachdeckungsfrist abschliessen, indem Sie dem Versicherer die entsprechende Prämie überweisen.

Personenversicherungen für Inhaber einer AG oder GmbH

Führen Sie Ihr Unternehmen als AG oder GmbH, ist ein Grossteil der persönlichen Versicherungen obligatorisch. Denn Sie gelten für die Sozialversicherung nicht als Selbständigerwerbender, sondern als Arbeitnehmer bzw. Unselbständigerwerbender Ihrer Firma. Die entsprechenden Vorschriften gelten also nicht nur für Ihr Personal, sondern auch für Sie selbst als Firmeninhaber und Lohnbezüger.

Auf den folgenden Seiten erfahren Sie, welche Beiträge Sie als Angestellter in Ihrem eigenen Unternehmen zu zahlen haben und welche Leistungen Ihnen zustehen.

Versicherungskonzept

Sind Sie Inhaber einer Kapitalgesellschaft, sind für Sie – und für Ihr Personal – folgende Sozialversicherungen obligatorisch: AHV/IV, Erwerbsersatzordnung, Familienausgleichskasse, Arbeitslosenversicherung, berufliche Vorsorge und Unfallversicherung. Je nach Bedarf können Sie darüber hinaus weitere Versicherungen abschliessen (siehe Seite 207).

Das Konzept für Ihren persönlichen Versicherungsschutz sollte die folgenden Bereiche umfassen: Heilungskosten, kurzfristige Arbeitsunfähigkeit, langfristige Erwerbsunfähigkeit, Tod und Altersvorsorge. Für die Heilungskosten können Sie bei der Krankenkasse die Unfalldeckung ausschliessen, da Sie über die Unfallversicherung genügend abgesichert sind – vorausgesetzt, Sie sind mindestens acht Stunden pro Woche in Ihrem Betrieb tätig. Wie Sie die anderen Bereiche abdecken können, sehen Sie in der Grafik auf der nächsten Seite.

AHV, IV, Erwerbsersatzordnung

Als Gründer einer AG oder GmbH müssen Sie Ihre Firma nach dem Eintrag ins Handelsregister bei der kantonalen oder der Ausgleichskasse Ihres Branchenverbands anmelden (möglich auch über www.startbiz.ch). Gehören Sie einem Berufsverband mit eigener Ausgleichskasse an, ist diese für Sie zuständig.

Tipp | Das Formular, mit dem Sie Ihre Firma bei der AHV anmelden können, finden Sie auf der Website der kantonalen Ausgleichskasse (Adressen unter www.ahv-iv.ch → Kontakte).

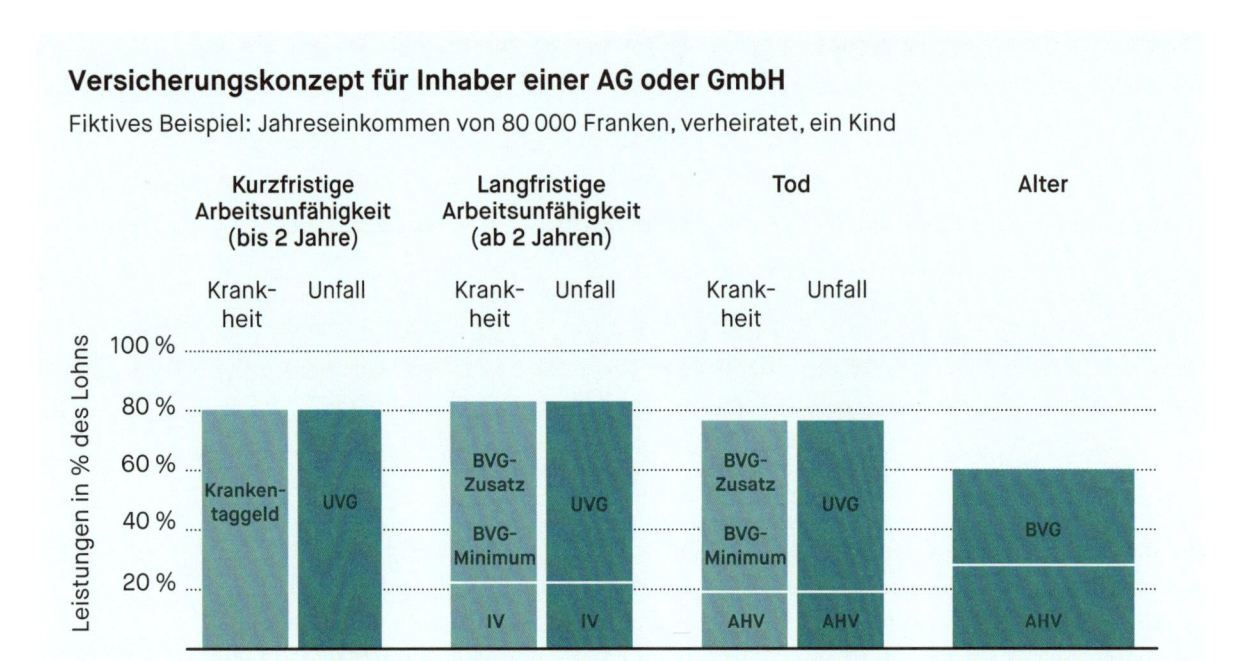

Versicherungskonzept für Inhaber einer AG oder GmbH

Fiktives Beispiel: Jahreseinkommen von 80 000 Franken, verheiratet, ein Kind

	Kurzfristige Arbeitsunfähigkeit (bis 2 Jahre)		Langfristige Arbeitsunfähigkeit (ab 2 Jahren)		Tod		Alter
	Krankheit	Unfall	Krankheit	Unfall	Krankheit	Unfall	
80%	Krankentaggeld	UVG	BVG-Zusatz / BVG-Minimum	UVG	BVG-Zusatz / BVG-Minimum	UVG	BVG
			IV	IV	AHV	AHV	AHV

QUELLE: VZ VERMÖGENSZENTRUM AG

Beiträge

Arbeitgeber und Arbeitnehmer zahlen je die Hälfte der Beiträge an AHV, IV und EO; der Gesamtbetrag beläuft sich auf 10,25 Prozent des Bruttolohns: 8,40 Prozent für die AHV, 1,40 für die IV und 0,45 Prozent für die EO (Stand 2017). Zusätzlich zahlt die Firma der AHV-Kasse noch einen Betrag von bis zu drei Prozent der AHV-Prämie zur Deckung der Betriebskosten. Zudem sind Beiträge an die Familienausgleichskasse (FAK) zu entrichten.

Leistungen der AHV

Haben Sie keine Beitragslücken, erhalten Sie nach Erreichen des Rentenalters (65 für Männer, 64 für Frauen) eine volle AHV-Rente. Diese beträgt je nach Höhe der geleisteten Beiträge zwischen 1175 und 2350 Franken pro Monat (Stand 2017). Die AHV zahlt zudem im Todesfall Renten für Witwen und Witwer, hinterbliebene eingetragene Partner und Partnerinnen sowie für Waisen.

Leistungen der IV

Die IV richtet Leistungen an Personen aus, die invalid sind oder denen Invalidität droht. Sie will vor allem die Wiedereingliederung ins Erwerbsleben fördern, zum Beispiel mit Früherfassung, Frühintervention, Integrationsmassnahmen und beruflichen Massnahmen (Umschulung). Erst wenn all diese Anstrengungen keinen Erfolg zeitigen, prüft die IV eine Rente. Diese berechnet sich analog zur AHV-Rente, ist aber nach dem Grad der Invalidität abgestuft und wird ab einer mindestens 40-prozentigen Invalidität ausgezahlt. Versicherte mit Kindern erhalten zusätzlich Kinderrenten.

Der Rentenanspruch entsteht frühestens ein Jahr nach Beginn der Arbeitsunfähigkeit und frühestens sechs Monate nach der Anmeldung bei der Invalidenversicherung. Als Voraussetzung muss jemand während eines Jahres ohne wesentlichen Unterbruch durchschnittlich zu mindestens 40 Prozent erwerbsunfähig gewesen sein. Bis über eine Rentenleistung effektiv entschieden ist, können gut zwei Jahre und mehr vergehen. Eine Krankentaggeld- oder Unfallversicherung hilft, diese Zeit finanziell zu überbrücken (siehe Seite 205 und 207).

Leistungen der EO
Die Erwerbsersatzordnung bezahlt den Erwerbsausfall während eines Mutterschaftsurlaubs, bei Einsätzen im Militär, in Zivildienst oder Zivilschutz, beim Roten Kreuz oder in Kaderkursen von «Jugend und Sport». Bezahlt werden in der Regel 80 Prozent des durchschnittlichen vordienstlichen Erwerbseinkommens. Hinzu kommen Kinder- und Betriebszulagen.

Mütter haben Anspruch auf 14 Wochen Mutterschaftsurlaub, sofern sie zum Zeitpunkt der Niederkunft als erwerbstätig gelten, in den neun Monaten vor der Geburt des Kindes bei der AHV versichert und in dieser Zeit mindestens fünf Monate lang erwerbstätig waren. Auch ihnen werden 80 Prozent des bisherigen Einkommens bezahlt, maximal aber 196 Franken pro Tag. Das maximale Taggeld wird mit einem Monatslohn von 7350 Franken erreicht (Stand 2017).

Familienzulagen
Für Kinder bis zum vollendeten 16. Altersjahr betragen die Kinderzulagen in allen Kantonen mindestens 200 Franken pro Monat. Danach haben Kinder in Ausbildung Anspruch auf eine Ausbildungszulage von monatlich mindestens 250 Franken – aber nur bis zum vollendeten 25. Altersjahr. Die Kantone zahlen gemäss ihren eigenen Familienzulagenordnungen zum Teil deutlich höhere Ansätze.

Hinzu kommen kantonal unterschiedlich hohe Geburts- und Adoptionszulagen. Auskunft erhalten Sie bei der kantonalen Behörde.

Arbeitslosenversicherung

Für angestellt Erwerbstätige und damit auch für mitarbeitende Inhaber von Kapitalgesellschaften ist die Arbeitslosenversicherung (ALV) obligatorisch. Die Anmeldung erfolgt automatisch mit derjenigen bei der AHV-Ausgleichskasse.

Beiträge
Die Prämie für die Arbeitslosenversicherung beträgt 2,2 Prozent des Bruttolohns. Für Lohnteile über 148 200 Franken (Stand 2017) pro Jahr kommt 1 Solidaritätsprozent hinzu. Die Prämie wird je zur Hälfte vom Unternehmen und vom Arbeitnehmer bezahlt.

Leistungen

Die Leistungen hängen von mehreren Faktoren ab: vom Alter, von der Beitragszeit, vom bisherigen Verdienst und davon, ob jemand Kinder hat:

- Wer Kinder hat, erhält nach einer Wartefrist von fünf Tagen innerhalb von zwei Jahren maximal 260 Taggelder, wenn seine Beitragszeit insgesamt 12 Monate beträgt. Bei einer Beitragszeit von 18 Monaten sind es 400 Taggelder. Für Personen, die keine Kinder unter 25 Jahren unterstützen müssen und mehr als 60 000 Franken pro Jahr verdient haben, gilt eine Wartefrist zwischen 10 und 20 Tagen (je nach Einkommen).
- Unter 25-Jährige ohne Unterhaltspflichten gegenüber Kindern haben höchstens Anspruch auf 200 Taggelder.
- Über 55-Jährige mit einer Beitragszeit von mindestens 22 Monaten erhalten 520 Taggelder.

Der versicherte Lohn entspricht dem AHV-Bruttolohn, nach oben ist er auf jährlich 148 200 Franken begrenzt (Stand 2017). Als Taggeld werden meist 80 Prozent des versicherten Lohnes ausgezahlt. Wer keine Unterhaltspflichten gegenüber Kindern unter 25 Jahren hat, nicht invalid ist und ein volles Taggeld von über 140 Franken erreicht, erhält nur 70 Prozent. Das Maximum für alle Arbeitslosen – das gilt auch für ehemalige Grossverdiener – liegt bei 9880 Franken pro Monat (Stand 2017).

Info | Wer Angestellter in der eigenen AG oder GmbH ist, im Verwaltungsrat sitzt oder zur obersten Geschäftsleitung gehört, zählt zu den «arbeitgeberähnlichen Personen». Für diese und ihre im gleichen Betrieb arbeitenden Ehepartner gibt es bei der ALV Einschränkungen. Verlieren sie die Stelle, können sie erst Arbeitslosenentschädigung beziehen, wenn sie ihre Arbeitgeber-Eigenschaft völlig aufgeben. Das heisst: Sie müssen ihre Firma liquidieren oder verkaufen (Stilllegung genügt nicht) bzw. aus dem Verwaltungsrat austreten. Arbeitgeberähnliche Arbeitnehmer haben zudem auch keinen Anspruch auf Kurzarbeits- oder Insolvenzentschädigung.

Berufliche Vorsorge (2. Säule)

Die berufliche Vorsorge oder 2. Säule ist – ab einem Mindesteinkommen von 21 150 Franken pro Jahr (Stand 2017) – für mitarbeitende Inhaberinnen und Inhaber von Kapitalgesellschaften obligatorisch. Neu gegründete Unternehmen schliessen sich mit Vorteil einer Sammelstiftung an (Zusammenschluss unterschiedlichster Firmen diverser Branchen mit je eigenem Vorsorgereglement) oder wählen eine Gemeinschaftsstiftung (Zusammenschluss von Firmen der gleichen Branche oder eines Berufsverbands mit einheitlichem Vorsorgereglement).

Beiträge

Die Vorsorgeeinrichtungen regeln ihre Finanzierung weitgehend selbst, müssen aber den Versicherten jederzeit die reglementarischen Leistungen ausrichten können. Daher fallen die Beiträge für die berufliche Vorsorge unterschiedlich hoch aus, je nach Umfang der Leistungen und Risikostruktur des Versichertenbestands.

Leistungen
Nach der Pensionierung zahlt die Pensionskasse eine Altersrente. Sie richtet auch Leistungen an Witwen und Witwer, an hinterbliebene eingetragene Partner und Partnerinnen sowie an Waisen aus. Je nach Reglement können auch Konkubinatspartner und weitere Begünstigte Hinterlassenenleistungen erhalten.

Das BVG-Minimum müssen alle Pensionskassen gewähren, viele kennen zusätzlich überobligatorische Leistungen. Was genau bei einer Vorsorgeeinrichtung gilt, lässt sich im Reglement und im jährlich zugestellten Versicherungsausweis nachlesen.

Auf Wunsch können Versicherte einen Teil ihres Altersguthabens – je nach Reglement auch das ganze Guthaben – als Kapital beziehen. Entsprechend niedriger sind dann die oben erwähnten Rentenleistungen oder sie fallen ganz weg.

> **Tipp |** Die Höhe der Prämien und die Leistungen der Vorsorgeeinrichtungen unterscheiden sich stark. Holen Sie deshalb mehrere Offerten ein und vergleichen Sie diese. Achten Sie vor allem auf folgende Punkte: Verwaltungskosten, Risikokosten (Firmen aus Branchen mit überdurchschnittlichem Invaliditätsrisiko zahlen extrem hohe Prämien), Abzüge am Deckungskapital bei Rückkäufen, eventuelle Auflösungskosten, Verzinsung der Beiträge, Umwandlungssatz im überobligatorischen Bereich. Prüfen Sie auch die Vertragsdauer und die Kündigungsfristen – und den Deckungsgrad der Pensionskasse. Am besten lassen Sie sich von einem neutralen Versicherungsexperten beraten.

Unfallversicherung

Der Abschluss der obligatorischen Versicherung gemäss UVG erfolgt entweder bei der Schweizerischen Unfallversicherungsanstalt (Suva), bei einer privaten Versicherungsgesellschaft, bei einer anerkannten Krankenkasse oder allenfalls bei einer öffentlichen Unfallversicherungskasse. Die Suva ist für die im Gesetz bezeichneten Branchen zuständig (zum Beispiel für das Baugewerbe oder Betriebe, die Metall und Holz bearbeiten). Während die Suva nur die gesetzlichen Leistungen nach UVG anbietet, lassen sich bei privaten Versicherern im Rahmen einer Zusatzversicherung auch weitere Leistungen abdecken. Zum Beispiel ein Taggeld von 100 statt nur 80 Prozent – was je nach persönlicher Situation sinnvoll sein kann. Welche Lösung am zweckmässigsten ist, hängt vom Einzelfall ab. Holen Sie auf jeden Fall mehrere Offerten ein und vergleichen Sie die Angebote sorgfältig.

> **Info |** Unterstehen Sie der Versicherungspflicht bei der Suva, meldet sich diese nach dem Handelsregistereintrag automatisch bei Ihnen. Sind Sie nicht im Handelsregister eingetragen, melden Sie sich mit Vorteil selbst bei der Suva, spätestens 14 Tage nach dem Geschäftsstart. Für

den Versicherungsbeginn ist übrigens die Geschäftsaufnahme und nicht der Eintrag ins Handelsregister massgebend.

Beiträge

Die Berechnung der Prämien hängt vom Versicherer ab. Basis ist das mit der AHV abgerechnete Einkommen. Maximal versichert werden kann ein AHV-Lohn von 148 200 Franken pro Jahr (Stand 2017). Für mitarbeitende Familienmitglieder liegt die untere Grenze bei einem Drittel dieses Maximalbetrags. Die Höhe der Prämien ist bei den meisten Versicherern von der Branche abhängig. Je höher das Risiko einer Berufsgruppe, desto höher fällt die Prämie aus. Eine Tiefbaufirma beispielsweise bezahlt einiges mehr als ein Sekretariatsdienst.

Leistungen

Die Leistungen der Unfallversicherung umfassen die Heilungskosten sowie ein Taggeld von 80 Prozent des versicherten Lohns. Dieses wird so lange bezahlt, bis der Verunfallte wieder voll arbeitsfähig ist oder eine Invalidenrente der Unfallversicherung erhält. Dazu kommen eine sogenannte Integritätsentschädigung für unfallbedingte Dauerschäden sowie Rentenzahlungen an Hinterbliebene im Todesfall.

Tipp | Achten Sie zwischen alter und neuer Erwerbstätigkeit darauf, dass keine Deckungslücke entsteht. Beim bisherigen Versicherer sind Sie 31 Tage über das Ende des Arbeitsverhältnisses hinaus abgesichert (Nachdeckung). Normalerweise endet der Lohnanspruch am letzten Tag des Arbeitsverhältnisses. Er kann eventuell auch vorher (etwa bei langer Krankheit) oder später enden, beispielsweise bei der Auszahlung von nicht bezogenen Ferien. Um weiter versichert zu sein, können Sie im Anschluss an die Nachdeckung für wenig Geld eine sogenannte Abredeversicherung abschliessen (für maximal sechs Monate). Die Prämie dafür müssen Sie – vor Ablauf der 31-tägigen Nachdeckung – dem UVG-Versicherer Ihres bisherigen Arbeitgebers bezahlen.

Personenversicherungen für alle Neuunternehmer

Bei den folgenden persönlichen Versicherungen gibt es für Selbständigerwerbende und Inhaber von Kapitalgesellschaften keine Unterschiede. Für beide Gruppen gelten die gleichen Voraussetzungen und Grundsätze.

Alle hier beschriebenen Versicherungen sind nicht obligatorisch. Je nach Ihrer persönlichen Situation und der Rechtsform Ihres Unternehmens empfiehlt sich aber der Abschluss. Vor allem für «echte» Selbständigerwerbende ist die 3. Säule eine beliebte Alternative zur Pensionskasse.

Krankentaggeldversicherung

Die Krankentaggeldversicherung deckt den Einkommensausfall bei Krankheit ab. Sie ist sowohl für Selbständigerwerbende als auch für Inhaber von Kapitalgesellschaften sinnvoll. Auf diese Versicherung darf nur verzichten, wer es sich leisten kann, ohne Einkommen krank zu sein.

Krankentaggeldversicherungen werden von allen grossen Versicherern angeboten. In Branchen mit überdurchschnittlich hohen Absenzen kann es aber schwierig sein, einen Anbieter zu finden. Auch hier gilt: möglichst verschiedene Offerten einholen und die Prämien sowie das Kleingedruckte genau vergleichen. Ein Teil der Versicherer behält sich beispielsweise vor, im Schadenfall vom Vertrag zurückzutreten oder die Leistungen wegen Grobfahrlässigkeit zu kürzen. In einigen Branchen sehen Gesamtarbeitsverträge den Abschluss einer Krankentaggeldversicherung zwingend vor, zum Beispiel in der Baubranche oder im Gastgewerbe.

Prämien: Die Höhe der Prämie bemisst sich normalerweise in Prozenten des Lohns bzw. Einkommens und hängt von den versicherten Leistungen ab. Setzt die Versicherung nicht bereits am ersten Tag der Krankheit ein, sondern erst nach einer Frist zwischen 3 und 180 Tagen, sinkt die Prämie.

Leistungen: Üblicherweise bezahlt die Krankentaggeldversicherung während zwei Jahren 80 Prozent des versicherten Lohns bzw. Einkommens. Dadurch wird vor allem die Zeit überbrückt, bis die Rente der IV einsetzt.

Tipp | Zahlt Ihre Taggeldversicherung erst 30 oder 60 Tage nach Ausbruch einer Krankheit, fällt die Prämie um einiges günstiger aus. Denken Sie aber unbedingt daran, für die ungedeckten Tage Rückstellungen vorzunehmen. Damit können Sie den Verdienstausfall durch einzelne Krankheitstage oder die Zeit bis zum Beginn der Versicherungsleistungen überbrücken.

Säule 3a und Säule 3b

Der Versicherungsschutz für die Risiken Alter, Invalidität und Tod lässt sich über die 3. Säule ergänzen. Dabei unterscheidet man zwischen der «gebundenen» Vorsorge (Säule 3a) und der «freien» Vorsorge (Säule 3b). Die wichtigsten Unterschiede liegen in der Laufzeit und der Besteuerung. Die 3. Säule ist insbesondere für verheiratete Selbständigerwerbende mit Kindern wichtig. Im Gegensatz zu den Arbeitnehmern sind sie ja nicht allen Einrichtungen der Sozialversicherung obligatorisch unterstellt und müssen ihre Vorsorge weitgehend selbst aufbauen.

Säule 3a – gebundene Vorsorge

Sowohl Banken wie Versicherungen bieten im Rahmen der Säule 3a unterschiedliche Produkte an. Die eingezahlten Beträge dürfen vom steuerbaren Einkommen abgezogen werden und senken so die Steuerbelastung. Die Höhe der jährlichen Einzahlung ist begrenzt (Stand 2017):

- Wer einer Pensionskasse angehört, kann maximal 6768 Franken einzahlen.
- Selbständigerwerbende, die nicht in der 2. Säule versichert sind, können 20 Prozent ihres Erwerbseinkommens, maximal aber 33 840 Franken, in die Säule 3a investieren.

Wählen Sie eine Banklösung, zahlen Sie Ihre Beiträge in ein Säule-3a-Konto ein – ganz nach Ihren finanziellen Möglichkeiten. Die Risiken Invalidität und Tod sind mit einem Säule-3a-Konto nicht abgesichert. Bei der Versicherungslösung überweisen Sie eine fixe oder variable Summe auf eine 3a-Vorsorgepolice. Das ist entweder eine kapitalbildende Lebensversicherung mit Risikoschutz bei Invalidität und/oder Tod oder eine reine Risikoversicherung.

Sowohl bei der Bank- wie bei der Versicherungslösung lässt sich das angesparte Altersguthaben frühestens fünf Jahre vor dem Erreichen des regulären Pensionsalters beziehen. Möglich ist ein Bezug zudem bei einer definitiven Auswanderung oder für den Kauf von selbst genutztem Wohneigentum. Aufgrund der langen Laufzeit wird das Altersguthaben bei beiden Varianten zu Vorzugskonditionen verzinst.

Tipp | Ob eine Bank- oder Versicherungslösung sinnvoller ist, lässt sich nur im Einzelfall beurteilen – und nach fundiertem Vergleich mehrerer Offerten. Mit einer 3a-Police gehen Sie eine langjährige Verpflichtung ein. Müssen Sie den Vertrag vor Ablauf auflösen, führt das zu Verlusten, weil Sie nur den Rückkaufswert erhalten. Wollen Sie primär Kapital ansparen, ist das 3a-Konto meist zweckmässiger. Die Risiken Invalidität und Tod decken Sie mit Vorteil in einer separaten Risikoversicherung der «freien» Vorsorge 3b ab, denn diese können Sie jederzeit an die aktuellen Verhältnisse anpassen oder auflösen. Bei

Änderungen prüft die Versicherung allenfalls die Risiken und Prämienhöhe neu. Falls Sie eine 3a-Police wählen: Vereinbaren Sie wegen der langen Laufzeit keine fixen Prämien, sondern halten Sie den Sparteil flexibel.

Säule 3b – freie Vorsorge

Zur Säule 3b zählt alles, was Sie freiwillig an Vorsorge betreiben: Sparkonten, Wertschriften, das Eigenheim, Versicherungsprodukte. Auf das Banksparen im Rahmen der Säule 3b mit Spar-, Anlagekonten oder Wertschriften geht der Ratgeber nicht näher ein, sondern beschränkt sich auf einen kurzen Überblick über die Angebote der Versicherer.

Die Produktpalette ist gross: kapitalbildende Sparversicherungen (Lebensversicherungen), reine Risikoversicherungen für Invalidität und Tod oder auch gemischte Versicherungen (Kombination von Risikoabdeckung und Sparen) fallen unter die Säule 3b. Die Prämien sind je nach Versicherungsvertrag monatlich, jährlich oder einmalig fällig und hängen vom gewählten Versicherungsschutz ab. Die Höhe der Einzahlungen ist nicht begrenzt. Steuerlich können 3b-Beiträge dagegen kaum je abgezogen werden, denn der Pauschalabzug für Versicherungsprämien ist in aller Regel mit den Krankenkassenprämien bereits ausgeschöpft.

Die Leistungen hängen von der Art der Versicherung und vom Versicherungsvertrag ab:

Sparversicherungen: Die versicherte Person erhält bei Erreichen eines bestimmten Alters bzw. des vertraglich festgelegten Auszahlungszeitpunkts den vereinbarten Betrag in Form einer einmaligen Ausschüttung oder als Rente ausgezahlt. Stirbt die versicherte Person vorzeitig, fällt der Rückkaufswert den Begünstigten zu. Für Unternehmer macht dieses Zwangssparen wenig Sinn.

Reine Risikoversicherungen: Bei Invalidität und/oder Tod der versicherten Person wird eine zum Voraus vereinbarte Leistung ausgerichtet (einmalige Auszahlung oder Rente). Nach Ablauf der Versicherungsdauer erlischt die Versicherung ohne Rückerstattung der Prämien.

Solche Versicherungen bieten für relativ geringe Kosten einen hohen Schutz und sind deshalb verheirateten Neuunternehmern zu empfehlen. Die versicherte Summe sollte einerseits so hoch sein, dass beim Tod des Unternehmers mindestens die Betriebsschulden gedeckt sind. Andererseits sollte die Risikoversicherung die Witwen- und Waisenrenten der AHV ergänzen. Für Neuunternehmer, die nur den gesetzlich vorgeschriebenen Versicherungsschutz haben, sind auch Erwerbsunfähigkeitsrenten sinnvoll – für den Fall, dass sie dauernd zu einem bestimmten Prozentsatz arbeitsunfähig werden. Im Schadenfall erhalten sie so bis zum Pensionierungsalter eine jährliche garantierte Rente.

Gemischte Versicherungen: Bei diesen Produkten erhält der Versicherungsnehmer beim Erreichen eines bestimmten Alters die vereinbarte Summe (Erlebensfallkapital). Stirbt er vorher, werden die vereinbarten Todesfallleistungen an die Begünstigten ausgezahlt.

Begünstigung

Mit Lebensversicherungen der Säule 3b lässt sich ein beliebiger Kreis von Personen begünstigen. Diese erhalten bei einem vorzeitigen Tod des Versicherten die Versicherungssumme ausgezahlt. Sind die Ehefrau oder die Kinder begünstigt, müssen sie die Versicherungssumme auch bei einer Pfändung oder einem Konkurs des Unternehmens nicht an die Gläubiger herausgeben (Konkursprivileg). Oft verlangt allerdings die kreditgebende Bank eine Begünstigung, damit ihr Kredit abgedeckt ist (siehe Seite 280).

Tipps | Setzen Sie die jährliche Prämie für Ihre Versicherung nicht zu hoch an; bei schlechtem Geschäftsverlauf wird diese sonst zur Belastung. Idealerweise teilen Sie die Säule-3b-Vorsorge in eine Versicherungs- und eine Banklösung auf. Bei Letzterer können Sie die Einzahlungen frei variieren – gemäss Ihrem Geschäftsergebnis.

Holen Sie vor dem Abschluss verschiedene Offerten ein und vergleichen Sie die Leistungen, Prämien und Kündigungsfristen. Die Unterschiede können gross sein.

Versicherungen für das Personal

Stellen Sie Personal ein, werden Sie – unabhängig von der Rechtsform Ihrer Firma – zum Arbeitgeber und unterstehen damit dem Obligatorium der staatlichen Sozialversicherungen. Dabei spielt es in der Regel keine Rolle, ob es sich bei Ihren Mitarbeitern um Familienmitglieder handelt oder nicht.

In vielen Branchen schreiben Gesamtarbeitsverträge (GAV) vor, wie Arbeitgeber ihre Angestellten versichern müssen. Ist ein GAV als allgemein verbindlich erklärt, gilt er für alle Betriebe der Branche, auch wenn sie nicht einem beteiligten Verband angehören. Ein nicht allgemein verbindlicher GAV gilt nur für Mitglieder der Vertragspartner (mehr zum GAV auf Seite 305).

Obligatorische Versicherungen

Mitarbeiterinnen und Mitarbeiter müssen obligatorisch bei der AHV/IV und der EO angemeldet werden. Die Beiträge und Leistungen sind dieselben wie für mitarbeitende Inhaber einer AG oder GmbH (siehe Seite 202); die Hälfte der Beiträge muss der Arbeitgeber übernehmen. Zudem muss er für sein Personal Beiträge an die Familienausgleichskasse bezahlen.

> **Info** | Für mitarbeitende Familienmitglieder gelten bei den Beiträgen Sonderbestimmungen – informieren Sie sich bei der zuständigen Ausgleichskasse.

Arbeitslosenversicherung

Für das Personal muss der Arbeitgeber die gesetzlichen Beitragszahlungen an die Arbeitslosenversicherung leisten; die Hälfte davon kann er den Angestellten vom Lohn abziehen (siehe Seite 307). Arbeitnehmer erhalten dann bei Arbeitslosigkeit Arbeitslosentaggelder und haben Anspruch auf Insolvenz-, Kurzarbeits- und Schlechtwetterentschädigung.

- Die **Insolvenzentschädigung** deckt die Lohnforderung der Mitarbeiterinnen und Mitarbeiter, wenn der Arbeitgeber zahlungsunfähig wird. Gedeckt sind die letzten vier Monate vor Ende des Arbeitsverhältnisses.
- Die **Kurzarbeitsentschädigung** deckt 80 Prozent des Lohnausfalls, den Angestellte durch eine temporäre, vom Arbeitgeber verordnete Kurzarbeit erleiden. Dies soll dem Betrieb ermöglichen, eine begrenzte «Durststrecke» zu überstehen, und so Arbeitsplätze sichern. Kurzarbeitsentschädigung wird in der Regel innerhalb von zwei Jahren während maximal zwölf Abrechnungsperioden (Monaten) ausgerichtet.

- Die **Schlechtwetterentschädigung** übernimmt 80 Prozent des Lohnausfalls der Arbeitnehmer, wenn schlechtes Wetter das Arbeiten verunmöglicht. Sie wird nur in bestimmten Branchen ausgerichtet, unter anderem im Hoch- und Tiefbau. Die Schlechtwetterentschädigung ist auf maximal sechs Abrechnungsperioden innerhalb von zwei Jahren beschränkt.

Info | Mitarbeitende Ehefrauen von Firmeninhabern – und umgekehrt – erhalten in der Regel keine Leistungen der Arbeitslosenversicherung.

Berufliche Vorsorge

Jeder Arbeitgeber muss die berufliche Vorsorge für sein Personal organisieren und seinen Betrieb einer Pensionskasse anschliessen. Obligatorisch versichert werden müssen alle Angestellten, die ein Mindesteinkommen von 21 150 Franken erzielen (Eintrittsschwelle). Vom Einkommen wird der sogenannte Koordinationsbetrag von 24 675 abgezogen. Angestellte, deren Einkommen die Eintrittsschwelle erreicht, aber tiefer ist als der Koordinationsbetrag, werden mit einem Mindestlohn von 3525 Franken versichert. Die Obergrenze im BVG-Obligatorium liegt bei 84 600 Franken. Maximal versichert sind also 59 925 Franken (Stand 2017). Der Arbeitgeber muss mindestens die Hälfte der Beiträge an die Pensionskasse übernehmen; der Rest wird den Mitarbeitenden vom Lohn abgezogen (siehe auch Seite 307).

Arbeitgeber können frei bestimmen, ob sie ihr Personal für die obligatorischen Minimalleistungen gemäss BVG oder besser versichern wollen – zum Beispiel indem sie höhere Leistungen für Invalidität und/oder Tod vereinbaren, den Lohn auch über der BVG-Obergrenze versichern oder Konkubinatspartner mit in die Versicherung einschliessen.

Unfallversicherung

Arbeitnehmer müssen gemäss UVG gegen Unfall versichert werden. Das gilt auch für Familienmitglieder des Arbeitgebers, die im Betrieb mitarbeiten, sofern sie einen Barlohn beziehen und/oder AHV-Beiträge bezahlen. Mitarbeitende Familienmitglieder sind mindestens zum orts- und berufsüblichen Lohn für vergleichbare Tätigkeiten versichert – auch wenn der abgerechnete AHV-Lohn tiefer ist. Unternehmen, die nicht der Suva unterstellt sind, können die obligatorische Unfallversicherung gemäss UVG auch bei einem anderen Versicherer abschliessen (siehe Seite 205).

Gegen Betriebsunfall sind alle Angestellten obligatorisch zu versichern, gegen Unfälle in der Freizeit (NBU) nur diejenigen, die mindestens acht Stunden pro Woche im Betrieb arbeiten. Die Prämie für Betriebsunfall geht zulasten des Arbeitgebers, die NBU-Prämie kann er den Mitarbeitern vom Lohn abziehen.

Lohnfortzahlung und Krankentaggeldversicherung

Arbeitgeber müssen ihren Mitarbeiterinnen und Mitarbeitern bei Krankheit den Lohn für eine «angemessene Zeit» weiterzahlen.

Die Dauer dieser Lohnfortzahlung ist in den sogenannten Berner, Basler oder Zürcher Skalen geregelt und beträgt zum Beispiel im ersten Dienstjahr drei Wochen, im zweiten vier Wochen. Mit zunehmendem Dienstalter steigt die Dauer des Krankenlohnanspruchs.

Das Risiko der Krankenlohnzahlung können Arbeitgeber mit einer Krankentaggeldversicherung abdecken. Solche Versicherungen decken den Lohnausfall der Angestellten über das gesetzliche Minimum hinaus ab. Meist werden 80 Prozent des Lohnes während maximal zwei Jahren abgedeckt. Die Versicherungsprämien dürfen Arbeitgeber ihren Angestellten zur Hälfte belasten.

Tipp | Prüfen Sie den Abschluss aller Personenversicherungen beim gleichen Versicherer. Eventuell erhalten Sie bessere Konditionen dank Kombirabatten.

Versicherungen für das Unternehmen

Firmengründer müssen sich nicht nur um den Versicherungsschutz für sich und ihr Personal kümmern, sondern auch um die Absicherung von Risiken im Betrieb. Je nach Branche gibt es hier Risiken, die im Schadenfall die Existenz eines Unternehmens gefährden.

Im Gegensatz zu den Personenversicherungen können Sie bei den Versicherungen für das Unternehmen grundsätzlich frei entscheiden, welche Sie abschliessen wollen und wie hoch die Deckung sein soll. Davon ausgenommen sind einige Branchen, in denen bestimmte Grundversicherungen vorgeschrieben sind. Der Besitzer eines Tanklastwagens für gefährliche Güter beispielsweise muss das Fahrzeug und mögliche Schäden durch einen Unfall zwingend versichern. Sonst erhält er gar keine Bewilligung für Gefahrenguttransporte.

Bei den Betriebsversicherungen spielt die Rechtsform Ihres Unternehmens keine Rolle. Solche Versicherungen betreffen immer das Unternehmen als Ganzes und nicht den Unternehmer als Privatperson.

Tipp | Vor dem Abschluss von Betriebs- und Sachversicherungen sollten Sie unbedingt Offerten verschiedener Anbieter vergleichen, denn es gibt grosse Unterschiede. Schliessen Sie mehrere Versicherungen bei der gleichen Gesellschaft ab, können Sie Kombirabatte herausholen.

Betriebshaftpflichtversicherung

Betriebshaftpflichtversicherungen sind nicht obligatorisch, aber ein Muss für jeden Unternehmer. Sie haben den gleichen Zweck wie private Haftpflichtversicherungen: Sie decken Schäden, die der Versicherungsnehmer – das heisst Sie als Betriebsinhaber, Ihre Stellvertreter oder Angestellten – Dritten zufügt. Gedeckt sind in der Regel Personenschäden (Tötung, Verletzung oder sonstige Gesundheitsschädigungen) und Sachschäden (Zerstörung, Beschädigung oder Verlust) sowie Vermögensschäden als Folge von versicherten Sach- oder Personenschäden.

Die Haftpflichtrisiken hängen stark von der Branche und der Firma ab; Bürobetriebe etwa sind anderen Risiken ausgesetzt als produzierende Betriebe. Da Betriebshaftpflichtfälle oft zu sehr hohen Schadenforderungen führen, ist eine präzise Risikoanalyse nötig (siehe Seite 184).

Info | Das Wichtigste beim Abschluss einer Haftpflichtversicherung ist die präzise Umschreibung der Berufstätigkeit. Denn die Police deckt nur Schäden, die aus der im Vertrag definierten Tätigkeit entstehen.

Versicherungen à la carte

Neben der Abdeckung der Grundrisiken lassen sich bedürfnisgerecht einzelne branchenspezifische Sonderrisiken einschliessen, zum Beispiel:
- Rückrufkosten
- die Übernahme von Kosten aus der Ermittlung und Behebung von Mängeln
- Haftpflichtansprüche aus Belade- und Entladeschäden an Fahrzeugen
- Schäden an gemieteten, geleasten oder gepachteten Grundstücken, Gebäuden oder Räumlichkeiten
- Schäden an gemieteten Telekommunikationsanlagen
- Bearbeitungs- und Obhutsschäden
- der Verlust von anvertrauten Schlüsseln
- Schadenverhütungskosten (Aufwendungen zur Verhütung eines noch nicht eingetretenen, aber drohenden versicherten Schadens)
- Aus- und Einbaukosten von Sachen, die ein Versicherter herstellte, bearbeitete oder lieferte (Ersatz von mangelhaften Sachen)

Einzelne Risiken können dabei explizit ein- oder ausgeschlossen werden. In der Regel umschreibt der Versicherungsvertrag vor allem, was nicht abgedeckt ist.

Deckungsumfang

Grundsätzlich deckt eine Betriebshaftpflichtversicherung die folgenden Risiken ab:

Anlagerisiken: Darunter fallen Schäden, die aus der Haftpflicht als Eigentümer, Mieter oder Pächter von Grundstücken, Gebäuden oder Räumlichkeiten entstehen, die dem Betrieb dienen. Ein Beispiel: Vom Betriebsgebäude löst sich eine Dachlawine und begräbt das Auto eines Kunden. Bei einigen Versicherungsgesellschaften sind auch «nicht dem Betrieb dienende Gebäude» mitversichert – oft zuschlagsfrei.

Betriebsrisiken: Dazu gehören Schäden im Zusammenhang mit den betrieblichen Vorgängen und Abläufen. Beispiele: Bei der Montage einer Gegensprechanlage bohrt der Angestellte eine Heizungsleitung an, Wasser fliesst aus und das Parkett der Wohnung muss ersetzt werden. Oder: Ein Baumeister sprengt Felsen; dabei lösen sich grössere Steine als erwartet und beschädigen Häuser in der Umgebung. Gedeckt sind normalerweise auch plötzlich eintretende Schäden an der Umwelt. Beispiele: Chemikalien verseuchen das Grundwasser, Altöl sickert ins Erdreich.

Produktrisiken: Das sind Risiken, die auf fehlerhafte Produkte, auf Konstruktions- oder Entwicklungsfehler des Herstellers zurückzuführen sind. Beispiele: Die Sprinkleranlage funktioniert bei einem Brand nicht; ein Kurzschluss in der Bohrmaschine tötet einen Handwerker; eine Gasflasche explodiert und verletzt den Benützer.

Info | Die Produkthaftung ist eine gesetzliche Haftpflicht und deshalb grundsätzlich in den Betriebshaftpflichtpolicen mitgedeckt. Die Produkthaftpflicht spielt auch beim indirekten Export eine wichtige Rolle. Führt ein defekter Bestandteil, der in einem anderen Land eingebaut oder weiterbearbeitet wird, zu einem Schaden, haftet der ursprüngliche Hersteller. Die Produkthaftpflicht deckt nur Schäden, die durch das Produkt verursacht werden. Schäden, die am hergestellten oder gelieferten Produkt selber entstehen, sind nicht versichert.

Nicht versicherbare Risiken
Einige Risiken, die aus der Betriebsführung entstehen, sind nicht versicherbar: Nicht versichert ist zum Beispiel das Unternehmerrisiko, das heisst Ersatzleistungen wegen Nichterfüllung oder nicht richtiger Erfüllung von Verträgen; ebenfalls nicht versichert sind Schäden, die der Unternehmer selbst (Eigenschäden) oder seine Familienangehörigen (Verwandtenklausel) erleiden. Die Betriebshaftpflichtversicherung des einzelnen Gesellschafters deckt im Normalfall auch keine Schäden, die Arbeitsgemeinschaften bzw. einfache Gesellschaften verursachen. Dafür ist eine separate Haftpflichtversicherung nötig.

Geltungsbereich
Der Geltungsbereich von Betriebshaftpflichtversicherungen umfasst üblicherweise die ganze Welt mit Ausnahme der USA und Kanadas. Produktionsbetriebe und Handelsunternehmen, die mit Firmen in den USA oder Kanada geschäften, sollten im Vertrag den Geltungsbereich anpassen, denn in diesen Ländern besteht ein hohes Risiko im Bereich der Produkthaftpflicht. Für einen weltweiten Geltungsbereich inklusive USA und Kanada sollte die Garantiesumme pro Schadenfall mindestens zehn Millionen Franken betragen.

Für Europa empfiehlt sich eine Deckung von mindestens fünf Millionen Franken pro Schadenfall. Zum Teil schreiben Auftraggeber (zum Beispiel Bund, Kantone, Gemeinden) eine bestimmte Garantiesumme vor.

Prämienhöhe
Die Prämien der Betriebshaftpflichtversicherung werden normalerweise aufgrund des Umsatzes und/oder der AHV-pflichtigen Lohnsumme der Firma und aufgrund ihres Risikopotenzials berechnet. Da Sie sich beim Firmenstart nur auf Schätzungen stützen können, zahlen Sie zu Beginn der Versicherungsperiode vorerst eine provisorische Prämie. Definitiv abgerechnet wird nach Ablauf der Versicherungsperiode.

Tipp | Auf Sachschäden lasten in der Regel geringe Selbstbehalte. Wählen Sie einen hohen Selbstbehalt, können Sie die Prämie erheblich senken. Das sollten besonders Kleinbetriebe bedenken, die statistisch wenig Haftpflichtrisiken bieten. Für Personenschäden wird fast nie ein Selbstbehalt vereinbart.

Berufshaftpflichtversicherung

Eine Berufshaftpflichtversicherung ist nicht obligatorisch. Sie deckt Haftpflichtansprüche aus der Berufsausübung. Versichert sind Personen-, Sach- und Vermögensschäden.

Die Berufshaftpflichtversicherung deckt Risiken einer gewissen Berufsgruppe ab – etwa für Ärzte, Zahnärztinnen, Architekten, Ingenieurinnen, Treuhänderinnen, Steuerexperten, Rechtsanwältinnen oder Notare. Versichert ist neben den Personen- und Sachschäden auch die gesetzliche Haftpflicht für Vermögensschäden, die durch eine Verletzung der Sorgfaltspflicht entstehen. Verpasst zum Beispiel eine Rechtsanwältin oder ein Steuerexperte eine Frist und entsteht dadurch dem Kunden ein Vermögensnachteil, übernimmt die Berufshaftpflichtversicherung den Fall.

Motorfahrzeugversicherung

Wie Privatautos müssen auch Firmenfahrzeuge versichert sein:
- Die obligatorische **Motorfahrzeughaftpflichtversicherung** deckt das Haftpflichtrisiko des Motorfahrzeughalters, wenn bei Unfällen Dritte zu Schaden kommen.
- Mit einer zusätzlichen freiwilligen **Kaskoversicherung** sind auch allfällige Sachschäden am Fahrzeug versichert. Eine Teilkaskoversicherung deckt grundsätzlich Feuer-, Elementar-, Diebstahl- und Glasschäden sowie Kollisionen mit Tieren auf öffentlichen Strassen (auf Wunsch auch Marderschäden). Sie ist jedem Fahrzeughalter zu empfehlen. Eine Vollkaskoversicherung deckt zusätzlich das Kollisionsrisiko und lohnt sich in der Regel nur bei Neuwagen bis zu einem Alter von drei bis vier Jahren, bei häufiger Benützung durch verschiedene Betriebsangehörige oder bei teuren Fahrzeugen wie Last-, Mess- und Spezialwagen.

Tipp | Einen Überblick über das vielfältige Angebot an Autoversicherungen bietet www.comparis.ch. Die Prämienunterschiede sind zum Teil markant. Bei einer grösseren Fahrzeugflotte (ab zehn Fahrzeugen) empfiehlt sich, eine Motorfahrzeug-Flottenversicherung abzuschliessen.

Links | Prämienvergleiche beobachter.ch/download

Sachversicherungen

Bei den Sachversicherungen wird unterschieden zwischen dem Gebäude und der Fahrhabe, also zwischen dem unbeweglichen und dem beweglichen Besitz des Unternehmens.

Gebäudeversicherung

Mit der Gebäudeversicherung müssen Sie sich nur beschäftigen, wenn Ihr Unternehmen eine Liegenschaft kauft oder besitzt. Die Gebäudefeuerversicherung ist in den meisten Kantonen obligatorisch und verstaatlicht; sie untersteht der kantonalen Gebäudeversicherungsgesellschaft. Ein Obligatorium, aber freie Wahl des Versicherers besteht in Obwalden, Schwyz und Uri. Kein Obligatorium existiert in den

Risiko Unterversicherung

Beim Abschluss einer Versicherung ist der richtige Deckungsumfang wichtig. Versichern Sie immer den Neuwert, also den Betrag, den die Neuanschaffung oder Neuherstellung einer Sache kosten würde. Damit vermeiden Sie eine Unterversicherung. Diese liegt vor, wenn die Versicherungssumme niedriger ist als der Neuwert aller versicherten Sachen (Ersatzwert).

Wollen Sie im Schadenfall den vollen Neuwert erhalten, müssen Sie die Versicherungssumme so hoch ansetzen, wie der Preis für Ihre gesamten versicherten Sachen wäre. Teilschäden sind nur im Verhältnis zur gesamten Versicherungssumme gedeckt: Besitzen Sie also vier Maschinen im Wert von je 5000 Franken, müssen Sie diese für 20 000 Franken versichern, um für eine einzelne beschädigte Maschine den Neuwert zu erhalten. Versichern Sie die Maschinen nur für 10 000 Franken, erhalten Sie pro Maschine nur 2500 Franken.

Können Sie den Deckungsumfang nicht genau bestimmen oder ist ein Totalschaden unwahrscheinlich, haben Sie zwei Alternativen: Mit einer Erstrisikoversicherung vereinbaren Sie eine maximale Versicherungssumme (ohne Anrechnung einer allfälligen Unterversicherung), die im Schadenfall zur Auszahlung kommt. Oder Sie versichern mit einer Teilwert- oder Bruchteilpolice nur einen Teil des Vollwerts (einen festgelegten Prozentsatz der Versicherungssumme).

Denken Sie auch daran, Waren und Gebrauchsgegenstände direkt nach dem Kauf und nicht erst ab dem Zeitpunkt der Geschäftseröffnung zu versichern.

Kantonen Appenzell Innerrhoden, Genf, Tessin und Wallis.

In der Gebäudeversicherung eingeschlossen sind alle festen Einrichtungen, die zum Gebäude gehören. Die obligatorische Versicherung deckt Feuer- und Elementarschäden. Zusätzlich lassen sich weitere Risiken versichern, etwa Schäden durch geborstene Wasserleitungen oder Einbrüche.

Versicherung der Fahrhabe

Einrichtungen, die Sie als Mieterin oder Besitzer in ein Gebäude hineinstellen – zum Beispiel Maschinen mit Fundament –, sind nicht über die Gebäudeversicherung gedeckt. Sie gelten als Fahrhabe. Darauf müssen insbesondere Neuunternehmer achten, die in den Räumen der eigenen Liegenschaft einen Betrieb führen. In den Kantonen Nidwalden und Waadt besteht für die Fahrhabe ein Versicherungsobligatorium für das Risiko Feuer. Die Versicherung ist zwingend bei der kantonalen Sachversicherung abzuschliessen.

Info | Jeder Kanton besitzt eine Broschüre «Abgrenzungskatalog Gebäude/Fahrhabe», aus der klar ersichtlich ist, welche Sachen *und Einrichtungen über das Gebäude und welche über die Fahrhabe versichert werden müssen.*

Den Schutz Ihrer Fahrhabe sollten Sie auf keinen Fall vernachlässigen. Unterschieden werden folgende Bereiche:

Waren: Selber hergestellte und eingekaufte Waren

Einrichtungen: Betriebseinrichtungen wie Maschinen, Werkzeuge, Instrumente, Apparate, Ersatzteile, Betriebs- und Lagermöbel, Gleisanlagen, Betriebsmotorfahrzeuge (zum Beispiel Hubstapler) und Anhänger ohne Kontrollschilder, Büroeinrichtungen, IT-Anlagen, Fahrnisbauten (zum Beispiel kleine Baracken), anvertrautes Dritteigentum (Kundengut)

Besondere Sachen und Kosten: Modelle, Muster, Formen, Motorfahrzeuge und Anhänger mit Kontrollschildern, Personaleffekten, Geldwerte, Wiederherstellungskosten, Aufräumungskosten, Debitorenausstände, Marktpreisschwankungen

Deckungsumfang

Alle Sachversicherungen decken grundsätzlich Schäden, die durch Feuer und Elementarereignisse, Einbruchdiebstahl, Wassereinbruch und zum Teil auch durch Glasbruch entstehen. Die Grunddeckung sieht folgendermassen aus:

Feuerversicherung: Sie deckt Schäden an Gebäuden und an der Fahrhabe bei Brand und Elementarschadenereignissen (etwa Überschwemmung, Hochwasser, Sturm, Hagel). Wichtig: Implosionsschäden sollten versichert sein.

Diebstahlversicherung: Sie erbringt Leistungen bei Verlust, Zerstörung oder Beschädigung durch Einbruchdiebstahl und Beraubung. Der einfache Diebstahl ist nicht versicherbar. Für Handwerker wichtig: Sind Werkzeuge auf Baustellen, in Autos und an allen Aussenstandorten versichert (Aussenversicherung)? Ladenbesitzer sollten Geldwerte (in der Kasse) genügend versichern. Allenfalls müssen Sie auch Vandalismus einschliessen (erweiterte Deckung).

Wasserversicherung: Sie gewährt Deckung bei Schäden durch Wasserleitungsbrüche in Liegenschaften und durch eingedrungenes Regen-, Schnee- oder Schmelzwasser.

Glasbruchversicherung: Sie deckt unabhängig von der Ursache das Risiko eines Glasbruchs an Gebäuden oder Mobiliar. Die Police kann pauschal oder für einzelne Gläser abgeschlossen werden. Ladenbesitzer sollten auch Schaufenster, Neonbeleuchtungen, Firmenschilder und Schaufensterbeschriftungen versichern.

Spezialversicherungen

Je grösser die Gefahr eines massiven Vermögensschadens bei einem möglichen Schadenereignis, desto eher drängt sich neben den Haftpflicht- und Sachversicherungen auch der Abschluss einer der folgenden Spezialversicherungen auf.

Maschinenversicherung

Sie versichert unter anderem installierte oder fahrbare Maschinen, Apparate, Instrumente und technische Anlagen

Betriebsrechtsschutzversicherung: empfehlenswert

Die Betriebsrechtsschutzversicherung ist – im Gegensatz zur Privat-, Verkehrs- und Immobilienrechtsschutzversicherung für Privatpersonen – für Unternehmen und Selbständigerwerbende bestimmt. Sie ist empfehlenswert, denn auch wenn Ihr Unternehmen gut versichert ist, müssen Sie bei grösseren Schadenfällen oder Forderungen von Dritten oft Juristen beiziehen. Das wird schnell teuer.

Die Betriebsrechtsschutzversicherung deckt die Kosten, die Ihnen aus Verfahren vor Gerichten und Behörden oder für die Abwehr von unberechtigten Ansprüchen entstehen. Letzteres Risiko wird zwar schon durch die Haftpflichtversicherung gedeckt (passiver Rechtsschutz), bei der aktiven Durchsetzung eigener Ansprüche aber hilft die Haftpflichtversicherung nicht.

Beim Abschluss einer Betriebsrechtsschutzversicherung sollten Sie genau hinsehen, denn nicht immer halten die angebotenen Produkte, was sie versprechen. Sehen Sie sich die Ausschlüsse genauer an. Wichtig ist zudem die freie Wahl des Anwalts, die nicht bei allen Versicherungen gegeben ist. Sie ermöglicht Ihnen, den für Ihren Fall passenden Juristen auszuwählen.

Der Abschluss einer Betriebsrechtsschutzversicherung bedeutet auch nicht, dass Sie in jedem Fall Ihr Recht vor Gericht geltend machen können. Meist sehen die Verträge vor, dass der Versicherer den Fall zuerst intern prüfen und eine Einigung mit der Gegenpartei anstreben kann. Zudem behält sich der Versicherer oft das Recht vor, einen seiner Meinung nach aussichtslosen Prozess abzulehnen. Sind Sie anderer Ansicht, haben Sie aber die Möglichkeit, einen von beiden Seiten akzeptierten Anwalt mit der Abklärung des Prozessrisikos zu beauftragen. Die Kosten für diese Abklärung muss die unterliegende Partei bezahlen.

---

gegen unvorhergesehene und plötzlich eintretende Schäden aus eigenem oder fremdem Verschulden (etwa Bedienungsfehler, Fahrlässigkeit, Kurzschluss, Montagefehler, Versagen). Sie kann für den ganzen Maschinenpark oder nur für einzelne Maschinen abgeschlossen werden und lohnt sich bei Maschinen, deren Ausfall zu finanziellen Engpässen führen würde.

Beispiel | Die Brauerei «Starbräu» hat eine moderne Verpackungsmaschine in Betrieb genommen. Diese fügt die neu eingeführten 25-cl-Flaschen mithilfe einer Kartonhülle jeweils vollautomatisch zu den bei Kunden beliebten Sixpacks zusammen. Mehrere Tausend Kartons können so pro Tag abgepackt werden. Doch dann passiert es: Wegen einer Fehlschaltung bei Arbeiten am Stromnetz der Firma erhält der Motor der neuen Maschine kurzfristig eine Überspannung und brennt durch. Die Reparatur ist teuer, dauert einige Tage und der Produktionsprozess ist unterbrochen. Die «Starbräu» muss ihre Flaschen in dieser Zeit zu einer anderen Brauerei transportieren und dort verpacken lassen. Das verursacht hohe Extraausgaben. Mit einer Maschinenversicherung wären die Kosten für die Maschinenreparatur, der Mehraufwand für das auswärtige Verpacken und die Überstunden des Personals für das mehrmalige Umladen gedeckt gewesen.

Betriebsunterbrechungsversicherung
Diese Police deckt die finanziellen Folgen (fixe Kosten, entgangener Gewinn) eines Unterbruchs, sofern dem Unterbrechungsschaden ein nach den schweizerischen allgemeinen Versicherungsbedingungen (AVB) versicherter Sachschaden vorausgegangen ist. Sie kann praktisch für alle Risiken abgeschlossen werden (beispielsweise Feuer, Einbruchdiebstahl, Wasser). Eine solche Police lohnt sich für Firmen, die bei Betriebsunterbrüchen keine alternativen Produktionsmöglichkeiten besitzen. Weniger empfehlenswert ist sie für reine Handels- oder Bürobetriebe. Für sie empfiehlt sich eine reine Mehrkostendeckung. Diese übernimmt zum Beispiel bei einem Brandschaden in den Geschäftsräumlichkeiten die zusätzlichen Mietkosten, wenn die Räume vorübergehend nicht benutzt werden können.

EDV-Anlagenversicherung
Wenn der Computer, der Server oder die CAD-Anlage aussteigt (zum Beispiel wegen Fahrlässigkeit, Böswilligkeit, Sabotage oder Materialfehlern), kann dies für eine Firma heutzutage verheerende Folgen haben. Versicherbar sind unter anderem die IT-Anlage, die Datenträger samt den Daten sowie die Mehrkosten, wenn auf eine andere Anlage ausgewichen werden muss. Diese Versicherung kann als Zusatzdeckung in die Sachversicherung (Fahrhabe) eingeschlossen werden (siehe Seite 217). Bei grossen, teuren IT-Anlagen lohnt sich der Abschluss einer separaten Versicherung.

Allgemeine Versicherung für technische Anlagen (ATA)
Darin sind Schäden versichert, die plötzlich und unvorhergesehen entstehen – als Folge von menschlichen Einwirkungen (zum Beispiel unsachgemässer Handhabung, Fahrlässigkeit), elektrischen Einflüssen (Kurzschluss, Spannungsschwankungen), Diebstahl, Wasser-, Feuer- und Elementarereignissen. Diese Versicherung kann sinnvoll sein bei teuren Maschinen, die von verschiedenen Betriebsangehörigen benützt werden.

Cyberversicherung
Jedes Unternehmen muss heute damit rechnen, dass seine IT-Infrastruktur durch Hackerangriffe lahmgelegt oder von Dritten für kriminelle Zwecke missbraucht wird und dass Daten gestohlen werden. Dagegen bieten konventionelle Sachversicherungen und Versicherungen gegen Vertrauensschaden und Datenmissbrauch keinen ausreichenden Schutz. Nur bestimmte Schäden sind über die Standardpolicen versichert; führt etwa ein Hackerangriff zu einem Sachschaden an einer Betriebsanlage und in der Folge zu einem Betriebsunterbruch, ist dieser durch die Betriebsunterbruchversicherung abgedeckt. Die Versicherungslücken im Zusammenhang mit digitalen Risiken schliessen spezielle Cyberrisiko-

versicherungen. Sie übernehmen die berechtigten Haftpflichtansprüche Dritter, die Kosten für die Abwehr ungerechtfertigter Ansprüche und die finanziellen Schäden des Versicherungsnehmers.

Versicherungen gegen Cyberrisiken sind nach dem Baukastenprinzip aufgebaut und lassen sich auf die Bedürfnisse des Unternehmens abstimmen. Angeboten werden unter anderem Bausteine zu Haftpflicht, Kosten für die Benachrichtigung von Betroffenen, Betriebsunterbruch, Cybererpressung, Datenbeschädigung oder Honorare für externe Berater wie Juristen oder Krisenmanager.

Tipp | Empfehlenswert ist eine Versicherung gegen Cyberrisiken insbesondere für Unternehmen, die im Onlinebusiness tätig sind und vertrauliche Daten verwalten und dadurch für Hacker attraktiv sind. Da Cyberversicherungen relativ hohe Prämien aufweisen, sollten Sie mehrere Anbieter vergleichen. Achten Sie dabei vor allem auf die Leistungseinschränkungen sowie die Ausschluss- und Subsidiaritätsklauseln. Letztere bedeuten, dass bei Schäden zuerst bestehende Versicherungen in Anspruch zu nehmen sind. Lassen Sie sich unbedingt von einem Experten beraten, damit am Schluss nicht die gleichen Risiken durch mehrere Policen abgedeckt sind.

Epidemieversicherung

Diese bietet Schutz gegen die finanziellen Folgen von Warenverderb oder Betriebsunterbruch durch auf Mensch und Tier übertragbare Krankheiten. Nicht versichert ist jedoch beispielsweise die Influenza (Grippeviren). Für Betriebe im Gastronomie- und Gesundheitswesen ist diese Versicherung sehr wichtig, da ein solches Ereignis zu grossen finanziellen Ausfällen führen kann.

Sicherheit für Familie und Unternehmen

Eine selbständige Erwerbstätigkeit tangiert nicht nur das Berufs-, sondern auch das Privatleben. Auch in diesem Bereich gibt es Risiken, die Sie als Neuunternehmer, als Firmengründerin kennen sollten. Stellt beispielsweise das Einkommen aus der selbständigen Erwerbstätigkeit die Haupteinnahmequelle dar, können finanzielle Engpässe das Familienleben völlig durcheinanderbringen. Unter Umständen gefährden Schulden des Unternehmens die Existenz der Familie.

Umgekehrt kann durch grundlegende Veränderungen im Privatleben auch die Existenz des Unternehmens auf dem Spiel stehen. Je nach Güterstand, Rechtsform der Firma und Regelung der Vermögensverhältnisse ist das beispielsweise bei einer Scheidung möglich.

Auch wenn es unangenehm ist, sich in der Euphorie der Firmengründung Gedanken zu Tod, Schulden oder Scheidung zu machen, sollten Sie sich mit diesen Themen befassen und die nötigen Vorkehrungen treffen.

Ehe-, Erbverträge und Testamente bieten verschiedene Möglichkeiten, um die Zukunft des Unternehmens zu sichern. Es geht dabei nicht darum, mit raffinierten Tricks die Ehepartnerin, den Partner zu benachteiligen, sondern um sinnvolle Vorkehrungen für den Notfall. Schon manches Unternehmen musste nämlich wegen Erbstreitigkeiten oder einer Scheidung verkauft werden.

Schutz vor Schuldenhaftung

Verheiratete Neuunternehmer dürften vor allem zwei Fragen beschäftigen: Wie ist mein Privatvermögen bei einer Verschuldung geschützt? Haftet die Ehepartnerin, der Ehemann für meine Geschäftsschulden mit? Die Antworten auf diese Fragen hängen von der Rechtsform Ihres Unternehmens (siehe Seite 156) und von Ihrem Güterstand ab. Das Eherecht unterscheidet drei Güterstände:
- Errungenschaftsbeteiligung
- Gütertrennung
- Gütergemeinschaft

Für alle Ehepaare gilt die Errungenschaftsbeteiligung, sofern sie nicht in einem Ehevertrag besondere Vereinbarungen getroffen haben.

Errungenschaftsbeteiligung
Die Errungenschaftsbeteiligung ist der ordentliche Güterstand im schweizerischen Eherecht. Damit will der Gesetzgeber im Todesfall oder bei einer Scheidung eine

gerechte Aufteilung des gemeinsam in der Ehe erarbeiteten Vermögens auf Mann und Frau erreichen. Bei der Errungenschaftsbeteiligung unterscheidet man vier Vermögensteile: das Eigengut und die Errungenschaft der Frau sowie das Eigengut und die Errungenschaft des Mannes.

- Zum **Eigengut** zählt alles, was dem Mann oder der Frau zu Beginn des Güterstands gehörte; alles, was sie später als Schenkung oder Erbe erhalten; die Gegenstände, die ausschliesslich zum persönlichen Gebrauch dienen (Kleider, Hobby, Schmuck); Genugtuungsansprüche (zum Beispiel wegen einer Körperverletzung); Ersatzanschaffungen für Eigengut (das in die Ehe gebrachte Ledersofa wird durch ein neues ersetzt).
- Die **Errungenschaft** setzt sich zusammen aus dem Arbeitserwerb, den Leistungen von Vorsorgeeinrichtungen, Sozialversicherungen und den Entschädigungen bei Arbeitsunfähigkeit, dem Ertrag des Eigenguts (etwa Zinsen auf einem Sparkonto oder für ein Darlehen) und den Ersatzanschaffungen für die Errungenschaft.

Bei der Errungenschaftsbeteiligung sind Mann und Frau für die Verwaltung und Nutzung ihres Eigenguts und ihrer Errungenschaft selbst zuständig und dürfen darüber grundsätzlich frei verfügen. Für Selbständigerwerbende besonders wichtig zu wissen: Kein Ehepartner haftet für Geschäfts- oder persönliche Schulden des anderen. Jede Seite haftet nur für eigene Schulden und für Schulden aus dem gemeinsamen Haushalt.

Info | Auch eingetragene Partnerinnen oder Partner haften nicht gegenseitig für Schulden des anderen. Und Konkubinatspartner sind vermögensrechtlich sowieso völlig unabhängig voneinander.

Wird die Ehe aufgelöst – sei es durch Tod oder Scheidung –, behalten Mann und Frau je ihr Eigengut für sich. Die beiden Errungenschaften werden nach dem Gesetz hälftig geteilt; im Ehevertrag kann aber auch eine andere Teilung vereinbart werden (siehe Seite 226).

Tipp | Die Errungenschaftsbeteiligung kann – muss aber nicht – für Unternehmer eine gute Lösung sein. Das gilt wohl am ehesten dort, wo die vollamtliche Haus- und Familienfrau bei Scheidung oder Tod des Unternehmers an der aus dem Geschäft hervorgegangenen Errungenschaft zur Hälfte beteiligt werden soll. Umgekehrt kann aber gerade diese Entschädigung den Fortbestand des Unternehmens gefährden. Lassen Sie sich in Bezug auf den für Ihre Situation optimalen Güterstand von einer Fachperson (Juristin, Notar) beraten.

Beispiel | Lara E. ist verheiratet und hat vor drei Jahren als eingetragenes Einzelunternehmen einen Onlinehandel mit Kinderkleidern aufgezogen. Das Geschäft lief von Beginn weg schlecht. Mit der Zeit kann sie die Rechnungen der Lieferanten nicht mehr bezahlen und muss schliesslich Konkurs anmelden. Das Vermögen ihres Ehemanns bleibt dank den Regeln der Errungenschaftsbeteiligung von der konkursamtlichen Versteigerung verschont, da Lara E. alleinige Inhaberin des Unternehmens ist. Ihr Schmuck, den sie in die Ehe mitgebracht hat, und die von ihrem Vater geerbten Briefmarkenalben mit wertvollen Stücken werden aber versteigert, um die Gläubiger des Unternehmens auszuzahlen.

Gütertrennung

Bei der Gütertrennung sind die Finanzen von Mann und Frau klar getrennt – auch im Fall einer Scheidung. Beide können mit ihrem Einkommen und Vermögen weitgehend frei schalten und walten. Wie bei der Errungenschaftsbeteiligung haften Selbständigerwerbende nur mit ihrem eigenen Vermögen für Geschäftsschulden. Dies setzt allerdings voraus, dass beide Seiten ihre Vermögenswerte klar auseinanderhalten und etwa in einem regelmässig aktualisierten Inventar auflisten, wem was gehört.

Auf den ersten Blick erscheint die Gütertrennung für Selbständigerwerbende als ideal. Doch sie birgt gewichtige Nachteile, vor allem wenn nur eine Seite erwerbstätig ist. Widmet sich die Frau ausschliesslich Haushalt und Kindern, wird sie mangels Erwerbstätigkeit kein eigenes Vermögen äufnen können. Rentiert das Unternehmen ihres Mannes, ist sie bei einer Scheidung weder an seinen Ersparnissen noch an den Gewinnen beteiligt und geht leer aus. Nur wenn sie eigene Mittel in sein Geschäft investiert oder mitgearbeitet hat, besitzt sie einen begrenzten Entschädigungsanspruch. Das kann sehr ungerecht sein.

Tipp | Wählen Sie als selbständiger Unternehmer die Gütertrennung, sollten Sie zumindest für den Todesfall in einem Testament oder Erbvertrag (siehe Seite 228) die Betriebsnachfolge regeln. Darin können Sie Ihre Partnerin, Ihren Partner, die auf jegliche güterrechtlichen Ansprüche verzichtet haben, angemessen abfinden und absichern.

Gütergemeinschaft

Die Gütergemeinschaft kennt drei Vermögensteile: das Eigengut der Frau, das Eigengut des Mannes und das gemeinsame Gesamtgut. Viele Bestimmungen entsprechen denjenigen der Errungenschaftsbeteiligung. In der Praxis hat die Gütergemeinschaft nur eine geringe Bedeutung; verheirateten Unternehmern raten Fachleute in vielen Fällen davon ab. Denn dieser Güterstand ist zu umständlich und birgt vor allem hohe Haftungsrisiken. Wenn Mittel des Gesamtguts ins Geschäft investiert wurden oder der Ertrag aus dem Geschäft ins Gesamtgut floss – und das dürfte meist der Fall sein –, haftet für Geschäftsschulden jeder Ehegatte gegenüber Dritten mit seinem Eigengut und dem ganzen Gesamtgut.

Buchtipp | Mehr Informationen zu den Güterständen und zu den sonstigen rechtlichen Folgen des Jaworts finden Sie in diesem Beobachter-Ratgeber: **Eherecht. Was wir beim Heiraten wissen müssen.** www.beobachter.ch/buchshop

Vorkehrungen für den Todesfall

Das Thema Tod sollte für Neuunternehmer kein Tabu sein. Im Gegenteil: Je besser sie die Bestimmungen des Güter- und Erbrechts kennen, desto besser können sie Vorkehrungen treffen, die bei einem Todesfall den Bedürfnissen der Hinterbliebenen entsprechen.

Stirbt ein verheirateter Unternehmer, eine verheiratete Unternehmerin, wird in einem ersten Schritt das eheliche Vermögen getrennt. In dieser güterrechtlichen Auseinandersetzung wird festgelegt, welcher Vermögensteil der hinterbliebenen Seite aus dem Güterrecht zusteht und welcher den Nachlass des oder der Verstorbenen bildet. Die güterrechtliche Auseinandersetzung lässt sich mit einem Ehevertrag beeinflussen.

In einem zweiten Schritt folgt die erbrechtliche Auseinandersetzung, also die Aufteilung des Nachlasses unter den Erben. Die gesetzliche Erbfolge lässt sich mit einem Erbvertrag oder einem Testament abändern.

Tipp | Die rechtliche Absicherung von Firma und Familie ist ein komplexes Thema und verlangt Kenntnisse im Erb-, im Scheidungs- und im Gesellschaftsrecht. Lassen Sie sich deshalb von einem Notar oder einer Rechtsanwältin ausführlich beraten. Sprechen Sie dabei auch die Nachfolgeregelung in der Firma an.

Schutzmöglichkeiten im Güterrecht

Wird das eheliche Vermögen beim Güterstand der Errungenschaftsbeteiligung infolge Tod oder Scheidung aufgelöst, steht jedem Ehepartner sein Eigengut (siehe Seite 224) und die Hälfte des sogenannten Vorschlags zu. Der Vorschlag ist der Positivsaldo der Errungenschaften von Mann und Frau. Eheleute sind also zu gleichen Teilen am während der Ehe gesparten Verdienst des anderen beteiligt. Arbeitete die Ehefrau im Betrieb des Partners in einem Mass mit, das den üblichen Anteil am ehelichen Unterhalt überstieg, darf sie zusätzlich ausserordentliche Beiträge verlangen – sofern die Mithilfe nicht vertraglich geregelt war und entschädigt wurde (mehr dazu auf Seite 297). Häufig kommt es auch vor, dass zum Beispiel die Ehefrau ihr eigenes Geld in die Firma ihres Mannes investiert. Dafür hat sie bei der güterrechtlichen Auseinandersetzung eine Ersatzforderung zugut. Falls die Firma an Wert gewonnen hat, steht ihr auch eine entsprechende Beteiligung an diesem Mehrwert zu.

Buchtipp | In der Schweiz wird fast jede zweite Ehe geschieden. Deshalb sollten Sie sich schon bei der Firmengründung überlegen, welche Auswirkungen eine Scheidung auf das eigene Unternehmen hätte. Mehr Informationen dazu finden Sie in diesem Beobachter-Ratgeber: **Scheidung.** Faire Regelungen für Kinder – gute Lösungen für Wohnung und Finanzen. www.beobachter.ch/buchshop

Was gilt in einer eingetragenen Partnerschaft?

Für eingetragene Partner oder Partnerinnen gilt – wenn sie nichts anderes vereinbart haben – die Gütertrennung; keine Seite hat also Ansprüche an das Vermögen der anderen. Zwei Punkte sollten eingetragene Paare beachten:

- Wollen Sie Ihren Partner, Ihre Partnerin für den Fall Ihres Todes besser absichern, können Sie in einem Vermögensvertrag die Errungenschaftsbeteiligung wählen. So haben Sie dieselben Möglichkeiten wie Ehepaare, können sich also zum Beispiel gegenseitig den ganzen Vorschlag zuweisen. Die Pflichtteile allfälliger Nachkommen dürfen Sie dadurch aber nicht beeinträchtigen. Ein solcher Vermögensvertrag muss öffentlich beurkundet werden.
- Lassen Sie es bei der Gütertrennung und leistet eine Seite einen grösseren finanziellen Beitrag an das Unternehmen des Partners, der Partnerin, sollten Sie das Darlehen schriftlich regeln und eine Mehrwertbeteiligung vereinbaren. Nur so haben Sie, wenn das Unternehmen floriert, Anspruch auf einen Anteil am zusätzlichen Unternehmenswert.

Massgeschneiderte Lösungen im Ehevertrag

Mit einem Ehevertrag können Eheleute ihre Vermögensverhältnisse individuell regeln. Sie können beispielsweise die Gütertrennung wählen oder sich bei der Errungenschaftsbeteiligung gegenseitig begünstigen, indem sie den ganzen Vorschlag der überlebenden Seite zuweisen. Für einen Ehevertrag braucht es das Einverständnis beider Eheleute und die Beurkundung durch eine öffentliche Urkundsperson (in den meisten Kantonen ist dies der Notar).

Der Ehevertrag bietet Ihnen auch verschiedene Möglichkeiten, das Fortbestehen des Unternehmens zu sichern:

- Sie können Vermögenswerte der Errungenschaft, die für die Ausübung eines selbständigen Berufs oder für den Betrieb eines Gewerbes bestimmt sind, zu Eigengut erklären. Darunter kann beispielsweise eine Unternehmensbeteiligung an einer AG in Form von Aktien fallen. Voraussetzung ist, dass damit ein Sitz im Verwaltungsrat verbunden ist und die Aktien nicht als blosse Vermögensanlagen gehalten werden. Dank einer solchen Zuweisung wird die Firma auch im Scheidungsfall aus der güterrechtlichen Auseinandersetzung herausgehalten und fällt im Todesfall ungeschmälert in die Erbmasse. Diese Regelung ist insbesondere für Unternehmer sinnvoll, die während der Ehe ein Geschäft neu aufbauen.
- Erträge des Eigenguts (Zinsen, Dividenden), die eigentlich als Errungenschaft gelten, können Sie in einem Ehevertrag dem Eigengut zuschlagen. Ideal ist dies beispielsweise für Ehegattinnen, die ein

grosses Vermögen in die Ehe einbringen. Oder für Unternehmer, die das Geschäftsvermögen zu Eigengut erklärt haben. Dadurch fliessen die Erträge aus dem Geschäft nicht in die Errungenschaft und müssen bei güterrechtlichen Streitigkeiten auch nicht mit dem Ehepartner geteilt werden. Dies ist sinnvoll, wenn Sie während einer Ehe ein Geschäft aufbauen, wenn ein Ehepartner eine Firma erbt oder ein Unternehmen in die Ehe einbringt.

- Ändern Sie die Vorschlagsteilung, können Sie die Betriebsnachfolge bereits zu Lebzeiten absichern. Dies ist empfehlenswert, wenn Ihr Sohn oder Ihre Tochter das Unternehmen weiterführen wird. Die geänderte Vorschlagsteilung sollte dann aber auch im Fall von Scheidung, Trennung oder gerichtlicher Gütertrennung gelten, was im Ehevertrag ausdrücklich festgehalten sein muss.
- Haben Sie Gütertrennung vereinbart, unterstützen aber Ihren Partner, Ihre Partnerin beim Aufbau des Unternehmens finanziell, sollten Sie sich eine Mehrwertbeteiligung zusichern lassen. Halten Sie schriftlich – und vor der Übergabe des Geldes – in einem Darlehensvertrag Summe, Verzinsung und Rückzahlungsmodalitäten fest. Dadurch haben Sie Anrecht auf einen Anteil am entstandenen Mehrwert, sollte die Ehe aufgelöst werden.

Tipp | Überprüfen Sie zu Beginn Ihrer Tätigkeit als Unternehmer bestehende Eheverträge auf Richtigkeit und Aktualität.

Falls Sie vor 1988 einen Ehevertrag abgeschlossen und diesen seither nicht mehr angepasst haben, gilt für Sie nach wie vor das alte Ehegüterrecht. Überprüfen Sie auch in Zukunft regelmässig, ob die einmal getroffenen Vereinbarungen weiterhin den aktuellen Verhältnissen und Ihren persönlichen Bedürfnissen entsprechen.

Schutzmöglichkeiten im Erbrecht

Das Erbrecht hält fest, wer die gesetzlichen Erben eines Verstorbenen sind und welcher Anteil des Nachlasses (Pflichtteil) diesen nicht entzogen werden kann. Mit einem Ehevertrag, einem Erbvertrag oder einem Testament können Sie eine von der gesetzlichen Erbfolge abweichende Beteiligung am Nachlass verfügen; zum Beispiel für den besseren Schutz des überlebenden Ehepartners und für die Zukunft des Unternehmens.

Info | Eingetragene Partner oder Partnerinnen sind erbrechtlich den Ehegatten gleichgestellt. Sie sind also gesetzliche Erben, haben denselben Pflichtteil und dieselben Möglichkeiten, über ihren Nachlass zu verfügen.

Im **Testament** können Unternehmer über die verfügbare Quote – das ist derjenige Teil des Nachlasses, der nicht der Pflichtteilsregelung unterliegt – frei bestimmen. Sie können Teilungsvorschriften erlassen sowie Zuwendungen mit Bedingungen und Auflagen verknüpfen. Ein Testament

---

Was gilt für Konkubinatspaare?

Leben Sie im Konkubinat, sollten Sie sich bewusst sein, dass Ihre Partnerschaft erbrechtlich nicht existiert. Soll Ihr Partner, Ihre Partnerin an Ihrem Nachlass beteiligt sein, müssen Sie dies ausdrücklich in einem Testament oder einem Erbvertrag festhalten.
- Im Testament müssen Sie die Pflichtteile der gesetzlichen Erben berücksichtigen. Wenn Sie Kinder haben, sind das drei Viertel Ihres Nachlasses; wenn Sie kinderlos sind, aber Ihre Eltern beide noch leben, ist die Hälfte des Nachlasses pflichtteilsgebunden.
- Der Erbvertrag bietet mehr Gestaltungsmöglichkeiten. Zum Beispiel können pflichtteilsgeschützte Erben darin zugunsten des Konkubinatspartners auf den Pflichtteil verzichten.

---

kann jedermann für sich allein aufsetzen. Es gibt zwei Formen: Das eigenhändige Testament muss von A bis Z von Hand geschrieben, unterzeichnet und mit dem Datum der Errichtung versehen werden. Das öffentliche Testament wird bei einem Notar verfasst, vor ihm im Beisein von zwei Zeugen unterzeichnet und anschliessend bei der zuständigen Amtsstelle hinterlegt.

Ein Testament lässt sich jederzeit widerrufen oder abändern.

Der **Erbvertrag** wird zwischen zwei oder mehreren Parteien abgeschlossen. Jeder Ehegatte kann dadurch den überlebenden Partner oder Nachkommen begünstigen. Im Erbvertrag können auch Fragen der Unternehmensnachfolge ohne Berücksichtigung der Pflichtteile verbindlich geregelt werden.

Der Erbvertrag lässt sich nur im gegenseitigen Einvernehmen der Vertragsparteien erstellen und ist einzig für die Mitunterzeichnenden verbindlich. Er muss im Beisein von zwei Zeugen öffentlich beurkundet werden. Auch für eine Ergänzung oder Änderung braucht es eine öffentliche Beurkundung.

Ergänzend zum Ehevertrag lässt sich die Unternehmensexistenz mit Anordnungen in Erbvertrag oder Testament sichern. Zur Wahl stehen folgende Möglichkeiten:
- Einen Teil Ihres Nachlasses – die verfügbare Quote – können Sie frei zuweisen und damit den Betriebsnachfolger begünstigen. Dabei müssen Sie aber die Pflichtteile beachten: diejenigen der überlebenden Ehepartnerin oder des Partners, der Nachkommen und – falls sie keine Kinder haben – der Eltern. Den Umfang der verfügbaren Quote können Ehepaare mit einem Ehevertrag beeinflussen, indem sie die Vorschlagsteilung

Die eheliche Liegenschaft

Das Erbrecht kennt ein Vorzugsrecht für überlebende Ehegatten: Sie können verlangen, dass ihnen am gemeinsam bewohnten Haus oder an der Wohnung das Eigentum, die Nutzniessung oder ein Wohnrecht zugeteilt wird.

Von dieser Regelung gibt es eine Ausnahme, die Unternehmer besserstellt, die ihr Geschäft in der privaten Liegenschaft betreiben: Hat der verstorbene Ehegatte im bisher gemeinsam bewohnten Haus oder in der Wohnung ein Unternehmen geführt und benötigt ein Nachkomme die Räumlichkeiten, um den Betrieb weiterzuführen, kann die überlebende Seite weder das Eigentum noch die Nutzniessung noch das Wohnrecht verlangen.

---

abändern. Auch eingetragene Partner haben diese Möglichkeit.
- Bestimmen Sie mit Teilungsvorschriften, welcher Erbe auf Anrechnung an seinen Erbteil die Geschäftsliegenschaft erhalten soll.
- Weisen Sie das Eigentum am ganzen Nachlass den gemeinsamen Nachkommen zu und belasten Sie es mit der Nutzniessung zugunsten des überlebenden Ehepartners.
- Setzen Sie Nacherben ein. Damit verpflichten Sie etwa Ihre Ehepartnerin (die Vorerbin), den Nachlass an die Tochter (Nacherbin) auszuliefern, sobald diese die Unternehmensnachfolge antritt. Dabei ist aber sicherzustellen, dass der Pflichtteil der Gattin nicht verletzt wird.
- Regeln Sie Fragen der Nachfolge in einem Erbvertrag für alle Mitunterzeichnenden verbindlich. In einem Erbverzichtsvertrag etwa können der überlebende Ehepartner und/oder andere Erben im Interesse der Unternehmensnachfolge freiwillig auf pflichtteilsgeschützte Ansprüche verzichten – zum Beispiel gegen eine einmalige Abfindung.

Buchtipp | Eine optimale Regelung erfordert meist eine Kombination von Ehevertrag sowie erb- und gesellschaftsrechtlichen Anordnungen. Lassen Sie sich beraten. Umfassende Informationen zu Erbrecht und Nachlass finden Sie in diesem Beobachter-Ratgeber: **Testament, Erbschaft.** Wie Sie klare und faire Verhältnisse schaffen.
www.beobachter.ch/buchshop

Weitere Vorkehrungen
Neben diesen erbrechtlichen Anordnungen gibt es weitere Möglichkeiten, die Ehepartnerin oder einen künftigen Firmennachfolger zu begünstigen:
- Übertragen Sie zu Lebzeiten Ihrer Ehefrau oder einem vorgesehenen Nachfolger Beteiligungsrechte an der Firma.

- Begünstigen Sie bei einer AG den Ehepartner oder den Nachfolger mit Stimmrechtsaktien.
- Regeln Sie als Geschäftsinhaberin mit mehreren Erben die Nachfolge in einem Aktionärsbindungsvertrag mit Vorkaufs-, Kauf- und Stimmrechten (siehe Seite 172).
- Überprüfen Sie, ob Ihnen eine Änderung der Gesellschaftsform (siehe Kapitel 7) im Hinblick auf die Unternehmensnachfolge Vorteile bringen würde.

Bei all diesen Massnahmen sind die güter- und erbrechtlichen Ansprüche zu berücksichtigen sowie steuerliche Folgen abzuklären.

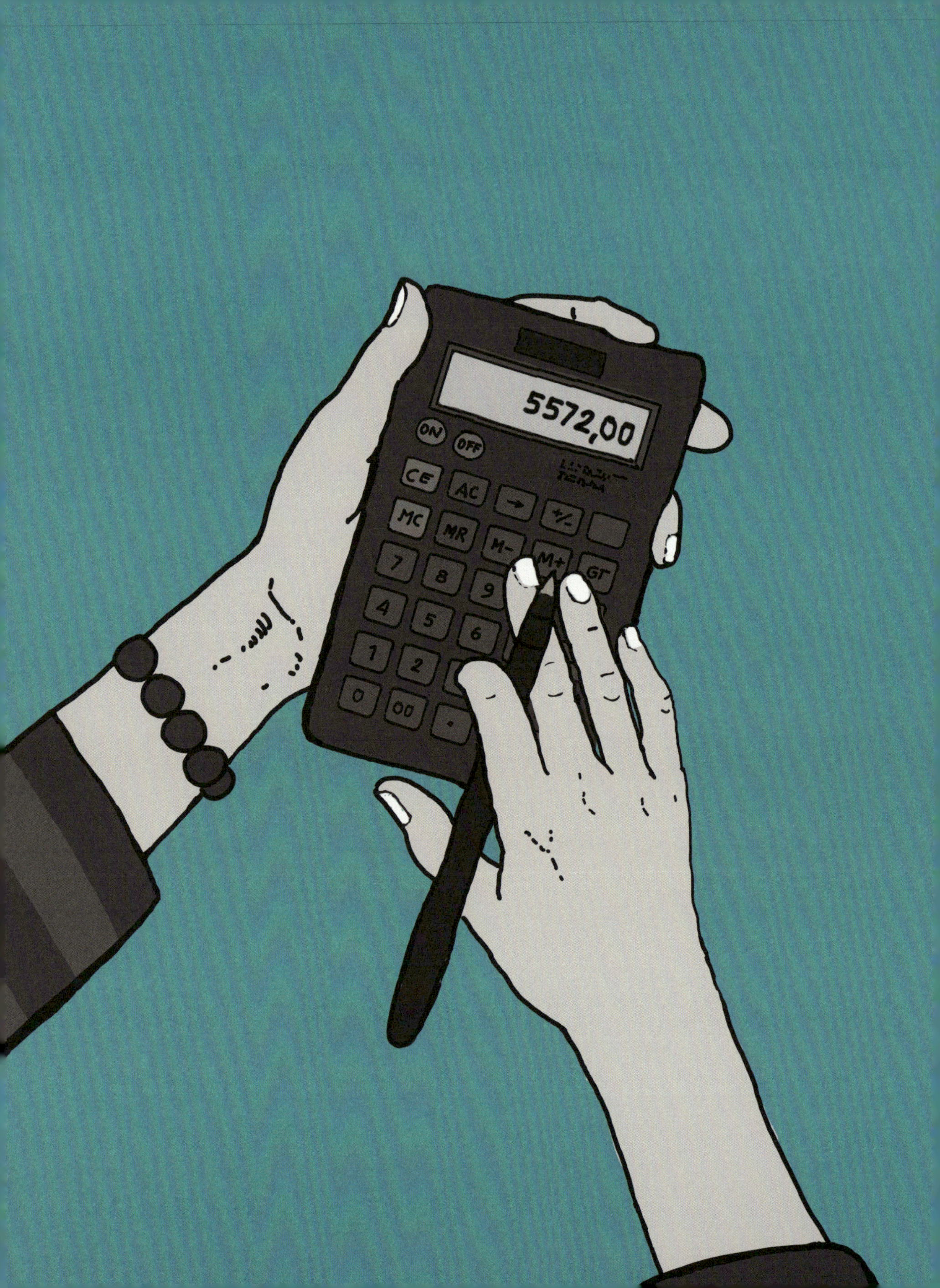
5572,00
ON
OFF
CE
AC
MC
MR
M-
M+
GT
7
8
9
4
5
6
1
2
0
00

9 | Die Steuern

Steuern sind ein wesentlicher Kostenfaktor, den Neuunternehmer schon vor dem Geschäftsstart berücksichtigen sollten sonst erleben sie bei der ersten Steuerrechnung eine böse Überraschung. Ziel muss es sein, die Steuerbelastung durch legale Massnahmen tief zu halten, um möglichst viele Mittel für den Auf- und Ausbau der Firma zu haben.

Grundbegriffe des Steuersystems

Damit Firmengründer die Besteuerung des eigenen Unternehmens in der Planung optimal berücksichtigen können, müssen sie die Grundzüge des Schweizer Steuersystems verstehen.

In der Schweiz erheben Bund, Kantone und Gemeinden indirekte und direkte Steuern. Unter die indirekten Steuern fallen Verbrauchs-, Besitz- und Aufwandsteuern. Das sind zum Beispiel Steuern auf Tabak, Alkohol und Motorfahrzeugen sowie die Mehrwertsteuer (siehe Seite 248) und Zölle.

Zu den direkten Steuern zählen Einkommens- und Vermögenssteuern, Gewinn- und Kapitalsteuern sowie Grundstückgewinn- und Handänderungssteuern. Und schliesslich zieht der Staat auch für die Landeskirchen Steuern ein: von den Mitgliedern der Kirchgemeinde und je nach Kanton auch von juristischen Personen.

Die Erhebung einer Steuer beruht immer auf fünf Voraussetzungen, die im Gesetz geregelt sind:
- Steuerhoheit: Wer erhebt die Steuer?
- Steuersubjekt: Wer schuldet die Steuer?
- Steuerobjekt: Was begründet die Steuer?
- Steuerberechnungsgrundlage: Auf welcher Basis wird die Steuer berechnet?
- Steuermass: Wie hoch fällt die Besteuerung aus (Steuerbelastung)?

Info | Das Steuergesetz des Bundes (direkte Bundessteuer), die unterschiedlichen kantonalen und kommunalen Steuergesetze (Staats- und Gemeindesteuer) ändern laufend. Deshalb kann der Ratgeber keine verbindlichen Aussagen zur Steuerbelastung machen, sondern nur grundlegende Mechanismen erklären.

Steuersubjekt

Steuersubjekt ist der Steuerpflichtige. Dies kann eine natürliche oder juristische Person sein. Der Steuerpflichtige hat vor allem Pflichten: Er muss beispielsweise der Steuerbehörde die Steuererklärung und Unterlagen dazu einreichen und ihr Auskunft geben. Auf der anderen Seite besitzt er auch Rechte: etwa das Recht auf Mitwirkung an der Steuerveranlagung oder auf Rechtsschutz (Einsprache, Rekurs).

Einzelunternehmen und Personengesellschaften

Einzelunternehmen, Kollektiv- und Kommanditgesellschaften gelten steuerlich als natürliche Personen und sind deshalb nicht als Unternehmen steuerpflichtig. Das heisst: Einzelunternehmer und Gesellschafter von Kollektiv- und Kommanditgesellschaften versteuern ihr Privat- und Geschäftseinkommen sowie ihr Privat- und

Geschäftsvermögen als Ganzes im Rahmen ihrer herkömmlichen Steuererklärung.

AG und GmbH
AGs und GmbHs sind juristische Personen und werden als solche eigenständig besteuert. Sie unterliegen beim Bund, bei den Kantonen und bei den Gemeinden einer Gewinnsteuer sowie in den meisten Kantonen und Gemeinden zusätzlich einer Kapitalsteuer. Für juristische Personen gibt es spezielle Steuerformulare. AGs und GmbHs können steuerlich auch als Holdinggesellschaft geführt werden. Da dies aber keine typische Gesellschaftsform für Neuunternehmer ist, geht der Ratgeber nicht darauf ein.

Steuerobjekt

Die objektive Steuerpflicht ist im Steuerjargon durch Zustände und Vorgänge begründet: Zustände sind zeitlich andauernde Tatbestände, zu denen das Vermögen zählt. Vorgänge sind Ereignisse, die einmalig sind oder sich wiederholen. Dazu gehören Einkommen aus einer Erwerbstätigkeit, aus Warenlieferungen oder Vermögenserträgen. Auf dieser Rechtsbasis dürfen Steuerbehörden von natürlichen und juristischen Personen Steuern verlangen.

Steuerberechnungsgrundlage

Beim selbständigen Einzelunternehmer und beim Personengesellschafter gelten das Einkommen und das Vermögen als Basis für die Steuerberechnung. Bei der AG und der GmbH ist der erwirtschaftete Reingewinn eines Geschäftsjahrs (Gewinnsteuer) bzw. das Kapital am Ende des Geschäftsjahrs (Kapitalsteuer) ausschlaggebend. Zusätzlich bezahlen Unternehmen in vielen Kantonen Kirchensteuern.

Einzelunternehmen und Personengesellschaften
Das steuerbare Einkommen setzt sich aus dem Gewinn, dem Zins und dem Unternehmerlohn zusammen und wird ergänzt vom übrigen (privaten) Einkommen. Dieses Gesamteinkommen ist beim Bund, beim Kanton und bei der Gemeinde aufgrund einer progressiven Skala zu versteuern. Das heisst: Je höher das Einkommen, desto mehr Steuern in Prozenten des Einkommens sind zu bezahlen. Verluste aus dem Geschäft lassen sich mit dem übrigen Einkommen verrechnen. Das gilt teilweise auch für Geschäftsverluste aus den Vorjahren. Bezahlte Steuern dürfen weder beim Bund noch beim Kanton vom steuerbaren Reingewinn abgezogen werden.

Das Privat- und Geschäftsvermögen von Einzelunternehmern und Personengesellschaftern unterliegt den kantonalen und kommunalen Steuern, nicht aber der direkten Bundessteuer.

AG und GmbH
Die Berechnungsgrundlage für die Steuern einer AG oder einer GmbH entspricht nicht dem erwirtschafteten Reingewinn aus der Erfolgsrechnung (Ertrag minus Aufwand). Zuerst werden noch Berichtigungen vorgenommen. So sind etwa

sämtliche Abzüge aufzurechnen, mit denen das Unternehmen den Gewinn in der Buchhaltung künstlich verringert hat: beispielsweise verdeckte Gewinnausschüttungen, geschäftsmässig nicht begründete Abschreibungen oder Rückstellungen (siehe Seite 247) sowie geschäftsmässig nicht begründeter Aufwand.

Auf der anderen Seite können AGs und GmbHs beim Bund wie auch in den meisten Kantonen ihre während der Berechnungsperiode bezahlten eidgenössischen, kantonalen und kommunalen Steuern vom Reingewinn abziehen. Beim Bund und in allen Kantonen ist es für AGs und GmbHs zudem möglich, die Verluste aus sieben vorangegangenen Geschäftsjahren geltend zu machen.

Das steuerbare Kapital errechnet sich aus dem eingezahlten Aktien- oder Stammkapital sowie den offenen und als Gewinn versteuerten Reserven und dem Gewinnvortrag. Dagegen sind stille Reserven noch nicht versteuert; sie werden durch die Unterbewertung von Aktiven oder die Überbewertung von Passiven gebildet (siehe Seite 290). Es handelt sich dabei um die Differenz zwischen dem Wert eines Bilanzpostens in der Buchhaltung und dessen effektivem Verkehrswert.

Berechnung des Steuerbetrags

Entsprechend der unterschiedlichen Berechnungsgrundlage bei natürlichen und juristischen Personen wird auch die Berechnung der Steuerbeträge unterschiedlich vorgenommen.

Einzelunternehmen und Personengesellschaften

Bei der Besteuerung von Einkommen und Vermögen natürlicher Personen besteht das Steuermass in der Regel aus zwei Teilen: dem gesetzlich festgelegten Steuersatz und dem für den Kanton und die Gemeinde massgebenden Steuerfuss. Hinzu kommt die direkte Bundessteuer.

AG und GmbH

Bei den Gewinnsteuern sieht die direkte Bundessteuer einen einheitlichen Steuersatz vor. Dieser beträgt zurzeit 8,5 Prozent des steuerbaren Reingewinns (proportionale Steuer). Die Kantone und Gemeinden erheben ihre Gewinnsteuern nach unterschiedlichen Methoden: Manche berechnen die einfache Steuer ebenfalls in Prozenten des steuerbaren Gewinns, andere kennen eine progressive Steuer nach der Höhe des Gewinns oder nach der Höhe der Ertragsintensität. Wieder andere kombinieren mehrere Sätze: nach der Ertragsintensität oder nach der Höhe des Gewinns.

> **Info |** Als Ertragsintensität bezeichnet man das Verhältnis zwischen dem durchschnittlichen Betrag des einbezahlten Kapitals sowie den Reserven einerseits und dem Reingewinn im Geschäftsjahr der Bemessungsperiode andererseits.

Die Kapitalsteuern werden nur von den Kantonen erhoben, wobei die meisten einen proportionalen, in Promille ausgedrückten Steuersatz anwenden. Viele Kantone rechnen die Gewinnsteuer an die Kapitalsteuer an. Die Kapitalsteuer wird

Steuerberechnung für ein Einzelunternehmen im Kanton Zürich
(Basis: Steuersätze 2017)

Ausgangslage

Einkommen steuerbar	Fr. 82 000.—
Vermögen steuerbar	Fr. 240 000.—
Steuersatz Einkommen	5,702 %
Steuersatz Vermögen	0,339 ‰
Steuerfuss Kanton Zürich	100 %
Steuerfuss Gemeinde Ottenbach	117 % (ohne Kirchensteuern)

Steuerberechnung

Einfache Staatssteuer:	5,702 % von Fr. 82 000.—	Fr.	4675.—	(auf dem Einkommen)
	0,339 ‰ von Fr. 240 000.—	Fr.	81.—	(auf dem Vermögen)
		Fr.	4756.—	(total einfache Staatssteuer)
Effektiver Steuerbetrag:	217 % von Fr. 4756.—		**Fr. 10 320.50**	(total Staats- und Gemeindesteuer)

(für ledige Person, konfessionslos, ohne Personal- und Bundessteuer)

---

also um den Betrag der Gewinnsteuer reduziert. Auf den meisten Websites der Kantone lassen sich die Steuern automatisch berechnen.

Auf den Websites der meisten Steuerämter können Sie sich die Steuerbelastung online berechnen lassen.

Steuerperiode und Bemessungsperiode

Steuerperiode heisst der Zeitraum, für den dem Bund, dem Kanton oder der Gemeinde eine bestimmte Steuer geschuldet wird. Für natürliche Personen stimmt die Steuerperiode in der Regel mit dem Kalenderjahr überein. Für juristische Personen gilt das Geschäftsjahr als Steuerperiode.

Bemessungsperiode nennt sich der Zeitraum, in dem das Einkommen erzielt wird, auf dem die Steuerrechnung basiert.

Bund, Kantone und Gemeinden benutzen für juristische und natürliche Personen die einjährige Gegenwartsbesteuerung, um die Einkünfte zwischen den verschiedenen Perioden zu erfassen. Bei dieser einheitlich angewandten Methode sind Steuer- und Bemessungsperiode identisch.

Besteuert wird also Ihr effektiv erzieltes Einkommen des entsprechenden Steuerjahrs. Doch erst im Frühling des Folgejahrs füllen Sie jeweils Ihre Steuererklärung aus – für das Steuerjahr 2018 also im Frühling 2019. Darauf bestimmt die Steuerbehörde die effektiv geschuldete Steuer (Steuerveranlagung). Die für das Steuerjahr 2018 tatsächlich geschuldeten Steuern bezahlen Sie deshalb erst nach der definitiven Veranlagung im Jahr 2019 – oder auch später, falls die Steuerbehörde für die Kontrolle Ihrer Steuererklärung länger braucht. Bis die definitive Veranlagung vorliegt, leisten Sie Akontozahlungen auf der Basis der letzten Steuerrechnung. Zeigt die definitive Veranlagung, dass Sie der Steuerbehörde zu viel Geld überwiesen haben, erhalten Sie dieses verzinst zurück. Im umgekehrten Fall zahlen Sie den fehlenden Betrag samt Zins nach.

Anmeldung beim Steueramt
Unabhängig von der gewählten Rechtsform müssen Sie sich als Neuunternehmer, als Firmengründerin bei der Steuerbehörde melden. Als selbständiger Einzelunternehmer oder als Personengesellschafter sollten Sie dies spätestens bis zur Einreichung der Steuererklärung für die Steuerperiode tun, in der Sie die selbständige Erwerbstätigkeit aufgenommen haben.

Juristische Personen sollten sich unverzüglich nach der Gründung beim Steueramt anmelden – obwohl sie aufgrund der Publikation im Schweizerischen Handelsamtsblatt die Steuerformulare meist automatisch zugestellt bekommen. Die Steuerpflicht für AGs und GmbHs beginnt sowohl bei der direkten Bundessteuer als auch bei den kantonalen Steuern mit dem Tag der Eintragung ins Handelsregister.

Steuererleichterungen für Start-ups

Praktisch alle kantonalen Steuergesetze sehen die Möglichkeit vor, neue Unternehmen, die für den Kanton oder eine Region von wirtschaftlicher Bedeutung sind, während einer bestimmten Zeit steuerlich zu fördern. Vorgesehen sind eine ganze oder teilweise Befreiung von der Steuerpflicht und Steuererleichterungen wie etwa erhöhte Amortisationsquoten. Die Kantone

Besteuerung von Unternehmen im Überblick

Steuerhoheit	Bund	Kanton	Gemeinde/Kirche
Gesellschaftsform			
Personengesellschaften: Einzelunternehmen, Kollektiv- und Kommanditgesellschaften	Direkte Bundessteuer vom Einkommen	Einkommens- und Vermögenssteuer	Zu- oder Abschläge zur Staatssteuer, zum Teil eigene Tarife und Bestimmungen
Kapitalgesellschaften: AG, GmbH	Direkte Bundessteuer vom Gewinn	Gewinn- und Kapitalsteuer	Zu- oder Abschläge zur Staatssteuer

dürfen solche Steuererleichterungen für maximal zehn Jahre gewähren.

Als neue Unternehmen gelten nicht nur selbständige Betriebe, sondern auch Filialbetriebe oder Tochtergesellschaften von Unternehmen, die am Standort bisher nicht vertreten waren. Kleinunternehmer sollten sich aber keine falschen Hoffnungen machen: Von Steuerprivilegien profitieren meist nur Firmen, die in einer Region grosse Investitionen tätigen und eine bedeutende Zahl Arbeitsplätze schaffen.

Bei der direkten Bundessteuer ist eigentlich keine Möglichkeit vorgesehen, neu gegründeten Unternehmen Steuererleichterungen zu gewähren. Dennoch ist auch hier eine Förderung nicht ausgeschlossen. Allerdings kommen nur Unternehmen mit einer massgeblichen volkswirtschaftlichen Bedeutung in den Genuss von Erleichterungen. Für produktionsnahe Dienstleistungsbetriebe heisst dies etwa, dass sie mindestens 20 Arbeitsstellen schaffen müssen.

Steueroptimierung

Als Unternehmer, als Firmeninhaberin werden Sie versuchen, die Steuerbelastung möglichst tief zu halten. Dies können Sie durch verschiedene Massnahmen erreichen. Doch um keine falschen Hoffnungen zu wecken: Steuereinsparungen sind nur limitiert und im oft engen Rahmen der gesetzlichen Vorschriften möglich. Auch sind viele vermeintliche Einsparungen nur Steueraufschübe.

Steuerlich fahren Sie am besten, wenn Sie über die Jahre hinweg eine konstante Geschäftsentwicklung und ein gleichmässiges Einkommen und Vermögen aufweisen. Radikale Gewinnsprünge wirken sich auf die Steuerbelastung meist ungünstig aus.

Tipp | Schöpfen Sie die legalen Steuereinsparmöglichkeiten voll aus. Am besten wenden Sie sich an eine Steuerberaterin, die sich im kantonalen Steuergesetz auskennt, oder direkt an den zuständigen Beamten der Veranlagungsbehörde. Steuerhinterziehung lohnt sich nicht. Kommt Ihnen die Steuerbehörde auf die Schliche, hat das Nach- und eventuell Strafsteuern zur Folge. Steuerbetrug kann zudem mit Gefängnis bestraft werden.

Gesellschaftsform

Auf die steuerlichen Auswirkungen der einzelnen Gesellschaftsformen wurde schon in Kapitel 7 hingewiesen, insbesondere auf die wirtschaftliche Doppelbelastung bei der AG und der GmbH (siehe Seite 170). Das Kapital wird bei diesen Gesellschaftsformen einerseits bei der Firma durch die Kapitalsteuer belastet, andererseits beim Aktionär bzw. Stammteilinhaber mit der Vermögenssteuer. Einzelne Kantone mildern diese Doppelbelastung, indem sie Anteile an Kapitalgesellschaften mit Sitz im Kanton ganz oder teilweise von der Vermögenssteuer befreien.

Auch der Unternehmensgewinn unterliegt der steuerlichen Doppelbelastung: Beim Unternehmen verlangt der Fiskus Gewinnsteuern, beim Aktionär und beim Stammanteilinhaber werden die Dividenden bzw. Ausschüttungen mit Einkommenssteuern belegt. Auch hier versuchen einige Kantone, der wirtschaftlichen Doppelbelastung entgegenzuwirken. Gewisse Kantone besteuern deshalb Dividenden von Gesellschaften mit Sitz im Kanton nur zu einem Teil, andere wenden dabei besondere Tarife an.

Auch bei der direkten Bundessteuer wird die wirtschaftliche Doppelbesteuerung von Kapitalgesellschaften gemildert: Besitzt eine Privatperson mindestens 10 Prozent des Aktien- oder Stammkapitals einer

Was ist wo zu versteuern?

Gesellschaftsform	Unternehmensstandort	Wohnort
Einzelunternehmen	Geschäftsgewinn (inklusive Lohn) und Geschäftsvermögen	Restliches Einkommen und Privatvermögen
Kollektiv- und Kommanditgesellschaft	Geschäftsgewinn (exklusive Lohnteil) und Geschäftsvermögen	Für Gesellschafter: Lohnteil, übriges Einkommen, Privatvermögen
AG, GmbH	Unternehmensgewinn und Kapital	Für mitarbeitende Aktionäre und Inhaber: Lohn, Dividenden, Privatvermögen

Firma, muss sie ausgeschüttete Unternehmensgewinne (Dividenden) nur noch zu 60 Prozent als Einkommen versteuern. Zudem wird die steuerliche Belastung bei der Reorganisation und der Nachfolgeregelung von Personengesellschaften reduziert.

Dank dieser niedrigeren Besteuerung kann es für Unternehmer, die in der eigenen AG oder GmbH tätig sind, vielfach günstiger sein, Teile ihres Lohnes durch eine Gewinnentnahme zu ersetzen. Dies auch deshalb, weil sie auf Dividendeneinkommen keine Sozialversicherungsbeiträge zahlen müssen. Treuhänder oder Steuerberater können Neuunternehmern helfen, den optimalen Mix zwischen dem Lohn- und dem Dividendeneinkommen zu finden.

Unternehmensstandort

Sowohl für die direkte Bundessteuer als auch für die Kantons- und Gemeindesteuern sind AGs und GmbHs am Sitz ihres Standorts steuerpflichtig. Aktionäre und Gesellschafter werden dagegen an ihrem Wohnsitz besteuert. Ähnlich ist es für Einzelunternehmer und Personengesellschafter: Das Geschäftseinkommen ist im Standortkanton der Firma, das übrige Einkommen im Wohnsitzkanton zu versteuern. Für die Bestimmung des Steuersatzes ist in beiden Kantonen das gesamte Einkommen massgebend. Durch die unterschiedlich hohe Steuerbelastung von Geschäfts- und Wohnort lassen sich unter Umständen Steuervorteile erzielen.

Buchführung

Die Buchführungspflicht ist im Obligationenrecht (OR Art. 957 ff.) geregelt. Danach unterliegen alle juristischen Personen – darunter fallen unter anderem die AG und GmbH – der Pflicht zur Buchführung und Rechnungslegung. Aus diesem Grund werden diese Firmen in der Regel keine Schwierigkeiten haben, die von den Steuerbehörden benötigten Unterlagen zu liefern. Dazu gehören vor allem die unterzeichneten Jahresrechnungen (Bilanzen, Erfolgsrechnungen) der Steuerperiode.

Dagegen müssen Einzelunternehmen sowie Personengesellschaften wie die Kollektiv- oder die Kommanditgesellschaft mit einem Jahresumsatz von weniger als 500 000 Franken lediglich eine vereinfachte Buchhaltung führen, die nur die Einnahmen, die Ausgaben und die Vermögenslage umfasst. Gegenüber den Steuerbehörden müssen diese Personen mit Einkommen aus selbständiger Erwerbstätigkeit der Steuererklärung die im Bemessungsjahr (siehe Seite 237) abgeschlossene Jahresrechnung (Bilanz und Erfolgsrechnung) beilegen. Fehlt eine kaufmännische Buchhaltung, sind zumindest Aufstellungen über Aktiven und Passiven, Einnahmen und Ausgaben sowie Privatentnahmen und Privateinlagen beizufügen. Die mit der selbständigen Erwerbstätigkeit zusammenhängenden Urkunden und sonstigen Belege sind dann während zehn Jahren aufzubewahren.

Info | Kommen Sie Ihrer Aufzeichnungs- oder Buchführungspflicht nicht nach, können Sie nach dem Ermessen des Steuerkommissärs eingeschätzt werden. Dies ist in der Regel steuerlich nicht optimal.

Gründungsaufwand

Mit dem Geschäftsstart verbundene Ausgaben dürfen aufgrund der entsprechenden Belege als Aufwand verbucht werden und reduzieren den Gewinn. Darunter fallen etwa Reise- und Bewirtungsspesen, Ausgaben bei der Suche von Geschäftslokalitäten, Lieferanten, Kapitalgebern, Partnern oder Mitarbeitern sowie Inserate- und zum Teil auch Beratungs- und Gründungskosten.

Aufwandposten mit Investitionscharakter – zum Beispiel Maschinen, Fahrzeuge, Arbeitsgeräte, Büroausstattung, Computer oder Spezialsoftware – sind hingegen zu aktivieren. Sie können in den Folgejahren abgeschrieben werden.

Privat- und Geschäftsvermögen

Den Inhabern von AGs und GmbHs wird die Abgrenzung von Privat- und Geschäftsvermögen in der Regel keine Probleme verursachen. Die einzelnen Vermögenswerte sind klar zuzuordnen.

Anders präsentiert sich die Situation für Inhaber von Einzelunternehmen sowie für Kollektiv- und Kommanditgesellschafter. Obwohl gemäss Obligationenrecht kein Unterschied zwischen ihrem Privat- und ihrem Geschäftsvermögen besteht, müssen die beiden für die Ermittlung der geschuldeten Steuer klar getrennt werden. Die Steuerbehörden unterscheiden nämlich zwischen eindeutigem (notwendigem) Geschäfts- und Privatvermögen sowie zwischen Gütern, die aufgrund ihrer Beschaffenheit oder Verwendung sowohl Geschäfts- als auch Privatvermögen sein könnten. Das ist insbesondere für Abschreibungen oder Rückstellungen wichtig, denn diese dürfen nur auf dem Geschäfts- und nicht auf dem Privatvermögen vorgenommen werden.

Unterschiedlich werden auch Kapitalgewinne besteuert: Auf dem Geschäftsvermögen sind sie beim Bund und in allen Kantonen als Einkommen zu versteuern. Kapitalgewinne auf dem Privatvermögen sind steuerfrei.

Wohnen und Arbeiten in der gleichen Liegenschaft

Die Zuordnung von Vermögensgegenständen zum Geschäfts- oder zum Privatvermögen spielt insbesondere dann eine Rolle, wenn ein Einzelunternehmer oder Personengesellschafter in der gleichen Liegenschaft wohnt, in der er sein Gewerbe ausübt. In den meisten Kantonen und beim Bund werden Liegenschaften demjenigen Vermögen zugeordnet, dem sie überwiegend dienen. Ist eine Liegenschaft mehrheitlich geschäftlich genutzt, gilt sie als Geschäftsvermögen. Das trifft etwa auf einen Garagisten zu, der eine grosse Werkstatt mit Ausstellungsraum besitzt und im gleichen Gebäude in einer Vierzimmerwohnung wohnt. Verkauft er seine Liegenschaft mit Gewinn, muss er beim Bund Einkommenssteuern bezahlen. Hätte er die Liegenschaft mehrheitlich privat genutzt, wäre das nicht der Fall, hingegen müsste er dann Grundstückgewinnsteuern bezahlen.

Diese Besteuerung lässt sich durch geeignete Vorkehrungen vermeiden: indem der Unternehmer zum Beispiel den privaten Teil der Liegenschaft als Stockwerkeigentum «kauft» oder die Immobilie auf seine Ehefrau überträgt. Dann lässt sich die Liegenschaft aber nicht mehr abschreiben.

Tipp | Um spätere Abgrenzungs- und Bewertungsprobleme zu vermeiden, sollten Sie beim Geschäftsstart ein Inventar und eine Eingangsbilanz erstellen. Die eingebrachten Gegenstände – beispielsweise Maschinen, Fahrzeuge, Computer und Mobiliar – dürfen dabei nicht mit Fantasiebeträgen bilanziert werden, sondern höchstens zum effektiven Wert, den sie bei der Firmengründung aufweisen.

Privat- und Geschäftsaufwand

Dass Selbständige die meisten Ausgaben des täglichen Lebens über ihre Firma abbuchen können und dadurch extrem viel Steuern sparen, ist ein Märchen – oder Steuerhinterziehung. Private Lebenshaltungskosten sind geschäftlich nicht abzugsfähig. Die Pampers für die Kleinen, das Geburtstagsessen mit der Ehefrau, die Prämien für die Lebensversicherung oder der Jahresausflug mit dem Kegelklub lassen sich nicht als Geschäftsaufwand verrechnen.

Abziehbar ist nur der geschäftsmässig begründete Aufwand. Das ist derjenige Aufwand, der mit dem erzielten Einkommen in einem unmittelbaren Zusammenhang steht. Das gilt ebenso für Personen- wie für Kapitalgesellschaften.

Tipp | Bewahren Sie zu Beweiszwecken konsequent alle Quittungen und Rechnungen auf. Je realistischer Ihre Spesenangaben sind, desto eher werden sie von der Steuerbehörde akzeptiert.

In der Praxis lassen sich die Aufwendungen nicht immer eindeutig dem Privat- oder dem Geschäftsbereich zuordnen. Dann nimmt die Steuerbehörde von Gesetzes wegen eine Abgrenzung vor, was bei Einzelunternehmen und Personengesellschaften den Gewinn bzw. das Einkommen erhöht. Bei Kapitalgesellschaften rechnet die Behörde ungerechtfertigten Aufwand als verdeckte Gewinnausschüttung der Gesellschaft und dem Aktionär auf. Beides führt zu einer höheren Steuerbelastung. Vor allem die folgenden Bereiche geben immer wieder Anlass zu Diskussionen:

Raumaufwand
Bei privat und geschäftlich genutzten Wohnräumen wird die Miete für den geschäftlich genutzten Teil berechnet, inklusive der Kosten für Heizung, Reinigung, Strom. Diese werden der Firma als Mietunkosten belastet. Eigenheimbesitzer können dann den Anteil der Geschäftsmiete in ihrer Steuererklärung vom Eigenmietwert abziehen. Andererseits müssen sie diesen Betrag aber als Mietzinseinnahme deklarieren. In Mietwohnungen werden zur Aufteilung der Raumeinheiten kantonal unterschiedliche Berechnungsformeln angewendet. Das gilt auch für den Eigenmietwertanteil bei Wohneigentum. Mieten, die nicht marktkonform sind, werden immer aufgerechnet (Beispiel: Die Liegenschaft gehört der AG, der Inhaber zahlt aber fast keine Miete).

Autokosten
Da Firmeninhaber ihren Geschäftswagen meist auch privat nutzen, müssen die Autokosten in einen geschäftlichen und einen privaten Anteil aufgeschlüsselt werden. Der private Anteil wird als Naturallohn aufgerechnet.

Führt der Firmeninhaber nicht ein mustergültiges Fahrtenbuch mit allen verlangten Angaben, wendet die Steuerbehörde pauschale Ansätze für den Privatanteil an. Dabei gilt: Pro Monat müssen 0,8 Prozent des Kaufpreises (ohne Mehrwertsteuer), mindestens aber 150 Franken berücksichtigt werden. Bei geleasten Fahrzeugen wird der Barkaufpreis als Basis genommen. Bei einem 40 000 Franken teuren Personenwagen zum Beispiel beträgt der jährlich als Lohn zu deklarierende Privatanteil 3840 Franken. Selbständigerwerbende, die ja nicht Lohnempfänger sind, müssen diese Privatanteile in der Geschäftsbuchhaltung erfolgswirksam verbuchen.

Info | Ungereimtheiten entdecken die Steuerbehörden anhand des obligatorischen Lohnausweises (Arbeitnehmer) oder der selbst deklarierten Angaben in der Steuererklärung (Selbständigerwerbende). Werden Vorschriften umgangen, nimmt die Steuerbehörde Aufrechnungen vor.

Reise- und Repräsentationsspesen
Welche Spesen bis zu welcher Höhe abzugsfähig sind, regeln die einzelnen Kantone ganz unterschiedlich. Generell gilt: Die Ausgaben müssen geschäftsmässig notwendig sein. Bei Restaurant- und Hotelrechnungen sowie Flugtickets ist dies zu beweisen. Bei glaubwürdig nachgewiesenen Spesen kann später unter

Umständen eine Pauschale die Belegsammlung ersetzen oder ein steuerlich abgesegnetes Spesenreglement verwendet werden.

Berufskleidung
Handwerker können die Auslagen für Spezialkleider, die sie für die Arbeit benötigen, von den Steuern abziehen. Wer jedoch von Berufs wegen auf Anzug und Krawatte angewiesen ist, kann die Auslagen dafür nicht geltend machen, weil sich diese Kleider auch privat tragen lassen.

Weiterbildung
Die Kosten für eine Weiterbildung, die dem Unternehmer bei seiner Tätigkeit nützen kann, betrachtet in der Regel jede Steuerbehörde als geschäftsmässig begründet, ebenso die Auslagen für Fachliteratur. Reine Hobbykurse und das Jahresabonnement für die Illustrierte fallen dagegen unter Privataufwand.

Versicherungen
Prämien für Versicherungspolicen mit privatem Hintergrund akzeptiert die Steuerbehörde nicht als Betriebsaufwand. Privathaftpflicht- und Hausratversicherungsprämien lassen sich also nicht abziehen. Auch überhöhte Unfall- und Krankentaggeldprämien werden in einen geschäftlichen und einen privaten Anteil aufgegliedert.

Allgemeiner Aufwand
Die Konzession für privat genutzte Radios und Fernseher, Telefonabonnemente für die Ehefrau, die Taxen für private Telefongespräche, der Lohn der Haushaltilfe, die die im Betrieb mitarbeitende Ehefrau ersetzt, oder das Honorar des Treuhänders für die Scheidungsberatung – solcher Aufwand gehört in die private Buchhaltung.

Lohnpolitik und Dividendenauszahlung

Bei einer AG oder einer GmbH lässt sich der Unternehmensgewinn durch eine geschickte Lohnpolitik bis zu einem gewissen Grad regulieren, indem etwa die mitarbeitenden Aktionäre den Gewinn teilweise in Form von Lohn beziehen. In der Firma bleibt dann nur noch ein kleiner Gewinn. Überhöhte Saläre akzeptieren die Steuerbehörden allerdings nicht. Sie gelten als verdeckte Gewinnausschüttungen und werden dem Unternehmensgewinn zugerechnet. Arbeitet die Ehefrau im Betrieb gratis mit, lässt sich der Gewinn durch die Zahlung eines realistischen Salärs an sie schmälern.

Auch mit sogenannten Fringe Benefits sind Steueroptimierungen möglich. Dazu zählen Zusatzleistungen für Mitarbeitende – und auch für in der eigenen Firma angestellte Inhaber –, die der Arbeitgeber nicht in Form von Geld auszahlt. Die Angestellten müssen diese Einnahmen nicht versteuern und die Arbeitgeber darauf keine Sozialabgaben bezahlen. Zu den Fringe Benefits gehören beispielsweise die Abgabe von Lunch-Checks als Essensbeitrag, Vergünstigungen für Reka-Checks, Gutschriften für Flugmeilen im Zusammenhang mit Geschäftsreisen, Gratisparkplätze, die Kostenübernahme des SBB-Halbtaxabos, Karten für Kultur-

und Sportanlässe, die private Nutzung von Computern oder Mobiltelefonen sowie Naturalgeschenke zu Weihnachten oder zum Geburtstag. Der steuerfreie Höchstbetrag der einzelnen Fringe Benefits ist klar definiert – vielfach liegt die Limite bei jährlich wenigen Hundert Franken (für Reka-Checks zum Beispiel 600 Franken).

Info | Das Lohnausweisformular sorgt auch bezüglich Fringe Benefits dafür, dass Unternehmer nicht übertreiben können. Denn es bestehen klare Deklarationsvorschriften.

Dividendenauszahlung steuern

Ausgezahlte Dividenden lösen beim Aktionär und beim Stammanteilbesitzer Einkommenssteuern aus (Doppelbesteuerung, siehe Seite 170). Mit einer gezielten Dividendenpolitik kann das Unternehmen die Auszahlung solcher Gewinne in Perioden mit geringem Einkommen oder mit grösseren Abzugsmöglichkeiten verlegen. Das glättet die Steuerprogression und reduziert die Einkommenssteuern. Auf Gewinnausschüttungen sind zudem keine Sozialabgaben geschuldet.

Vorsorgebeiträge

Beiträge an die Vorsorgeeinrichtungen der 2. Säule (BVG) und an die Säule 3a lassen sich bis zu bestimmten Maximalbeträgen vom steuerbaren Einkommen abziehen. Das lohnt sich steuerlich.
- Unternehmer, die von der AHV als Selbständigerwerbende anerkannt sind (siehe Seite 184) und nicht freiwillig Beiträge an eine Pensionskasse überweisen, können pro Jahr bis zu 33 840 Franken steuerbefreit in die Säule 3a einzahlen (maximal 20 Prozent des Jahresgewinns; Stand 2017). Bei einem Geschäftsverlust sind jedoch keine Abzüge zugunsten der Säule 3a erlaubt. Zudem sind Beiträge an die Säule 3a immer Privataufwand und dürfen nicht der Erfolgsrechnung belastet werden.
- Hat sich eine selbständig erwerbende Unternehmerin für den freiwilligen Beitritt zu einer Pensionskasse entschlossen, darf sie in die Säule 3a pro Jahr zwar nur maximal 6768 Franken einbringen (Stand 2017) – kann dafür aber ihre in die Pensionskasse eingezahlten Beiträge bis zu maximal 25 Prozent ihres AHV-Jahreslohns von den Steuern abziehen.

Je nach Einkommen fahren Unternehmer mit der ersten oder zweiten Variante steuerlich besser.

Unternehmen mit Angestellten können bei hohen Gewinnen Zuweisungen an die Personalvorsorge vornehmen. Die Bildung solcher Arbeitgeberbeitragsreserven (Prämienreserven) reduziert den Geschäftsertrag.

Investitionsplanung

Anschaffungen zum richtigen Zeitpunkt können zu erheblichen Steuerersparnissen führen, denn sie wirken sich auf Ertrag und Vermögen aus. Für Neuunternehmer dürfte es allerdings schwierig sein, auf notwendige Investitionen zu verzichten oder sie auf mehrere Steuerjahre zu verteilen.

Abschreibungen und Rückstellungen

Abschreibungen vermindern den Wert von Aktiven in der Buchhaltung. So können zum Beispiel Fahrzeuge, Maschinen oder Immobilien abgeschrieben werden, da sie mit der Zeit an Wert verlieren. Auch Gründungskosten lassen sich in der Regel innerhalb der ersten fünf Geschäftsjahre abschreiben.

Abschreibungen betreffen nur das Geschäfts- und nicht das Privatvermögen. Sie müssen geschäftsmässig begründet sein und sind nur im Rahmen von Richtsätzen zugelassen. Diese sind gesetzlich allerdings nicht verbindlich, in begründeten Fällen lässt die Steuerbehörde durchaus höhere Abschreibungen zu. Übersetzte Abschreibungen rechnet das Steueramt dem steuerbaren Gewinn zu. Einmal von den Steuerbehörden akzeptierte Abschreibungen sind definitiv und lassen sich nachträglich nicht mehr korrigieren.

Rückstellungen werden für absehbare Aufwendungen gebildet; zum Beispiel für mögliche Debitorenverluste, drohende Garantieleistungen, Wertminderungen von Waren oder zur Begleichung der Steuerschuld. Denn bis zur definitiven Veranlagung durch die Steuerbehörde zahlen juristische Personen die Steuern aufgrund einer provisorischen Veranlagung in Raten. Die Summe dieser Ratenzahlungen kann vom effektiv geschuldeten Steuerbetrag erheblich abweichen. Rückstellungen fangen eine solche Differenz auf.

Gleiches gilt für die Beiträge an AHV, IV sowie Erwerbsersatzordnung (EO) – und zwar für die Arbeitgeberbeiträge für das Personal wie für die persönlichen Beiträge von Selbständigerwerbenden. Da Rückstellungen den Gewinn schmälern, müssen sie geschäftsmässig begründet sein, damit sie die Steuerbehörden akzeptieren.

Info | Firmen, die keine kaufmännische Buchhaltung führen, sondern lediglich Aufzeichnungen für die Steuerveranlagung anfertigen, können keine Rückstellungen vornehmen.

Kapitalrückzahlung

Zahlt ein Unternehmen bei der Firmengründung mehr als nur das gesetzlich vorgeschriebene Mindestkapital ein, kann es diese Gelder später, bei einer allfälligen Kapitalreduktion, wieder an die Aktionäre oder Gesellschafter zurückzahlen. Sinnvoll ist dies bei guter Liquidität oder wenn zu viel nicht benötigtes Eigenkapital im Unternehmen steckt. Solche Kapitalrückzahlungen – etwa auch anstelle von Dividendenausschüttungen – sind steuerfrei.

Mehrwertsteuer

Viele Unternehmer stöhnen über die Mehrwertsteuer. Nicht dass deswegen ihr Gewinn geschmälert würde oder sie eine direkte finanzielle Zusatzbelastung hätten – die Steuer belastet ja nicht die Unternehmen, sondern die Endverbraucher. Doch für die Unternehmer bedeutet die Mehrwertsteuer viel administrativen Aufwand. Auf den folgenden Seiten werden die grundsätzlichen Mechanismen erklärt.

Die Mehrwertsteuer (MWST) ist eine Verbrauchssteuer des Bundes. Für diese Inland- und Bezugssteuer ist die Eidgenössische Steuerverwaltung (ESTV) zuständig. Die Mehrwertsteuer wird auf dem inländischen Umsatz, auf importierten Gegenständen sowie auf bestimmten aus dem Ausland bezogenen Lieferungen und Dienstleistungen erhoben.

Die Steuer beträgt ab 2018 im Normalfall 7,7 Prozent des Umsatzes. Auf Beherbergungsleistungen sind dem Staat 3,7 Prozent, auf Lebensmitteln und gewissen weiteren Konsumgütern 2,5 Prozent Mehrwertsteuer geschuldet.

Mehrwertsteuerberechnung

Aus praktischen Gründen erhebt der Bund die Mehrwertsteuer nicht direkt bei den Konsumenten, sondern indirekt über die Produzenten und Händler von Waren, über Fabrikanten, Handwerker und Dienstleistungserbringer sowie weitere Leistungserbringer. Unternehmen, die der Mehrwertsteuerpflicht unterstehen, müssen die Mehrwertsteuer auf ihrem Umsatz selbst berechnen.

Von der berechneten Steuerschuld dürfen sie die im Rahmen ihrer unternehmerischen Tätigkeit anfallenden Vorsteuern abziehen, das sind:
- die Steuern, die ihnen zuvor Dienstleistungserbringer oder Warenlieferanten in Rechnung gestellt haben für Waren und Dienstleistungen, die für unternehmerische, steuerbare Zwecke bestimmt sind (wichtig: das Gesetz spricht nicht von Waren, sondern von Gegenständen, das können bewegliche und unbewegliche Sachen sein wie ein gekauftes Fahrzeug, eine geleaste Maschine, eine montierte Einbauküche),
- die von der Eidgenössischen Zollverwaltung erhobene Mehrwertsteuer auf der Einfuhr von Gegenständen,
- die vom Unternehmer selber deklarierte Bezugsteuer auf gewissen aus dem Ausland bezogenen Leistungen, die nicht von der Zollverwaltung besteuert wurden.

Mehrwertsteuer auf dem Umsatz

	Berechnung mit MWST	
Rechnung an Familie M.	Fr. 1500.–	
MWST (7,7 %)	+ Fr. 115.50	
Total Rechnungsbetrag		Fr. 1615.50
Kaufpreis Material	Fr. 500.–	
MWST (7,7 %)	+ Fr. 38.50	
Total Kaufpreis Material		– Fr. 538.50
Geschuldete Umsatzsteuer	Fr. 115.50	
Abzug Vorsteuer	– Fr. 38.50	
Total an die ESTV zu zahlen		– Fr. 77.–
Maler S. verbleiben nach Abzug der Materialkosten		Fr. 1000.–

Wie die Mehrwertsteuer konkret funktioniert, zeigt das folgende Beispiel:

Beispiel | Der im MWST-Register eingetragene Maler S. kauft Farben und Abdeckmaterial. Er bezahlt dem Lieferanten für dieses Material Fr. 500.– plus Fr. 38.50 MWST. Mit dem gekauften Material streicht der Malermeister bei Familie M. drei Zimmer und verrechnet dafür Fr. 1615.50 (Fr. 500.– fürs Material, Fr. 1000.– für die Arbeit plus Fr. 115.50 MWST). Vom MWST-Betrag darf er die Fr. 38.50, die er zuvor dem Materiallieferanten bezahlt hat, als Vorsteuer abziehen. Der ESTV muss Maler S. also Fr. 77.– abliefern. Sein Umsatz verändert sich dadurch nicht. Auch sein Unternehmensgewinn wird durch die Mehrwertsteuer nicht geschmälert, da er diese über den Verkaufspreis auf die Konsumenten abwälzt. Die gesamte Mehrwertsteuer wird von Familie M. als Endkundin bezahlt (siehe Kasten).

Mehrwertsteuerabrechnung

Nicht offen deklariert, aber im Endpreis eingerechnet, kann bzw. wird Maler S. auf die Endkonsumenten auch den administrativen Aufwand überwälzen, der ihm – unter anderem durch das Ausfüllen des MWST-Abrechnungsformulars – in der Steuerperiode entsteht. Die Steuerperiode bei der MWST entspricht dem Kalenderjahr und wird in mehrere Abrechnungsperioden unterteilt, für die der Steuerpflichtige mit der ESTV über die MWST abzurechnen hat. Bei der effektiven Abrechnungsmethode muss er dies vierteljährlich tun, bei der Saldosteuersatzmethode halbjährlich (siehe nächste Seite).

Die selbst deklarierte MWST-Schuld muss Maler S. der ESTV innert 60 Tagen nach Ablauf der Abrechnungsperiode überweisen, sonst werden Verzugszinsen berechnet. Ergibt sich aufgrund von Vorsteuerüberschüssen ein Guthaben zu seinen Gunsten, überweist ihm die ESTV diesen Betrag innert 60 Tagen nach Eintreffen der Abrechnung. Hat ein Unternehmen regelmässig Vorsteuerüberschüsse, kann es auf Antrag auch monatlich mit der ESTV abrechnen. Dies ist auch online über die ESTV Swiss Tax möglich (www.estv.admin.ch → Mehrwertsteuer → Dienstleistungen → Mehrwertsteuerabrechnung online).

Abrechnungsarten
Für die Abrechnung der Mehrwertsteuer haben Steuerpflichtige die Wahl zwischen zwei Methoden. Die gewählte Methode müssen sie dann während mindestens einer Steuerperiode beibehalten.

Nach vereinbartem Entgelt: Dabei versteuert ein Unternehmen seine Umsätze in der Abrechnungsperiode, in der es seinen Kunden Rechnung stellt. Analog kann es die Vorsteuer am Ende der Abrechnungsperiode geltend machen, in der es die Rechnungen der Leistungserbringer erhalten hat – selbst wenn diese Rechnungen noch nicht bezahlt sind. Trotz dieses Vorteils ist Kleinunternehmern diese Abrechnungsart nicht zu empfehlen, denn die Methode ist aufwendig und kompliziert. In der Praxis stimmen nämlich Rechnungsbetrag und effektive Zahlung oft nicht überein, etwa weil der Schuldner noch Skonto abzieht. Das führt nachträglich zu Korrekturen in der Steuerabrechnung.

Nach vereinnahmtem Entgelt: Bei dieser Methode muss ein Unternehmen die Mehrwertsteuer in jener Abrechnungsperiode abliefern, in der es das Entgelt für seine Leistung erhält. Der Anspruch auf den Vorsteuerabzug entsteht entsprechend am Ende der Abrechnungsperiode, in der das Unternehmen die Rechnung seiner Leistungserbringer bezahlt. Für die meisten Firmen ist dies der einfachere Weg, da keine nachträglichen Korrekturen nötig sind. Zudem müssen sie die Mehrwertsteuer erst abrechnen, wenn ihre Rechnungen bezahlt sind, was bei Kunden mit schlechter Zahlungsmoral von Vorteil ist.

Info | Die ESTV kann einen Steuerpflichtigen in zwei Fällen verpflichten, nach vereinnahmtem Entgelt abzurechnen. Erstens, wenn dieser zu einem erheblichen Teil Entgelte erhält, bevor er die Leistung ausführt oder dafür Rechnung stellt. Zweitens, wenn der begründete Verdacht besteht, dass der Steuerpflichtige die Abrechnung nach vereinbartem Entgelt missbraucht, um sich oder einer Drittperson einen unrechtmässigen Vorteil zu verschaffen.

Steuerbare Umsätze
Ist ein Unternehmen steuerpflichtig, muss es die Mehrwertsteuer grundsätzlich auf folgenden Umsätzen abrechnen:

Links | Mehrwertsteuerabrechnung online beobachter.ch/download

Von der Mehrwertsteuer ausgenommene Umsätze

Die Mehrwertsteuer sieht eine ganze Reihe von Leistungen vor, die von der Steuerpflicht ausgenommen sind. Dazu gehören unter anderem:
- Leistungen im Bereich des Gesundheitswesens (zum Beispiel von Ärztinnen, Zahnärzten, Psychotherapeutinnen, medizinischen Masseuren, Physiotherapeuten, Hebammen, Podologinnen)
- Leistungen im Bereich Erziehung, Unterricht sowie Kinder- und Jugendbetreuung (beispielsweise von Sprach- und Musiklehrern, Kleinkindererzieherinnen)
- Kulturelle Leistungen (zum Beispiel von Kunstmalern oder Musikern)
- Verkäufe und Vermietungen von Immobilien

- auf dem Entgelt für im Inland erbrachte Lieferungen von Gegenständen (bewegliche und unbewegliche Sachen, die verkauft, vermietet, verpachtet, verleast, geprüft, reguliert, kontrolliert, gereinigt, gepflegt, repariert oder geändert werden) und für Dienstleistungen – sofern diese nicht ausdrücklich von der Mehrwertsteuer ausgenommen sind (Inlandsteuer),
- auf dem Bezug von gewissen Leistungen von Unternehmen mit Sitz im Ausland (Bezugsteuer).

Saldosteuersatz

Eigentlich sieht die Mehrwertsteuer eine effektive Abrechnung vor: Das Unternehmen schuldet der ESTV die reguläre MWST, die es seinen Kunden auf die Rechnung geschlagen hat, und darf von dieser Schuld abziehen, was es den Leistungserbringern selber an Mehrwertsteuer bezahlt hat. Das bedeutet für Unternehmer einen hohen administrativen Aufwand: Sie müssen die einzelnen Waren- und Dienstleistungsbezüge mit unterschiedlichen Steuersätzen erfassen und die Vorsteuern ermitteln.

Einfacher ist die sogenannte Saldosteuersatzmethode. Dabei rechnen Unternehmen mit der ESTV nicht nach den regulären MWST-Sätzen ab, sondern mit einem fixen Pauschalsteuersatz, der je nach Branche unterschiedlich hoch ist und in dem der durchschnittliche Vorsteueraufwand und der Eigenverbrauch schon berücksichtigt sind. Das vereinfacht die Abrechnung mit der ESTV wesentlich. Die geschuldete Mehrwertsteuer ergibt sich aus der Multiplikation des Umsatzes mit diesem Pauschalsteuersatz. In den Kundenrechnungen weist das Unternehmen die MWST trotzdem zu den gesetzlichen Steuersätzen aus.

Der Nachteil dieser Methode: Sind die auf dem Geschäftsaufwand und den Investitionen lastenden Vorsteuern höher als der pauschale Betrag aufgrund des Saldosteuersatzes, kann das Unternehmen diese nicht geltend machen. Unternehmen, die häufig Leistungen aus dem Ausland beziehen oder dorthin erbringen, fahren mit Saldosteuersätzen zudem schlechter.

Wichtig: Die Saldosteuersatzmethode können Unternehmen nur anwenden, wenn sie pro Jahr höchstens 5 020 000 Franken Umsatz aus steuerbaren Leistungen erwirtschaften und der ESTV im gleichen Zeitraum nicht mehr als 109 000 Franken Steuern bezahlen müssen – berechnet mit dem für sie massgebenden Saldosteuersatz.

Tipp | Die Abrechnung nach Saldosteuersätzen empfiehlt sich vor allem bei kleineren Umsätzen. Rechnen Sie aber vorgängig genau aus, ob Sie damit tatsächlich besser fahren.

Saldosteuersatz beantragen
Möchten Sie ab Beginn Ihrer Selbständigkeit mit dem Saldosteuersatz abrechnen, müssen Sie der ESTV spätestens 60 Tage nach der Zustellung Ihrer MWST-Nummer ein schriftliches Gesuch einreichen. Wird diesem stattgegeben, sind Sie verpflichtet, den Saldosteuersatz während mindestens einer Steuerperiode anzuwenden. Verzichten Sie beim Firmenstart auf die Anwendung des Saldosteuersatzes, müssen Sie die Mehrwertsteuer nach der effektiven Methode abrechnen und können erst nach drei Jahren auf die Saldosteuersatzmethode umstellen.

Links | Mehrwertsteueranmeldung online
beobachter.ch/download

Mehrwertsteuerpflicht

Grundsätzlich sind alle Unternehmen mehrwertsteuerpflichtig. Die Steuerpflicht beginnt in der Regel mit der Aufnahme der unternehmerischen Tätigkeit. Um jedoch kleine Unternehmen administrativ nicht über Gebühr zu belasten, sind diese von der MWST befreit, wenn ihr Umsatz aus steuerbaren Leistungen innerhalb eines Jahres weniger als 100 000 Franken beträgt (Jahresumsatz ohne MWST). Die Rechtsform der Firma spielt dabei keine Rolle.

Gehen Sie davon aus, dass Sie in den ersten zwölf Monaten Ihrer selbständigen Erwerbstätigkeit die Umsatzgrenze von 100 000 Franken mit mehrwertsteuerpflichtigen Leistungen aus dem In- und Ausland überschreiten, müssen Sie sich spätestens 30 Tage nach Aufnahme der Geschäftstätigkeit unaufgefordert bei der ESTV schriftlich anmelden.

Als MWST-Nummer wird Ihnen dann Ihre Unternehmens-Identifikationsnummer (UID) mit dem Zusatz «MWST» zugeteilt (Beispiel: CHE-123.456.789 MWST, Details siehe Seite 180). Ihre UID-Nummer ist darauf von jedermann auf www.uid.admin.ch einsehbar.

Tipp | Sie können Ihr Unternehmen online für die Mehrwertsteuer anmelden – direkt bei der ESTV (www.estv.admin.ch) oder über www.startbiz.ch.

Können Sie bei Ihrem Geschäftsstart noch nicht abschätzen, ob Ihr jährlicher Umsatz mehr als 100 000 Franken betragen wird, müssen Sie spätestens nach drei Monaten die Situation neu beurteilen. Zeigt sich zu diesem Zeitpunkt, dass Ihre auf ein Jahr hochgerechneten Einnahmen die Umsatzgrenze überschreiten, endet Ihre Befreiung von der Mehrwertsteuer. Sie müssen dann Ihr Unternehmen bei der ESTV anmelden und können dabei wählen, ob Sie rückwirkend oder ab Beginn des vierten Geschäftsmonats steuerpflichtig werden wollen. Beides hat Vor- und Nachteile.

Lassen Sie sich rückwirkend eintragen, können Sie die in den ersten drei Monaten angefallenen Vorsteuern geltend machen, müssen jedoch auch Ihre Umsätze aus dieser Zeit versteuern. Dabei sollten Sie abwägen, ob eine nachträgliche Überwälzung auf Ihre Kunden möglich ist. Lassen Sie sich erst auf den vierten Monat des Geschäftsjahrs eintragen, können Sie einen Teil der in den ersten drei Monaten angefallenen Vorsteuern – etwa beim Einkauf von Produktionsmaschinen – zwar im Rahmen der sogenannten Einlageentsteuerung auch geltend machen. Sie müssen jedoch, wenn die eingekaufte Ware in Gebrauch genommen wurde, eine Abschreibung für ein ganzes Jahr vornehmen. Bei beweglichen Gegenständen und Dienstleistungen beläuft sich der Abzug auf einen Fünftel, bei unbeweglichen Gegenständen auf einen Zwanzigstel. Für Leistungen, die als verbraucht gelten (etwa Beratung, Buchführung, Personalbeschaffung oder Werbung), ist keine Einlageentsteuerung möglich.

Haben Sie sich der Mehrwertsteuer unterstellt und bemerken nach einiger Zeit selbständiger Erwerbstätigkeit, dass Sie im ersten Geschäftsjahr die Umsatzgrenze von 100 000 Franken nicht erreichen und sie auch in den folgenden Geschäftsjahren nie erreichen werden, können Sie Ihr Unternehmen bei der ESTV wieder abmelden. Die Abmeldung ist frühestens auf das Ende der Steuerperiode möglich, in der das Unternehmen die massgebende Umsatzlimite nicht erreicht hat. Wenn Sie Ihr Unternehmen nicht abmelden, gilt dies als Verzicht auf die Befreiung von der Steuerpflicht.

Info | Unterstehen Sie als Selbständigerwerbender nicht der Mehrwertsteuerpflicht, müssen Sie Ihre Umsätze nicht versteuern. Dann können Sie aber auch keine Mehrwertsteuer auf Ihren Produkten oder Dienstleistungen verrechnen und keine Vorsteuern abziehen. Ihre Leistungen sind dadurch mit Vorsteuern belastet, die Sie aus betriebswirtschaftlichen Überlegungen zwingend verdeckt in den Preis einrechnen sollten, um sie Ihren Kunden weiterbelasten zu können.

Freiwillig Mehrwertsteuer abrechnen
Wenn Sie aufgrund des zu kleinen Umsatzes keine Mehrwertsteuer abrechnen müssen, sind Sie unter Umständen gegenüber steuerpflichtigen Unternehmen benachteiligt, denn Sie müssen, wie oben erwähnt, die nicht abziehbare Vorsteuer in Ihre Verkaufspreise einkalkulieren. Um diesen Nachteil zu vermeiden, kann ein Unternehmer auf die Befreiung von der Mehrwertsteuer freiwillig verzichten. Dazu ist kein bestimmter Mindestumsatz erforderlich.

Vorteilhaft ist der Verzicht auf die im Gesetz vorgesehene MWST-Befreiung vor allem für Unternehmen, die mehrheitlich im Export tätig sind. Denn Lieferungen ins Ausland wie auch gewisse Dienstleistungen an Empfänger mit Sitz im Ausland sind von der Steuer befreit. Als steuerpflichtiger Exporteur oder Dienstleistungserbringer können Sie aber trotzdem den Vorsteuerabzug geltend machen. Das kann zu Steuergutschriften führen.

Die freiwillige Abrechnung ist auch sinnvoll, wenn Sie hauptsächlich als Leistungserbringer für mehrwertsteuerpflichtige Unternehmen tätig sind. Denn diese vergeben ihre Aufträge lieber an Firmen, die der Mehrwertsteuer unterstehen, um ihrerseits die Vorsteuer abziehen zu können.

Interessant ist eine freiwillige Abrechnung der MWST zudem, wenn Sie im Rahmen Ihrer Aufbau- und Investitionsphase beträchtliche Summen investieren. Oder wenn Sie bei Ihrer Geschäftstätigkeit regelmässig viele Waren und Dienstleistungen einkaufen. Die dabei entstehenden Vorsteuerabzüge betragen schnell einmal Tausende von Franken, die Sie bei der ESTV geltend machen können.

Entscheiden Sie sich als Neuunternehmer für eine freiwillige Unterstellung, müssen Sie dies bei der ESTV anmelden. Die freiwillige Unterstellung gilt dann für mindestens eine Steuerperiode (Kalenderjahr).

Tipp | Eine übersichtliche Aufstellung zum Beginn der Steuerpflicht und zur Eintragung ins MWST-Register finden Sie im Download-Angebot.

Infoblatt | Übersicht Mehrwertsteuerpflicht beobachter.ch/download

Auflagen für Mehrwertsteuerpflichtige

Damit Sie die Mehrwertsteuer korrekt erfassen können, müssen Sie eine ordnungsgemässe Buchhaltung führen. Im Handelsregister eingetragene Firmen benötigen keine zusätzlichen Vorkehrungen, da sie ja sowieso der Buchführungspflicht unterstehen. Die übrigen müssen sich an die Aufzeichnungspflicht halten. Das heisst, sie haben über alle Aktiven und Passiven, Einnahmen und Ausgaben sowie Privatentnahmen und -einlagen chronologisch fortlaufend und zeitnah Buch zu führen. Die Mehrwertsteuer verlangt keine doppelte Buchhaltung, steuerpflichtige Selbständigerwerbende dürfen durchaus eine einfache Buchhaltung führen. Dennoch erfordert die Mehrwertsteuer eine gewisse Anpassung der Buchführung, da sie buchhalterisch einen «durchlaufenden Posten» darstellt. In der Regel braucht es zusätzliche Konten oder Codes sowie eine Anpassung bestehender Journale oder Hilfsbücher.

Wichtig ist, dass Unternehmer alle Geschäftsvorgänge lückenlos und wahrheitsgetreu erfassen und die Belege bis zur Verjährung der Steuerforderung (mindestens zehn Jahre) aufbewahren. Steuerpflichtige sind zudem verpflichtet, die Abrechnungen einer Steuerperiode mit ihrem Jahresabschluss abzugleichen und allfällige Fehler zu korrigieren.

Formvorschriften für Rechnungen und Quittungen

Wichtig für eine lückenlose, korrekte MWST-Abrechnung sind Rechnungen, Quittungen und Kassenzettel. Denn auf

dieser Basis werden üblicherweise die Steuerbeträge errechnet. Dieselben Belege sind auch für den Leistungsempfänger wichtig, damit er den Vorsteuerabzug korrekt vornehmen kann. Rechnungen und Quittungen sollten folgende Angaben enthalten:

- Namen und Geschäftsadresse des Leistungserbringers sowie dessen MWST-Nummer
- Namen und Geschäftsadresse des Empfängers (bei Kassenzetteln bis 400 Franken nicht obligatorisch)
- Datum oder Zeitraum der Lieferung oder Dienstleistung
- Art, Gegenstand und Umfang der Lieferung oder Dienstleistung
- Entgelt für die Lieferung oder Dienstleistung (Preis)
- MWST-Satz und MWST-Betrag, separat deklariert oder im Preis eingerechnet

Steuerkontrollen

Die ESTV führt Kontrollen durch. Als Steuerpflichtiger müssen Sie der ESTV bei einer Kontrolle detaillierte Auskünfte zu Lieferungen, Dienstleistungen und Vorsteuern erteilen können – zum Beispiel mithilfe von Hauptbuchkonten, Hilfs- und Nebenbüchern, der Betriebsbuchhaltung, Erfolgsrechnungen, Bilanzen, Revisions- und Geschäftsberichten, Aufstellungen zum Umlauf- und Anlagevermögen und Fremdkapital sowie mit allen übrigen Aufzeichnungen, Unterlagen und Belegen, die die Vollständigkeit und Ordnungsmässigkeit Ihrer Geschäftsbücher belegen. Eine mangelhaft geführte Buchhaltung kann sich bei einer Steuerkontrolle nachteilig auswirken.

Tipp | Die korrekte Abrechnung der Mehrwertsteuer ist selbst für Fachleute eine anspruchsvolle Materie. Fragen Sie deshalb bei Unklarheiten einen Treuhänder oder die Spezialisten der ESTV (www.estv.admin.ch). Von der Website können Sie auch kostenlos viele MWST-Infos sowie MWST-Brancheninfos mit Detailinformationen herunterladen.

INTERVIEW | BEATRICE MÜLLER

Beatrice Müller
Trainerin und Coach

Das Beratungsunternehmen der ehemaligen Tagesschau-Moderatorin bietet Coachings für Führungskräfte zum Thema authentische Kommunikation und Medientrainings an.

Was ist der wichtigste Ratschlag, den Sie einem jungen Gründer, einer Gründerin geben würden?
… das Buch von Professor Norbert Winistörfer zu lesen.

Welcher Ratschlag hat Ihnen überhaupt nicht geholfen?
Du musst, du sollst, pass auf, mach dies, mach das nicht … Ich wurde mit Ratschlägen bombardiert – und jeder und jede sagt etwas anderes. Wichtig ist,

dass man eine klare Meinung hat von dem, was man will, und das durchzieht – und sich nicht von dem Ratschläge-Gewitter irremachen lässt. Und deshalb hier trotzdem noch ein Ratschlag von mir: Hört nicht auf Leute, die im Leben 30 Jahre oder länger das ewig Gleiche getan haben. Erfahrung ist nicht alles.

Wann merkt man, dass jemand nicht zum Gründer, zur Gründerin taugt?
Leute, die stets zögern, keinen Mut haben, ängstlich sind, immer die andern nach ihrer Meinung fragen müssen, keine Ausdauer haben, die ewigen Bedenkenträger – denen würde ich abraten, eine Firma zu gründen. Es braucht explizit die gegenteiligen Eigenschaften, um erfolgreich zu sein. Allerdings gilt auch: Naive Draufgänger sollten aufpassen, es gibt viele Fallstricke.

Ihr grösster Fehler als Gründerin – und wie man ihn verhindern kann?
Ich habe mich zu wenig um das Thema Mehrwertsteuer gekümmert. Ich hatte mich im Vorfeld überall kundig gemacht, doch dieses Thema ist äusserst komplex und widersprüchlich. Ich hatte viele Ratschläge erhalten, aber offenbar nicht die richtigen. Es gibt bei dieser Steuer so viele Ausnahmeregelungen, die Graubereiche entstehen lassen. Die Verantwortlichen in Bern haben die Realität dann rückwirkend mit entsprechend viel Spielraum interpretiert. Das ist ärgerlich und kommt mich letztlich teuer zu stehen.

Warum lohnt es sich trotz allem, eine Firma zu gründen?
Ich habe mir einen Traum verwirklicht, ich bin meine eigene Chefin, ich trage Verantwortung, ich lerne viele neue Leute kennen, ich kann Projekte verwirklichen. Das beflügelt, gibt Kraft und Lebensfreude – und hält mich jung!

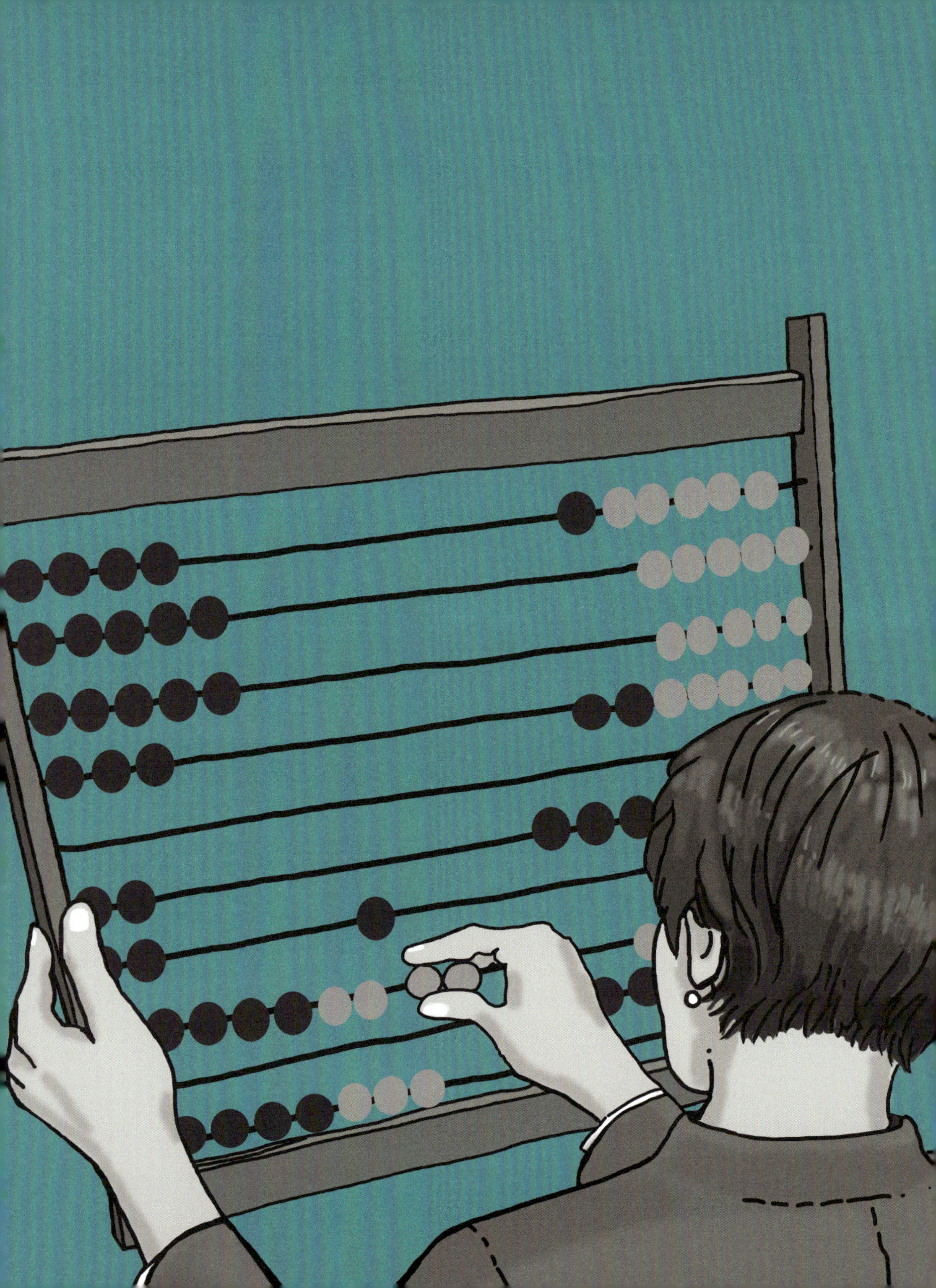

10 | Die Finanzen

Ohne die Aussicht auf genügend Ertrag lohnt sich eine Geschäftsgründung nicht. Und ohne verfügbares Kapital kann ein Unternehmen weder gegründet noch geführt werden. Neuunternehmer sollten sich deshalb frühzeitig um die Finanzen ihrer künftigen Firma kümmern.

10 DIE FINANZEN

Finanzplanung

Bei der Finanzierung eines Unternehmens sind wichtige Grundsätze zu beachten, um grundlegende Fehler zu vermeiden. Die Basis für den erfolgreichen Aufbau bildet ein solides Finanzierungskonzept, das auf die spezielle Ausgangslage des Neuunternehmers ausgerichtet ist.

Das Finanzierungskonzept muss sicherstellen, dass das Unternehmen jederzeit genügend Geld besitzt, um die laufenden Kosten für die Aufrechterhaltung des Betriebs zu decken, die benötigten Betriebsmittel zu kaufen, Produkte herzustellen oder Dienstleistungen anzubieten und diese mithilfe geeigneter Marketingmassnahmen mit Gewinn zu verkaufen.

Den Kern eines jeden Finanzplans bilden die folgenden vier Pläne:

- **Budget**
  Wie hoch sind die Einnahmen und die Ausgaben?
- **Kapitalbedarfsplan**
  Wie viel Geld braucht es für den Aufbau und den Betrieb der Firma?
- **Liquiditätsplan**
  Wie ist die Zahlungsfähigkeit der Firma sichergestellt?
- **Finanzierungsplan**
  Woher stammt das Geld zur Finanzierung des Unternehmens?

Jeder dieser Pläne baut im Prinzip auf dem vorhergehenden auf und liefert für den nächsten wichtige Grundlagen. Liegen alle Pläne vor, lässt sich die Eröffnungsbilanz erstellen. Sie zeigt, welches Vermögen und welche Schulden das Unternehmen haben wird (siehe Seite 291).

Viele Neuunternehmer besitzen nur rudimentäre Kenntnisse in Buchhaltung, Rechnungswesen und Kalkulation. Auch fehlen ihnen meist die für die Finanzplanung nötigen Erfahrungszahlen und Richtwerte (Kennzahlen). Diese sind erhältlich bei Branchenverbänden und grossen Treuhandfirmen oder Erfahrungsgruppen, die es in vielen Branchen gibt. In solchen Erfa-Gruppen treffen sich verschiedene Unternehmer der gleichen Branche, die sich in der Regel nicht direkt konkurrenzieren, zum Erfahrungsaustausch. Existieren keine Kennzahlen, sind Schätzungen erforderlich. In jedem Fall sollten Firmengründer bei der Finanzplanung eher mit zu pessimistischen als zu optimistischen Zahlen rechnen.

Tipp | Fehlt Ihnen betriebswirtschaftliches Grundwissen, sollten Sie sich möglichst rasch weiterbilden – am besten noch vor der Firmengründung (mehr zur Weiterbildung auf Seite 321). Auch wenn Sie Ihre Buchhaltung von externen Fachleuten erledigen lassen, ist ein minimales Grundwissen nötig. Denn Sie sollten jederzeit ohne fremde Hilfe selbst analysieren können, wie es um Ihre Finanzen steht.

Budget

Als Erstes gilt es zu klären, ob Sie mit Ihrer Geschäftsidee überhaupt Geld verdienen können. Dazu braucht es ein Budget für die ersten zwei bis drei Geschäftsjahre. Es soll aufzeigen, welche Kosten (Aufwand) Ihnen bei Ihrer Tätigkeit entstehen und wie hoch Ihre Einnahmen (Ertrag) sind.

Aufbau und Folgejahre
Zu unterscheiden ist zwischen dem Budget für die Zeit des Firmenaufbaus und jenem für die Folgejahre.

Zu Beginn einer Unternehmensgründung fallen etliche einmalige Kosten an. Auf der anderen Seite sind die Umsätze meist klein und die Gewinne bescheiden. Für die Überbrückung dieser schwierigen Anfangszeit brauchen Sie ein genügend hohes Startkapital. Die zentrale Frage für Neuunternehmer ist aber: Werde ich nach der Startphase genug Umsatz und Ertrag generieren, um von meinem Unternehmen leben zu können? Antwort darauf gibt ein Budget für ein normales Geschäftsjahr nach der Aufbauphase.

Um auszurechnen, wie viel am Ende eines Geschäftsjahrs zum Leben übrig bleibt, müssen Sie vereinfacht gesagt im Budget Ihren Jahresumsatz festlegen und davon Ihren gesamten Aufwand abziehen.

Den Umsatz berechnen Sie, indem Sie die geplante Absatzmenge mit dem Verkaufspreis des Produkts oder der Dienstleistung multiplizieren (die Absatzmenge haben Sie in der Marktanalyse definiert, den Preis beim Festlegen Ihrer Preispolitik). Setzen Sie den Umsatz vorsichtshalber eher zu tief als zu hoch an.

Beispiel | Softwareentwickler Kurt R. wagt den Schritt in die Selbständigkeit. Dank seiner Marktanalyse, vielen Gesprächen mit Fachkollegen und einem fundierten Marketingkonzept kann er gut abschätzen, wie seine Marktchancen stehen und wie viel er für ein Computerprogramm verlangen darf. Gemäss seiner Analyse sollte er jährlich acht Programme zu 25 000 Franken verkaufen können. Kurt R. rechnet konservativ und budgetiert nur sechs Verkäufe. Das ergibt einen Jahresumsatz von 150 000 Franken.

Im nächsten Schritt ist der Aufwand zu beziffern. Dieser umfasst beispielsweise den eigenen Lohn, die Löhne des Personals, den Mietzins, die Sozialversicherungsbeiträge und die Fremdkapitalzinsen. Ebenfalls zu berücksichtigen sind die Abschreibungen. Haben zum Beispiel der Computer und der Drucker eine geschätzte Lebensdauer von vier Jahren, müssen Sie im Budget pro Jahr einen Viertel des Kaufpreises als Abschreibung vorsehen.

Beim Aufwand wird zwischen fixen und variablen Kosten unterschieden:

Fixkosten: Sie fallen immer an, unabhängig vom Umsatz. Dazu gehören etwa der Mietzins für die Geschäftsräumlichkeiten, die Leasingraten für den Firmenwagen, der eigene Lohn, die Löhne des Personals, Versicherungsprämien, die Kosten für Strom und Heizung.

Variable Kosten: Sie entstehen nur in direktem Zusammenhang mit der Produktion von Waren oder der Erbringung von Dienstleistungen. Dazu zählen unter anderem der Wareneinkauf, die Bezugskosten (Zoll, Transport), Reisekosten für Kundenbesuche, die Löhne von Temporärangestellten und die Energiekosten für die Produktion.

Vorlage | Budget
beobachter.ch/download

Tipp | Mithilfe der Vorlage «Budget» im Download-Angebot, die auch gleich Ihre Zahlen addiert, können Sie Ihr Budget erstellen.

Deckungsbeitragsrechnung

Die Höhe von fixen und variablen Kosten ist auch für die Betriebskalkulation wichtig – einen zentralen Teil des betrieblichen Rechnungswesens. Die Betriebskalkulation zeigt, welcher Mindestumsatz erforderlich ist, um kostendeckend zu arbeiten, welche Produkte wie viel Gewinn abwerfen, wo Geld verloren geht und wo sich Kosten einsparen lassen. Die Deckungsbeitragsrechnung zeigt, welche Mittel zur Verfügung stehen, um die Fixkosten abzudecken. In der einfachsten Form der Deckungsbeitragsrechnung wird der Umsatz mit den variablen Kosten verrechnet.

Beispiel | Softwareentwickler Kurt R. rechnet aufgrund seines Budgets mit jährlich 90 000 Franken variablen Kosten (Lizenzkosten und Kosten für Programmierer, die er im Stundenlohn bezahlt). Diesen Betrag zieht er vom erwarteten Umsatz (150 000 Franken) ab und erhält so den Deckungsbeitrag: 60 000 Franken. Diese Summe dient Kurt R. zur Deckung seiner fixen Kosten. Da sich diese gemäss Budget nur auf 50 000 Franken belaufen, würde Kurt R. auch bei dieser vorsichtigen Umsatzannahme einen kleinen Gewinn von 10 000 Franken erwirtschaften.

Der Deckungsbeitrag lässt sich auch in Prozent vom Umsatz ausdrücken: Für Kurt R. liegt der Deckungsbeitragssatz bei 40 Prozent (60 000 Franken = 40 Prozent von 150 000 Franken). Mit dem Deckungsbeitragssatz lässt sich umgekehrt auch ausrechnen, wie hoch der Umsatz mindestens sein muss, damit die Fixkosten gedeckt sind.

Für Kurt R. sieht die Rechnung wie folgt aus: Die Fixkosten gemäss Budget liegen bei 50 000 Franken. Der Deckungsbeitragssatz beträgt 40 Prozent. Also muss der Umsatz mindestens so hoch sein, dass mit 40 Prozent davon die Fixkosten beglichen werden können – denn diese sind ja unabhängig vom Umsatz immer gleich hoch. Kurt R. muss also mindestens 125 000 Franken Umsatz erwirtschaften (siehe Kasten). Jeder Franken Mehrumsatz erhöht seinen Gewinn.

Fast jede Branche kennt durchschnittliche Deckungsbeitragssätze, die Sie erreichen sollten. Informieren Sie sich über entsprechende Kennzahlen beim Branchenverband.

Berechnung des Mindestumsatzes

$$\text{Mindestumsatz} = \frac{\text{Fixkosten} \times 100}{\text{Deckungsbeitragssatz}} = \frac{\text{Fr. }50\,000.- \times 100}{40} = \text{Fr. }125\,000.-$$

Kapitalbedarf

Als Nächstes müssen Sie feststellen, wie viel Kapital Sie benötigen, um Ihre Pläne umsetzen zu können. Dabei wird unterschieden zwischen dem Kapital für die Gründung sowie dem kurz- und dem langfristigen Kapital.

Kapitalbedarf für die Gründung: Diese Kosten sollten Neuunternehmer nicht unterschätzen. Dazu gehören alle Auslagen, die in irgendeiner Form mit der Geschäftsgründung zusammenhängen und einmaligen Charakter aufweisen: etwa Kosten für die Beratung durch Fachleute, für Marktabklärungen, erste Marketingmassnahmen, Gebühren für den Handelsregistereintrag, öffentliche Beurkundungen und Bewilligungen.

Kurzfristiges Kapital: Das ist das Kapital, das Unternehmer benötigen, um ihren Betrieb zu führen. Sie müssen beispielsweise Strom, Wasser, Heizung, Telefon, Verbrauchsmaterial, Miete, Versicherungen, Zinsen, Gehälter bezahlen und sich selbst einen Lohn ausrichten. Das kurzfristige Kapital dient auch zum Kauf von Rohmaterial, halb fertigen oder fertigen Waren. Für all diese Auslagen brauchen Unternehmer jederzeit genügend «flüssiges» Geld (liquide Mittel) in der Kasse, auf dem Bank- oder Postcheckkonto. Rohmaterial, Waren und liquide Mittel sind Vermögenswerte, die einem Unternehmen in der Regel nur für kurze Zeit zur Verfügung stehen; man bezeichnet diesen Teil des Vermögens deshalb als Umlaufvermögen.

Langfristiges Kapital: Mit diesem Geld tätigen Unternehmer Investitionen, die für die Herstellung der Produkte oder das Erbringen der Dienstleistungen notwendig sind. Darunter fallen Anschaffungen wie Maschinen, Geräte, technische Einrichtungen, Fahrzeuge, Computer, Mobiliar für das Büro, den Laden oder die Werkstatt. Mit langfristigem Kapital kauft der Unternehmer Vermögenswerte (Anlagevermögen), die ihm für eine längere Zeit zur Verfügung stehen.

Kapitalbedarf für das Anlagevermögen
Dieser Betrag lässt sich relativ einfach ausrechnen. Denn als Neuunternehmer, als Firmengründerin werden Sie die notwendigen Anschaffungen für die Selbständigkeit sowie Preise und Zahlungskonditionen aus eingeholten Offerten kennen. Auf existenznotwendige Investitionen können Sie nicht verzichten; Sie müssen schliesslich vom Geschäftsstart weg voll einsatzfähig sein und effizient arbeiten können. Für den

Geschäftserfolg nicht zwingend erforderliche Investitionen sollten Sie erst bei gutem Geschäftsgang tätigen.

Kapitalbedarf für das Umlaufvermögen
Im Gegensatz zum Anlagevermögen ist der Kapitalbedarf für das Umlaufvermögen schwieriger zu berechnen. Das Grundproblem: Kunden beziehen und bezahlen die eingekauften Waren, die hergestellten Produkte oder erbrachten Dienstleistungen in der Regel nicht sofort. Die dafür investierten Mittel sind also für eine bestimmte Zeit gebunden (gebundenes Kapital) und müssen vom Unternehmer vorfinanziert werden.

Die entscheidende Frage lautet: Wie lange ist dieses Kapital gebunden? Allgemein gilt: Je grösser die Zeitspanne zwischen dem Wareneinkauf und dem Verkauf bzw. dem Bezahlen der Rechnung, desto mehr Kapital ist erforderlich. Oder anders gesagt: Je schneller Waren verkauft werden, desto weniger Kapital ist gebunden und desto kleiner muss das Umlaufvermögen sein.

Beispiel | Die Schmuckladen-Besitzerin Mara W. kauft jährlich Waren für 200 000 Franken ein. In der Regel bleibt der Schmuck ein halbes Jahr im Schaufenster ausgestellt, bis sie ihn verkauft. Mara W. schlägt ihre Ware also jährlich zweimal um (Warenumschlag), und hat damit im Durchschnitt Schmuck respektive gebundenes Kapital im Wert von 100 000 Franken an Lager. Könnte Frau W. ihre Schmuckstücke schneller verkaufen, zum Beispiel schon nach drei Monaten, würde sich ihr durchschnittlich benötigtes Umlaufvermögen auf 50 000 Franken reduzieren.

Die Höhe des Umlaufvermögens beim Geschäftsstart basiert meist auf einer Schätzung. Bei einem angenommenen gleichmässigen Betriebsablauf ohne radikale Auftragsschwankungen lässt sich der Kapitalbedarf in vier Schritten ermitteln:
- Kapitalbedarf für die Lagerung von Rohmaterial und Waren
- Kapitalbedarf für das Fertigwarenlager
- Kapitalbedarf, um die Betriebskosten zu decken
- Kapitalbedarf zur Finanzierung der Ausstände aus Warenverkäufen (Debitoren)

Führen Sie ein reines Dienstleistungsunternehmen oder einen Handelsbetrieb ohne Warenproduktion, müssen Sie die Berechnung natürlich anpassen. Aber auch dann ist immer ein Teil des Kapitals gebunden. Ein Energieberatungsbüro beispielsweise muss zwar kein Rohmaterial im herkömmlichen Sinn einkaufen, aber bis die in Auftrag gegebenen Studien erstellt und dem Kunden vollständig verrechnet sind, fallen Betriebskosten an, die vorfinanziert werden müssen.

Tipp | Beim Berechnen des benötigten Kapitals für Ihr Unternehmen leistet Ihnen die Vorlage «Kapitalbedarfsplan» im Download-Angebot gute Dienste.

Nicht vergessen sollten Sie, dass Ihnen nach dem Geschäftsstart unter Umständen eine lange Durststrecke bevorsteht. Sie

Vorlage | Kapitalbedarfsplan
beobachter.ch/download

arbeiten zunächst, ohne dass Geld ins Geschäft zurückfliesst, müssen aber trotzdem für die laufenden Kosten aufkommen und sich einen Lohn ausrichten können. Je nach Branche (Saisonschwankungen), Produkt, Dienstleistung und Zahlungsfristen können Wochen oder Monate vergehen, bis Sie Ihren ersten verdienten Franken in den Händen halten. Wächst in der Anfangsphase zudem der Umsatz, verschärft sich das Problem nochmals. Denn dadurch steigen nicht nur die Betriebskosten; das gebundene Kapital nimmt ebenfalls zu. Wer dies nicht einkalkuliert, ist vom Markt verschwunden, bevor die ersten Kunden zahlen.

Tipp | Fragen Sie bei Ihrem Branchenverband nach Kennzahlen und Erfahrungswerten. Lassen Sie sich beim Erstellen Ihres Kapitalbedarfsplans von Branchenkennern beraten. Rechnen Sie für Unvorhergesehenes wie Zahlungsverzögerungen oder Lieferprobleme eine Reserve von mindestens zehn Prozent ein.

Liquidität

Das Budget zeigt Ihnen die Höhe, aber nicht den Zeitpunkt Ihres jährlichen Aufwands und Ertrags an. Diese Informationen brauchen Sie jedoch, um Ihren Zahlungsverpflichtungen fristgerecht nachzukommen.

Im nächsten Schritt müssen Sie deshalb mithilfe eines Liquiditätsplans die monatlichen Geldströme erfassen. Der Liquiditätsplan zeigt für jeden Monat auf, ob ein Geldüberschuss (Überdeckung) oder ein Geldbedarf (Unterdeckung) vorliegt.

Dem Liquiditätsplan sollten Neuunternehmer besonders im Zusammenhang mit der anfänglichen Durststrecke nach dem Geschäftsstart grösste Beachtung schenken. Wer in dieser Zeit zu wenig liquide Mittel hat, gerät schnell in arge Finanzengpässe: Er wird gemahnt, betrieben – und muss im schlimmsten Fall Konkurs anmelden. Unklug wäre es andererseits, eine Liquiditätsreserve in nie benötigtem Ausmass zu besitzen. Denn liquide Mittel auf Bank oder Post werfen nur einen bescheidenen Zins ab. Und sind sie mit Kapital von Dritten finanziert (siehe Seite 274), zahlt man unnötigerweise Zins.

Tipp | Wie Sie die Liquidität Ihres Unternehmens in den Griff bekommen, zeigt Ihnen die Vorlage «Liquiditätsplan».

Die Schwierigkeit bei der Liquiditätsplanung liegt darin, dass die Kosten in der Startphase nur beschränkt absehbar sind. Daher empfiehlt es sich, mehr Ausgaben zu budgetieren, als eigentlich anfallen sollten.

Da die Existenz Ihres Unternehmens in einem grossen Ausmass von der Liquidität abhängt, sollten Sie diese ständig überwachen und sicherstellen. Man bezeichnet dies als dynamische Finanzplanung – eine der wichtigsten Aufgaben des Unternehmers. Die meisten in Konkurs geratenen Firmen sind nämlich nicht aufgrund von zu tiefem Umsatz oder Ertrag, sondern wegen mangelnder Liquidität zugrunde gegangen.

Vorlage | Liquiditätsplan
beobachter.ch/download

Prüfen Sie die Bonität Ihrer Kunden

Links | Handelsregister, Betreibungsregister beobachter.ch/download

Die Bonität eines neuen Kunden lässt sich auf verschiedene Art überprüfen: Sie können Referenzen bei seinen Kunden und Lieferanten einholen oder sich beim Branchenverband, dem er angehört, nach bekannten «schwarzen Schafen» erkundigen. Aufschlussreich kann ein Blick in die von Privatfirmen (etwa von Moneyhouse) publizierten Handelsregisterdaten sein. Diese Daten bieten aber keine Gewähr hinsichtlich Inhalt, Vollständigkeit oder Aktualität – und haben keinerlei Rechtswirkung. Verbindlich und aktuell sind dagegen die Daten aus dem Handelsregisterauszug der Firma. Dieser ist einfach zu finden unter www.zefix.ch.

Auskunft über die Bonität eines Geschäftspartners gibt auch ein Betreibungsregisterauszug. Diesen erhalten Sie beim zuständigen Betreibungsamt gegen einen glaubhaften Interessennachweis. Sie müssen aufzeigen, dass eine Geschäftsbeziehung besteht, zum Beispiel mithilfe einer Bestellung, einer Auftragsbestätigung, eines Vertrags oder eines Lieferscheins. Der Hinweis auf ein Telefongespräch mit einem potenziellen Kunden oder unverbindliche Geschäftskorrespondenz genügt nicht.

Die Betreibungsauskunft umfasst in der Regel das laufende und die zwei vorangegangenen Jahre. Wichtig zu wissen: Die Auskunft bezieht sich immer auf das angefragte Betreibungsamt, ist also keine schweizweite Prüfung. Ist der Geschäftspartner erst kürzlich umgezogen, schliesst ein blanker Auszug am neuen Ort eine Betreibung am alten Ort nicht aus. Für eine lückenlose Auskunft müssen Sie deshalb auch die Betreibungsämter am früheren Wohn- oder Firmensitz des Geschäftspartners konsultieren. Eine Betreibungsauskunft können Sie online einholen (www.betreibungsschalter.ch).

Wer die Bonität eines Geschäftspartners nicht selber abklären will, wendet sich an eine Wirtschaftsauskunftei. Deren Dienste sind unterschiedlich teuer. Während eine allgemeine schriftliche oder mündliche Bonitätsauskunft für wenig Geld zu haben ist, kostet eine fundierte Einzelabklärung mit ausführlichem Bericht schnell einige Hundert Franken.

Unterdeckung vermeiden

Droht Ihrem Unternehmen eine Unterdeckung, gibt es grundsätzlich drei Möglichkeiten, sie abzuwenden:
- Sie versuchen, schneller zu Ihrem Geld zu kommen, indem Sie zum Beispiel Ihre Rechnungen früher stellen, den Kunden eine kürzere Zahlungsfrist einräumen, Anzahlungen oder Akontozahlungen fordern.
- Sie bezahlen Ihre Rechnungen später, indem Sie die Kreditlimite voll ausnützen, mit den Lieferanten längere Zahlungsfristen aushandeln oder Anschaffungen zurückstellen, die nicht dringend sind.
- Sie kürzen Ihren eigenen Lohn.

Debitorenverluste vermeiden

Die beste Liquiditätsplanung nützt nichts, wenn die Kunden (Debitoren) ihre Rechnungen zu spät bezahlen. Das ist auch in der Schweiz ein weitverbreitetes Übel: So bezahlten im Jahr 2016 schweizweit rund 40 Prozent aller Unternehmen ihre Rechnungen verspätet. Der durchschnittliche Verzug betrug elf Tage. Noch härter trifft es einen Unternehmer, wenn Kunden offene Rechnung überhaupt nie begleichen. Geschäftet jemand nur mit wenigen Grosskunden, kann ein einziger zahlungsunfähiger Kunde die Existenz gefährden. Unternehmer müssen deshalb alles daransetzen, Debitorenverluste zu vermeiden. Dazu haben sie folgende Möglichkeiten:

- **Bonitätsprüfung:** Prüfen Sie bei jedem grösseren Auftrag konsequent den Ruf des Auftraggebers bezüglich Zahlungsfähigkeit und -willigkeit (siehe Kasten).
- **Vorauszahlung:** Stellen Sie Ihren Kunden bereits vor Erbringung der Leistung Rechnung – oder zumindest eine Teilrechnung –, sofern dies die Branchenusanz zulässt.
- **Akontozahlung:** Vereinbaren Sie wenn immer möglich Akontozahlungen – also Zahlungen in Raten, die sich am Fortschritt der Auftragserfüllung orientieren.
- **Zahlungskontrolle:** Kontrollieren Sie regelmässig die Zahlungseingänge und scheuen Sie sich nicht, Ihr Guthaben mit höflich, aber bestimmt formulierten Mahnungen hartnäckig einzufordern.
- **Betreibung:** Betreiben Sie einen Kunden, wenn dieser auch nach mehreren Mahnungen nicht zahlt. Der administrative Aufwand ist allerdings recht gross, deshalb lohnt sich dies nur bei grösseren Beträgen.

Tipp | Hat Ihr Kunde einen sauberen Betreibungsregisterauszug? Im Download-Angebot finden Sie das Muster «Betreibungsregisterauszug Anforderung», mit dem Sie die nötigen Informationen einholen können.

Muster | Anforderung Betreibungsregisterauszug
beobachter.ch/download

Finanzierung

Der Kapitalbedarfsplan und der Liquiditätsplan haben Ihnen gezeigt, wann Sie wie viel Geld benötigen, um Ihren Betrieb aufzubauen und um zahlungsfähig zu bleiben. Aufgrund dieser Angaben geht es im nächsten Schritt darum, die Finanzierung sicherzustellen und die optimale Finanzierungsart zu bestimmen.

Es gibt grundsätzlich zwei Möglichkeiten, ein Unternehmen zu finanzieren: mit eigenem Geld (Eigenkapital) oder mit fremdem Geld (Fremdkapital). In der Praxis werden Unternehmen meist mit Eigen- und mit Fremdkapital finanziert.

Auf die Frage nach dem idealen Verhältnis zwischen Eigenkapital und Fremdkapital gibt es keine allgemein verbindliche Antwort. Zwar existieren gewisse «goldene Finanzierungsregeln», doch diese berücksichtigen oft nicht die branchen- oder betriebsspezifischen Verhältnisse. Wichtiger ist, dass Sie die Unternehmensfinanzierung ganzheitlich betrachten – unter dem Gesichtspunkt der Liquidität, der Sicherheit und der Rentabilität:

Liquidität: Je mehr Eigenkapital Sie besitzen, desto weniger Liquiditätsengpässe haben Sie in der Regel zu befürchten. Aufzupassen gilt es, wenn teure, längerfristige Investitionen nur mit Eigenkapital finanziert werden: Das bindet unnötigerweise flüssige Mittel und gefährdet eventuell die Liquidität des Unternehmens.

Sicherheit: Ein höherer Anteil an Eigenkapital trägt dazu bei, dass Ihr Unternehmen gegenüber Marktveränderungen und Fremdkapitalgebern weniger verletzlich ist und dadurch grössere Überlebenschancen hat.

Rentabilität: Kein Unternehmer investiert Geld, ohne einen angemessenen Ertrag zu erwarten. Das eingesetzte Kapital muss also eine entsprechende Rendite abwerfen. Ist Fremdkapital nur zu hohen Zinsen erhältlich, ist ein grosser Anteil an unverzinsbarem Eigenkapital ideal. Umgekehrt ist das Eigenkapital zu reduzieren, wenn sich mit Fremdkapital ein höherer Gewinn erwirtschaften lässt, als Zinsen dafür bezahlt werden müssen.

Da sich eine hohe Liquidität, grösstmögliche Sicherheit und eine hohe Rentabilität grundsätzlich ausschliessen, sollten Sie sich nicht an starren Regeln ausrichten, sondern eine zur eigenen Firma passende Finanzierungsstrategie anstreben. Dabei verfolgen viele Firmengründer das Ziel, ihr Unternehmen möglichst rasch mit selbst erarbeiteten Mitteln zu finanzieren. Bis zu diesem Zeitpunkt benötigen sie alternative Finanzierungsmöglichkeiten (siehe Kasten).

10 DIE FINANZEN

Finanzierungsmöglichkeiten im Überblick

Eigenkapital

– Ersparnisse (siehe unten)
– Geld aus der Pensionskasse (siehe nächste Seite)
– Geld aus der gebundenen Vorsorge (siehe Seite 272)

Fremdkapital

– Beteiligung von Dritten (siehe Seite 274)
– Darlehen von Privatpersonen (siehe Seite 274)
– Kredite von Banken (siehe Seite 275)
– Kredite von Lieferanten (siehe Seite 281)
– Risikokapital (siehe Seite 281)
– Crowdfinanzierung (siehe Seite 282)
– Factoring (siehe Seite 283)
– Leasing (siehe Seite 285)

Tipp | Starten Sie mit Ihrem Unternehmen auf keinen Fall, bevor die Finanzierung steht – schriftlich, mit Verträgen abgesichert. Erstellen Sie anhand der nachfolgenden Ausführungen einen Plan, um Finanzierungslücken zu entdecken. Dabei hilft Ihnen die Vorlage «Finanzierungsplan» im Download-Angebot.

Eigenkapital

Privilegiert sind Neuunternehmer, die ihren Geschäftsstart vollumfänglich aus eigenen Mitteln finanzieren können. Die meisten sind anfänglich jedoch auf Fremdkapital angewiesen. Einen Eigenkapitalanteil von 20 bis 30 Prozent sollten Sie allerdings mindestens aufbringen können. Bei risikoreichem Geschäft oder hohem Investitionsaufwand muss der Prozentsatz noch höher sein.

Die Vorteile einer hohen Eigenfinanzierungsrate sind bestechend: Sie sind nicht von Dritten abhängig, die Ihnen die Höhe der Zinsen und die Dauer der Kapitalgewährung diktieren. Ihre Liquidität wird geschont, da Sie keine Zinsen oder Rückzahlungen leisten müssen. Ein hoher Eigenkapitalanteil verbessert zudem die Kreditwürdigkeit und erleichtert die Suche nach Fremdkapitalgebern, insbesondere bei hohen Unternehmensrisiken.

Zur Beurteilung der Eigenkapitalstruktur dient der sogenannte Eigenfinanzierungsgrad (siehe Kasten auf der nächsten Seite). Das Eigenkapital setzt sich meist aus Ersparnissen sowie Geldern der 2. oder 3. Säule zusammen.

Ersparnisse

Neuunternehmer investieren in der Regel einen Grossteil ihres Privatvermögens und zum Teil auch dasjenige ihrer Ehepartnerin, ihres Partners ins Unternehmen. Die Finanzierung mit eigenem Geld und eigenen Vermögenswerten ist die einfachste und günstigste Variante. Der Kasten auf Seite 271 zeigt die verschiedenen Möglichkeiten auf.

Vorlage | Finanzierungsplan
beobachter.ch/download

Beurteilung der Eigenkapitalstruktur

Eigenfinanzierungsgrad	Formel	Bewertung
Eigenkapital in % des Gesamtkapitals	$\dfrac{\text{Eigenkapital} \times 100}{\text{Gesamtkapital}}$ Beispiel: $\dfrac{\text{Fr. 88 000.–} \times 100}{\text{Fr. 215 000.–}} = 41\%$	Der Eigenfinanzierungsgrad sollte mindestens 20 bis 30 Prozent betragen; ein höherer Eigenfinanzierungsgrad bedeutet grössere finanzielle Sicherheit.

Tipp | Investieren Sie auf keinen Fall Ihr ganzes Hab und Gut ins Unternehmen. Denken Sie auch an die Sicherheit Ihrer Familie und behalten Sie eine eiserne Reserve für Notfälle zurück.

Pensionskassengeld

Gründern von AGs oder GmbHs ist der Bezug von Pensionskassengeldern nicht möglich, da sie mit einem Arbeitsvertrag im eigenen Betrieb angestellt sind und deshalb nicht als Selbständigerwerbende gelten (siehe Seite 184).

Neuunternehmer, die als AHV-rechtlich Selbständigerwerbende nicht obligatorisch der beruflichen Vorsorge beitreten müssen – also Inhaber von Einzelunternehmen, Kollektiv- oder Kommanditgesellschafter –, können sich beim Schritt in die Selbständigkeit ihr Guthaben aus der 2. Säule (Freizügigkeitskapital) auszahlen lassen und das Kapital ins Unternehmen stecken.

Wichtig zu wissen: Das Pensionskassengeld müssen Sie in diesem Fall vollständig beziehen – also das gesamte Guthaben auf einmal. Ein Teilbezug ist nur möglich, wenn Sie beim Austritt aus der früheren Pensionskasse Ihr Freizügigkeitskapital in weiser Voraussicht auf zwei verschiedene Vorsorgeeinrichtungen überwiesen haben (Details siehe Seite 198).

Die Aufsplittung Ihres Pensionskassengeldes auf mehr als zwei Vorsorgeeinrichtungen ist aber nicht möglich. Falls Sie beim Wechsel in die Selbständigkeit jedoch auf mehrere Freizügigkeitskonten zugreifen können, lässt sich diese Kapitalaufsplittung mit jedem Pensionskassenguthaben vornehmen. Mit diesem Vorgehen können Sie sich Ihr Guthaben bei Bedarf bei jeder Vorsorgeeinrichtung einzeln auszahlen lassen. Aber Achtung: Die Auszahlung des Pensionskassengeldes muss in jedem Fall innerhalb eines Jahres nach dem Austritt aus der obligatorischen Pensionskasse erfolgen. Später ist keine Auszahlung mehr möglich.

Die Pensionskasse zahlt das Geld nur aus, wenn Sie Ihre selbständige Erwerbstätigkeit glaubhaft nachweisen können, zum Beispiel mit einem Businessplan, einer Bestätigung der AHV-Ausgleichskasse oder

Möglichkeiten der Eigenfinanzierung

Möglichkeit	Bemerkungen
Sparguthaben abheben	Auf keinen Fall sollten Sie alle Ihre Bankkonten und Sparhefte vollständig plündern, sondern unbedingt eine eiserne Reserve für kurzfristige Verbindlichkeiten und Notfälle stehen lassen (drei- bis sechsfacher Monatsbedarf).
Wertschriften verkaufen	Solche Verkäufe sind längerfristig mit Blick auf die Börsenentwicklung zu planen. Müssen Wertschriften überstürzt verkauft werden, besteht das Risiko, dass man in einem ungünstigen Zeitpunkt zu wenig dafür löst. Alternative: Wertschriften der Bank verpfänden (siehe Seite 280).
Wertgegenstände verkaufen	Gold, Münzen, antike Möbel, Kunstgegenstände, Luxusautos, Schmuck, die Briefmarkensammlung – alles lässt sich verkaufen. Oft ist das aber nur zu einem tiefen Preis möglich und deshalb nicht ratsam.
Versicherungspolicen auflösen	Eine vorzeitige Auflösung von Versicherungspolicen ist meist ein Verlustgeschäft und deshalb nicht zu empfehlen. Zudem entfällt dann der Versicherungsschutz. Alternative: Leistungen aus Versicherungen dem Versicherer oder der Bank verpfänden (siehe Seite 280).
Sacheinlagen einbringen	Eigenkapital können Neuunternehmer auch einbringen, indem sie Mobilien (zum Beispiel Maschinen, Computer, Software, Mobiliar, Arbeitsgeräte, Fahrzeuge, Werkzeuge) oder Immobilien (Werkstatt-, Lagergebäude, Patente, Lizenzen) beim Geschäftsstart vom Privatvermögen ins Firmenvermögen überführen. Das kann sinnvoll sein.

einem Auszug aus dem Handelsregister. Zudem muss Ihr Ehepartner – oder die eingetragene Partnerin – zum Vorbezug das schriftliche Einverständnis geben. Die Auszahlung des Geldes erfolgt dann in der Regel innerhalb eines Monats.

Wer sich beim Start in die Selbständigkeit einer Pensionskasse anschliesst, also sein Freizügigkeitsguthaben freiwillig in eine neue Vorsorgeeinrichtung einbringt (siehe Seite 197), kann später gemäss einem Bundesgerichtsurteil jederzeit das gesamte Alterskapital für notwendige Betriebsinvestitionen beziehen – aber nur, wenn er den Vorsorgevertrag wieder auflöst. Bloss einen Teil des Guthabens zu beziehen und mit dem Rest die Vorsorgelösung weiterzuführen, ist nicht möglich.

Wie hoch das Freizügigkeitskapital ist, erfahren Sie bei der Pensionskasse. Im Minimum garantiert das Freizügigkeitsgesetz die eingebrachten Freizügigkeitsleistungen des Arbeitnehmers, seine Altersgutschriften sowie Zinsgutschriften gemäss den vorgeschriebenen Mindestzinssätzen der Vergangenheit.

Muster |
Pensionskasse
Auszahlung
Pensionskasse
Kapitalberechnung
beobachter.ch/
download

Tipp | Muster für Ihre Korrespondenz mit der Pensionskasse finden Sie im Download-Angebot.

Pro und Kontra Kapitalbezug

Für junge Geschäftsgründer kann der Bezug des (in der Regel noch nicht allzu hohen) Pensionskassenguthabens sinnvoll sein. Sie sollten dann jedoch rechtzeitig im Rahmen der 2. oder 3. Säule ihre Altersvorsorge wieder aufbauen oder bei einem späteren Verkauf ihres Unternehmens genug «Alterskapital» herauslösen können.

Problematischer ist der Bezug für ältere Neuunternehmer. Sie erhalten dadurch zwar meist hohe Summen, die sie als Eigenkapital verwenden können, setzen aber ihre Altersvorsorge aufs Spiel.

Auf jeden Fall sollten Neuunternehmer beim Bezug von Pensionskassengeld daran denken, dass damit auch der Schutz für die Risiken Invalidität und Tod entfällt und sie sich neu absichern müssen (mehr dazu auf Seite 207). Ausgezahltes Freizügigkeitskapital wird zudem besteuert. Dies zwar zu einem reduzierten Satz, der von Kanton zu Kanton verschieden ist. Trotzdem kann sich das Kapital dadurch unter Umständen erheblich verkleinern.

Ausserdem verliert ausgezahltes Pensionskassengeld den vom Bundesgesetz über Schuldbetreibung und Konkurs (SchKG) für Vorsorgeguthaben vorgesehenen Schutz. Das heisst: Mit der Barauszahlung wird Ihr Pensionskassenguthaben pfändbar. Die Gläubiger können also Verlustscheine aus früheren Konkursen wieder gegen Sie geltend machen.

Tipp | Überlegen Sie gut, ob Sie Ihr Freizügigkeitskapital zum Aufbau Ihrer Firma verwenden wollen. Haben Sie damit keinen Erfolg, ist Ihre Altersvorsorge verloren.

Gut zu wissen: Selbständigerwerbende, die ihr Freizügigkeitskapital bar bezogen haben, können ihr Einzelunternehmen, ihre Kollektiv- oder Kommanditgesellschaft zu einem späteren Zeitpunkt ohne Weiteres in eine AG oder GmbH umwandeln – und damit wieder zum Angestellten werden (es gibt keine gesetzliche Karenzfrist). Nach einer solchen Firmenumwandlung müssen Sie das bezogene Kapital nicht an Ihre Vorsorgeeinrichtung zurückzahlen. Sie treten als Arbeitnehmer einfach der neuen Vorsorgeeinrichtung bei und beginnen bei Kontostand null.

Säule-3a-Gelder

Wer ein Säule-3a-Konto bei einer Bank oder eine 3a-Police bei einem Versicherer besitzt, kann dieses Kapital bei der Aufnahme einer selbständigen Erwerbstätigkeit beziehen. Diese Möglichkeit haben – wie beim Bezug von Kapital aus der 2. Säule – nur Gründer von Einzelunternehmen, Kollektiv- oder Kommanditgesellschaften.

Das Kapital aus der gebundenen Vorsorge wird Firmengründern nur ausgezahlt, wenn sie ihre selbständige Erwerbstätigkeit nachweisen können, etwa mit einem Handelsregistereintrag oder einer Bestätigung der AHV-Ausgleichskasse. Gründer einer AG oder GmbH können als Unselb-

3a-Guthaben später beziehen

Ihr Kapital aus der Säule 3a müssen Sie nicht zwingend direkt bei der Aufnahme der selbständigen Erwerbstätigkeit beziehen. Sie können sich das Geld bis spätestens ein Jahr danach auszahlen lassen und ins Unternehmen investieren. Wichtig zu wissen: Das Geld auf einem Säule-3a-Konto müssen Sie immer gesamthaft beziehen. Ein teilweiser Bezug von 3a-Guthaben ist nur möglich, wenn Sie mehrere Vorsorgekonten besitzen.

Eine Barauszahlung von 3a-Geldern ist übrigens auch möglich, wenn Sie als Selbständigerwerbender Ihre bisherige selbständige Erwerbstätigkeit aufgeben und eine andersartige selbständige Erwerbstätigkeit aufnehmen. Auch dieser Bezug muss jedoch innert eines Jahres erfolgen und ist nur erlaubt, wenn Sie das gesamte 3a-Guthaben beziehen.

---

ständigerwerbende ihr Kapital aus der Säule 3a frühestens fünf Jahre vor dem ordentlichen Pensionsalter beziehen.

Bei einem 3a-Bankkonto wird Ihnen das volle eingezahlte Kapital samt Zins und Zinseszinsen ausgezahlt. Wie viel das ist, sehen Sie auf dem jährlich zugestellten Vermögensauszug oder können es bei der Bank erfragen. Haben Sie das Kapital in eine 3a-Police investiert, erleiden Sie bei der Kündigung einen Rückkaufsverlust wie bei jeder vorzeitig aufgelösten Lebensversicherung. Unter Umständen erhalten Sie sogar weniger Geld zurück, als Sie eingezahlt haben. Das ist insbesondere in den ersten drei Jahren eines Versicherungsvertrags der Fall. Bevor Sie Ihre Vorsorgepolice kündigen, sollten Sie sich daher unbedingt beim Versicherer nach dem genauen Rückkaufswert bei vorzeitiger Auflösung erkundigen. Achtung: Wird eine 3a-Police aufgelöst, entfällt auch der Versicherungsschutz.

Tipp | Im Download-Angebot finden Sie ein Muster, wie Sie die Auszahlung Ihres Guthabens veranlassen können.

Muster | Säule 3a Auszahlung
beobachter.ch/download

Nach dem Bezug können Selbständigerwerbende ohne Weiteres ein neues Säule-3a-Konto eröffnen oder eine 3a-Police abschliessen – und wieder von vorne mit steuerbegünstigtem Sparen anfangen. Dieses neu angesparte Kapital lässt sich dann allerdings nicht mehr für die Finanzierung der Selbständigkeit herauslösen.

Lassen Sie Ihr Kapital beim Wechsel zur selbständigen Erwerbstätigkeit in der Säule 3a stehen, können Sie Ihr bisheriges Konto weiterhin für Beitragszahlungen benützen – sofern dies finanziell überhaupt drin liegt. Besser ist es aber, nach der Geschäftsgründung ein zweites Säule-3a-Konto zu eröffnen und nur noch auf dieses Beiträge zu zahlen. Dadurch lassen sich bei einem späteren Bezug Probleme und Diskussionen mit der Bank oder den Steuerbehörden vermeiden; die Einzahlungen aus der Zeit der unselbständigen Erwerbstätigkeit sind dann unbestritten.

Info | Bezogenes Kapital aus der Säule 3a ist beim Bund und bei den Kantonen nach speziellen Methoden und zu reduzierten Steuersätzen zu versteuern. Erkundigen Sie sich beim zuständigen Steueramt; besonders, wenn Sie sich gleichzeitig Gelder aus der 2. Säule und der Säule 3a auszahlen lassen möchten.

Fremdkapital

Fremdfinanzierung kann zweierlei heissen: Finanzierung mit Krediten von Dritten oder Finanzierung mit der Beteiligung von Dritten (Beteiligungsfinanzierung). Im ersten Fall kann es sich um einen klassischen Bankkredit oder ein Darlehen von Bekannten handeln. Im zweiten Fall beteiligen sich ein oder mehrere Partner finanziell am Geschäft – etwa indem sie Aktien kaufen. Sie werden damit zu Miteigentümern und haben ein Mitbestimmungsrecht.

Die Möglichkeit einer Beteiligungsfinanzierung hängt primär von der gewählten Rechtsform des Unternehmens ab. In einem Einzelunternehmen beispielsweise ist ein Engagement eines Dritten nur über ein Darlehen, aber nicht durch eine Beteiligung am Eigenkapital möglich. In Kollektiv- oder Kommanditgesellschaften erfordert die Rechtsform eine Eigenkapitalbeteiligung. Und bei der AG oder der GmbH besitzt der Neuunternehmer beide Möglichkeiten: Er kann das Unternehmen entweder als alleiniger Aktionär bzw. Stammanteilbesitzer führen oder einen Teil Dritten überlassen.

In der Regel wird auch bei einer Beteiligungsfinanzierung die Finanzierung mit Krediten oder Darlehen nötig. Neuunternehmer kommen deshalb meist nicht darum herum, geeignete Kapitalgeber zu finden. In der Praxis ist das oft eine schwierige Aufgabe, vor allem bei risikoreichen Geschäften, niedrigen Gewinnaussichten oder einer schmalen Eigenkapitalbasis.

Privatdarlehen

Günstiges Kapital lässt sich oft bei Eltern, Angehörigen, Freunden und Bekannten auftreiben. Diese Möglichkeit gilt es in jedem Fall zu prüfen. Nicht selten ist jemand bereit, einem Neuunternehmer einen bestimmten Betrag zu Vorzugskonditionen – im besten Fall gar zinslos – zu gewähren. Unter Umständen verlangen private Geldgeber auch keine banküblichen Sicherheiten.

Info | Privatdarlehen haben immer eine emotionale Komponente. Was passiert, wenn Sie und der Darlehensgeber sich in die Haare geraten? Was, wenn Sie das Geld nicht mehr zurückzahlen können? Ein inniges Verhältnis kann dann für immer zerstört sein.

Darlehen sollten Sie unbedingt in einem schriftlichen Darlehensvertrag regeln. Er

ist – falls es Streit gibt – in der Regel das einzige Beweismittel, mit dem Sie Ihre Rechtsansprüche geltend machen können. Halten Sie im Darlehensvertrag mindestens Folgendes fest:
- Darlehenssumme
- Verzinsung (oder Vereinbarung, dass keine Verzinsung geschuldet ist) und Zinstermine
- Datum und Konditionen der Rückzahlungen
- Kündigungsfristen und -termine: Ist zu den Kündigungsmodalitäten nichts vereinbart, kann der Darlehensgeber das Darlehen jederzeit mit einer Frist von nur sechs Wochen kündigen.

Tipp | Eine Vorlage für einen privaten Darlehensvertrag, die Sie als Ausgangspunkt für Ihren eigenen nehmen können, finden Sie im Download-Angebot.

Nicht vergessen werden dürfen die steuerlichen Aspekte eines Privatdarlehens: Der Darlehensgeber bleibt steuertechnisch im Besitz des Geldes und muss es wie bisher als Vermögen versteuern. Die Zinsen werden ihm als Einkommen angerechnet. Andererseits kann der Darlehensnehmer in der Steuererklärung seine Zinszahlungen in Abzug bringen, muss aber den Namen des Darlehensgebers aufführen.

Info | Eltern, die den Sohn oder die Tochter bei der Firmengründung finanziell unterstützen möchten, können auch einen Erbvorbezug ausrichten oder Geld schenken. Beides ist steuerpflichtig und der begünstigte Nachkomme muss – sofern nicht ausdrücklich etwas anderes vereinbart wurde – den erhaltenen Betrag nach dem Tod der Eltern mit seinem Erbe verrechnen lassen. Wichtig ist in beiden Fällen, dass keine erbrechtlichen Pflichtteile verletzt werden. Für solche Lösungen empfiehlt es sich, eine Anwältin oder einen Notar beizuziehen.

Bankkredite

Der Begriff «Bankkredit» wird in der Praxis verschieden verwendet. Im weiteren Sinn versteht man darunter die Zusicherung einer Bank an einen Kreditnehmer, ihm gegen entsprechende Verzinsung und Rückzahlung Geld auszuleihen. Je nach Bank tragen die verschiedenen Arten und Formen von Krediten und Darlehen unterschiedliche Bezeichnungen, weisen aber gleiche oder ähnliche Merkmale und Konditionen auf und erfüllen den gleichen Zweck. Der Einfachheit halber wird im Folgenden nur der Oberbegriff Kredit verwendet. Für Neuunternehmer sind grundsätzlich vier Arten von Bankkrediten von Bedeutung.

Kontokorrentkredit: Der Kontokorrentkredit ist ein Betriebskredit in Kontoform. Er dient zur Abwicklung des laufenden Geschäfts- und Zahlungsverkehrs und damit zur Liquiditätssicherung. Kreditlimiten und Konditionen legt die Bank individuell fest. Der Kredit muss nicht benützt werden; das Konto kann auch ein Guthaben aufweisen. Für die Kreditbenützung zahlen Kreditnehmer Zins; bei

Vorlage | Darlehensvertrag
beobachter.ch/download

Guthaben erhalten sie eine minimale Zinsgutschrift. Hinzu kommt eine Benutzungskommission, die meist pro Quartal erhoben wird. Sie beträgt in der Regel zwischen ⅛ und ¼ Prozent auf dem höchsten oder auf dem durchschnittlich beanspruchten Kreditbetrag.

Fester Vorschuss (1 Monat bis 12 Monate): Beim Festen Vorschuss handelt es sich um einen Kredit zur Finanzierung der Betriebsmittel. Das Unternehmen erhält dadurch kurzfristig zusätzliche Liquidität. Beim Festen Vorschuss werden das Kapital, die Laufzeit und der Zinssatz für die gesamte Geltungsdauer im Voraus fixiert. Je nach hinterlegten Sicherheiten reduziert sich der Zinssatz. Der Feste Vorschuss ist während der Kreditlaufzeit zu verzinsen und beim Ablauf vollständig zurückzuzahlen. Er ist während der vereinbarten Laufzeit in der Regel nicht kündbar.

Festkredit (1 Jahr bis 10 Jahre): Dieses Bankdarlehen wird auch als Investitions-, Darlehens- oder Gewerbekredit bezeichnet und dient zur Finanzierung des Anlagevermögens. Es wird mittel- bis langfristig gewährt und ist innerhalb einer bestimmten Zeit in Raten zu amortisieren. Je nach Vertrag werden ein fester oder ein variabler Zinssatz und entsprechende Kommissionen festgelegt.

Hypothek: Zur Kapitalbeschaffung kann der Firmengründer seine Hypothek auf der Privat- oder Geschäftsliegenschaft aufstocken und das Geld via Darlehen oder Eigenkapital in die Firma investieren. Hypothekarkredite sind im Normalfall günstiger als ein Gewerbekredit und eignen sich als langfristige Finanzierungsmittel.

Andererseits erhöhen sie die private Verschuldung des Neuunternehmers und die finanzielle Belastung.

Kreditkosten

Die Kosten eines Kredits hängen von verschiedenen Faktoren ab: vom Betrag, vom Risiko, von den Sicherheiten, vom Marktzins für die Refinanzierung, von der Laufzeit, von der Zahl der Raten, vom Zeitpunkt der Rückzahlung, von der bisherigen Geschäftsbeziehung mit der Bank und von ihren Kommissionen.

> **Tipp |** Benötigen Sie einen Bankkredit, sollten Sie unbedingt bei mehreren Anbietern Offerten einholen (ist je nach Bank mit Kosten verbunden). Vergleichen Sie die Angebote sorgfältig. Achten Sie dabei nicht nur auf den Zinssatz, sondern auf alle Kreditkonditionen. Versuchen Sie auf jeden Fall, bessere Bedingungen auszuhandeln und argumentieren Sie auf Basis Ihrer Kreditwürdigkeit (siehe auch Seite 281).

Auflagen der Bank

Wenn Ihnen eine Bank Kredit gewährt, auferlegt sie Ihnen auch Verpflichtungen. Sie dürfen beispielsweise keine Konkurrenzbank als Geschäftsbank berücksichtigen, keine Kreditgeber mit Sicherheiten bevorzugen, müssen regelmässig über den Geschäftsverlauf Bericht erstatten sowie Zwischenabschlüsse, Budgets, Bilanzen, Erfolgsrechnungen und gesetzlich vorgeschriebene Revisorenberichte einreichen.

Auflagen macht Ihnen die Bank auch bezüglich der Kreditfreigabe. Ist ein Kredit gesprochen, die Firma aber noch nicht gegründet, erhalten Sie das Geld in der Regel noch nicht. Erst mit der Aufnahme der Geschäftstätigkeit oder mit dem Eintrag ins Handelsregister können Sie Ihren Kredit frei beanspruchen. Im Weiteren müssen allfällige Sicherheiten (siehe Seite 280) rechtmässig bestellt sein.

Info | Kredite über geringe Summen sind für Banken in der Regel ein unrentables Geschäft, weil die Zinsmarge den administrativen Aufwand kaum deckt. Aus diesem Grund ist es für einen Firmengründer je nach Bank möglicherweise schwirig, nur einen kleinen Kredit zu erhalten.

Risikoeinstufung der Banken

Mit ausgeklügelten Bonitätsmodellen stuft jede Bank potenzielle Kreditkunden in verschiedene Risikoklassen ein. Dabei gilt: Je höher das Ausfallrisiko, desto höher der Zins für den Kredit (bei gleicher Deckung). Die Ratingkriterien und die Zahl der Risikoklassen unterscheiden sich von Bank zu Bank. Beurteilt werden unter anderem die künftige Ertragskraft und Rentabilität, die Liquidität, die Eigenmittel, das Verhältnis von Eigen- und Fremdkapital, die Branche, das Marktumfeld, der Standort, die Marktposition, das Management, die Rechtsform, das Budget und die Klumpenrisiken.

Tipp | Erkundigen Sie sich in Kreditgesprächen nach den Kriterien der Bank und nach Ihrem persönlichen Rating. Lassen Sie sich die Gründe für die Einstufung erklären und aufzeigen, wie Sie Ihr Rating in Zukunft verbessern können, und arbeiten Sie darauf hin. Betrachten Sie also ein bankinternes Rating zu Beginn Ihrer Selbständigkeit nicht als eine für ewig gültige Beurteilung. Banken überprüfen das Rating regelmässig nach Eingang des Jahresabschlusses und lassen dabei auch die Bewegungen auf dem Firmenkonto einfliessen – etwa Umsätze oder Überschreitungen von Kreditlimiten.

Mikrokredite

Ursprünglich wurden Mikrokredite vor allem im Zusammenhang mit der Finanzierung von Kleinunternehmen in Entwicklungsländern bekannt. Doch unterdessen gibt es auch in der Schweiz erste Organisationen, die Firmengründern Kapital zur Verfügung stellen, wenn sie keinen klassischen Bankkredit erhalten – etwa weil sie die verlangten Garantien nicht aufbringen können oder weil sie ein so kleines Kreditvolumen benötigen, dass keine Bank am Geschäft interessiert ist.

Mikrokredite könne schon für einige Zehntausend Franken gewährt. Und das zu deutlich niedrigeren Zinssätzen als bei herkömmlichen Banken. Voraussetzung für den Kredit ist allerdings auch hier ein Erfolg versprechendes Geschäftskonzept. Mikrokredite müssen in der Regel über eine bestimmte Anzahl Jahre ratenweise zurückgezahlt werden. Oft sind an die Kreditvergabe auch Beratung, Coaching und Schulung der Kreditnehmer gekoppelt. Diese ganzheitliche Betreuung durch den Mikrokreditgeber soll eine möglichst hohe Erfolgsquote und geringe Kreditausfallraten bewirken.

Kredite von alternativen Banken
Zwei Banken, die sich in ihrer Geschäftspolitik von herkömmlichen Instituten abgrenzen und auch andere Kriterien für die Vergabe von Krediten kennen, sind die Alternative Bank ABS in Olten und Lausanne sowie die Freie Gemeinschaftsbank BCL in Basel. Beide unterstehen dem schweizerischen Bankengesetz und der Aufsicht der eidgenössischen Bankenkommission. Diese Banken unterstützen mit unterschiedlichsten Krediten und zum Teil mit Vorzugszinsen vorwiegend gemeinnützige, kulturelle, soziale und ökologische Geschäftsprojekte sowie ethisches und nachhaltiges Wirtschaften. Unterstützte Projekte sind in den Jahresberichten publiziert. Auch bei den alternativen Banken ist die Kreditvergabe abhängig von der Bonität der Gesuchsteller und von den Sicherheiten, die sie bieten können.

Kredite der WIR Bank
Die WIR Bank definiert sich als Mittelstandsbank mit Schwerpunkt KMU. Sie wurde 1934 während der Wirtschaftskrise als Selbsthilfeaktion des Gewerbes gegründet mit dem Ziel, dass sich die Betriebe gegenseitig Geschäfte zuhalten. Die WIR Bank untersteht dem schweizerischen Bankengesetz und der Aufsicht der eidgenössischen Bankenkommission. Sie stellt den WIR-Teilnehmern gegen bankübliche Sicherheiten Kredite zur Verfügung und verwaltet die Konten sämtlicher WIR-Kunden.

Das Spezielle am WIR-System: Der Zahlungsverkehr zwischen WIR-Kunden muss zu einem bestimmten Prozentsatz zwingend mit WIR-Geld abgewickelt werden. Das ist eine Komplementärwährung, die auch heute noch dafür sorgen soll, die Geschäftätigkeit unter den WIR-Kunden anzukurbeln, denn ausserhalb des WIR-Kundenkreises hat das WIR-Geld keinen Wert. Und hier liegt gleichzeitig das Problem: Unternehmer können WIR-Geld nicht verflüssigen, was ihr Unternehmen in Liquiditätsschwierigkeiten bringen könnte. Zudem besteht das Risiko, dass die WIR-Kunden das virtuelle Geld mangels Akzeptanz in ihrer Branche nicht umsetzen können oder bei einem Geschäftspartner, der WIR akzeptiert, teurer einkaufen müssen als beim Konkurrenten ohne WIR.

Das WIR-Geld hat in den letzten Jahren deutlich an Attraktivität verloren. Die Umsätze im WIR-System sind seit Jahren rückläufig; nur die Hälfte der teilnehmenden Firmen weisen nach aussen auf ihre Mitgliedschaft hin und versuchen das Geschäft innerhalb des WIR-Netzwerks anzukurbeln. Die übrigen Teilnehmer sind inaktiv und bleiben unerkannt. Wenn Sie am WIR-Zahlungssystem interessiert sind, sollten Sie sich in Ihrer Branche erkundigen, wie WIR akzeptiert ist und ob Ihre künftigen Geschäftspartner WIR-Geld als Zahlungsmittel annehmen.

Sicherheiten für Bankkredite

Bevor eine Bank einem Start-up einen Kredit gewährt, prüft sie die Kreditfähigkeit und Kreditwürdigkeit des Gesuchstellers. Unter dem Stichwort Kreditfähigkeit werden die wirtschaftlichen Kriterien des Geschäftsprojekts, wie sie im Businessplan aufgeführt sind, überprüft: beispielsweise die Markt- und Konkurrenzsituation, die Erfolgsaussichten, die Plausibilität der Berechnungen in Bezug auf Verzinsung und Rückzahlung sowie die finanziellen Verhältnisse der im Unternehmen massgebenden Person(en).

Bei der Kreditwürdigkeit geht es um die Person des Neuunternehmers: um seine Ausbildung, den Werdegang, um Berufs- und Markterfahrung, Marktkenntnisse, aber auch um seinen Ruf, seinen Charakter, seine Vertrauenswürdigkeit und Zahlungsmoral, seine familiären Verhältnisse und insbesondere auch um die Identifikation mit seinem Geschäft.

Ist ein Kreditnehmer einer Bank nicht schon als Kunde bekannt, wird sie möglicherweise zusätzliche Abklärungen zu seiner Person vornehmen, die den Entscheid wesentlich beeinflussen können: Sie holt etwa Auskünfte bei darauf spezialisierten Dienstleistungsfirmen ein. Zudem verlangt sie normalerweise einen aktuellen Auszug aus dem Betreibungsregister und möglicherweise einen Strafregisterauszug. Je nach Risikoeinstufung verlangt die Bank, insbesondere von Gründern einer AG oder einer GmbH, dass sie sich als Privatperson solidarisch für ihre Firma verbürgen.

Weil der Bank die Erfahrungswerte zur neu gegründeten Firma fehlen, hängt die Vergabe von Blankokrediten an Neuunternehmer stark von der Einschätzung des Businessplans sowie der Risikofähigkeit des Unternehmens ab. In der Anfangsphase verlangen deshalb viele Banken vom Neuunternehmer, dass er ihnen Sicherheiten bietet bzw. verpfändet (gedeckter Kredit). Bei der Verpfändung erhält der Gläubiger – in diesem Fall die Bank – das Recht, das Pfand zu verwerten, sofern der Schuldner seinen Zahlungsverpflichtungen nicht nachkommt. Welche Sicherheiten die Banken unter anderem akzeptieren, sehen Sie in der Tabelle auf der nächsten Seite.

Bürgschaften
Die zwei wichtigsten Arten von Bürgschaften sind die einfache Bürgschaft und die Solidarbürgschaft: Bei der einfachen Bürgschaft kann sich der Gläubiger erst an den Bürgen wenden, wenn der Hauptschuldner erfolglos betrieben wurde. Bei der Solidarbürgschaft darf der Bürge schon belangt werden, wenn der Schuldner erfolglos gemahnt wurde. Banken verlangen meist eine Solidarbürgschaft.

Bürgschaftsverträge können nicht einseitig aufgelöst werden. Privatpersonen ist deshalb wegen des Haftungsrisikos von Bürgschaften an Dritte abzuraten. Neuunternehmer, die einen privaten Bürgen suchen, sollten sich ebenfalls gut überlegen, ob sie einem Familienmitglied, einer Freundin oder Bekannten tatsächlich ein derartiges Risiko aufbürden wollen.

Info | Eine Alternative zu privaten Bürgen bieten Bürgschaftsgenossenschaften. Diese helfen dem Kleingewerbe bei der Kreditaufnahme, indem sie gegenüber Banken Kredite und Darlehen verbürgen. Eine Bürgschaftsgenossenschaft prüft Gesuche nach ähnlichen Kriterien wie die

Mögliche Sicherheiten für Bankkredite

Sicherheit	Beschreibung
Immobilien	Die Belehnungshöhe richtet sich nach der Verkehrswertschatzung der Bank. Bei Ein- und Mehrfamilienhäusern sind das bis zu 66 Prozent für die erste Hypothek und bis zu 80 Prozent für die zweite Hypothek. Bei Gewerbe-, Fabrik- und Geschäftsliegenschaften wird die Belehnungsgrenze tiefer angesetzt. Ferienhäuser und -wohnungen werden bis zu 60 Prozent belastet.
Bauland	Eingezontes und erschlossenes Bauland wird von den Banken bis zu 50 Prozent des Marktwerts belehnt.
Geldanlagen, Wertschriften, Edelmetalle	Geldanlagen wie Kassenobligationen und Festgeldanlagen lassen sich während ihrer Laufzeit bis zu 95 Prozent belehnen. Die Belehnung von Wertschriften variiert beträchtlich. Je besser die Qualität bzw. das Risiko der Wertverminderung und je einfacher die Handelbarkeit, desto höher ist sie: Aktien 0 bis 70 Prozent des Kurswerts, Obligationen 0 bis 90 Prozent, Anlagefonds 0 bis 90 Prozent. Vermögensanlagen in Edelmetallen wie Gold, Silber oder Platin werden je nach Marktsituation zwischen 0 und 70 Prozent belehnt.
Lebensversicherungen	Auch Ansprüche aus Lebensversicherungen lassen sich verpfänden. Die Belehnung beträgt in der Regel 90 Prozent des aktuellen Rückkaufswerts. Als Zusatzdeckung über den vollen Kreditbetrag verlangen die Banken oft eine Todesfallrisikoversicherung.
Abtretung von Kundenguthaben (Zessionskredit)	Der Unternehmer tritt sämtliche gegenwärtigen und künftigen aus dem Geschäftsbetrieb entstehenden Kundenforderungen (Debitorenguthaben) der Bank ab. Die Debitoren werden bis zur Fälligkeit unterschiedlich hoch belehnt, in der Regel zwischen 30 und 70 Prozent des Forderungsbetrags. Die Bank hat dann jederzeit das Recht, dem Forderungsschuldner mitzuteilen, dass er nur noch an sie bezahlen darf (Notifikation). Solange sich die Zusammenarbeit zwischen der Bank und dem Unternehmer im Rahmen der vertraglichen Abmachungen bewegt, verzichtet die Bank normalerweise auf Zusehen hin auf eine Notifikation, da eine solche Massnahme für den Unternehmer kreditschädigend wirkt.
Drittpfandbestellung	Eine Drittperson (Eltern, Geschwister, Bekannte) verpflichtet sich in einem Pfandvertrag, dem Neuunternehmer als Deckung für einen Kredit ein Pfand zu bestellen (Wertschriften, Schuldbriefe). Kommt der Neuunternehmer seinen Zahlungsverpflichtungen nicht nach, kann die Bank dieses Pfand verwerten.
Bürgschaften	Der Bürge verpflichtet sich in einem Bürgschaftsvertrag, bei Zahlungsunfähigkeit des Kreditnehmers bis zu einem bestimmten Betrag für dessen Schulden gegenüber den Gläubigern aufzukommen (siehe auch vorangehende Seite).

10 DIE FINANZEN

Bank einen Kreditantrag. Diese Prüfung ist aber nicht kostenlos. Ausserdem verlangen die Genossenschaften eine Risikoprämie auf der geschuldeten Summe. Für exportorientierte Unternehmungen bietet die Schweizerische Export-Risiko-Versicherung ebenfalls Sicherheiten zugunsten der finanzierenden Bank.

Verhandeln mit Kapitalgebern

Gegenüber potenziellen Kapitalgebern oder Beteiligungspartnern müssen Sie überzeugend auftreten. Diese wollen keine euphorischen Ausführungen hören, sondern einen fundierten Businessplan mit realistischen Zahlen sehen, dessen Inhalt sie überzeugt und der nachvollziehbar aufzeigt, dass sie ihr Geld nicht in den Sand setzen (mehr zum Businessplan auf Seite 109). Das bedingt eine seriöse Vorbereitung. Idealerweise senden Sie dem Gesprächspartner die nötigen Unterlagen vor dem Treffen zu, damit er sich vorbereiten kann.

Im Gespräch müssen Sie überzeugend argumentieren, auf kritische Fragen eingehen, diese plausibel entkräften können – und dabei einen kompetenten Eindruck hinterlassen. Oberstes Gebot bei Kreditgesprächen ist Offenheit und Ehrlichkeit. Sprechen Sie deshalb auch über mögliche Probleme und Risiken, präsentieren Sie aber gleichzeitig sinnvolle Wege, wie Sie den Schwierigkeiten begegnen und sie in den Griff bekommen wollen. Eine transparente Informationspolitik ist die Basis für eine fruchtbare Zusammenarbeit.

Tipp | Haben Sie einen Treuhänder oder Berater, nehmen Sie diesen am besten zum Kreditgespräch mit. Er kann Sie mit seiner Fachkompetenz in der Diskussion unterstützen. Die Checkliste «Bankgespräch» hilft Ihnen, sich auf das Gespräch mit der Bank vorzubereiten.

Lieferantenkredite

Der Lieferantenkredit ist zwar der bequemste Kredit, aber er lohnt sich kaum. Er entsteht, indem der Unternehmer bezogene Waren oder Dienstleistungen erst nach einer gewissen Frist – in der Regel nach 30 Tagen – bezahlen muss. Was dabei vielfach nicht realisiert wird: Der Lieferantenkredit ist schnell unverschämt teuer. Wenn Sie zum Beispiel Ihre Rechnung erst nach 30 Tagen bezahlen – statt nach 10 mit 3 Prozent Skonto –, akzeptieren Sie eine effektive Jahresverzinsung von 54 Prozent (Berechnung siehe Kasten auf der nächsten Seite).

Verzichten Sie deshalb wenn möglich auf Lieferantenkredite und profitieren Sie konsequent von Skonto und Rabatt. Ein innerhalb der Skontofrist beanspruchter Bankkredit ist in jedem Fall günstiger.

Risikokapital

Für grössere Projekte kann Risikokapital (Venture-Capital) eine Alternative zum herkömmlichen Kredit sein. Dabei stellen Risikokapitalgeber jungen Firmen Geld in Form von Eigenkapital – als Beteiligung

Links |
Bürgschaftsgenossenschaften
beobachter.ch/download

Checkliste |
Bankgespräch
beobachter.ch/download

Berechnung des Jahreszinssatzes

$$\text{Jahreszinssatz} = \frac{\text{Skontosatz in \% x 360}}{\text{Zahlungsziel netto – Skontofrist (in Tagen)}}$$

---

am Aktienkapital – zur Verfügung und teilen mit der Firma Risiko und Erfolg.

Risikokapitalgeber spielen meist nicht nur die Rolle passiver Investoren, sondern bringen als Partner auch ihr Know-how ein. Sie verlangen für ihre Beteiligung weder banküblichen Sicherheiten noch Zinsen noch die Auszahlung einer regelmässigen Dividende. Dafür ist ihre Beteiligung zeitlich beschränkt (vier bis sieben Jahre) und sie erwarten eine kräftige Wertsteigerung der Aktien. Denn das ist das Ziel solcher Kapitalgeber: Mit einer befristeten Investition eine höhere Rendite zu erzielen, als dies in der gleichen Zeit mit anderen Wertpapieren möglich gewesen wäre.

In der Schweiz wird Venture-Capital nur von Grossbanken oder spezialisierten bankähnlichen Instituten, privaten Investoren und professionellen Venture-Capital-Gesellschaften angeboten. Interessiert sind diese ausschliesslich an Firmen mit hohem Wachstums- und Gewinnpotenzial, die innovative Produkte, Technologien oder Dienstleistungen besitzen und von ausgewiesenen Managern geführt werden. Ausserdem geht es bei Venture-Capital-Finanzierungen grundsätzlich um Beteiligungen von über einer halben Million Franken und um Umsatzpotenziale in der Höhe von zweistelligen Millionenbeträgen.

Links | Venture-Capital-Anbieter beobachter.ch/download

Crowdfinanzierung

Die sogenannte Schwarmfinanzierung (Crowdfinanzierung) ist eine Form der Projekt- oder Start-up-Finanzierung über spezielle Internetplattformen. Das Grundprinzip: Viele Investoren beteiligen sich mit kleineren oder grösseren Summen an Projekten, deren Finanzierung ein Problem darstellt – etwa weil Banken als Kreditgeber kein Interesse zeigen, die Konditionen von Kreditgebern zu unattraktiv oder die Kreditgeber zu wenig risikofreudig sind.

- Beim **Crowdsupporting** – besonders im Kultur- und Sportbereich praktiziert – spenden am Projekt interessierte Personen einen Betrag und erhalten dafür eine einmalige Gegenleistung, etwa Werbemöglichkeiten, Tickets oder einfach Publizität durch Namensnennung.
- Das **Crowddonating** basiert auf Spendengelder von Gönnern ohne finanzielle Interessen. Es eignet sich vor allem für karitative oder kulturelle Projekte.
- Beim **Crowdlending** erwarten die Darlehensgeber als Gegenleistung die Rückzahlung ihres Anteils plus risikogerechte Zinsen. Diese sollten höher sein als bei konventionellen Geldanlagen mit vergleichbarem Risiko.

- Für Neuunternehmer könnte insbesondere das **Crowdinvesting** eine alternative Form der Unternehmensfinanzierung sein. Dabei erhalten die Kapitalgeber in der Regel für eine bestimmte Zeit (Mindestbeteiligungsdauer) Unternehmensanteile ohne Stimmrecht und sind so am Gewinn oder Verlust beteiligt. Das Hauptmotiv für diese Mikroinvestoren ist natürlich die Hofnung, mit ihrer Investition Geld zu verdienen.

Auf dem Markt gibt es immer mehr und ganz unterschiedliche Crowdinvesting-Plattformen, die Geldgeber und Unternehmer zusammenbringen. Sie fokussieren zum Beispiel auf bestimmte Branchen, Technologien oder Unternehmensformen. Diese Plattformen agieren als Intermediäre zwischen dem Projektinitianten und den Geldgebern. Für ihre Dienstleistung erhalten sie als Entschädigung eine Gebühr, die je nach Plattform unterschiedlich hoch ist.

Gemeinsam ist diesen Plattformen, dass sie die Businesskonzepte zuerst prüfen, bevor sie sie auf ihren Plattformen potenziellen Investoren präsentieren. Diese können sich dann während einer bestimmten Periode melden, um sich am neuen Unternehmen zu beteiligen. Kommt der vorgegebene Mindestbetrag fristgerecht zusammen, kann der Firmengründer darüber verfügen. Gelingt dies nicht, erhalten die Investoren ihr Geld zurück. Zeigt es sich, dass sich zu wenig Investoren für eine Businessidee begeistern lassen, sollte dies für den künftigen Unternehmer ein klares Signal sein, den Businessplan nochmals kritisch zu hinterfragen.

Factoring

Factoring ist eine alternative Finanzdienstleistung für kleinere und mittelgrosse Gewerbe- und Industriebetriebe sowie für Handels- und Dienstleistungsunternehmen, insbesondere auch für Onlineshops. Factoring verschafft einer Firma einen grösseren finanziellen Handlungsspielraum, wenn ihre Kunden die Rechnungen regelmässig mit grosser Verspätung – oder im schlimmsten Fall gar nie bezahlen.

Factoring funktioniert wie folgt: Ein Unternehmen (Factoring-Kunde) tritt sein Kundenguthaben bei der Rechnungsstellung einer Factoring-Gesellschaft (Factor) ab. Es übermittelt dem Factor also laufend Rechnungskopien bzw. die Rechnungsdaten für seine Kundenforderungen. Durch einen Vermerk auf der Rechnung informiert das Unternehmen seinen Kunden, dass es die Forderung an einen Factor abgetreten hat und der Rechnungsbetrag an diesen zu zahlen ist.

Liegt der Rechnungsbetrag im Rahmen der vereinbarten Limite, überweist der Factor seinem Factoring-Kunden als Vorschusszahlung innert weniger Tage bis zu 90 Prozent der geschuldeten Summe. Die Differenz zum vollen Rechnungsbetrag dient dem Factor als Sicherheit für Skontoabzüge oder Mängelrügen. Der Restbetrag wird dem Factoring-Kunden erst überwiesen, wenn der Debitor die ausstehende Rechnung beglichen hat. Allerdings zieht der Factor davon noch eine Gebühr ab für seine Aufwände mit dem Debitoren-Management und für die Übernahme des Ausfallrisikos – also des Risikos, dass

Kunden ihre Rechnung zu spät oder gar nicht bezahlen.

Alle Details zum Factoring sind im Vertrag mit dem Factor festgehalten. Dieser Vertragstyp ist nicht im Obligationenrecht geregelt, sondern besteht aus verschiedenen Vertragstypen. In der Branche haben sich mehrere Vertragsformen und Standards etabliert. Wichtig ist, dass ein Factoring-Vertrag nur die tatsächlichen Bedürfnisse eines Unternehmers abdeckt und ihm unternehmerische Vorteile verschafft.

Ein halbes Dutzend Factoring-Gesellschaften sind im Schweizerischen Factoringverband organisiert. Sie verpflichten sich auf Basis ihrer Verbandsrichtlinien zur fairen, korrekten Geschäftstätigkeit (www.factoringverband.ch).

Links | Factoringverband beobachter.ch/download

Kosten von Factoring
Die Gebühr beträgt in der Regel zwischen 1 und 3 Prozent des Rechnungsbetrags. Die genaue Höhe ist unter anderem abhängig vom Arbeitsaufwand und von den erbrachten Dienstleistungen des Factors (etwa Kundenmahnungen oder das gesamte Inkasso aller Rechnungen), vom Einzugsgebiet der Rechnungen (Inland, Ausland), vom Jahresumsatz des Factoring-Kunden, von der Zahl der Rechnungen und der Übernahme des Delkredererisikos. Übernimmt der Factor das Delkredererisiko nicht, spricht man von unechtem Factoring. In diesem Fall entspricht seine Vorschusszahlung einem Darlehen.

Zusätzlich zur erwähnten Gebühr zahlt der Factoring-Kunde dem Factor auch

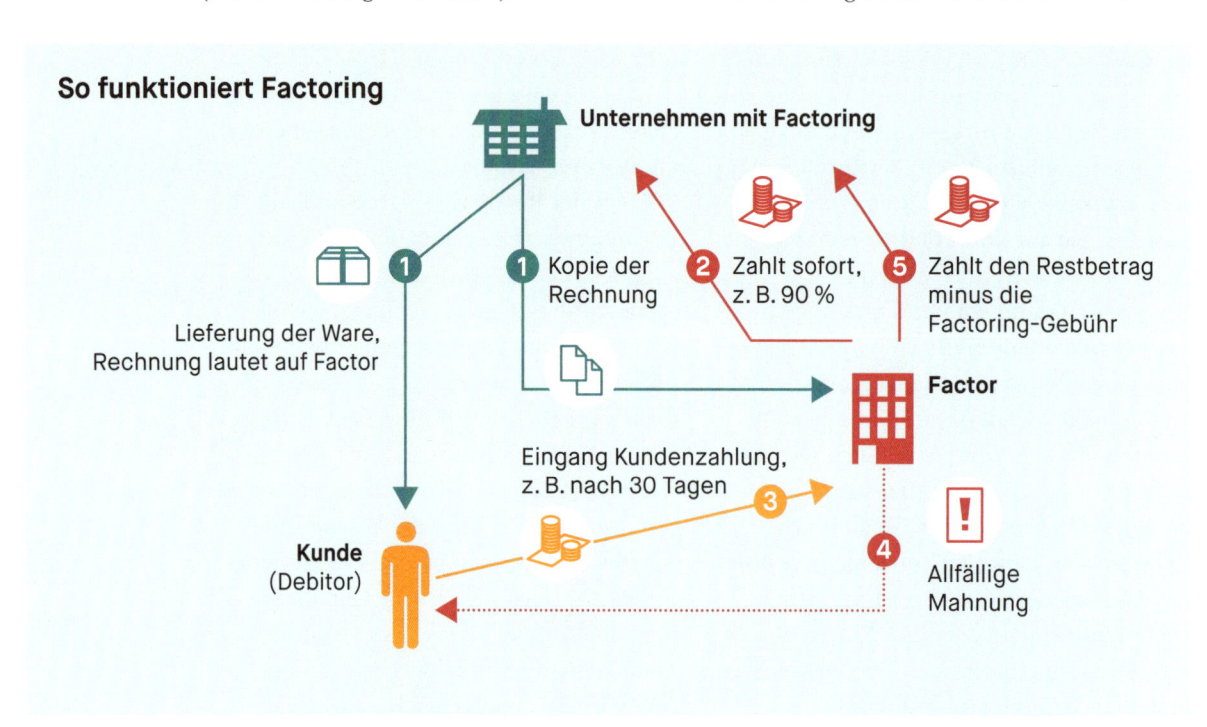

So funktioniert Factoring

- **Unternehmen mit Factoring**
- ① Lieferung der Ware, Rechnung lautet auf Factor
- ① Kopie der Rechnung
- ② Zahlt sofort, z. B. 90 %
- ⑤ Zahlt den Restbetrag minus die Factoring-Gebühr
- **Factor**
- Eingang Kundenzahlung, z. B. nach 30 Tagen ③
- **Kunde (Debitor)**
- ④ Allfällige Mahnung

einen Zins für die Finanzierung der Forderungen. Dieser entspricht in der Regel den banküblichen Kontokorrentzinsen. Mit aufwendigen Bonitätsprüfungen von Kunden durch den Factor kommen allenfalls weitere Kosten hinzu.

Nutzen von Factoring
Mit Factoring erhöhen Unternehmen ihre Liquidität, da sie nicht, wie in vielen Branchen zunehmend üblich, lange auf das Geld der Kunden warten müssen. Unternehmen erleiden auch keine Debitorenverluste (siehe Seite 266), da dieses Risiko ja der Factor trägt. Im Rahmen der Bonitätsabklärungen des Factors erhalten Unternehmen zudem wertvolle Informationen über ihre Geschäftspartner. Sie haben auch weniger administrativen Aufwand, weil das zeitraubende Debitorenmanagement ausgelagert ist. Dank den Vorschusszahlungen des Factors können Unternehmen ihre Rechnungen bei den Lieferanten fristgerecht bezahlen und dadurch sämtliche Lieferantenskonti und -rabatte voll ausnützen. Factoring ist aber nur dann sinnvoll, wenn die damit erzielten Skontoerträge die Factoring-Kosten übersteigen und das Ganze per Saldo günstiger ist als ein konventioneller Bankkredit.

Leasing

Leasing ist ein alternatives und ergänzendes Finanzierungsinstrument. Es ermöglicht Neuunternehmern eine fast hundertprozentige Fremdfinanzierung. Vereinfacht gesagt ist Leasing eine Gebrauchsüberlassung gegen Entgelt. Leasen lässt sich heute fast alles.

Neuunternehmer sind einerseits mit dem Leasen von Personen- und Nutzfahrzeugen und andererseits mit dem sogenannten Investitionsgüterleasing konfrontiert, das heisst mit dem Leasen von Industrie-, Bau- und Büromaschinen, IT-Systemen, medizinischen Geräten, Werkstatteinrichtungen, Büromobiliar oder technischen Anlagen. Als Neuunternehmer müssen Sie sich grundsätzlich überlegen, ob Sie solche Objekte teuer kaufen und besitzen wollen oder ob Sie sie nur benutzen und Ihr Kapital für andere Zwecke einsetzen möchten.

Anders als beim konventionellen Investitionskredit einer Bank, mit dem der Unternehmer einen Gegenstand kauft und dann besitzt, bleibt beim Leasing das Objekt während der gesamten Vertragsdauer Eigentum der Leasinggesellschaft. Sie überlässt das Objekt dem Leasingnehmer, also dem Unternehmer, zum Gebrauch. Die Risiken, die mit dem geleasten Objekt und seiner Nutzung entstehen, trägt dabei der Leasingnehmer. Dasselbe gilt für die Kosten von Unterhalt, Wartung und allfälligen Reparaturen. Darin liegt einer der grössten Unterschiede im Vergleich mit einer herkömmlichen Miete. Die entsprechenden Bestimmungen werden in einem Leasingvertrag vereinbart. Es gibt zwei Arten von Leasingverträgen:

Finanzierungsleasing: Hier sind mehrjährige Verträge üblich. Sie sind für beide Vertragsparteien unkündbar. In dieser Zeit amortisiert der Leasingnehmer das geleaste Objekt durch seine Ratenzah-

Indirektes und direktes Leasing

Beim gebräuchlicheren indirekten Leasing kauft eine Leasinggesellschaft – häufig die Tochtergesellschaft einer Bank – das vom Leasingnehmer gewünschte Leasingobjekt bei einem von ihm bestimmten Lieferanten. Sie überlässt es ihm für einen bestimmten Zeitraum und unter definierten Bedingungen zur Nutzung. Der Leasingnehmer bezahlt dafür periodisch eine zum Voraus festgesetzte Leasingrate. Diese beinhaltet einen Zins – der in der Regel tiefer ist als der Zins für einen üblichen Bankkredit – und einen Amortisationsanteil.

Beim direkten Leasing sind nur zwei Parteien involviert: der Hersteller oder Händler des geleasten Objekts, der gleichzeitig als Leasinggeber fungiert, und der Leasingnehmer.

---

lungen nahezu vollständig (Vollamortisationsvertrag) oder nur zu einem bestimmten Teil (Teilamortisationsvertrag). Bei Vertragsende kann er dann das geleaste Objekt entweder zum Restwert erwerben, an die Leasinggesellschaft zurückgeben, zu reduzierten Raten weiterleasen oder ein neues Objekt leasen.

Operatives Leasing: Dabei kann der Leasingnehmer den Vertrag entsprechend den Bedingungen jederzeit oder nach einer kurzen Grundmietzeit kündigen. In der Leasingrate sind meist Serviceleistungen wie Wartung und Reparatur eingeschlossen, diese müssen also vom Leasingnehmer nicht noch separat übernommen werden.

Gründe für Leasing
Für rasch expandierende Unternehmen, die laufend in kostspielige neue Technologien investieren müssen, ist Leasing oft die einzige Finanzierungsmöglichkeit. Weitere Gründe:

- Dank Leasing können Sie teure Maschinen oder Einrichtungen nutzen, die ständig dem neusten technischen Stand entsprechen.
- Sie beanspruchen weder Ihr Eigenkapital noch einen Bankkredit oder müssen diesen nicht bis an die Limite ausschöpfen.
- Sie profitieren möglicherweise von einer grosszügigeren Kreditvergabe durch die Bank, da das Leasingobjekt ja ihr gehört und als Sicherheit dient.
- Sie schonen im Vergleich mit einem Barkauf Ihre Liquidität, da Sie weniger eigene Mittel einsetzen müssen.
- Sie reduzieren dank der relativ kurzen Vertragsdauer das Risiko einer Fehlinvestition, das immer besteht, wenn Sie eine grössere Anschaffung tätigen.
- Sie können dank der fixen Leasingraten über die gesamte Laufzeit besser budgetieren. Die Höhe der Leasingrate hängt im Wesentlichen ab von der Kunden-

bonität, vom geleasten Objekt, dem Vertragsvolumen und der Vertragsdauer.
- Sie vermeiden komplizierte Abschreibungsberechnungen per Ende Jahr, denn Leasingzinsen können Sie als Aufwand verbuchen.

Für Firmengründer entscheidend ist, dass sie die periodisch geschuldeten Leasingraten problemlos aus ihren laufenden Einkünften bezahlen können und wegen geleaster Objekte keine unnötigen finanziellen Belastungen eingehen. So benötigt ein Unternehmer möglicherweise zum Firmenstart nicht zwingend das neuste Lieferwagenmodell, für das er hohe Leasingraten bezahlt. Vielleicht kauft er besser ein günstiges Occasionsfahrzeug.

Ob Leasing gegenüber einem Bankkredit Vorteile bietet, lässt sich nicht generell beantworten. Zu unterschiedlich sind die Finanzsituation, die Betriebsverhältnisse und die Bedürfnisse von Neuunternehmern.

Hinzu kommt die nicht vorhersehbare Zinsentwicklung. Sinkt das allgemeine Zinsniveau, zahlt der Leasingnehmer trotzdem seine in der Regel fixen Zinsen. Leasing kann auch wegen restriktiver Vertragsbestimmungen unattraktiv sein, etwa wenn Änderungen am Leasingobjekt untersagt, Standort oder Nutzung vorgegeben sind oder Serviceauflagen bestehen.

Tipp | Holen Sie mehrere Offerten mit Vertragsmustern ein (Adressen unter www.leasingverband.ch) und vergleichen Sie die Angebote. Lassen Sie sich von einer Fachperson beraten, ob für Sie ein Leasing oder ein klassischer Bankkredit sinnvoller und günstiger ist. Gerade beim Autoleasing kann ein Privatkredit günstiger sein und mehr Vorteile bieten.

Links | Leasingverband beobachter.ch/download

INTERVIEW | JERRY DREIFUSS

Jerry Dreifuss
Mitgründer und CEO
Swiss Eyewear Group (International) AG

Die Swiss Eyewear Group verkauft Sonnenbrillen, Lesebrillen und optische Fassungen. In den ersten vier Jahren wurden über 3,5 Millionen Brillen abgesetzt. Die Zürcher Firma besteht aus mehr als 40 Mitarbeitenden.

Was ist der wichtigste Ratschlag, den Sie einem jungen Gründer, einer Gründerin geben würden?
Glaube an dich, deine Idee und dein Team und: Keep a clear focus.

Welcher Ratschlag hat Ihnen überhaupt nicht geholfen?
Versichere dich immer ganz genau, bevor du eine Entscheidung triffst.

Wann merkt man, dass jemand nicht zum Gründer, zur Gründerin taugt?
Wenn die Person zögert und nicht zu begeistern weiss.

Ihr grösster Fehler als Gründer – und wie man ihn verhindern kann?
Dass ich nicht klar genug eingeplant hatte, dass wir allenfalls schneller und viel stärker wachsen könnten als gedacht und was dies für den Cash Need bedeutet. Daher mein Ratschlag: Plane deinen Cash Need sehr genau und gehe davon aus, dass du mindestens das Doppelte von dem brauchst, was du eigentlich denkst.

Warum lohnt es sich, trotz allem eine Firma zu gründen?
Es gibt kein «trotz allem». Es ist schlicht das Beste, was man machen kann – vorausgesetzt, man taugt zum Unternehmer und hat eine passende Idee und das zugehörige Team.

Buchhaltung

Kein Unternehmer wird langfristig Erfolg haben, wenn er die kaufmännische Buchführung und das Rechnungswesen vernachlässigt. Denn das Rechnungswesen liefert ihm wichtige Informationen zur finanziellen Situation seines Unternehmens. Und das ist schliesslich die Grundlage für alle unternehmerischen Entscheide.

Das schweizerische Obligationenrecht (OR) regelt in den Artikeln 957 bis 963, welche Unternehmen auf welche Art und mit welchen Pflichten eine Buchhaltung führen müssen.

Die Pflicht zu Buchführung und Rechnungslegung ist nicht an die Rechtsform des Unternehmens geknüpft, sondern an dessen wirtschaftliche Bedeutung. Was das im Detail heisst, steht in Artikel 957 OR. Danach müssen Einzelunternehmen (siehe Seite 159) und Personengesellschaften (Kollektiv- und Kommanditgesellschaften, siehe Seite 163 und 165) mit weniger als 500 000 Franken Umsatzerlös pro Geschäftsjahr lediglich über ihre Einnahmen und Ausgaben sowie über ihre Vermögenslage Buch führen. Diese Form von Buchhaltung wird allgemein auch als «Milchbüchleinrechnung» bezeichnet.

Dagegen unterstehen Einzelunternehmen und Personengesellschaften mit einem jährlichen Umsatzerlös von mindestens 500 000 Franken sowie die juristischen Personen (AGs und GmbHs, siehe Seite 167) der Pflicht zur ordnungsgemässen Rechnungslegung. Diese Art der kaufmännischen Buchführung wird auch als «doppelte Buchhaltung» bezeichnet. Sie erfasst alle Geschäftsvorfälle und Sachverhalte, die für die Darstellung der Vermögens-, Finanzierungs- und Ertragslage des Unternehmens notwendig sind.

Konkret geht es bei einer ordnungsgemässen Buchführung um folgende Aspekte:

- Die Geschäftsvorfälle und Sachverhalte sind vollständig, wahrheitsgetreu und systematisch erfasst.
- Die einzelnen Buchungsvorgänge sind mit Belegen nachgewiesen.
- Die Buchführung erfolgt klar, verständlich und in Bezug auf die Art und Grösse des Unternehmens zweckmässig.
- Die Buchführung ist für Dritte nachprüfbar.

Info | Aufwand und Ertrag müssen Unternehmen in ihrer Rechnungslegung zeitlich und sachlich voneinander abgrenzen. Darauf verzichten können nur Unternehmen, die aus Lieferungen und Leistungen oder Finanzerträgen pro Jahr weniger als 100 000 Franken Nettoerlös erwirtschaften.

Vorschriften für die Buchhaltung

Zu einer ordnungsgemässen Buchhaltung gehören nach Gesetz (Art. 957 ff. OR): das Inventar, die Anfangs- und Schlussbilanz sowie die Erfolgsrechnung – für AGs und GmbHs auch der Jahresbericht mit Anhang. Bei beiden Rechtsformen müssen Sie zudem die Gliederungs- und Bewertungsvorschriften des OR befolgen.

Inventar: Im Inventar sind alle Vermögenswerte und Schulden einer Firma für einen bestimmten Zeitpunkt detailliert aufgelistet. Aus dieser Auflistung wird ersichtlich, was sich hinter den einzelnen zusammengefassten Bilanzkonten, etwa «Mobilien», verbirgt.

Bilanz: Die Bilanz basiert auf dem Inventar. Sie besteht in einer Gegenüberstellung von Vermögen und Schulden des Unternehmens (Aktiven und Passiven).

Erfolgsrechnung: In der Erfolgsrechnung werden am Ende des Geschäftsjahrs Aufwand und Ertrag einander gegenübergestellt. Ist der gesamte Aufwand kleiner als der Ertrag, resultiert ein Reingewinn in der Erfolgsrechnung – im anderen Fall ein Verlust. Wichtig: Die Erfolgsrechnung zeigt nur den gesamten Gewinn oder Verlust einer Firma auf. Stellen Sie mehrere Produkte her und möchten den Erfolg jedes einzelnen kennen, müssen Sie eine Kostenrechnung vornehmen. Dabei werden die anfallenden Kosten auf die einzelnen Produkte – Kostenträger genannt – umgelegt. Erst jetzt lässt sich errechnen, wie gut ein bestimmtes Produkt oder eine bestimmte Dienstleistung rentiert.

Jahresbericht mit Anhang: Der Jahresbericht fasst das abgelaufene Jahr zusammen und muss an der General- oder Gesellschafterversammlung von den Unternehmensteilhabern abgenommen werden. Dazu gehört auch ein Anhang, der zusätzliche Angaben zur Finanz-, Vermögens- und Ertragslage des Unternehmens enthält, die in der Bilanz oder Erfolgsrechnung nicht ersichtlich sind.

Info | Geschäftsbücher, Buchungsbelege, Geschäfts- und Revisorenberichte müssen Unternehmen während zehn Jahren aufbewahren – in Papierform oder elektronisch.

Eröffnungsbilanz

Zum Firmenstart ist eine Eröffnungsbilanz zu erstellen. Dies ist der letzte Schritt im Finanzierungskonzept einer Firmengründerin. Die Bilanz ist eine Gegenüberstellung des Vermögens (Aktiven) und der Schulden (Passiven) eines Unternehmens. Im Vergleich zu den bisherigen Arbeiten ist dies keine Hexerei. Es gilt, bereits erarbeitete Grössen zusammenzutragen und in buchhalterischer Form aufzuführen (siehe Beispiel im Kasten).

Die **Aktivseite** besteht aus dem Umlauf- und dem Anlagevermögen und zeigt auf, wie die verfügbaren Mittel einer Firma angelegt sind. Zum Umlaufvermögen gehören insbesondere die flüssigen Geldmittel in der Kasse, auf der Bank und auf dem Postcheckkonto, die Guthaben bei Kunden (Debitoren) sowie der in Franken ausgedrückte Wert von gelagerten Waren

Eröffnungsbilanz per 1.1.2018

Aktiven (Vermögen)	Franken	%	Passiven (Schulden)	Franken	%
Umlaufvermögen			**Kurzfristiges Fremdkapital**		
– Liquide Mittel (Kasse, Post)	10 000	5	– Bank (Kontokorrent)	15 000	7
– Debitoren	5 000	2	– Kreditoren	7 000	3,5
– Wertschriften (Aktien, Obligationen usw.)	20 000	9	– Privatdarlehen Bruder	5 000	2,5
– Betriebsmaterial	2 000	1			
– Software	25 000	12			
Total Umlaufvermögen	**62 000**	**29**	**Total kurzfristiges Fremdkapital**	**27 000**	**13**
Anlagevermögen			**Langfristiges Fremdkapital**		
– EDV-Anlage (Hard-/Software)	75 000	35	– Privatdarlehen Eltern (mittelfristig)	20 000	9
– Bürogeräte (PC, Kopierer usw.)	18 000	8	– Bankdarlehen (langfristig)	80 000	37
– Büromobiliar	22 000	10			
– Fahrzeuge	38 000	18			
Total Anlagevermögen	**153 000**	**71**	**Total langfristiges Fremdkapital**	**100 000**	**46**
			Total Eigenkapital*	**88 000**	**41**
Bilanzsumme	**215 000**	**100**	**Bilanzsumme**	**215 000**	**100**

* Bei einer Kollektivgesellschaft, an der mehrere Partner beteiligt sind, wird das Eigenkapital für jeden Partner einzeln aufgeführt. Bei einer AG oder GmbH wird der Begriff Eigenkapital durch Aktienkapital bzw. Stammkapital ersetzt.

und Materialien. Zum Anlagevermögen zählen die Werte der Mobilien (Maschinen, Werkzeuge, Mobiliar, Fahrzeuge), der Immobilien und der immateriellen Güter wie Patente oder Lizenzen.

Die **Passivseite** besteht aus dem Fremd- und dem Eigenkapital und zeigt auf, wie hoch die Schulden des Unternehmens sind und wer der Firma Kapital zur Verfügung stellt. Beim Fremdkapital, das dem Unternehmen von Dritten geliehen wird, unterscheidet man zwischen kurz- und langfristigem Fremdkapital. Zum kurzfristigen Fremdkapital zählen alle Forderungen, die innerhalb der nächsten zwölf Monate fällig werden – unter anderem die Schulden bei den Lieferanten (Kreditoren) sowie die eigenen kurzfristigen Schulden bei der Bank (Kontokorrent). Unter das langfristige Fremdkapital fallen die Schulden, die erst nach einem Jahr oder später fällig werden, etwa Darlehen und Hypotheken.

Sind alle Werte in der Eröffnungsbilanz eingetragen, lässt sich nun das Eigenkapital berechnen. Dazu werden vom Vermögen (Aktivseite) die Schulden (Passivseite) abgezogen. Die Differenz ergibt das Reinvermögen bzw. das **Eigenkapital**. Das Eigenkapital kommt auf die Passivseite zu stehen. Dadurch entspricht das Total aller Aktiven immer dem Total aller Passiven (Bilanzsumme).

Tipp | Mit der Vorlage «Eröffnungsbilanz» im Download-Angebot, die alle Zahlen gleich addiert, haben Sie Ihre eigene Bilanz rasch erarbeitet.

Am Ende des ersten Geschäftsjahrs erstellen Sie nach demselben Schema die Jahresbilanz und dazu die Erfolgsrechnung. Spätestens dann werden Sie merken, ob Ihre Kenntnisse ausreichen, um die eigene Buchhaltung zu führen.

Vorlage | Eröffnungsbilanz
beobachter.ch/download

Rechnungsführung

Ob Neuunternehmer ihre Buchhaltung selbst erledigen oder die Arbeit an eine interne oder externe Fachkraft vergeben, hängt von der Grösse des Unternehmens, den vorhandenen Fachkompetenzen im Unternehmen und den Finanzen ab. Um Kosten zu sparen, übernimmt in kleineren Betrieben meist der Unternehmer selbst die Rechnungsführung oder übergibt sie innerhalb der Familie einer kaufmännisch geschulten Person.

Viele Neuunternehmer übergeben ihre gesamte Buchhaltung oder einen Teil der buchhalterischen Arbeiten – zum Beispiel den Jahresabschluss – einem Treuhänder. Gerade beim Jahresabschluss braucht es fundierte Buchhaltungskenntnisse, etwa bezüglich Rückstellungen, stillen Reserven oder Abschreibungen. Die vollständige oder teilweise Auslagerung an eine externe Fachperson kommt per Saldo oft günstiger zu stehen, als wenn sich der Firmeninhaber stundenlang selbst mit der Buchhaltung beschäftigt und in dieser Zeit nicht produktiv für das Unternehmen arbeiten kann.

Trotzdem gilt: Auch wenn Ihnen das Thema Buchhaltung ein Gräuel ist, sollten Sie sich unbedingt damit auseinandersetzen. Kaufen Sie sich Fachliteratur oder besuchen Sie einen Buchhaltungskurs. Sonst verlieren Sie schnell den Überblick über die eigenen Finanzen und sind in diesem zentralen Bereich der Unternehmensführung zeitlebens auf die (teure) Hilfe von (externen) Fachleuten angewiesen.

Buchhaltungssoftware
Die Firmen-Buchhaltung erledigt man am PC mit entsprechender Software. Das Angebot an Buchhaltungsprogrammen ist gross: Es gibt Freeware, die sich kostenlos vom Internet herunterladen lässt, spezifisch auf KMU oder auf einzelne Branchen ausgerichtete Programme für wenige Hundert und Profi-Tools für einige Tausend Franken. Von vielen Programmen können Sie eine Demoversion herunterladen und so die Software vor dem Kauf zuerst testen.

Auf dem Markt gibt es auch webbasierte Onlineprogramme. Damit können Sie Ihre Buchhaltung selber erledigen oder die vollständige Verarbeitung der Belege inklusive Rechnungsversand gegen Entgelt dem Anbieter überlassen. Die Daten sind dann nicht auf Ihrem PC gespeichert, sondern auf dem Server des Anbieters. Achten Sie dabei besonders darauf, dass Datenschutz und Datensicherheit gewährleistet sind.

Tipp | Das Entscheidungskriterium beim Kauf einer Buchhaltungssoftware sollte nicht nur deren Preis sein. Erkundigen Sie sich, wie lange das Programm schon im Markt etabliert ist. Fragen Sie auch nach der Anzahl Kunden, nach Referenzunternehmen, nach dem technischen Support, den Erweiterungsmöglichkeiten sowie nach der Weiterentwicklung des Programms und der Kadenz von Programm-Updates.

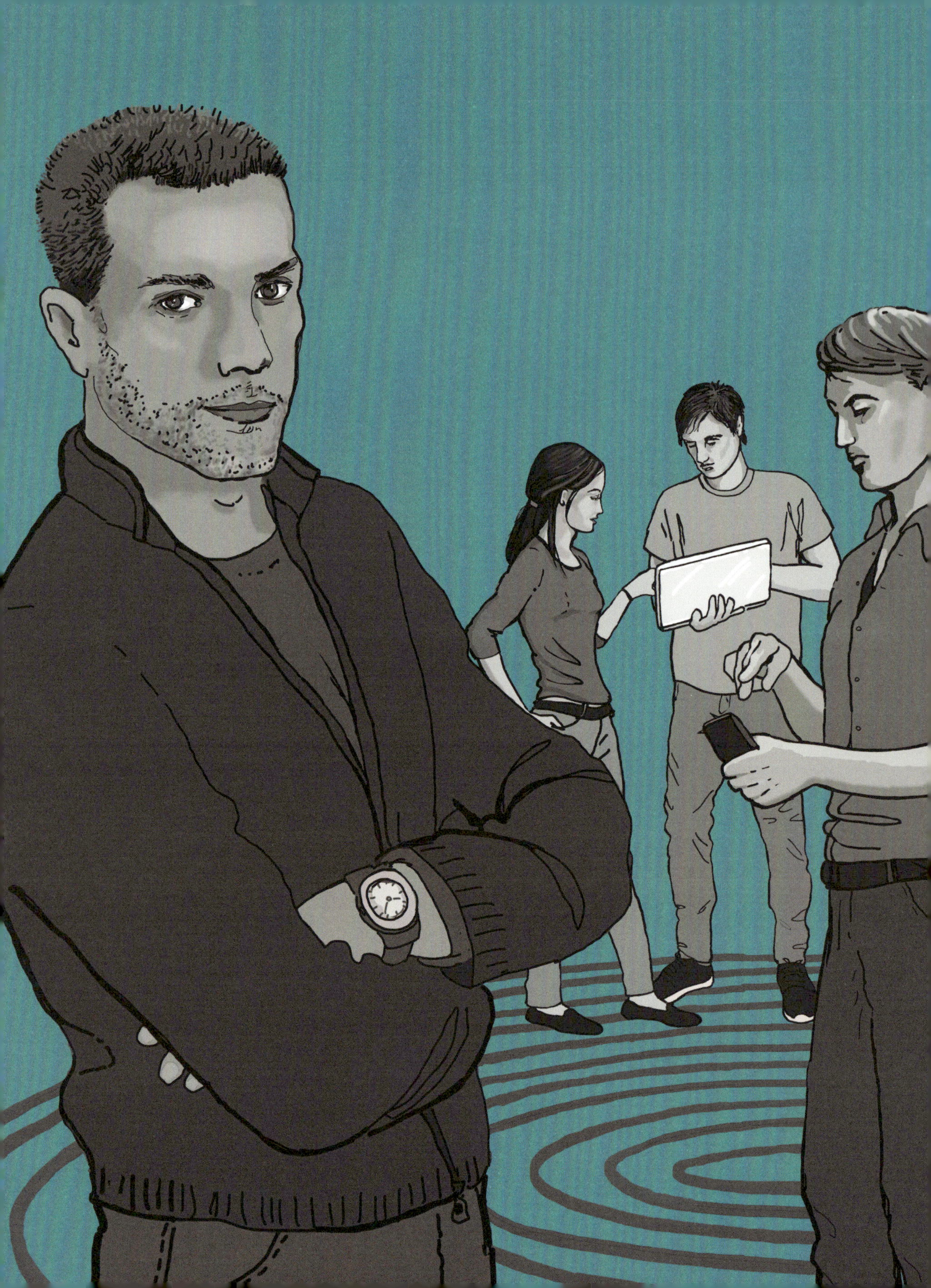

11 | Das Personal

Wer als Unternehmer Personal einstellen und beschäftigen will, übernimmt eine anspruchs- und verantwortungsvolle Aufgabe und sollte die wichtigsten Bestimmungen des Arbeitsrechts kennen.

Personaleinstellung

Die wenigsten Neuunternehmer dürften schon auf den Geschäftsstart hin Personal einstellen. In der Anfangsphase können sie das Arbeitsvolumen meist allein bewältigen. Doch sobald das Geschäft markant und nachhaltig anzieht und sie dadurch an ihre Kapazitätsgrenzen stossen, müssen sie das Arbeitsvolumen auf mehr Schultern verteilen.

Vorübergehende Kapazitätsengpässe wie saisonale Spitzenzeiten lassen sich unter Umständen mit Aushilfen, Teilzeit- und Temporärangestellten überbrücken. Sind Sie aber ständig überlastet, kann es sinnvoll sein, Vollzeitmitarbeiter einzustellen.

Bevor Sie jedoch überstürzt Personal einstellen, sollten Sie aufgrund Ihrer aktuellen und prognostizierten Ertragslage ausrechnen, ob Sie sich Mitarbeitende überhaupt leisten können. Kosten verursachen erstens der teure und zeitaufwendige Personalrekrutierungsprozess und danach die fixen Lohnkosten sowie die Beiträge an Sozial- und andere Versicherungen für die Mitarbeitenden (siehe Seite 211). Nicht zu vergessen: Die Personalkosten fallen auch an, wenn Angestellte unproduktiv sind; etwa wegen fehlender Aufträge oder wegen Einarbeitungszeit, Weiterbildung, Ferien, Militär, Krankheit, Unfall oder Schwangerschaft.

Personal zu beschäftigen, ist zudem auf der zwischenmenschlichen Ebene keine leichte Aufgabe. Sie müssen Ihre Angestellten instruieren, weiterbilden, motivieren, führen, konstruktiv kritisieren und loben können. Sie müssen immer wieder Konflikte lösen und ein offenes Ohr für persönliche Anliegen haben.

Wichtig zu wissen: Mehr Mitarbeitende bedeutet nicht unbedingt mehr Aufträge. Unter Umständen verliert ein Unternehmer nämlich gerade wegen seines Personals treue Kunden: weil die Angestellten beispielsweise schlecht arbeiten, unfreundlich oder unzuverlässig sind, kein Gespür für Kundenbedürfnisse haben oder zu wenig Fachwissen besitzen.

Je nach Branche wollen Kunden zudem nicht von unbekannten Mitarbeitern betreut werden, sondern einzig von der Firmeninhaberin. Schliesslich wollen sie von deren Erfahrung und Expertise profitieren. Das ist im sogenannten People-Business meist der ausschlaggebende Grund zur Aufnahme einer Geschäftsbeziehung.

Wer alle diese Aspekte berücksichtigt, kommt möglicherweise zum Schluss, dass es klüger ist, kein zusätzliches Personal einzustellen und dafür ab und zu einen Auftrag abzulehnen.

Ehe- oder Lebenspartner als Mitarbeiter

Die erste Mitarbeiterin eines Neuunternehmers ist oft seine Partnerin. Dabei kommt die Frage auf, ob und wie hoch diese entlöhnt und wie förmlich das Arbeitsverhältnis ausgestaltet werden soll.

Verheiratete Neuunternehmer müssen einige Bestimmungen im Eherecht kennen: Zum Beispiel, dass Mann und Frau gemeinsam für den Unterhalt der Familie zu sorgen haben. Dazu gehören all jene Arbeiten, die die beiden für Haushalt und Familie erbringen – Hausarbeit, Kinderbetreuung oder das Verdienen des Lebensunterhalts. Der Ehepartner, der den Haushalt besorgt, die Kinder betreut oder dem anderen im Beruf oder Gewerbe hilft, hat das Recht, regelmässig einen angemessenen Betrag zur freien Verfügung zu erhalten (Art. 164 ZGB). Angemessen heisst, dass der Betrag den finanziellen Verhältnissen der Familie und ihrem Lebensstandard entspricht. Grundsätzlich sollten beide Eheleute gleich viel Geld zur freien Verfügung haben.

Anspruch auf angemessene Entschädigung

Arbeitet zum Beispiel die Ehefrau zusätzlich zu ihren Familienpflichten im Beruf oder Gewerbe ihres Mannes mit und leistet damit erheblich mehr, als es ihr Beitrag an den Unterhalt der Familie verlangt, hat sie Anspruch auf eine «angemessene Entschädigung» (Art. 165 ZGB). Was darunter genau zu verstehen ist, lässt das Gesetz weitgehend offen. Eine obere Grenze kann etwa der branchenübliche Lohn sein, den ein Unternehmer einer Drittperson für die gleiche Arbeit bezahlen müsste. Auf jeden Fall sollte die Entschädigung den finanziellen Verhältnissen der Familie und dem Lebensstandard entsprechen sowie die Ertragslage der Firma berücksichtigen. Selbstverständlich kann eine mitarbeitende Ehefrau auf die Entschädigung auch verzichten.

Wichtig zu wissen: Die Entschädigung stellt keinen Lohn dar, sondern ist lediglich ein Ausgleich der wirtschaftlichen Vorteile, die durch die Mehrarbeit entstehen.

Klarheit mit Arbeitsvertrag

Verheiratete, die klare Verhältnisse schaffen wollen, sollten mit ihrer mitarbeitenden Ehefrau – oder dem Ehemann – einen Arbeitsvertrag abschliessen, der alles verbindlich regelt. Dadurch geniesst sie grundsätzlich den gleichen arbeitsrechtlichen Schutz gemäss Obligationenrecht wie Dritte: Sie bekommt einen Lohn, auf dem alle Sozialversicherungsbeiträge abzurechnen sind, hat bezahlte Ferien und ist bei Arbeitsunfähigkeit abgesichert. Eine mit allen Rechten und Pflichten angestellte Ehefrau ist im Alter, bei Krankheit und Unfall gegenüber einer mitarbeitenden Unternehmersfrau ohne Arbeitsvertrag wesentlich besser gestellt.

Unverheiratete Paare

Was für Ehepaare gilt, hat grösstenteils auch in eingetragenen Partnerschaften Gültigkeit. Allerdings haben eingetragene Partner weder auf einen Betrag zur freien Verfügung einen gesetzlichen Anspruch noch auf eine angemessene Entschädigung für besondere Leistungen. Arbeitet also ein Partner im Geschäft des anderen mit, empfiehlt es sich, die Entschädigung vertraglich zu regeln. Die beste Lösung ist auch hier ein Arbeitsvertrag mit klar definierten Rechten und Pflichten.

Das Gleiche gilt für Konkubinatspaare, deren Beistandspflichten und Entschädigungsansprüche gesetzlich überhaupt nicht geregelt sind. Deshalb sollte eine Konkubinatspartnerin nur auf der Basis eines Arbeitsvertrags im Unternehmen ihres Lebensgefährten mitarbeiten. Wird kein Vertrag abgeschlossen und kein Lohn gezahlt, riskiert der arbeitgebende Partner, dass er beim Auflösen der Partnerschaft zur Kasse gebeten wird. Nachträgliche Lohnforderungen von mitarbeitenden Ex-Lebenspartnern sind von den Gerichten wiederholt geschützt worden.

Dritte als Mitarbeitende

Wer nicht auf die Hilfe von Familienmitgliedern zählen kann, muss seine Angestellten auf dem freien Arbeitsmarkt suchen. Es gibt verschiedene Arten, wie Aussenstehende beschäftigt werden können.

Aushilfen
Was unter einer Aushilfe zu verstehen ist, ist gesetzlich nicht geregelt. In der Fachliteratur wird als Aushilfe bezeichnet, wer für einen befristeten Einsatz von maximal drei Monaten beschäftigt wird. Aushilfen können Sie also nur vorübergehend und von Fall zu Fall einstellen. Nach jedem Einsatz erlischt das Arbeitsverhältnis. Aushilfen haben ein Recht auf bezahlte Ferien im Verhältnis zu ihrer Anstellungsdauer. Fallen sie jedoch krankheitshalber aus, muss ihnen der Lohn nicht weitergezahlt werden – es sei denn, sie hätten doch länger als drei Monate gearbeitet.

Info | Wenn Sie dieselbe Person immer wieder beschäftigen – auch mit Abständen zwischen den einzelnen Einsätzen –, gilt diese rasch einmal als normale Angestellte mit allen Rechten und Pflichten.

Voll- und Teilzeitangestellte
Vollzeitbeschäftigte arbeiten zu 100 Prozent in Ihrem Unternehmen. Wie vielen Stunden dies entspricht, ist im Arbeitsvertrag zu regeln. Arbeitet eine Person weniger als 90 Prozent eines Vollzeitpensums in Ihrem Betrieb, handelt es sich um eine Teilzeitanstellung.

Teilzeitangestellte besitzen grundsätzlich die gleichen Rechte wie Vollbeschäftigte (siehe Seite 305) – unabhängig davon, wie viele Stunden sie arbeiten und ob ihr Einsatz regelmässig oder unregelmässig erfolgt. Sie sind durch verschiedene Gesetze gegen Willkür, Benachteiligung und Ausbeutung durch den Arbeitgeber geschützt, haben Anspruch auf bezahlte Ferien, Lohnfortzahlung bei Arbeitsunfähigkeit und auf die Einhaltung von Kündigungsfristen. Auch bei kleinsten Teilzeitpensen müssen Sie als Arbeitgeber die arbeitsrechtlichen Vorschriften einhalten.

Spezialregeln gibt es bei den Sozialversicherungen: So müssen Beschäftigte, die weniger als 21 150 Franken jährlich verdienen, nicht bei einer Pensionskasse versichert werden (Stand 2017). Arbeiten Angestellte weniger als acht Stunden pro Woche bei Ihnen, müssen Sie sie nur gegen Berufs-, nicht aber gegen Nichtberufsunfall versichern.

Temporärangestellte
Bei der Temporärarbeit handelt es sich um ein Vertragsdreieck: Temporärmitarbeiter arbeiten nach Ihren Vorgaben, sind aber nicht in Ihrem Unternehmen, sondern bei einem Personalvermittlungsbüro angestellt. Sie als Arbeitgeber wiederum haben einen Vertrag mit der personalverleihenden Firma. Das hat den Vorteil, dass Sie weder eine Lohnbuchhaltung führen noch Sozialversicherungsbeiträge abrechnen müssen. Der Personalvermittler verrechnet Ihnen einfach den ausgehandelten Stundenansatz. Natürlich ist dieser höher, als wenn Sie die Angestellten selbst beschäftigen würden. Per Saldo dürfte die Rechnung dennoch aufgehen, weil Ihnen in Zeiten niedriger Arbeitsbelastung, in denen Sie keine Arbeitshilfen benötigen, auch keine Lohnfixkosten entstehen.

Geschäftspartner
Wenn Sie kein eigenes Personal beschäftigen möchten, aber gleichwohl ab und zu – oder gar ständig – auf die Mitarbeit von Dritten angewiesen sind, bauen Sie sich mit Vorteil ein Netzwerk von geeigneten Geschäftspartnern auf. In der Regel sind dies Partner mit einem eigenen Unternehmen, die spezielle Fachkenntnisse oder Arbeitskapazitäten besitzen, die Sie selber nicht haben. So können Sie je nach Auftrag und Auslastung Arbeiten, die Sie selbst nicht bewältigen, ganz oder teilweise an diese Partner auslagern. In einem solchen Fall besteht kein Arbeits-, sondern ein Auftragsverhältnis.

Von dieser Möglichkeit machen viele Neuunternehmer bei administrativen Arbeiten Gebrauch, indem sie beispielsweise ihre Geschäftsbuchhaltung einem Treuhandbüro übergeben (siehe dazu auch Seite 37).

Personalsuche

Bevor Sie mit der Personalsuche beginnen, müssen Sie genau wissen, welche Arbeiten Ihr künftiger Mitarbeiter auszuführen hat. Dies halten Sie am besten in einem Stellenbeschrieb schriftlich fest, in dem Sie die Haupt- und Nebenaufgaben auflisten.

Mit einem Stellenbeschrieb können Sie abschätzen, wie viel Zeit erforderlich ist, um die Tätigkeiten auszuführen, wie viele Stellenprozent der Job also umfasst.

Als Zweites erstellen Sie ein Anforderungsprofil. Das zeigt auf, welche Fähigkeiten der oder die künftige Angestellte mitzubringen hat. Je präziser Sie das Anforderungsprofil formulieren, desto geringer ist die Gefahr, eine falsche Person einzustellen.

Tipp | Die Checkliste «Mitarbeitersuche» hilft Ihnen, ein Anforderungsprofil für künftige Mitarbeiterinnen und Mitarbeiter zu erstellen.

Checkliste | Mitarbeitersuche
beobachter.ch/download

Suchstrategien

Weitgehend kostenlos ist die Personalsuche über Arbeitsämter und über Inserate, die Stellensuchende selbst aufgeben. Wenn diese Möglichkeiten ausgeschöpft sind, drängt sich ein eigenes Stelleninserat auf der Unternehmenswebsite, in einer Fach- oder einer Tageszeitung oder auf einer Jobplattform im Internet auf. Die Kosten für Stelleninserate in Printmedien sind viel höher als die von bekannten Online-Stellenbörsen im Internet.

Nicht zu unterschätzen ist der Zeitaufwand für eine Stellenbesetzung, insbesondere für das Texten eines Inserats, das Beantworten der Fragen von interessierten Bewerbern, das Sichten der eingereichten Dossiers, die Selektion und die Gespräche mit den geeignetsten Bewerbern sowie das Formulieren der Absagen.

Mitarbeitende können Sie auch über spezialisierte Stellenvermittlungsbüros oder Personalberatungsfirmen suchen. Je nach Auftrag texten diese ein Stelleninserat, platzieren es im gewünschten Medium, sichten die eingehenden Bewerbungen, führen erste Bewerbungsgespräche, nehmen eine Vorauswahl vor, setzen Arbeitsverträge auf und beraten Sie bei Arbeitsrechtsfragen. Kommt eine Anstellung zustande, kostet Sie dies aber mindestens zehn Prozent des Jahressalärs der rekrutierten Person.

Links | Jobplattformen
beobachter.ch/download

Mitarbeiterauswahl

Prüfen Sie die eingehenden Bewerbungen genau und bereiten Sie sich sorgfältig auf die Einstellungsgespräche mit den geeignetsten Kandidatinnen und Kandidaten vor. Am besten erstellen Sie einen auf das Anforderungsprofil abgestimmten Fragenkatalog:

- Fragen Sie nach den Gründen für den Stellenwechsel.
- Erkundigen Sie sich nach dem beruflichen Werdegang, den Ambitionen, Fähigkeiten, Stärken und Schwächen.
- Klären Sie das frühestmögliche Eintrittsdatum ab.
- Fragen Sie nach den Lohnvorstellungen.
- Stellen Sie allgemeine Fragen zu Hobbys und Familie. Fragen zum Privatleben, zur politischen Gesinnung, zu Heiratsabsichten, zum Kinderwunsch oder zur Gesundheit dürfen Sie aber nur stellen, wenn diese in einem direkten Zusammenhang mit der betreffenden Stelle stehen.

Misstrauisch werden sollten Sie bei Kandidaten, die in kurzer Zeit oft die Stelle gewechselt haben oder zwischen den Anstellungen grosse zeitliche Lücken aufweisen. Holen Sie mit dem Einverständnis des Bewerbers bei ehemaligen Arbeitgebern Referenzen ein.

Stellen Sie nie eine Person nur aufgrund von Diplomen, Fachwissen, selbstbewusstem Auftreten, niedrigen Lohnforderungen oder wegen der sofortigen Einsatzbereitschaft ein. Entscheidend ist, dass zwischen Ihnen und dem künftigen Mitarbeiter die Chemie stimmt. Wer diesem Punkt zu wenig Beachtung schenkt, wird die Anstellung früher oder später bereuen.

Buchtipp | Wenn Sie keine Erfahrung in der Auswahl und Führung von Mitarbeitenden haben, sollten Sie sich auf diese herausfordernde Aufgabe unbedingt vorbereiten – am besten mit einer Weiterbildung im Bereich Führung und mithilfe dieses Beobachter-Ratgebers: **Plötzlich Chef.** Souverän in der neuen Führungsrolle. www.beobachter.ch/buchshop

Lucas Oechslin
Mitgründer und Mitinhaber
Luma Beef AG

Das 16-köpfige Team von Luma Delikatessen verkauft in seiner Online-Metzgerei hochwertigstes Fleisch an Gastronomen und Gourmets.

Was ist der wichtigste Ratschlag, den Sie einem jungen Gründer, einer Gründerin geben würden?
Beteilige keine Familienmitglieder oder engen Freunde an deiner Firma. Es beeinflusst deine Art, mit Kapital und Entscheiden umzugehen, negativ. Und in schwierigen Zeiten macht es das Leben nicht einfacher, wenn man das Geld vom Schwiegervater verbrannt hat. Sei selbstbewusst, glaube an das Unmögliche. Versuch, die Dinge anders zu sehen und anzugehen, egal, was die anderen sagen.

Welcher Ratschlag hat Ihnen überhaupt nicht geholfen?
Knallhart mit Lieferanten und Mitarbeitern zu sein, damit diese wissen, wer der Boss ist. Das ist in meinen Augen sehr kontraproduktiv.

Wann merkt man, dass jemand nicht zum Gründer, zur Gründerin taugt?
Wenn er oder sie Angst oder Hemmungen hat, in die eigene Idee zu investieren, sei es Zeit oder Geld. Als Unternehmer braucht es Mut, und man muss ziemlich belastbar sein, denn die Höhen und Tiefen wechseln sich doch regelmässig ab.

Ihr grösster Fehler als Gründer – und wie man ihn verhindern kann?
Ich habe mal aus Zeitgründen bei der Einstellung von Mitarbeitern nicht genau genug hingeschaut. Gute und loyale Mitarbeitende sind aber essenziell für ein starkes Unternehmen. Stellt man jemanden ein, weil es jetzt gerade jemanden braucht, und nimmt man dann den Erstbesten, kann das ein übler Bumerang werden. Man verschwendet schliesslich 1000-mal mehr Zeit, als wenn man von Anfang an in eine gute Rekrutierung investiert hätte.

Warum lohnt es sich, trotz allem eine Firma zu gründen?
Es erfüllt einen mit Stolz, wenn man die eigenen Ideen und Strategien zum Leben erwecken kann und sie dann auch noch funktionieren. Als sehr angenehme Nebenwirkung tut man etwas Gutes für die Gesellschaft und schafft Arbeitsplätze. Wenn alles rundläuft, ist man bei der Selbstverwirklichung ziemlich weit oben angekommen, ein tolles Gefühl. Man arbeitet für sich selber, was sich anders anfühlt, als wenn man für jemanden arbeitet. Man kann sich sein Arbeitsleben einigermassen selber gestalten. Von Vorteil verdient man auch mehr als im Anstellungsverhältnis. Es ist ein tolles Abenteuer, aber bestimmt auch eine Achterbahnfahrt der Gefühle.

Rechte und Pflichten als Arbeitgeber

Um rechtliche Auseinandersetzungen mit Mitarbeiterinnen und Mitarbeitern zu vermeiden, müssen Sie die wesentlichen gesetzlichen Regeln des Arbeitsrechts kennen. Das fängt schon beim Arbeitsvertrag an und hört erst auf, wenn nach Auflösung des Arbeitsverhältnisses alle gegenseitigen Ansprüche abgegolten sind.

Die massgebenden Punkte des Arbeitsrechts sind im Obligationenrecht geregelt: Vertragsabschluss, Rechte und Pflichten, Kündigungsregeln (Art. 319 ff. OR).

Nicht mit dem OR zu verwechseln ist das Arbeitsgesetz (ArG), das insbesondere Bestimmungen zum Gesundheitsschutz für werdende Mütter und Jugendliche sowie Vorschriften zu Höchstarbeitszeiten, Ruhe- und Überzeiten, Sonntags-, Nacht- und Schichtarbeit sowie Pausen enthält. Das Arbeitsgesetz ist mit wenigen Ausnahmen auf alle Industrie-, Gewerbe- und Handelsbetriebe anwendbar, wenn sie dauernd oder vorübergehend einen oder mehrere Arbeitnehmer beschäftigen. Reine Familienbetriebe sind dem Arbeitsgesetz in der Regel nicht unterstellt. Mehr Informationen und die Adressen der Arbeitsinspektorate finden Sie unter www.iva-ch.ch.

Links | Arbeitsinspektorate, Staatssekretariat für Migration beobachter.ch/download

Arbeitsverträge

Stellen Sie einen Mitarbeiter oder eine Mitarbeiterin ein, schliessen Sie mit ihnen einen Einzelarbeitsvertrag ab. Dieser ist im Obligationenrecht geregelt (Art. 319 ff. OR); Sie müssen im individuellen Arbeitsvertrag grundsätzlich nur noch die Abmachungen festhalten, die gesetzlich nicht geregelt sind oder von den gesetzlichen Bestimmungen abweichen. Darunter fallen beispielsweise der Lohn, die Arbeitszeit, eine auf maximal drei Monate verlängerte Probezeit sowie längere Ferien oder abweichende Kündigungsfristen.

Info | Für ausländische Arbeitnehmerinnen und Arbeitnehmer gelten je nach Herkunftsland und Art der Aufenthaltsbewilligung besondere Vorschriften und allenfalls auch Hinderungsgründe. Genauere Informationen erhalten Sie beim Staatssekretariat für Migration (www.sem.admin.ch).

Schliessen Sie Arbeitsverträge immer schriftlich ab. Das schafft Klarheit für beide Parteien und hilft, spätere Missverständnisse und Streitigkeiten zu vermeiden. Idealerweise sehen Sie im Arbeitsvertrag eine angemessene Probezeit von zwei bis drei Monaten vor, damit Sie das

Arbeitsverhältnis im Notfall kurzfristig auflösen können. Mehr als drei Monate Probezeit sind in der Privatwirtschaft nicht erlaubt.

> **Tipp** | Als Grundlage für die Arbeitsverträge mit Ihren Angestellten dient Ihnen das Muster «Arbeitsvertrag».

Gesamtarbeitsvertrag (GAV)

Bevor Sie Personal einstellen, sollten Sie stets prüfen, ob für Ihre Branche ein Gesamtarbeitsvertrag existiert. Der GAV regelt die Arbeitsbedingungen einer Branche oder einzelner Betriebe. Er legt gegenseitige Rechte und Pflichten fest und enthält zwingende Minimalbestimmungen, die im Einzelarbeitsvertrag nicht unterschritten werden dürfen. Häufig sind darin Vorschriften zu Versicherungen, Sozialplänen oder zum Vorgehen bei Konflikten aufgeführt.

Normalerweise gilt der GAV nur für die Mitglieder der Gewerkschaft und für die Betriebe, die den beteiligten Arbeitgeberverbänden angeschlossen sind. Anders präsentiert sich die Situation, wenn ein GAV vom Bundesrat gesamtschweizerisch – oder vom Regierungsrat für einen bestimmten Kanton – als allgemein verbindlich erklärt wird. Einen allgemein verbindlichen GAV für die ganze Schweiz kennen beispielsweise die Möbelindustrie, das Gast-, Karosserie-, Coiffeur-, Maler-, Gipser- und Metallgewerbe sowie die Branche der Personalverleiher (Stand Dezember 2017).

Wichtig zu wissen: Ein GAV gilt oft nur für eine begrenzte Berufskategorie. So sind etwa dem GAV des Bauhauptgewerbes nur die Handwerker, nicht aber das Büropersonal unterstellt.

Normalarbeitsverträge (NAV)

Ein NAV ist kein eigentlicher Vertrag. Es handelt sich dabei um vom Bund oder von einem Kanton verordnete gesetzesähnliche Bestimmungen für bestimmte Typen von Arbeitsverhältnissen. Im schriftlichen Einzelarbeitsvertrag dürfen Sie von diesen Bestimmungen abweichen.

NAVs gibt es insbesondere für Angestellte in der Landwirtschaft, im Haushalt sowie für Pflege- und Sozialberufe. Sie beinhalten Regeln zu Arbeitsbedingungen, Sozialleistungen, Treueprämien, Abgangsentschädigungen und Ferien.

> **Tipp** | Existiert für Ihre Branche ein GAV oder NAV, können Sie diesen beim Arbeitgeberverband, beim Bundesamt für Bauten und Logistik in Bern oder bei der kantonalen Materialverwaltungsstelle bestellen. Eine Liste der aktuell gültigen GAVs zum Herunterladen finden Sie auch unter www.seco.admin.ch/themen (→ Arbeit → Personenfreizügigkeit und Arbeitsbeziehungen → Gesamtarbeitsverträge).

Arbeitsrecht

Dieser Ratgeber kann nur in groben Zügen auf das Arbeitsrecht eingehen. Im Folgenden werden die wichtigsten Punkte kurz zusammengefasst, die Sie als Neuunternehmer kennen sollten. Angegeben sind jeweils auch die Gesetzesartikel, die diese Punkte regeln.

Muster | Arbeitsvertrag
beobachter.ch/download

Links | Liste der GAVs
beobachter.ch/download

Gleichstellungsgesetz

Auch die Richtlinien des Bundesgesetzes über die Gleichstellung von Frau und Mann (GIG) sind zu beachten. Das GIG schreibt vor, dass Arbeitnehmerinnen und Arbeitnehmer aufgrund ihres Geschlechts weder benachteiligt noch unterschiedlich behandelt werden dürfen – sofern sich die unterschiedliche Behandlung sachlich nicht rechtfertigen lässt. Das Diskriminierungsverbot gilt insbesondere für die Anstellung, Aufgabenzuteilung, Entlöhnung, Aus- und Weiterbildung, Beförderung und Entlassung (weitere Informationen unter www.ebg.admin.ch).

Links | Eidgenössisches Gleichstellungsbüro
beobachter.ch/download

Arbeitszeit

Laut Gesetz darf die Arbeitszeit für Arbeitnehmer in Industriebetrieben und für Büropersonal höchstens 45 Stunden pro Woche betragen. In nichtindustriellen Betrieben, das heisst in Gewerbebetrieben mit vorwiegend manuellen Tätigkeiten oder im Verkauf in kleineren Unternehmen, ist die wöchentliche Höchstarbeitszeit auf 50 Stunden festgesetzt (Art. 9 ArG). Die wöchentliche Arbeitszeit sollte immer im Arbeitsvertrag geregelt sein.

Überstunden

Überstundenarbeit bedeutet Arbeit, die über die vertraglich vereinbarte Arbeitszeit hinausgeht. Arbeitnehmer sind verpflichtet, in zumutbarem Rahmen Überstunden zu leisten, sofern dies betrieblich notwendig ist (Art. 321c OR). Für Überstunden müssen Arbeitgeber den Arbeitnehmern grundsätzlich einen Lohnzuschlag von mindestens 25 Prozent zahlen oder Freizeit von gleicher Dauer gewähren. Allerdings lässt sich im individuellen Arbeitsvertrag auch eine andere schriftliche Vereinbarung treffen (ein Personalreglement genügt nur, wenn es im Vertrag explizit erwähnt wird). Zum Beispiel kann vereinbart werden, dass Arbeitnehmer eine bestimmte Anzahl Überstunden gratis leisten müssen oder dass sie Überstunden nicht durch Freizeit kompensieren dürfen.

Lohn

Grundsätzlich können Sie den Lohn mit Ihren Angestellten frei vereinbaren. Einige GAVs kennen aber Bestimmungen über Mindestlöhne, die nicht unterschritten werden dürfen.

In der Praxis hängt die Höhe des Lohnes von verschiedenen Kriterien ab: etwa von der Funktion, vom Alter, von der Berufs- und Branchenerfahrung, von der Ausbildung, vom Fachwissen des Arbeitnehmers – und von der Lage auf dem Arbeitsmarkt. Informationen über markt- und berufsübliche Löhne finden Sie bei Ihrem Branchen- oder Berufsverband und im Internet:
- Lohnrechner des Schweizerischen Gewerkschaftsbunds: www.lohn-sgb.ch
- Lohnrechner des Bundesamts für Statistik, Salarium: www.bfs.admin.ch (→ Dienstleistungen → Rechner)

- Mindestlohnrechner der Gewerkschaft Unia für GAV-unterstellte Arbeitnehmende: www.unia.ch (→ Arbeitswelt → Lohnrechner)
- Lohntabellen des Schweizerischen Kaufmännischen Verbandes: www.kvschweiz.ch

Vollzeitbeschäftigte sind in der Regel im Monatslohn, Teilzeitangestellte zum Teil auch im Stundenlohn angestellt. Üblicherweise wird mit dem Personal ein 13. Monatslohn oder eine Gratifikation vereinbart. Der 13. Monatslohn ist ein fester Lohnbestandteil und muss immer bezahlt werden – auch bei schlechtem Geschäftsgang und bei einem Austritt während des Jahres (pro rata). Anders die Gratifikation: Sie ist eine freiwillige Sonderleistung des Arbeitgebers und kann von Bedingungen wie gutem Geschäftsgang oder besonderen Leistungen abhängig gemacht werden.

Buchtipp | Umfassende Informationen zum Arbeitsvertragsrecht mit vielen Beispielen aus der Praxis und Gerichtsurteilen finden Sie in diesem Beobachter-Ratgeber: **Arbeitsrecht.** Was gilt im Berufsalltag? Vom Vertragsabschluss bis zur Kündigung.
www.beobachter.ch/buchshop

Sozialversicherungen

Als Arbeitgeber müssen Sie Ihren Mitarbeiterinnen und Mitarbeitern mit dem monatlichen Lohn eine detaillierte schriftliche Abrechnung abgeben, in der auch die Sozialversicherungsbeiträge ersichtlich sind. Den Angestellten werden in der Regel folgende Beiträge vom Lohn abgezogen (Stand 2017, siehe auch Seite 211):

- **AHV/IV/EO:** 5,125 Prozent vom gesamten Lohn; gleich viel zahlt der Arbeitgeber.
- **Arbeitslosenversicherung:** 1,1 Prozent des AHV-pflichtigen Jahreslohns bis maximal 148 200 Franken, auf höhere Lohnbestandteile wird zusätzlich ein Solidaritätsbeitrag von 0,5 Prozent erhoben; gleich viel zahlt der Arbeitgeber.
- **Unfallversicherung:** 1,42 bis 2 Prozent je nach Branche, obligatorisch für Löhne bis maximal 148 200 Franken; Prämie für Betriebsunfall zulasten Arbeitgeber, Prämie für Nichtbetriebsunfall wird dem Arbeitnehmer abgezogen.
- **Pensionskasse:** ungefähr 7 Prozent für AHV-pflichtige Löhne zwischen 21 150 und 84 600 Franken (Obligatorium); je nach Pensionskasse zusätzliche Beiträge für überobligatorische Leistungen; der Arbeitgeberbeitrag entspricht mindestens der Summe der gesamten Pensionskassenzahlungen aller Angestellten.

Lohnfortzahlung bei Arbeitsunfähigkeit

Wenn Angestellte unverschuldet nicht arbeiten können – etwa wegen Krankheit, Unfall, Militär- oder Zivilschutzdienst –, muss der Arbeitgeber den Lohn während einer bestimmten Zeit weiterzahlen:

- Im Krankheitsfall – und auch bei Arbeitsunfähigkeit während der Schwangerschaft – haben Angestellte eine bestimmte Zeit lang Anspruch auf 100 Prozent des Lohnes. Diese Lohnfortzahlung hängt von der Dauer des Arbeitsverhältnisses ab und richtet sich nach der Basler, Berner oder Zürcher Skala (siehe auch Seite 212). Details dazu finden Sie unter www.seco.admin.ch (→ Arbeit → Personenfreizügigkeit und Arbeitsbeziehungen → Arbeitsrecht → FAQ zum privaten Arbeitsrecht).

- Bei Militär- oder Zivilschutzdienst müssen Sie die Differenz zwischen dem Taggeld der Erwerbsersatzordnung (EO) und 80 Prozent des Lohnes ausgleichen, allerdings nur für eine beschränkte Zeit gemäss oben erwähnten Skalen.
- Nach einer Geburt kommt die gesetzliche Mutterschaftsentschädigung zum Tragen (80 Prozent des Lohnes während 14 Wochen). Sie wird ebenfalls aus der EO-Kasse finanziert.
- Der Lohnausfall verunfallter Angestellter ist zu 80 Prozent über die obligatorische Unfallversicherung gedeckt.

Links | Lohnfortzahlungsskalen beobachter.ch/download

Info | Viele Arbeitgeber decken das Risiko der Lohnfortzahlung bei Krankheit mit einer Krankentaggeldversicherung für ihr Personal (siehe Seite 207). Die Hälfte der Beiträge müssen Sie selber übernehmen, die andere können Sie Ihren Angestellten vom Lohn abziehen.

Ferien und Feiertage

Jeder Arbeitnehmer in der Schweiz hat einen gesetzlichen Anspruch auf jährlich vier Wochen bezahlte Ferien (Jugendliche bis zum 20. Geburtstag fünf Wochen). Diesen Anspruch besitzen nicht nur Vollzeitangestellte, sondern im Verhältnis zu ihrer geleisteten Arbeitszeit auch Aushilfen oder Teilzeitangestellte.

Bei unregelmässiger Teilzeitarbeit im Stundenlohn ist es erlaubt, die Ferienentschädigung mit einem Lohnzuschlag abzugelten. Dabei muss die Höhe des Ferienlohns vertraglich festgelegt sein und sie muss aus jeder Lohnabrechnung klar hervorgehen (in Franken oder Prozent, die Formulierung «Pauschallohn inkl. Ferien» genügt nicht). Vier Wochen Ferien entsprechen 8,33 Prozent des Bruttolohns, fünf Wochen 10,64 Prozent.

Als Arbeitgeber sind Sie ausserdem verpflichtet, Ihren Angestellten Feier- und Freitage zu gewähren. Ihre Mitarbeitenden erhalten die Feiertage bezahlt, wenn diese auf einen Arbeitstag fallen – das gilt auch für Teilzeitbeschäftigte im Monatslohn. Wer im Stundenlohn bezahlt ist, hat keinen Anspruch auf bezahlte Feiertage (Ausnahme: 1. August, wenn dieser auf einen Arbeitstag fällt).

Freitage bzw. freie Zeit haben Mitarbeiterinnen und Mitarbeiter auch für bestimmte Anlässe zugut, zum Beispiel für eine Heirat, einen Umzug oder Arztbesuche. Wie viel freie Zeit sie dafür erhalten, ist gesetzlich nicht geregelt. Richtlinien sind in vielen GAVs zu finden. Für Angestellte im Monatslohn sind derartige Absenzen bezahlt.

Kündigung

Arbeitgeber und Arbeitnehmer dürfen einen Arbeitsvertrag grundsätzlich jederzeit kündigen. Allerdings sind gewisse Fristen einzuhalten. Während der Probezeit kann der Vertrag von beiden Parteien jederzeit auf sieben Tage gekündigt werden. Nach Ablauf der Probezeit gelten laut

Obligationenrecht folgende Kündigungsfristen: im ersten Dienstjahr ein Monat, vom zweiten bis neunten Dienstjahr zwei Monate und ab dem zehnten Dienstjahr drei Monate (jeweils auf Monatsende). Diese Kündigungsfristen lassen sich schriftlich abändern. Mindestens einen Monat muss die Kündigungsfrist nach der Probezeit jedoch dauern.

Massgebend für die Gültigkeit der Kündigung ist nicht etwa der Poststempel, sondern das Eintreffen des Schreibens beim Empfänger, bei der Empfängerin. Befindet sich ein Arbeitnehmer beispielsweise in den Ferien, beginnt die Kündigungsfrist erst nach seiner Rückkehr aus dem Urlaub, sobald er den Kündigungsbrief auf der Post abholt.

Eine fristlose Entlassung ist nur in gravierenden Ausnahmefällen zulässig (etwa bei Betrug, Diebstahl, wiederholter Arbeitsverweigerung). Nicht zu verwechseln mit der fristlosen Entlassung ist die sofortige Freistellung des Arbeitnehmers. Dazu braucht es keine wichtigen Gründe. Der Lohn ist jedoch bis zum Ablauf der Kündigungsfrist zu bezahlen.

Kündigungsschutz

Sprechen Sie eine Kündigung während einer Sperrfrist aus – sogenannte Kündigung zur Unzeit –, ist diese ungültig. Kündigungssperrfristen bestehen in folgenden Situationen (Art. 336c OR):

- Während obligatorischem Militär-, Zivil-, Zivilschutz- oder Rotkreuzdienst; falls der Dienst mehr als elf Tage dauert, auch vier Wochen vorher und nachher
- Bei ganzer oder teilweiser Arbeitsunfähigkeit durch unverschuldeten Unfall oder Krankheit im ersten Dienstjahr 30 Tage, ab dem zweiten bis und mit dem fünften Dienstjahr 90 Tage und ab dem sechsten Dienstjahr 180 Tage
- Während einer Schwangerschaft und bis 16 Wochen nach der Geburt des Kindes
- Während der Teilnahme an einer vom Bund angeordneten Hilfsaktion im Ausland, die vom Arbeitgeber erlaubt wurde

Wird eine Kündigung vor Beginn einer Sperrfrist ausgesprochen und reicht die Kündigungsfrist in die Sperrfrist hinein, ist die Kündigung zwar gültig – die Kündigungsfrist wird aber für die Dauer der Sperrfrist unterbrochen. Kündigungen während einer Sperrfrist sind nicht gültig und müssen nach Ablauf wiederholt werden.

Info | Kündigungen sind missbräuchlich, wenn sie aus unfairen Motiven ausgesprochen werden, etwa wegen einer persönlichen Eigenschaft des Mitarbeiters (wie Hautfarbe), wegen gewerkschaftlicher Aktivitäten oder weil er sich für seine Rechte gewehrt hat. Spricht ein Arbeitgeber eine solche Kündigung aus, kann das Gericht ihn zu einer Entschädigung von bis zu sechs Monatslöhnen verurteilen (Art. 336 ff. OR). Ähnliche Regeln gelten für Kündigungen, die eine Person wegen ihres Geschlechts, Zivilstands oder ihrer familiären Situation diskriminieren (Art. 9 GlG).

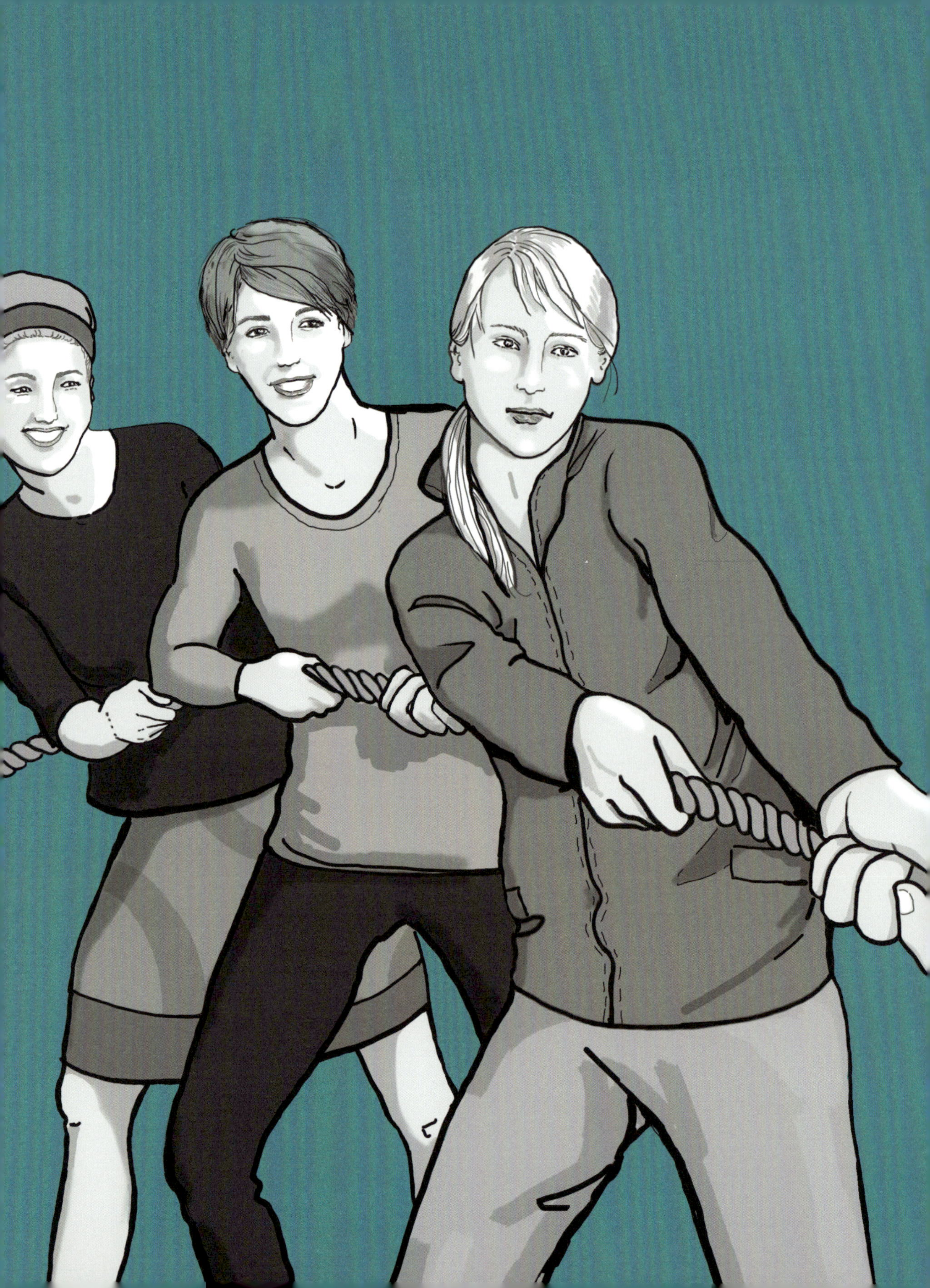

12 | Die Unterstützung

Die wenigsten Firmengründer sind Alleskönner. Sie sind deshalb bei der Planung, Vorbereitung und Gründung ihres Unternehmens sowie in der Startphase auf die Hilfe von verschiedenen Expertinnen und Fachspezialisten angewiesen.

Rat und Hilfe

Start-up-Unternehmer, die beim Aufbau ihres Geschäfts tatkräftige Hilfe, kompetenten Rat oder finanzielle Unterstützung suchen, konstatieren schnell, dass der Staat, die Kantone, die Wirtschaftsregionen und Gemeinden Kleinfirmen in der Regel wenig anzubieten haben. Es gibt zwar oft eine offizielle Anlaufstelle bei der öffentlichen Verwaltung, der regionalen Wirtschaftsförderung oder gar ein Gründerzentrum. Gratis ist bei diesen Stellen jedoch kaum etwas zu haben – sofern sie überhaupt bedürfnisgerechte Dienstleistungen für Neuunternehmer anbieten.

Weil Unterstützungsangebote für Neuunternehmer weitgehend fehlen, werden auch Sie sich kostenlosen Rat und fachliche Unterstützung in erster Linie in Ihrem Freundes- und Bekanntenkreis holen müssen. Trotz wertvoller Tipps fehlt es solchen Ratgebenden jedoch oft an einschlägiger Erfahrung, an Kompetenz und an der Zeit, sich mit Ihren ganz spezifischen Problemen intensiv auseinanderzusetzen. Meist mangelt es ihnen auch am nötigen Überblick, um Ihr Einzelproblem in einem grösseren Zusammenhang zu sehen und es mit einem ganzheitlichen Ansatz zu lösen.

Praktische und moralische Unterstützung finden Sie womöglich bei etablierten Unternehmerinnen und Unternehmern, die in Netzwerken zusammengeschlossen sind. In solchen Netzwerken erhalten Sie oft wertvolle Hinweise zum Vorgehen und Umsetzen Ihrer Pläne. Je nach Organisation findet der Erfahrungsaustausch unter den Mitgliedern nicht nur spontan und auf Eigeninitiative hin, sondern auch institutionalisiert statt – etwa bei regelmässigen Treffen zum Lunch oder an Abendveranstaltungen.

Doch auch diese Informations- und Auskunftsquellen haben ihre Grenzen. Aus diesem Grund werden Sie sich fehlendes Fachwissen bei Spezialisten (meist teuer) erkaufen müssen.

Zusammenarbeit mit Beratern

Um ihre Wissenslücken in bestimmten Bereichen der Unternehmensführung zu kompensieren, wenden sich die meisten Neuunternehmer an Fachexperten: an eine Unternehmensberaterin, an Versicherungs-, Steuer-, Treuhand- oder Marketingexperten, an einen Buchhalter, eine Rechtsanwältin, eine Grafikerin, an einen Online- oder IT-Spezialisten. Der Einfachheit halber wird im Folgenden nur von «Beratern» gesprochen.

Tipp | Für jedes Problem gibt es heute einen Berater. Die Berufsbezeichnung ist jedoch nicht geschützt: Jedermann darf sich Wirtschaftsberater, Unternehmensberaterin oder Treuhänder nennen. Nicht verwunderlich, tummeln sich in der Branche zahlreiche «Berater», die diese Bezeichnung nicht im Geringsten verdienen. Holen Sie also unbedingt Referenzen ein, bevor Sie jemandem ein Mandat erteilen.

Beratersuche

Bevor Sie sich mit Ihren Fragen an irgendeinen Allerweltsberater wenden, sollten Sie Ihr Grundproblem kennen. Erst dann können Sie gezielt eine Fachperson suchen. Stellen Sie ein Anforderungsprofil auf mit der zentralen Frage: Was muss mein Berater alles können? Je nach Antwort und Problemstellung drängt sich dann der Beizug eines Spezialisten oder einer Generalistin auf. Möchten Sie zum Beispiel bloss ein professionell aufgemachtes Mailing an Ihre Kunden versenden, ist ein Direktmarketingspezialist die richtige Ansprechperson. Benötigen Sie dagegen Unterstützung bei Ihren Überlegungen zur künftigen Unternehmensstrategie, können Sie sich auch von einem generalistisch ausgerichteten Strategieexperten beraten lassen.

Tipp | Berater, die von sich behaupten, sie seien in verschiedenen Fachdisziplinen Spezialisten, sollten Sie ignorieren. Solche Supermänner oder -frauen gibt es nicht.

Eine erste Orientierungshilfe bei der Suche nach einem geeigneten Berater kann seine Aus- und Weiterbildung sein: Eine diplomierte Treuhandexpertin ist in den seltensten Fällen auch eine IT-Spezialistin, ein Bankfachmann ist kein Marketingstratege, die Steuerexpertin keine Finanzierungsfachfrau. Fragen Sie also einen möglichen Berater zuerst nach dem beruflichen Werdegang – vielleicht finden Sie diesen auch auf seiner Website. Lassen Sie sich aber beim Blick auf ein Curriculum Vitae nicht zu stark von Zertifikaten und Diplomen blenden. Entscheidender sind eine erfolgreiche Berufskarriere mit klar dokumentierten Leistungsausweisen, einschlägige Branchenerfahrung und Fachexpertise.

Dies alles – sogar ergänzt mit der wärmsten Empfehlung eines Bekannten – macht einen Berater noch nicht zum idealen Partner. Die «Chemie» zwischen Auftragnehmer und Auftraggeber muss ebenfalls stimmen. Ob das der Fall ist, können Sie nur im persönlichen Gespräch erspüren.

Fragen Sie zudem den Berater, nach welcher Beratungsphilosophie bzw. Methodik er arbeitet, damit Sie nicht falsche Erwartungen haben. Vielleicht suchen Sie ja einen Fachexperten, der auf jede Frage klar sagt, was Sie seiner Ansicht nach tun müssen, und der Ihnen konkrete Lösungswege aufzeigt oder solche gar selbst für Sie ausarbeitet. Möglicherweise möchten Sie aber eher mit einer Beraterin zusammenarbeiten, die Sie wenig direktiv coacht, begleitet und auf der Basis Ihres Potenzials dazu befähigt, entscheidende Überlegungen anzustellen und wichtige Entscheide selbst zu treffen. Je nach

Beratungsansatz kann also «Beratung» etwas ganz anderes bedeuten (siehe Grafik).

Tipps | Zwischen Auftraggeber und Auftragnehmer sollte eine gesunde Distanz bestehen. Dann kann ein Berater Ihnen auch besser unangenehme, kritische Fragen stellen, die Sie lieber nicht hören möchten.

Adressen von geeigneten Fachleuten erhalten Sie bei den entsprechenden Berufsvereinigungen, Branchenverbänden oder mit Recherchen im Internet. Adressen können Ihnen auch Unternehmerkollegen vermitteln; das sind in der Regel ohnehin die besten Referenzen.

Checkliste | Beraterwahl
beobachter.ch/download

Bei der Auswahl der geeigneten Beratungsperson hilft Ihnen die Checkliste «Beraterwahl» im Download-Angebot. Dort finden Sie auch Adressen von Branchen- und Berufsverbänden.

Beratungskosten

Gute Beratung hat immer ihren Preis. Als grobe Orientierungshilfe können Ihnen die Honorarempfehlungen der Berufsverbände dienen. Je nach Aus-, Weiterbildung und Fachpraxis des Beraters variieren die Honorare stark. So kann der Treuhandassistent um die 100 Franken pro Stunde kosten, die Inhaberin des Treuhandbüros aber schnell bis zu 450 Franken. Auch sogenannte Topmanagementberatungen schlagen ohne Weiteres mit 500 Franken pro Stunde zu Buch. In diesen Honoraran-

Wie berät der Berater?

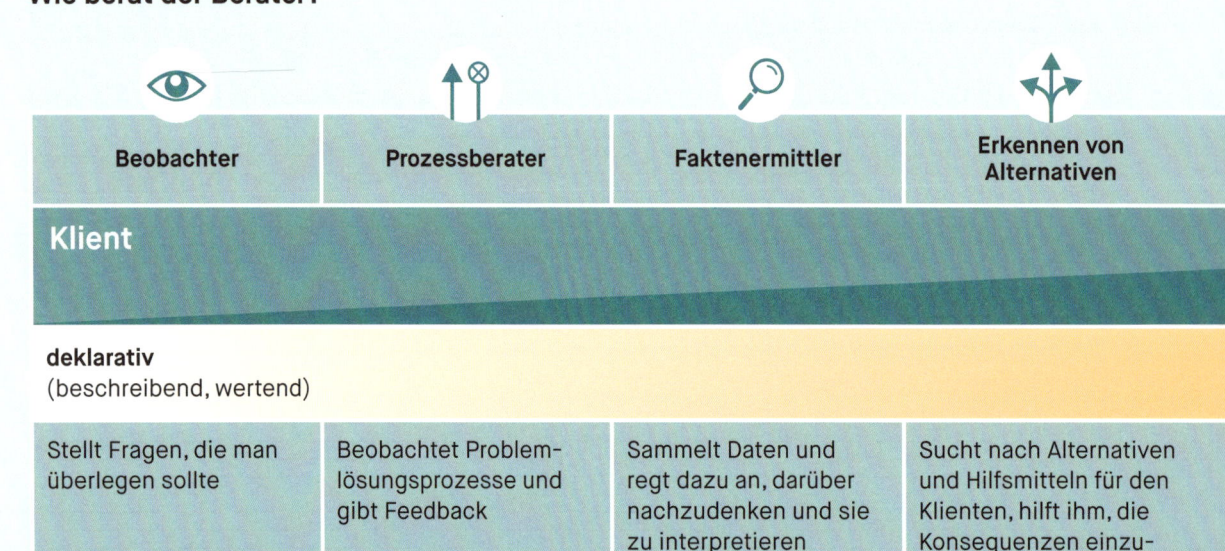

Beobachter	Prozessberater	Faktenermittler	Erkennen von Alternativen
Klient			
deklarativ (beschreibend, wertend)			
Stellt Fragen, die man überlegen sollte	Beobachtet Problemlösungsprozesse und gibt Feedback	Sammelt Daten und regt dazu an, darüber nachzudenken und sie zu interpretieren	Sucht nach Alternativen und Hilfsmitteln für den Klienten, hilft ihm, die Konsequenzen einzuschätzen

QUELLE: NACH LIPPITT, GORDON; LIPPITT, RONALD (2015): BERATUNG ALS PROZESS. WAS BERATER UND IHRE KUNDEN WISSEN SOLLTEN

sätzen nicht inbegriffen sind in der Regel Auslagen wie Verpflegung, Fotokopien oder Reisespesen. Auf die Honorare und Auslagen kommt dann noch die Mehrwertsteuer hinzu.

Beratungsmandat
Ein Beratungsmandat sollten Sie immer schriftlich erteilen. Unterschreiben Sie einen Beratungsvertrag aber erst, nachdem Sie verschiedene Offerten eingeholt haben. Ihr Vertrag sollte unter anderem folgende Punkte enthalten:
- Ziel, das erreicht werden soll
- Beratungsleistung
- Kompetenzen des Beraters
- Höhe des Honorars und Abrechnungsart (Pauschale, nach Aufwand oder erfolgsabhängig)
- Zahlungskonditionen
- Mandatsdauer, Kündigungsfristen
- Allfällige Haftungsansprüche

Je detaillierter und klarer der Vertrag abgefasst ist, desto geringer ist das Risiko von Missverständnissen, falschen Erwartungen, Enttäuschungen und Streitigkeiten.

Kantonale und regionale Wirtschaftsförderung

Die kantonalen oder regionalen Wirtschaftsförderer wollen innovative Unternehmer motivieren, an einem bestimmten Standort aktiv zu werden und damit einer Region langfristig wesentliche wirtschaftliche Impulse zu verleihen. Sie sollen idea-

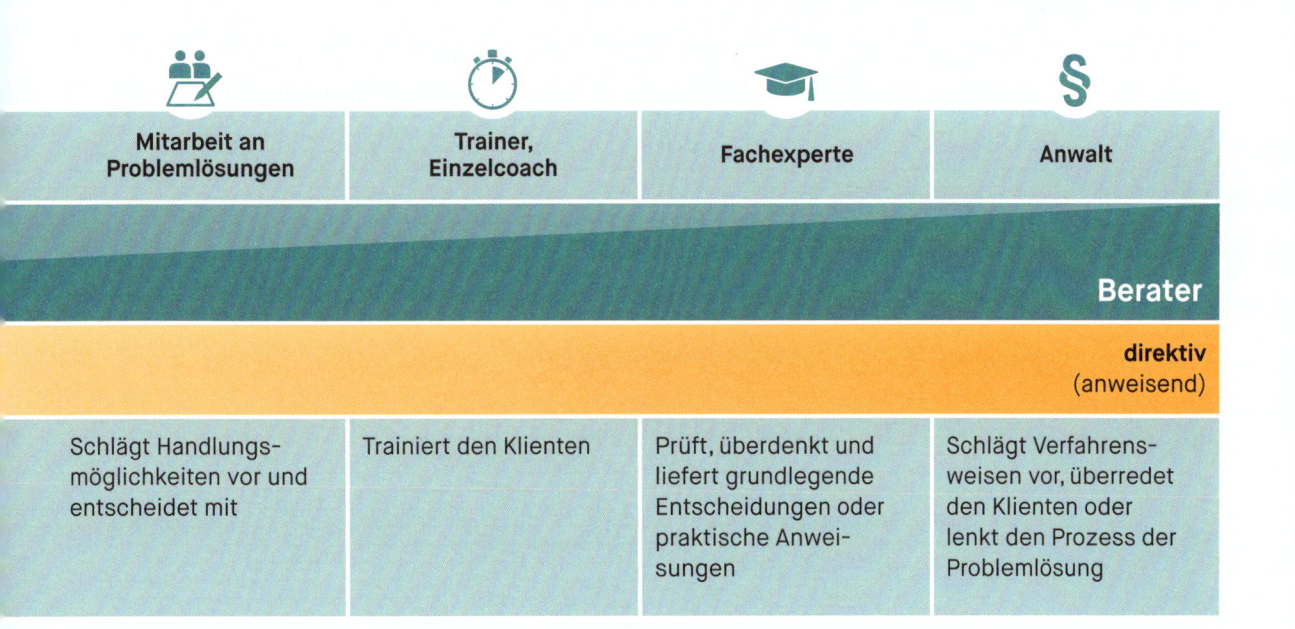

Links | Anbieter von Beratung
beobachter.ch/download

Mitarbeit an Problemlösungen	Trainer, Einzelcoach	Fachexperte	Anwalt
			Berater
			direktiv (anweisend)
Schlägt Handlungsmöglichkeiten vor und entscheidet mit	Trainiert den Klienten	Prüft, überdenkt und liefert grundlegende Entscheidungen oder praktische Anweisungen	Schlägt Verfahrensweisen vor, überredet den Klienten oder lenkt den Prozess der Problemlösung

Links | Anlaufstellen für Firmengründer
beobachter.ch/download

Kostengünstige Beratungen

Das Beobachter-Beratungszentrum hat ein spezielles Angebot für KMU. Hier erhalten Sie Antworten auf Rechtsfragen, Praxistipps und die Adressen von kompetenten Anwälten. Für KMU-Mitglieder des Beobachters ist das Angebot kostenlos (mehr Informationen unter www.beobachter.ch/beratung → Rechtsberatung für KMU).

- Einige regionale und kantonale Wirtschaftsförderungsstellen bieten Neuunternehmern eine kostenlose Erstberatung oder eine Anzahl Beratungsstunden zu reduziertem Tarif an.
- Eine kostenlose Online-, Telefon- oder Face-to-Face-Erstberatung offerieren zum Teil Anlaufstellen für Firmengründungen wie etwa das Startzentrum Zürich (www.startzentrum.ch).
- Branchenverbände beraten ihre Mitglieder zum Teil gratis.
- Kostenlos ist in der Regel eine allgemeine Finanzberatung bei der Hausbank oder eine Versicherungsberatung bei einer Versicherungsgesellschaft.
- Moderate Beratungstarife verrechnen Vereinigungen von ehemaligen Fachexperten und Führungskräften, zum Beispiel www.senexpert.ch oder www.adlatus.ch.
- Niedrige Beratungstarife haben auch die Dienste von Studierendenberatungsstellen von Universitäten und Fachhochschulen. Für betriebswirtschaftliche Fragen, Marktabklärungen und Strategieberatungen für Start-ups sind Studierende in höheren Semestern bei Wirtschaftshochschulen die geeignetsten Ansprechpartner.

---

lerweise viele neue, möglichst qualifizierte Arbeitsplätze schaffen und der Steuerbehörde jedes Jahr hohe Einnahmen bescheren. Aus dieser Optik sind Kleinunternehmen nicht die primäre Zielgruppe von Wirtschaftsförderungsstellen.

Dennoch bemühen sich zahlreiche Kantone und Regionen, Firmengründern beim Start zu helfen. Nachfolgend eine unvollständige Liste von Dienstleistungen aus dem Angbot von Wirtschaftsförderungsstellen:

- Hilfe bei der Standortsuche
- Vermittlung von Gebäuden und Grundstücken
- Vermittlung von Beratern, Treuhänderinnen, Anwälten, Auskunftsstellen
- Vermittlung von Kontakten zu anderen Amtsstellen
- Vermittlung von Kontakten zu Banken, Versicherungsgesellschaften, Immobilienfirmen
- Finanzielle und fachliche Unterstützung beim Erstellen von Businessplänen
- Kostenlose Erstberatung
- Kostengünstige Unternehmensberatung
- Hilfe bei der Beschaffung von Fremdkapital
- Eigenkapitalangebote (Beteiligung am Eigenkapital eines Start-ups)

- Investitionskostenbeiträge
- Steuererleichterungen
- Beiträge an Erschliessungen für Industrie-, Gewerbe- und Dienstleistungsbetriebe
- Zinskostenbeiträge für Investitionen
- Rückzahlbares Startkapital mit Zinsverbilligungen
- Beteiligung an Mietzinsen für Geschäftsräume
- Übernahme von Bürgschaften
- Forschungsbeiträge
- Beiträge für die Teilnahme an Fachmessen
- Beiträge an Patentanmeldungen
- Beiträge an Marktstudien
- Beiträge zur Schaffung von Arbeitsplätzen
- Beiträge an Gründungskosten
- Beiträge an Zertifizierungen
- Ausbildungsangebote und Beiträge an Ausbildungskosten

In vielen Gegenden der Schweiz gibt es zudem regionale Gründungszentren und Technoparks, die Sie bei der Gründung Ihres Unternehmens angehen können. Für gewisse Branchen leistet auch der Bund direkte oder indirekte Unterstützung. Er fördert beispielsweise mit einem Technologiefonds Innovationen, die Treibhausgase oder den Ressourcenverbrauch reduzieren, den Einsatz erneuerbarer Energien begünstigen und die Energieeffizienz erhöhen. Bürgschaften erleichtern hier innovativen Unternehmen, Darlehen aufzunehmen. Mit einem zinsfreien Darlehen an die Schweizerische Gesellschaft für Hotelkredit (SGH) fördert der Bund indirekt auch die Beherbergungswirtschaft in Fremdenverkehrsgebieten und Badekurorten. Die SGH bietet Beratungen an und gewährt Darlehen, um entsprechende Betriebe zu erneuern oder zu kaufen.

Tipp | Im Download-Angebot finden Sie Adressen von kantonalen und regionalen Wirtschaftsförderungsstellen, eine Übersicht der kantonalen Finanzierungs-, Beratungs-, Ausbildungs- und Infrastrukturangebote, Adressen von auf Firmengründungen spezialisierten staatlichen und privaten Organisationen sowie von Gründungszentren und Technoparks.

Infoblatt | Kantonale Finanzierungs-, Beratungs-, Ausbildungs- und Infrastrukturangebote
beobachter.ch/download

Förderpreise für Start-ups

Förder- und Innovationspreise werden an erfolgreiche Unternehmerinnen und Unternehmer oder an Firmen vergeben, die sich durch besondere Ideen, Produkte oder Dienstleistungen auszeichnen. Die Gelder stammen von Unternehmen, Wirtschaftsorganisationen, Privatpersonen, Stiftungen und zum Teil auch von kantonalen Wirtschaftsförderungsstellen. Die Preissummen belaufen sich auf wenige Tausend bis Hunderttausend Franken. Das reicht zwar oft nicht aus, um einem Unternehmen den Geschäftsstart zu ermöglichen. Förderpreise sind jedoch in jedem Fall eine willkommene Finanzspritze. Gut zu wissen: Hinter einigen Förderpreisen steckt kein Geldbetrag, sondern lediglich eine Anerkennung in Form einer Urkunde oder einer Auszeichnung.

Links |
Kantonale und regionale Wirtschaftsförderungsstellen
Auf Firmengründungen spezialisierte Organisationen
Regionale Gründungszentren und Technoparks
beobachter.ch/download

INTERVIEW | FLORENCE STUMP

Florence Stumpe
Mitgründerin und COO
The Nail Company

The Nail Company betreibt in der Schweiz über ein Dutzend Nagelstudios mit 400 Farben und 150 Pflegeprodukten.

Was ist der wichtigste Ratschlag, den Sie einem jungen Gründer, einer Gründerin geben würden?
Es gab eine Menge Ratschläge, aber der wichtigste, vor allem am Anfang, ist: Glaube an dein Konzept und dein Produkt. Das Projekt mehreren, in verschiedenen Fachbereichen kompetenten Personen vorzulegen, ist auch eine sehr gute Empfehlung.

Welcher Ratschlag hat Ihnen überhaupt nicht geholfen?

Kein guter Rat ist unnötig – der Unternehmer muss Ratschläge aber interpretieren können und sie an sein Projekt anpassen. Und er muss auch die falschen Ratschläge entlarven können, die aus Eifersucht und aus Begehrlichkeiten heraus entstehen.

Wann merkt man, dass jemand nicht zum Gründer, zur Gründerin taugt?

Wenn ein junger Gründer die Kritik von erfahrenen Fachleuten nicht akzeptiert, ist er nicht bereit, ein Unternehmer zu sein. Als ich ankündigte, dass ich ein Nagelstudio-Konzept eröffnen wollte, lachten meine Freunde und nannten mich verrückt. Immerhin habe ich eine Ausbildung als Kriminalpolizistin. Aber nachdem sie mein Projekt besser kennengelernt hatten, waren sie in der Lage, mich zu beraten und zu unterstützen. Kritik zu akzeptieren, ist nicht immer einfach, aber das muss nicht die Motivation und Ausdauer untergraben.

Ihr grösster Fehler als Gründerin – und wie man ihn verhindern kann?

Wir wollten zu schnell wachsen. Eine Struktur für zehn Mitarbeitende ist nicht dasselbe wie eine für 50 oder 100 Mitarbeitende! Zum Glück haben wir, bevor es zu spät war, erkannt, dass unser Unternehmen eine Umstrukturierung erforderte. Wir machten eine Pause, um die Vergangenheit zu analysieren und zu begreifen, was wir tun mussten, um besser zu wachsen.

Warum lohnt es sich, trotz allem eine Firma zu gründen?

Unternehmer sein ist eine Lebensphilosophie, die es erlaubt, jeden Tag zu wachsen: Kenntnisse zu erweitern, Personen zu begegnen, den Empathie- und Demutsbeweis zu erbringen, widerstandsfähig zu werden. All das sind Fähigkeiten, die sich bei der Gründung einer Firma entwickeln.

Ob Cash oder bloss lobende Worte auf edlem Papier: Entscheidender als der finanzielle Aspekt eines Förderpreises ist der Imagegewinn und die Publizität, die ein Preisträger damit erhält. Nach der Preisverleihung berichten in der Regel die Medien ausführlich über das ausgezeichnete Unternehmen und stilisieren Sie zur Heldin, zum Helden. Diese kostenlose Publizität für Ihr Start-up kann Ihnen zu wertvollen nationalen und internationalen Geschäftskontakten verhelfen, Türen bei Kapitalgebern öffnen und den Markteintritt erleichtern.

Tipp | Bevor Sie sich mit grossem administrativem Aufwand für einen Förderpreis bewerben, klären Sie bei der Ausschreibungsstelle genau, ob Neuunternehmer überhaupt willkommen sind. Bei vielen Preisen wird die erfolgreiche Markteinführung eines Produkts oder die Schaffung von zahlreichen neuen Arbeitsplätzen vorausgesetzt oder ein Firmenstandort in einer bestimmten Region verlangt. Eine Auswahl an Förderpreisen für Neuunternehmerinnen und Firmengründer finden Sie im Download-Angebot.

Berufliche Netzwerke

Das persönliche Beziehungsnetz ist für die meisten Neuunternehmer und Neuunternehmerinnen ein Schlüsselfaktor für den wirtschaftlichen Erfolg. Es gilt also, dieses Netz sorgfältig zu pflegen und laufend auszubauen – vor allem im Berufsumfeld. Dazu eignen sich berufliche Netzwerke.

Dabei suchen Personen mit bestimmten Wertvorstellungen, Ideen, Interessen, Tätigkeiten oder speziellem Fachwissen den Kontakt zu Gleichgesinnten. In den letzten Jahren sind insbesondere auch Netzwerke für unternehmerisch tätige Frauen entstanden.

Die meisten Netzwerke haben einen traditionellen Vorstand und organisieren für ihre Mitglieder regelmässig Veranstaltungen oder Weiterbildungskurse. Einige existieren eher virtuell über eine Internetplattform. Unterschiede zwischen den einzelnen Netzwerken gibt es aber nicht nur bezüglich Organisation und Aktivitäten, sondern auch bei den Leitbildern, den Zielen und den Aufnahmekriterien. Bevor Sie sich einem Netzwerk anschliessen, sollten Sie deshalb einige Veranstaltungen besuchen. Nur so können Sie herausfinden, ob Ihnen die Organisation, die Stimmung und die Mitglieder sympathisch sind. Und Sie können auch – rein ökonomisch gedacht – besser abschätzen, ob sich der Zeitaufwand für eine regelmässige Teilnahme an den Anlässen lohnt.

Tipp | Geschäftskontakte entstehen nur, wenn Sie Netzwerke zur intensiven Beziehungspflege nutzen. Sie sollten also regelmässig an den Veranstaltungen teilnehmen und sich allenfalls im Vorstand engagieren. Nur so können Sie ein tragfähiges Beziehungsnetz aufbauen, das zu wertvollen Kontakten und schliesslich zu neuen Aufträgen führt. Nutzen Sie zudem Business-Netzwerke im Internet, zum Beispiel Xing oder LinkedIn. Im Download-Angebot finden Sie eine Auswahl von Adressen von Unternehmernetzwerken.

Links | Auswahl Förderpreise für Neuunternehmer Unternehmernetzwerke
beobachter.ch/download

Aus- und Weiterbildung

Stetige Weiterbildung ist für Unternehmer ein Muss. Schliesslich ist Ihr Fachwissen die Basis für Ihren Unternehmenserfolg. Besitzen Sie keine fundierten und aktuellen Kenntnisse in Ihrem Spezialgebiet, sind Sie gegenüber Ihren Kunden nicht glaubwürdig. Dies gilt insbesondere in Branchen mit einem rasanten technologischen oder strukturellen Wandel – beispielsweise für den Onlinebereich.

Fachwissen allein genügt jedoch nicht, um als Unternehmer Erfolg zu haben. Schulen Sie sich deshalb auch in den entscheidenden Bereichen der Unternehmensführung. Dazu zählen strategisches Management, Rechnungswesen, Buchhaltung, Finanzen, Marketing, Werbung, Verkauf, Unternehmenskommunikation, Mitarbeiterführung, Personalwesen, Produktion, Beschaffung, Steuern, Informatik, Versicherungen, Recht, Forschung und Entwicklung. Hinzu kommen je nach Unternehmensbereich Vertiefungen in Spezialgebieten. Mit gezielter Weiterbildung reduzieren Sie Ihre Abhängigkeit von Dritten und sichern sich den notwendigen Wissensvorsprung im Markt.

Buchtipp | Unternehmer müssen überzeugend auftreten, souverän reden, ein Gespräch gezielt und fair führen können. Das lässt sich lernen. Insidertipps und Strategien für jede Situation vermittelt Kommunikationsprofi Patrick Rohr in diesen Beobachter-Ratgebern: **Erfolgreich präsent in den Medien, Reden wie ein Profi** und **So meistern Sie jedes Gespräch.** www.beobachter.ch/buchshop

Auswahlkriterien

Am ehesten eignen sich Aus- und Weiterbildungen, die Ihr Berufs- oder Branchenverband organisiert. Diese sind speziell auf die Bedürfnisse der Mitglieder ausgerichtet, stehen aber in der Regel auch Nichtmitgliedern offen. Daneben bieten verschiedenste branchenunabhängige Institutionen und insbesondere Fachhochschulen und höhere Fachschulen qualitativ hochstehende und bewährte Programme an.

Auf folgende Punkte sollten Sie bei der Wahl einer Aus- oder Weiterbildung achten:

- Das Weiterbildungsprogramm sollte Ihre Wissenslücken im Berufsalltag perfekt füllen und möglichst genau Ihren Bedürfnissen entsprechen. Das bieten grundsätzlich nur flexible, individualisierbare Programme.
- Den Unterrichtsstoff sollten Sie im Berufsalltag unverzüglich umsetzen können, sodass ein Wissenstransfer von der Lehre in die Praxis gewährleistet ist.
- Die Referenten sollten in ihrem Fachgebiet überdurchschnittlich qualifiziert

Links | Weiterbildungsadressen
beobachter.ch/download

sein und einen engen Bezug zur Praxis in Ihrem Geschäftsumfeld haben.
- Die Mitstudierenden sollten den Unterricht durch ihren beruflichen Background und ihre Lebenserfahrung bereichern und Ihnen zudem den Aufbau eines interessanten Netzwerks ermöglichen.
- Der Abschluss (Zertifikat, Diplom, Master) sollte in der Branche sowie bei Ihren Kunden be- und anerkannt sein, einen hohen Stellenwert besitzen und Ihnen eine erkennbare Zusatzqualifikation geben. In der Eigenvermarktung müssen Sie Ihre Abschlüsse entsprechend sichtbar machen (etwa auf der Business-Karte, in der E-Mail-Signatur, auf der Website).
- Der Zeitaufwand muss sich mit Ihrem Arbeitsalltag vereinbaren lassen. Da ein 100-prozentiger Unterrichtsbesuch als Unternehmer kaum machbar sein dürfte, sollte der Programmanbieter gewisse Fehlzeiten tolerieren und Ihnen ermöglichen, nicht besuchte Kurse nachzuholen. Bei längeren Ausbildungen, zum Beispiel einem nebenberuflichen CAS-, DAS- oder MAS-Studium, sollte im Notfall eine Studienverlängerung ohne Nachteile möglich sein.
- Der Programmanbieter sollte kulant sein, wenn Teilnehmende temporär in ihrem Unternehmen überlastet sind und ein Gesuch um Erstreckung von Abgabeterminen einreichen.
- Die Kosten bei einem vorzeitigen Abbruch der Weiterbildung sollten Sie sich im Notfall leisten können.

Das Wichtigste: Aufwand und Ertrag einer Weiterbildung müssen stimmen. Schliesslich investieren Sie viel Zeit, Energie und Geld – und das neben einem hektischen Berufsalltag als Unternehmer oder Unternehmerin.

Checkliste | Weiterbildung
beobachter.ch/download

Tipp | Das Angebot an betriebswirtschaftlichen Weiterbildungen ist riesig. Der Markt ist intransparent, die Programme lassen sich nur mit hohem Rechercheaufwand vergleichen und die Qualitätsunterschiede sind enorm. Bevor Sie sich für eine Weiterbildung entscheiden, sollten Sie unbedingt Referenzen bei ehemaligen Teilnehmenden einholen. Die Checkliste «Weiterbildung» im Download-Angebot hilft Ihnen, Weiterbildungsprogramme zu vergleichen, um das optimale Angebot zu finden. Sie enthält zudem eine Auswahl von Adressen, die Ihnen dienlich sein können.

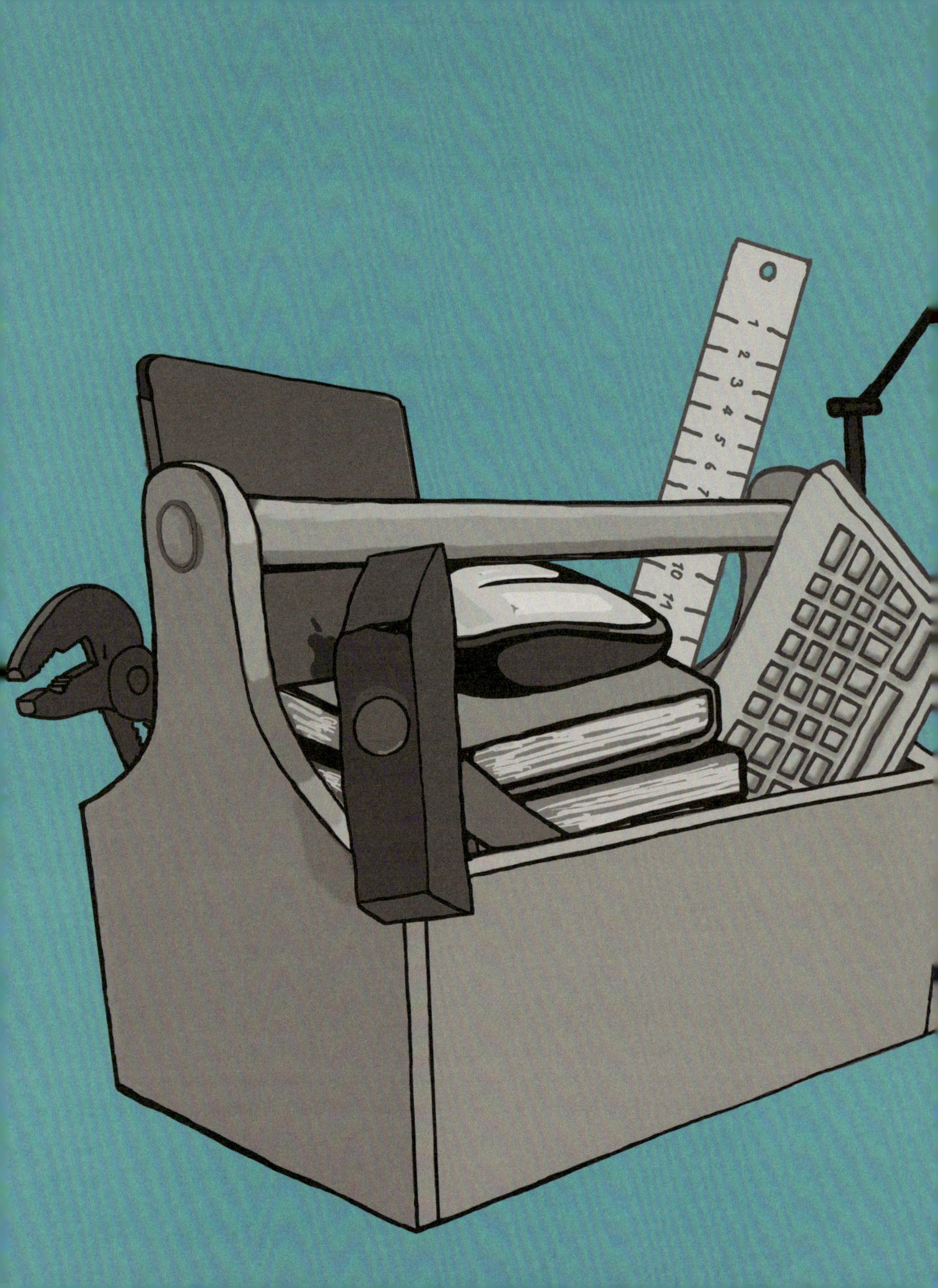

Anhang

Beobachter-Ratgeber
Stichwortverzeichnis

Beobachter-Ratgeber

Baumgartner, Gabriela: **Besser schreiben im Business.** Aktuelle Tipps und Vorlagen für den Geschäftsalltag. 2. Auflage, Zürich 2013

Baumgartner, Gabriela; Bräunlich Keller, Irmtraud: **Fair qualifiziert?** Mitarbeitergespräche, Arbeitszeugnisse, Referenzen. Zürich 2012

Bräunlich Keller, Irmtraud: **Arbeitsrecht.** Was gilt im Berufsalltag? Vom Vertragsschluss bis zur Kündigung. 13. Auflage, Zürich 2017

Heini, Claude; Bräunlich Keller, Irmtraud: **Plötzlich Chef.** Souverän in der neuen Führungsrolle. 2. Auflage, Zürich 2016

Limacher, Gitta: **Krankheit oder Unfall – wie weiter im Job?** Das gilt, wenn Sie nicht arbeiten können. 4. Auflage, Zürich 2017

Richle, Thomas; Weigele, Marcel: **Vorsorgen, aber sicher!** So planen Sie Ihre Finanzen fürs Alter. 3. Auflage, Zürich 2015

Ruedin, Philippe; Bräunlich Keller, Irmtraud: **OR für den Alltag.** Kommentierte Ausgabe aus der Beobachter-Beratungspraxis. 12. Auflage, Zürich 2016

Rohr, Patrick: **Erfolgreich präsent in den Medien.** Clever kommunizieren als Unternehmen, Verein, Behörde. Zürich 2011

Rohr, Patrick: **Reden wie ein Profi.** Selbstsicher auftreten – im Beruf, privat, in der Öffentlichkeit. 4. Auflage, Zürich 2016

Rohr, Patrick: **So meistern Sie jedes Gespräch.** Mutig und souverän argumentieren – im Beruf und privat. 3. Auflage, Zürich 2012

Stokar, Christoph: **Der Schweizer Business-Knigge.** Was gilt in der Arbeitswelt? Zürich 2013

Studer, Benno: **Testament, Erbschaft.** Wie Sie klare und faire Verhältnisse schaffen. 17. Auflage, Zürich 2017

Trachsel, Daniel: **Scheidung.** Faire Regelungen für Kinder – gute Lösungen für Wohnen und Finanzen. 18. Auflage, Zürich 2017

Von Flüe, Karin: **Eherecht.** Was wir beim Heiraten wissen müssen. 11. Auflage, Zürich 2015

Von Flüe, Karin; Strub, Patrick; Noser, Walter; Spinatsch, Hanneke: **ZGB für den Alltag.** Kommentierte Ausgabe aus der Beobachter-Beratungspraxis. 14. Auflage, Zürich 2016

Wyss, Ralph; Pelosi, Lea: **Besser verhandeln im Alltag.** Die wichtigsten Verhandlungstechniken richtig anwenden. Mit vielen Praxisbeispielen. Zürich 2013

Stichwortverzeichnis

A

Abgrenzung Privat- und
 Geschäftsaufwand 243
Abgrenzung Privat- und
 Geschäftsvermögen 242
AG 156, 167, 178
– Ablauf der Gründung 171
– Aktienkapital 168
– Firmenbezeichnung 162
– Gründungskosten 173
– Haftung 169
– Organe 169
– Revisionsstelle 169, 173
– Sacheinlagegründung 172
– Steuern 170, 235, 236
– typische Merkmale 174
– und Sozialversicherungen 184, 201
Agent 57
AHV/IV 188
– Beiträge 195, 202
– für Inhaber von AG, GmbH 201
– für Mitarbeitende 211, 307
– für Selbständigerwerbende 195
– Leistungen 195, 202
AHV-Status 193
– Agent 59
– Direktverkäufer 55
– und Rechtsform 184
Aktiengesellschaft siehe AG
Aktienkapital 168
Aktionärsbindungsvertrag 172, 173, 230
Aktiven 290
Alleinvertrieb 59
Angestellte siehe Mitarbeitende

Anlagevermögen 263, 290
Arbeitgeber
– bisheriger 68
– Rechte und Pflichten als 304
Arbeitsgesetz 304
Arbeitslosenversicherung 189
– Beiträge 203
– Beteiligung an Bürgschaft 45
– für Inhaber von AG, GmbH 203
– für Mitarbeitende 211, 307
– für Selbständigerwerbende 196
– Insolvenzentschädigung 204, 211
– Kurzarbeitsentschädigung 197, 204, 211
– Leistungen 198, 204
– Planungstaggelder 43
– Schlechtwetterentschädigung 197, 212
– und Teilselbständigkeit 44
– und Unternehmensgründung 42
– Verlängerung der Rahmenfrist 46, 196
Arbeitsrecht 304, 305
Arbeitsvertrag 304
– für Ehepartner, Lebenspartner 297
– Gesamtarbeitsvertrag 305
– Normalarbeitsvertrag 305
Auflagen, staatliche 66
Aufwand 261
Ausgangslage
– finanzielle 30
– persönliche 27
Aushilfen 298
Ausländer als Firmengründer 71
– aus EU und EFTA 71
– nicht aus EU und EFTA 74
– Grenzgänger 73, 76

B

Banken (siehe auch Bankkredit) 275
- alternative 278
- verhandeln mit 281
- WIR Bank 278

Bankkredit 275
- Bürgschaft 279, 280
- Kreditkosten 276
- Risikoeinstufung 277
- Sicherheiten für 278, 280

Berater 312
- Auswahl 313
- Beratungsvertrag 315
- Kosten 314

Berufliche Vorsorge (BVG) 188
- Beiträge 197, 204
- für Inhaber von AG, GmbH 204
- für Mitarbeitende 212, 307
- für Selbständigerwerbende 197
- Leistungen 198, 205

Berufshaftpflichtversicherung 187, 217
Betriebshaftpflichtversicherung 187, 214
- Deckungsumfang 215
- Geltungsbereich 216

Betriebsunterberechungsversicherung 221
Bewilligungen, staatliche 66
Bilanz 290
Bonitätsprüfung 267
Buchhaltung 289
- Eröffnungsbilanz 290
- Rechnungsführung 292
- Vorschriften 290

Budget 260, 261
- Marketingbudget 148

Bürgschaft 279, 280
- Beteiligung der Arbeitslosen-
versicherung 45
- Bürgschaftsgenossenschaften 279

Bürogemeinschaft 38

Businessplan 32, 109
- Aufbau 111
- Tipps zum Verfassen 113
- Zweck 110

BVG siehe Berufliche Vorsorge

C

Contractor 38
Corporate Identity 129, 135
Coworking 38
Crowdfinanzierung 282
Crowdsourcing-Plattform 41
Cyberversicherung 221

D

Darlehen siehe Privatdarlehen
Debitorenverluste 266, 285
Deckungsbeitrag 262
Delkredererisiko 284
Designschutz 104
- Anmeldung 104
- Kosten 104

Direktmarketing 140
Direktverkauf 55
Dritte Säule siehe Säule 3a, Säule 3b

E

EDV-Anlageversicherung 221
Eherecht für Unternehmer 223, 226
- Partner als Mitarbeiter 297
- Schuldenhaftung 223

Ehevertrag, Möglichkeiten
für Unternehmer 227
Eigengut 224
Eigenkapital 268, 269, 291
Einfache Gesellschaft 156
Eingetragene Partner 224, 227
- als Mitarbeiter 279

Einzelunternehmen 156, 159

- Firmenbezeichnung 160
- Gründungskosten 160
- Haftung 159
- Handelsregistereintrag 160, 178
- Steuern 160, 234, 235, 236
- typische Merkmale 161
- und Sozialversicherungen 184, 193

Entschädigung, Anspruch auf 297
Epidemieversicherung 222
Erbrecht
- eheliche Liegenschaft 230
- und Unternehmen 238

Erbvertrag, Möglichkeiten
für Unternehmer 229
Erfolgsfaktoren neuer Unternehmen 24
Erfolgsrechnung 290
Eröffnungsbilanz 260, 290
Errungenschaft 224
Errungenschaftsbeteiligung 223
Erste Säule siehe AHV
Ertrag 261
Erwerbsersatzordnung (EO) 189
- für Inhaber von AG, GmbH 201
- für Mitarbeitende 211, 307
- für Selbständigerwerbende 195
- Leistungen 196, 203

F

Factoring 283
Fahrhabeversicherung 218
Familie
- Absicherung 223
- Partner als Mitarbeitende 297
- und Schulden des Unternehmens 223
- und Tod des Unternehmers 226
- Vorkehrungen im Ehevertrag 227

Familienzulagen 196, 203
Finanzen 259
Finanzierung 268

- Eigenkapital 269
- Fremdkapital 269, 274
- mit Bankkredit 275
- mit Crowdfinanzierung 282
- mit Erbvorbezug 275
- mit Ersparnissen 269
- mit Factoring 283
- mit Leasing 285
- mit Lieferantenkredit 281
- mit Pensionskassengeld 198, 270
- mit Privatdarlehen 274
- mit Risikokapital 281
- mit Säule-3a-Geldern 272

Finanzplanung 260
- Budget 260, 261
- Deckungsbeitragsrechnung 262
- Finanzierungsplan 260, 269
- Kapitalbedarfsplan 260, 263
- Liquiditätsplan 260, 265

Firmenbezeichnung
- Einzelunternehmen 160
- Kapitalgesellschaft 162
- Personengesellschaft 162

Firmenkauf 48
- Kaufvertrag 50
- Management-Buy-out 50
- Outsourcing 51
- Spin-off 51
- Unternehmensbewertung 48

Firmenkonkurs 21
Firmenname siehe Firmenbezeichnung
Fixkosten 261
Förderpreise 317
Formen der Selbständigkeit 47
Franchising 52
- Master-Franchising 55

Freizügigkeitskapital 198, 270
Fremdkapital 269, 274
- kurz- und langfristiges 291

G

GAV siehe Gesamtarbeitsvertrag
Gebäudeversicherung 217
Gebundene Vorsorge (siehe auch
  Säule 3a) 208
Gebundenes Kapital 264
Geistiges Eigentum 95
– Designschutz 104
– Markenschutz 101
– Patentschutz 95
Gesamtarbeitsvertrag (GAV) 305
Geschäftsidee 79
– Bewertung 83
– Suchstrategien 80
– und geistiges Eigentum 95
Geschäftspartner 36, 299
– Voraussetzungen 37
Geschäftsstrategie (siehe auch
  Unternehmensstrategie) 119
– Marketingkonzept 128
Gesellschaft mit beschränkter Haftung
  siehe GmbH
Gesellschafterbindungsvertrag 172
Gewinnsteuer 235, 236, 240
Gig Work 41
Gleichstellungsgesetz 306
GmbH 156, 167, 178
– Ablauf der Gründung 171
– Firmenbezeichnung 162
– Gründungskosten 173
– Haftung 169
– Organe 169
– Revisionsstelle 169, 173
– Sacheinlagegründung 172
– Stammkapital 168
– Steuern 170, 235, 236
– typische Merkmale 175
– und Sozialversicherungen 184, 201
Gründerzentren 152

Gründungskosten
– AG 173
– Einzelunternehmen 160
– GmbH 173
– Kollektivgesellschaft 167
– Kommanditgesellschaft 165
Gütergemeinschaft 223, 225
Güterrecht, Möglichkeiten
  für Unternehmer 226
Güterstand 223
Gütertrennung 223, 225, 228

H

Haftpflichtversicherung 187, 214, 217
Haftung
– AG 169
– Einzelunternehmen 159
– GmbH 169
– Kollektivgesellschaft 166
– Kommanditgesellschaft 164
– Organe von AG und GmbH 169
– Produkthaftung 216
– und Rechtsform 157
Handelsregister 176
– AG 173, 178
– Eintragspflicht 177
– Einzelunternehmen 160, 178
– GmbH 173, 178
– Kosten 179
– zentraler Firmenindex 177, 266
Hypothekarkredit 276

I/J

Inhaber von AG, GmbH
– AHV, IV 201
– Arbeitslosenversicherung 203
– berufliche Vorsorge 204
– Familienzulagen 203
– Krankentaggeldversicherung 207

- Personenversicherungen 201, 207
- Säule 3a und 3b 208
- Sozialversicherungen 184, 190, 201
- Unfallversicherung 199
- Versicherungskonzept 194

Innovationspreise 319
Insolvenzentschädigung 204, 211
Internet 81
- Internetpräsenz 141
- und Marketing 141
- und Unternehmensgründung 41
- Unternehmenswebsite 146

Inventar, Buchhaltung 290
IV
- für Inhaber von AG, GmbH 201
- für Mitarbeitende 211, 307
- für Selbständigerwerbende 195
- Leistungen 195, 202

Jahresbericht, Buchhaltung 290
Juristische Person 157

K

Kapital
- gebundenes 264
- kurz- und langfristiges 263

Kapitalbedarfsplan 260, 264
Kapitalgesellschaft
  (siehe auch AG, GmbH) 157
Kapitalsteuer 171, 234, 236
Kennzahlen 260, 262, 265
Kinderzulagen siehe Familienzulagen
Kollektivgesellschaft 157, 165
- Firmenbezeichnung 162
- Gründungskosten 167
- Haftung 166
- Steuern 167, 234, 235, 236
- typische Merkmale 166
- und Sozialversicherungen 184

Kommanditgesellschaft 157, 163

- Firmenbezeichnung 162
- Gründungskosten 165
- Haftung 164
- Steuern 234, 235, 236
- typische Merkmale 164
- und Sozialversicherungen 184

Kommunikations-Mix 135
Kommunikationspolitik 129, 135
- Corporate Identity 129, 135
- Öffentlichkeitsarbeit 129, 141
- Verkauf 129, 136
- Verkaufsförderung 129, 137
- Werbung 129, 139

Konkubinatspartner 224, 229
- als Mitarbeitende 298

Konkurrenzverbot 68
Kontokorrentkredit 275
Kosten
- Fixkosten 261
- für Beratung 314
- Kreditkosten 276
- variable Kosten 262

Krankentaggeldversicherung 207
- für Mitarbeitende 212, 308

Kreativitätstechniken 81
Kredit
- Bankkredit 275
- Crowdfinanzierung 282
- Lieferantenkredit 281
- Mikrokredit 277
- Privatdarlehen 274
- Verhandlungen 281

Kreditkosten 276
Kunden
- Bonitätsprüfung 266
- Kundendatei 137
- Kundenpflege 137
- und Standort des Unternehmens 150

Kündigung eines Mitarbeitenden 308

- Kündigungsschutz 309
- missbräuchliche 309
Kurzarbeitsentschädigung 197, 204
Kurzfristiges Fremdkapital 291
Kurzfristiges Kapital 263

L

Ladenlokal 152
Langfristiges Fremdkapital.................. 291
Langfristiges Kapital.......................... 263
Leasing 285
Lebensversicherung 209
- und Bankkredit 280
Leitidee 120
Lex-Friedrich-Erklärung...................... 178
Lieferantenkredit 281
Liquide Mittel 263, 265, 291
Liquiditätsplan 260, 265
- Debitorenverluste 266
- und Finanzierung 268
Lizenznehmer 61
Lohn
- Entschädigung für Ehepartner........... 297
- für Konkubinatspartner................... 298
- für Mitarbeitende 306
Lohnausfallversicherung
    siehe Krankentaggeldversicherung
Lohnfortzahlungspflicht 212, 307

M

Management-Buy-out......................... 50
Marge 133
Markenschutz................................... 101
- Anmeldung 102
Marketingbudget 148
Marketinginstrumente 128
Marketingkonzept............................. 128
- Budget 148
- Corporate Identity 129, 135

- Kommunikationspolitik 129, 135
- Massnahmenplanung..................... 147
- Öffentlichkeitsarbeit................. 129, 141
- Preispolitik 129, 132
- Produkt- und Sortimentspolitik.... 129, 130
- und Internetpräsenz 129, 141
- Verkauf.................................. 129, 136
- Verkaufsförderung................... 129, 137
- Vertriebspolitik 129, 143
- Werbung 129, 139
Marketingmassnahmen 147
Marketing-Mix 128
Marktanalyse 85
- Daten auswerten 91
- Daten erheben.............................. 87
- Datenquellen................................ 85
- Fragebogen erstellen 90
- Methoden.................................... 86
Marktpositionierung............................ 93
Marktumfrage 89
Maschinenversicherung 219
Mehrwertsteuer 248
- Abrechnungsarten 250
- Auflagen 254
- Formvorschriften Rechnungen 254
- freiwillige Unterstellung................. 253
- Saldosteuersatz........................... 252
- steuerbare Umsätze..................... 250
- Vorsteuer 249
Mikrokredit 277
Mikrounternehmen............................. 17
Mitarbeitende.................................. 295
- angemessene Entschädigung,
  Ehepartner 297
- arbeitsrechtliche
  Bestimmungen 304, 305
- Arbeitsvertrag 304
- Aushilfen 298
- Bewerbungsgespräch 300

- Ehepartner, Lebenspartner 297
- Kündigung 308
- Lohnfortzahlungspflicht 211, 307
- Sozialversicherungen 211, 307
- Suche nach 300
- Teilzeitangestellte 298
- Temporärangestellte 299
- und Firmenkauf 50
- und Krankentaggeld-
  versicherung 212, 308
Mompreneurs 39
Morphologischer Kasten 82, 83
Motorfahrzeugversicherung 217
Mutterschaftsentschä-
  digung 196, 203, 208

N

Name siehe Firmenbezeichnung
NAV siehe Normalarbeitsvertrag
Nebenprodukt 131
Nettomarge 133
Netzwerke für Unternehmer 312, 320
Neugründung einer Firma 47
Normalarbeitsvertrag (NAV) 305

O

Öffentlichkeitsarbeit 129, 141
Organe der AG und GmbH 169
- Haftung 169
Outsourcing 51

P

Passiven 291
Patentanwalt 97
Patentschutz 95
- Anmeldung 97
- Kosten 100
Pensionskasse (siehe auch
  Berufliche Vorsorge) 197, 204

Pensionskassengeld, Bezug für
  Unternehmensgründung 198, 270
Personal siehe Mitarbeitende
Personengesellschaft (siehe auch
  Kollektivgesellschaft,
  Kommanditgesellschaft) 157
Personenversicherungen
  (siehe auch Sozialversiche-
  rungen) 184, 188, 190, 193, 201, 207
- für Inhaber von AG, GmbH 201, 207
- für Selbständigerwerbende 193, 207
Persönliche Standortbestimmung 27
Planungstaggelder 43
PR siehe Öffentlichkeitsarbeit
Preispolitik 129, 132
Preisstrategien 133
Privatdarlehen 274
Produkt- und Sortiments-
  politik 129, 130
- Nebenprodukt 131
- Zusatzleistung 131
Produkthaftpflicht 216
Profil von Neuunternehmern 21

R

Rahmenfrist, Verlängerung der 46, 196
Rating der Banken 277
Rechtsform 155
- AG 156, 167
- Einzelunternehmen 156, 159
- GmbH 156, 167
- Kollektivgesellschaft 156, 165
- Kommanditgesellschaft 156, 163
- Kriterien für die Wahl 156
- Überblick 157
- und Steuern 158, 240
Rechtsschutzversicherung 220
Revisionsstelle 169, 171, 180
Risiken 184

- für Familie 223
- Umgang mit 186
Risikoanalyse 184
Risikokapital 282
Risikomanagement 186
Risikoversicherung 208

S

Sachversicherungen 187, 217
- Spezialversicherungen 219
Saldosteuersatz 252
Säule 3a 208
- und Finanzierung 272
- und Steuern 208, 246
Säule 3b 208, 209
- Begünstigung 210
Schlechtwetterentschädigung 197, 212
Schneeballsystem 57
Selbständigerwerbende
- AHV, IV 195
- AHV-Status 184, 193
- Arbeitslosenversicherung 196
- berufliche Vorsorge 197
- Familienzulagen 203
- Krankentaggeldversicherung 207
- Personenversicherungen 193, 201
- Säule 3a und 3b 208
- Sozialversicherungen 184, 188, 193
- Unfallversicherung 199
- Versicherungskonzept 194
Sicherheiten für Bankkredite 278, 280
Skonto 281
Solidarbürgschaft 279
Sortimentspolitik siehe Produkt- und Sortimentspolitik
Sozialversicherungen 184, 188
- für Inhaber von AG, GmbH 184, 190, 201
- für Mitarbeitende 211, 307
- für Selbständigerwerbende .. 184, 188, 193

- Überblick 188
- und Rechtsform 158, 184
- und Teilzeit-Selbständigkeit 40
Sparversicherung 209
Spin-off 51
Stammkapital 168
Stampa-Erklärung 178
Standort des Unternehmens 150
- Kriterien 150
- Ladenlokal 152
- Technoparks 152
- und Steuern 151, 241
Standortbestimmung, persönliche 27
Steuererleichterungen 238
Steuern 158, 230
- Abgrenzung Privat- und Geschäftsaufwand 243
- Abgrenzung Privat- und Geschäftsvermögen 242
- AG 170, 235, 236
- Berechnung der Steuern 236
- Doppelbesteuerung 170, 240
- Einzelunternehmen 160, 234, 235, 236
- GmbH 170, 235, 236
- Kollektivgesellschaft ... 167, 234, 235, 236
- Kommanditgesellschaft 234, 235, 236
- Mehrwertsteuer 248
- Steuerobjekt 235
- Steuerperiode 237
- Steuersubjekt 234
- Steuersystem der Schweiz 234
- und Abschreibungen 247
- und Dividenden 245
- und Lohnpolitik 245
- und Rechtsform 158, 240
- und Säule 3a 208, 246
- und Standort der Firma 151, 241
- und Teilzeit-Selbständigkeit 40
Steueroptimierung 240

Strategie, Überlegungen zur 120
Strategische Erfolgsposition 122
Strukturvertrieb 57
Swissness.. 104
SWOT-Analyse 91, 92

T

Technoparks 152
Teilzeitangestellte 298
Teilzeit-Selbständigkeit 39
– und Arbeitslosenversicherung............ 44
– und Sozialversicherungen................ 40
– und Steuern.................................. 40
Temporärangestellte.......................... 299
Testament, Möglichkeiten
    für Unternehmer 228

U

Überlebenschancen von
    Unternehmen 21, 23
UID-Nummer............................. 180, 252
Umlaufvermögen 264, 291
Unfallversicherung
– Beiträge 199, 206
– für Inhaber von AG, GmbH 205
– für Mitarbeitende 212, 307
– für Selbständigerwerbende 199
– Leistungen 199, 206
Unternehmensberater
    (siehe auch Berater) 312
Unternehmensbewertung 49
Unternehmensgründung
– Agent 57
– Alleinvertrieb 59
– als Ausländer 71
– aus Arbeitslosigkeit 42
– Beratung bei 312
– Direktverkauf 55
– Erfolgsfaktoren.............................. 24
– Finanzen 30, 259
– Firmenkauf 48
– Franchising....................................52
– im Internet 41
– in Teilzeit 39
– Lizenznehmer 61
– Management-Buy-out 50
– mit Geschäftspartner 36
– neue Firma gründen......................... 47
– Outsourcing 51
– Rechtsform................................. 155
– Spin-off 51
– staatliche Auflagen......................... 66
– Steuererleichterungen 238
– strategische Überlegungen 120
– Überlebenschancen................... 21, 23
– und bisheriger Arbeitgeber............... 68
– und Konkurs............................. 19, 21
Unternehmensleitbild 120
Unternehmensstrategie................ 120, 123
– strategische Erfolgsposition 122
– Ziele 122
Unternehmenswebsite 146
– Vermarktung 147
Unternehmer
– Profil 21
– Schattenseiten................................ 18
– Standortbestimmung, persönliche 27
– typische Charakterzüge..................... 27
Unternehmernetzwerke................ 312, 320
Unterversicherung 218
USP (Unique Selling Proposition) 83

V

Variable Kosten 262
Venture-Capital siehe Risikokapital
Verkauf................................... 129, 136
– Kundendatei 137
– Kundenpflege................................137

Verkaufsförderung 129, 137
Versicherungen 183
– allgemeine Überlegungen 184
– Berufshaftpflicht 188, 217
– Betriebshaftpflicht 188, 214
– Betriebsrechtsschutz 220
– Betriebsunterbrechung 221
– Cyberversicherung 221
– Epidemieversicherung 222
– für Mitarbeitende 211
– für technische Anlagen (ATA) 221
– für EDV-Anlagen 221
– für Maschinen 219
– für Fahrhabe 218
– für Gebäude 217
– für Motorfahrzeuge 217
– Personenversicherungen 184, 188, 190, 193, 201, 207
– Risikoanalyse 184
– Sachversicherungen 187, 217
– Sozialversicherungen 184, 188, 193, 201, 207, 307
– Spezialversicherungen 219
– Überblick 187
– Überlegungen beim Abschluss 190
Vertriebspolitik 129, 143
– Vertrieb über Dritte 145
Virtuelle Firma 41
Vision 120
Vorsteuer 249

W

Weiterbildung 321
Werbung 219, 139
– Direktmarketing 140
– Werbeberater 139, 312
WIR Bank 278
Wirtschaftsförderung 315

Z

Zentraler Firmenindex 161, 266
Zessionskredit 280
Zusatzleistung 131
Zweite Säule siehe Berufliche Vorsorge